高职高专『十三五』国际贸易专业（含金融方向）系列规划教材

GUOJIMAOYISHIWU

国际贸易实务

（第二版）

主审　陈丽能

主编　罗兴武　王红梅

副主编　吴雷　吴术团　贾越明

赠送
电子课件

西安交通大学出版社
XI'AN JIAOTONG UNIVERSITY PRESS

内 容 提 要

　　本书以工作流程为主线，以项目为导向进行编写，凸显高职高专"知识够用、能力为本"的职业教育理念。本书循着"合同条款磋商——进出口合同交易磋商——进出口合同履行"这根主线，设计了九个项目，每一个项目又包括"学习目标"、"情境导入"、"知识支撑"、"实训项目"和"能力迁移"五个组成部分，每个项目编写过程中根据外贸业务的操作流程，结合大量的实例，具有较强的操作性。每个项目都安排了课后实训题，以突出对基本理论、基本技能的掌握和技术应用能力的培养。

　　本次修订在以下方面进行了更新：更新了对外贸易数据；根据最新的国际贸易术语对相应章节进行了调整；增加了国际货物中集装箱运输的比重；对国际货物运输保险作了更新与调整。

　　本书既可以作为国际贸易专业、商务英语专业、报关与国际货运专业及其他相关专业的报关课程教材或参考用书，也可以作为全国外贸业务员证书考试的辅导用书，对涉外型企事业单位从事外贸业务的管理人员、操作人员也有较好的参考价值。

第二版前言
Second Edition Preface

我国加入 WTO 以来,对外贸易发展迅速,2014 年进出口总额 4.3 万亿美元,连续两年蝉联世界第一位。虽然受全球金融危机影响,国际市场状态低迷,但我国对外贸易量仍持续增长,并抓住契机在制度与模式上不断革新。

为适应我国对外贸易快速发展和国际市场竞争的客观要求,迫切需要培养大批熟悉国际贸易规则、掌握国际贸易专业知识及专业技能的高素质应用型人才。本教材紧扣教育部 16 号文件和《国家中长期教育改革和发展规划纲要》精神,以培养技术应用能力为主线,以现代国际商务实践项目为载体,采取教学结合、学用结合的内容编排模式,以满足各高职院校国际贸易相关专业的学生和外经贸工作者的需求。鉴于当前国际贸易实践、相关法规和国际惯例的变化,对本教材第一版进行修订。

本书第二版修订说明如下:

第一,对外贸易数据跟新。根据中国统计年鉴、中国海关网、法国海运咨询机构 Alphaliner 等权威机构公布的最新进出口相关数据,对本书介绍国际贸易前沿的章节作了更新与调整。

第二,国际贸易术语。根据近几年国际贸易术语的应用情况,对该章节作了相应调整。重点介绍《2010 年国际贸易术语解释通则》。

第三,国际货物运输。目前集装箱运输应用十分广泛,占世界贸易总运输量的 80% 以上。本次修订增加了集装箱运输在本章节中的比重,详细叙述集装箱运输的特点、交接模式及运费的计算。

第四,国际货物运输保险。根据中国人民保险公司(PICC)制定的最新保险条款,即 2009 版中国《海洋运输货物保险条款》,对该章节的内容作了更新与调整。同时,增加了伦敦《协会货物条款》(ICC)的比重并更新至 2009 年 1 月 1 日版本。

本教材既可以作为国际贸易、商务英语、报关与国际货运等相关专业的课程教材,也可以作为外贸业务员参考用书。主编罗兴武教授从教前,在企业工作多年,拥有国际商务师证书,并兼任杭州泛欧进出口有限公司的高级顾问,将多年从业的心得体会融进了本教材中。为方便教学,本书配备电子课件等教学资源,欢迎选用本书作为教材的教师索取。

第一版发行后,收到了很多来自全国各地的老师们、学生们的来电和来函,为本书的修改提出了很多宝贵的意见,此版一并做了修改。在此非常感谢!同时,针对第二版中的疏漏、错误和不足之处,恳请读者及各位同行批评指正。主编罗兴武教授的电子邮箱为 chet168@126.com。欢迎读者来函交流。

编者
2016 年 8 月

前言
Preface

改革开放 30 年来,我国的对外贸易取得了辉煌的成就。至 2009 年,我国进出口贸易总额已从 1978 年的 206 亿美元猛增到 22 073 亿美元,增长了 106 倍。其中,出口总额从 98 亿美元增加到 12 017 亿美元,增长了 121 倍;进口总额从 109 亿美元增加到 10 056 亿美元,增长了 91 倍。2004 年我国进出口贸易总额首次突破 1 万亿美元大关,2007 年又一举突破 2 万亿美元大关。2009 年,我国超越德国成为全球出口冠军,GDP 总量超越日本成为全球第二。我国占世界贸易总额的比重由 1978 年的不到 1% 提高到 2009 年的 8% 以上。为了适应我国对外贸易快速发展和国际市场竞争的客观要求,迫切需要培养大批熟悉国际贸易规则、掌握国际贸易专业知识及专业技能的高素质实用型人才。针对高等职业教育国际贸易专业的教学特点和教学要求,在多年实践、教学和科研的基础上,我们编写了《国际贸易实务》一书,以满足各高职院校国际贸易专业的学生和外经贸工作者的需求。

本教材注重内容的新颖性、实践的可操作性和应用的综合性,使内容更适合现代国际商务活动的需要,对教研结合、教学结合、学用结合起到积极的推动、促进作用。本教材编写中具有如下特色:

第一,项目导向、任务驱动,以职业能力为本位。每一个项目包括"学习目标"、"情境导入"、"知识支撑"、"实训项目"和"能力迁移"五个组成部分,注重学生可持续发展能力的培养。

第二,"双元"课程建设。专业教师与行业专家共同开发课程、共同编写教材。本教材的编写得到了杭州泛欧进出口有限公司孙银勇总经理、浙江物产国际贸易公司朱国洋先生的大力支持,他们两位参与了部分项目的编撰工作。

第三,一书在手,授课无忧。我们对选用本教材的授课教师免费提供项目中的习题解答、优质课件和考试参考试卷等完整的教学解决方案。

本教材由浙江经济职业技术学院罗兴武副教授担任第一主编,负责

1

全书的统稿，由南京信息职业技术学院王红梅副教授任第二主编。编写分工如下：浙江经济职业技术学院贾越明老师编写了绪论；石家庄外经贸职业学院麻坤老师、南京信息职业技术学院王红梅老师和杭州泛欧进出口有限公司孙银勇总经理编写了项目一、八；安徽国际商务职业学院斯炎老师编写了项目二；浙江经济职业技术学院罗兴武老师编写了项目三、四、五、六；安徽国际商务职业学院吴术团老师编写了项目七；苏州经贸职业技术学院吴雷老师和浙江物产国际贸易公司朱国洋先生编写了项目九。本书由浙江经济职业技术学院院长、浙江师范大学硕士生导师、著名学者陈丽能教授主审，提出了许多宝贵的建议，特此表示深切谢意。

本教材既可以作为国际贸易、商务英语、报关与国际货运及其他相关专业的报关课程教材或参考用书，也可以作为全国外贸业务员证书考试的辅导用书。主编罗兴武副教授从教前拥有国际商务师证，并兼任杭州泛欧进出口有限公司的高级顾问，将多年从业的心得体会融进了教材中。本书在编撰过程中参阅借鉴了大量的国内外文献，以参考文献的形式列出，在此向其作者们致以衷心的感谢！在本书的编写过程中，西安交大出版社的编辑们为本书的出版做了大量的工作，在此特向他们表示衷心的感谢。

为方便教学，本书配备电子课件等教学资源，凡选用本书作为教材的教师均可索取。

由于时间仓促，加之编者水平有限，书中的疏漏、错误和不足之处难以避免，恳请读者及各位同行批评、指正。主编罗兴武副教授的电子邮箱为 chet168@126.com。欢迎读者来函交流。

编者

2010 年 11 月

目 录
Contents

绪论

国际贸易是指世界各国或地区之间货物、服务和技术的交换活动，包括货物贸易、服务贸易、技术贸易三大内容。其中，货物贸易（货物进出口）是最早、最基本的国际贸易内容，直至目前，仍是国际贸易最主要的构成部分，也是各国间经济往来最主要的表现形式。自1978年改革开放以来，我国对外贸易发展迅速。2014年进出口总额43015亿美元，约1978年的209倍，跃居世界第一位。随着2001年我国成功加入WTO，对外贸易对经济增长的作用日益明显，对外贸易依存度快速增加。2002年突破50%，2006年达到67%的高点。此后受我国经济转型、内外需结构调整以及国际金融危机的影响，进出口增速回落。但对外贸易依存度仍集中在40%－50%之间，已经跻身中等贸易依存度国家行列，如法国、意大利、英国、韩国、德国等。这意味着我国经济发展和就业水平很大程度上与对外贸易相关。

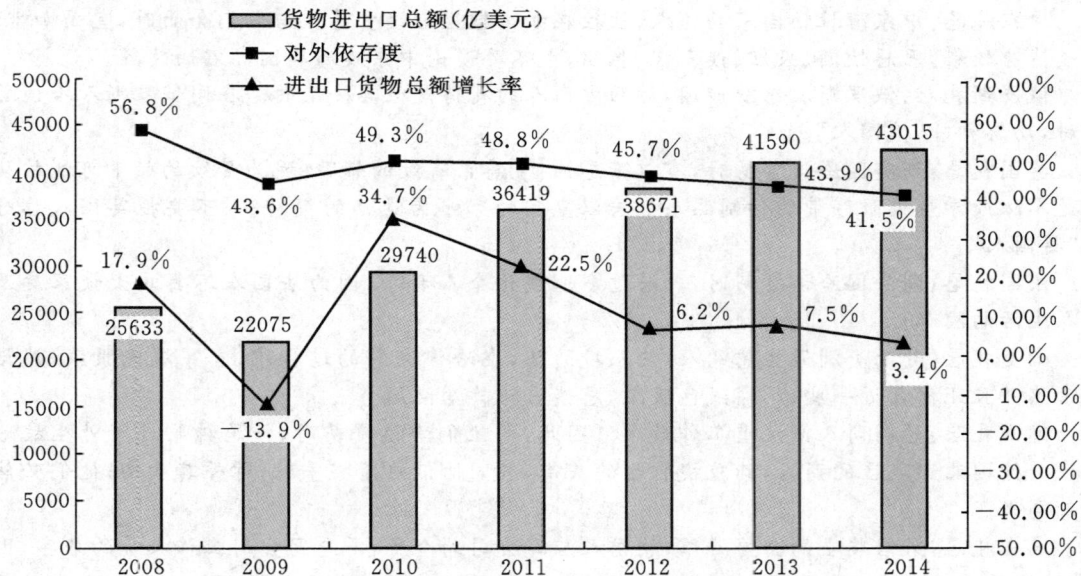

图 0-1 2008—2014年对外贸易数据

根据加入世界贸易组织的承诺，我国于2004年全面放开外贸经营权。我国2004年7月1日起施行的新《对外贸易法》，在外贸经营者的范围上作了重大修改，规定自然人、法人和其他组织依法登记后，可以从事货物和技术的进出口贸易。外贸从业门槛的降低，进一步推动了我国外贸事业的发展，给更多的企业、个人提供了在世界市场上大展宏图的机会。然而，要成功地在国际市场上做交易，必须掌握相关的专业知识。

国际贸易实务是一门主要研究国际货物贸易的具体过程、相关活动内容及商务运作的学科，是国际经贸类专业学生必修的一门专业基础课程。

一、国际货物贸易的特点

国际货物贸易属商品交换范围，因此与国内贸易在性质上并无不同，但由于它是在不同国

家或地区间进行的,与国内贸易相比具有以下特点:

(1)国际货物贸易要涉及不同国家或地区,在政策措施、法律体系方面可能存在冲突,再加上语言文化、社会习俗等方面带来的差异,所涉及的问题远比国内贸易复杂。

(2)国际货物贸易的交易数量和金额一般较大,运输距离较远,履行时间较长,因此交易双方承担的风险远比国内贸易要大。

(3)国际货物贸易容易受到交易双方所在国家的政治、经济形势、双边关系及国际局势变化等的影响。

(4)国际货物贸易除了交易双方外,还需运输、保险、银行、商检、海关等部门的协作、配合,过程较国内贸易要复杂得多。

🌸 小贴士

商务洽谈礼忌种种

东南亚礼忌:与东南亚商人洽谈商务时,严忌跷起二郎腿,以及鞋底悬着颠来颠去,否则,必引起对方反感,交易会当即告吹。

中东礼忌:中东阿拉伯国家的商人,往往在咖啡馆里洽谈贸易。与他们会面时,宜喝咖啡、茶或清凉饮料,严忌饮酒、吸烟、谈女人、拍照,也不要谈论中东政局和国际石油政策。

俄罗斯礼忌:俄罗斯及东欧诸国,对西方商人的礼待是极其热情的。在同俄罗斯人洽谈贸易时,切忌称呼"俄国人"。

英国礼忌:到英国洽谈贸易时,有以下忌讳:①忌系有纹的领带(因为带纹的领带可能被认为是军队或学生校服领带的仿制品);②忌以皇室的家事为谈话的笑料;③不要把英国人称呼为"英国人"。

法国礼忌:到法国洽谈贸易时,严忌过多地谈论个人私事,因为法国人不喜欢大谈家庭及个人生活的隐私。

南美礼忌:赴南美洲做生意的人,应入境随俗,在洽谈交易的过程中,宜穿深色服装,谈话宜亲热并且距离靠近一些,忌穿浅色服装,忌谈当地政治问题。

德国礼忌:德国商人很注重工作效率。因此,同他们洽谈贸易时,严忌神聊或节外生枝地闲谈。德国北部地区的商人,均重视自己的头衔,当同他们热情握手时,称呼其头衔,他们必然格外高兴。

瑞士礼忌:若给瑞士的公司寄信,收信人应写公司的全称,严忌写公司工作人员的名字,因为,如果收信人不在,此信永远也不会被打开。瑞士人崇拜老字号的公司,如果你的公司是1895年之前成立的,那么你应在工作证件上或名片上特别强调出来。

美国礼忌:与美国人洽谈交易时,不必过多地握手与客套,贸易谈判可直截了当地进入正题,甚至从吃早点时即可开始。

芬兰礼忌:与芬兰商人洽谈贸易时,应重视行握手礼,应多呼其"经理"之类的职衔。谈判地点多在办事处,一般不在宴会上。谈判成功之后,芬兰商人往往邀请你赴家宴或洗蒸汽浴。这是一种很重要的礼节。如你应邀赴宴时,忌讳迟到,且不要忘记向女主人送上5朵或7朵(忌双数的)鲜花。在主人正式敬酒之前,客人不宜先行自饮。在畅谈时,应忌讳谈当地的政治问题。

二、国际货物贸易合同的基本内容

国际货物贸易合同是营业地在不同国家的当事人之间为买卖一定货物所达成的协议,是当事人双方各自履行约定义务的依据,也是一旦发生违约行为时,进行补救、处理争议的法律文件。为此,一项有效的合同必须具备必要的内容,否则就会使当事人在履行义务、进行违约补救或处理争议时遇到困难。有些内容,如未作规定,还会导致合同无效。一般说来,进出口贸易合同应具备以下五个方面的基本内容:

(1)货物的品名、质量、数量和包装。

(2)货物的价格。其通常包括货物的单位价格和总价,或确定价格的方法,有时还规定有关价格调整的条款。

(3)卖方的义务。其主要是如何交付货物、移交与货物有关的单据和转移货物的所有权。

(4)买方的义务。其主要是如何支付货物价款和收取货物。

(5)争议的预防与处理。其主要包括商品检验检疫、索赔、不可抗力和仲裁等事项的规定。

三、国际货物贸易合同适用的法律

自 2001 年 12 月 11 日,我国成为世界贸易组织的成员国起,标志着我国的对外开放进入了一个新的阶段,也意味着我国的对外贸易活动必须按国际贸易的"游戏规则"进行。因而,我们对国际贸易的惯例、条约、法规都要有充分的理解。

国际货物贸易合同适用的法律,概括起来,有以下三种:

(一)国内法(domestic law)

国内法是指由国家制定或认可并在本国主权管辖范围内生效的法律。国际货物贸易合同必须符合国内法,即符合某个国家制定或认可的法律。由于国际货物贸易合同的当事人所在的国家不同,而不同的国家往往对同一问题的有关法律规定不相一致,因而一旦发生争议引起诉讼时,就会产生究竟应适用何国法律解决争议的问题。为了解决这种法律冲突,通常采用在国内法中规定冲突规范的方法。例如,我国《合同法》规定:"涉外合同的当事人可以选择处理合同争议所适用的法律,但法律另有规定的除外。涉外合同的当事人没有选择的,适用与合同有最密切联系国家的法律。"

(二)国际贸易惯例(international trade practice)

国际贸易惯例也是国际货物贸易合同应当遵循的重要法律规范。国际贸易惯例是国际贸易法的主要渊源之一,它是指在国际贸易的长期实践中逐渐形成的一些有较为明确和固定内容的贸易习惯和一般做法。国际贸易惯例通常是由国际性的组织或商业团体制订的有关国际贸易的成文的通则、准则和规则。

国际贸易惯例不是法律,它对当事人没有普遍的强制性,只有当事人在合同中规定加以采用时,才对当事人有法律约束力。

例如,国际商会制订的《国际贸易术语解释通则》、《跟单信用证统一惯例》和《托收统一规则》就是被世界上绝大多数国家的贸易商和银行广泛使用的国际贸易惯例。

(三)国际条约(international convention)

国际货物贸易合同的订立和履行必须符合当事人所在国缔结或参加的与合同有关的双边或多边的国际条约。国际条约是指两个或两个以上主权国家为确定彼此的政治、经济、贸易、文化、军事等方面的权利和义务而缔结的,诸如公约、协定、议定书等各种协议的总称。目前与我国对外贸易有关的国际条约,主要是我国与其他国家缔结的双边或多边的贸易协定、支付协定、贸易议定书,以及我国缔结或参加的有关国际贸易、海运、陆运、空运、商标、工业产权、知识产权、仲裁等方面的协定或公约。而其中,自 1988 年 1 月 1 日起正式生效的《联合国国际货物销售合同公约》(United Nations Convention on Contracts for the International Sale of Goods，简称 CISG)是与我国进行货物进出口贸易关系最大、最重要的一项国际条约。

《中华人民共和国民法通则》第 142 条明确规定："中华人民共和国缔结或者参加的国际条约同中华人民共和国的民事法律有不同规定的，适用国际条约的规定。但中华人民共和国声明保留的条款除外。"

我国在 1986 年 12 月 11 日核准《联合国国际货物销售合同公约》时，做了两项保留：①关于公约适用范围的保留。我国认为该公约的适用范围应仅限于营业地分处于不同缔约国的当事人之间所订立的货物买卖合同，不应扩大至与非缔约当事人所签订的货物买卖合同。②关于合同形式的保留。我国认为，订立、更改或终止国际货物买卖合同均应采取书面形式。

小贴士

中国国际贸易主管机构及相关机构

1. 国际贸易主管机构

《中华人民共和国对外贸易法》规定，国务院对外贸易主管部门，即商务部（网址：http://www.mofcom.gov.cn）主管全国对外贸易工作。

2. 从事国际贸易管理的相关政府机构

(1)国家外汇管理局（网址：http://www.safe.gov.cn），主要对外汇收支、买卖、借贷、转移以及国际结算、外汇汇率和外汇市场等实行管制。

(2)中国海关总署（网址：http://www.customs.gov.cn），主要履行通关监管、税收征管、加工贸易和保税监管、海关统计、海关稽查、打击走私、口岸管理等职责。

(3)国家质量监督检验检疫总局（网址：http://www.aqsiq.gov.cn），主要对进出口商品实施检验检疫及监督管理。

(4)外交部（网址：http://www.fmprc.gov.cn），负责督导中国驻外机构及其工作人员的工作。

(5)国家税务总局（网址：http://www.chinatax.gov.cn），组织实施国家的税收征收管理，办理进出口商品的税收及出口退税业务。

3. 从事国际贸易管理的相关其他机构

(1)中国国际贸易促进委员会（以下简称"中国贸促会"，网址：http://www.ccpit.org），是由中国经济贸易界有代表性的人士、企业和团体组成的全国民间对外经贸组织，成立于 1952年 5 月。

中国贸促会的宗旨是：遵循中华人民共和国的法律和政府的政策，开展促进对外贸易、利用外资、引进外国先进技术及各种形式的中外经济技术合作等活动，促进中国同世界各国、各地区之间的贸易和经济关系的发展，增进中国同世界各国人民以及经贸界之间的了解与友谊。

(2)中国进出口商会。中国各类进出口商会主要对商会所属的行业和会员企业给予协调、指导、咨询和服务。

目前，中国境内已经设立的进出口商会包括：中国纺织品进出口商会（网址：http://www.ccct.org.cn），中国机电产品进出口商会（网址：http://www.cccme.org.cn），中国轻工工艺品进出口商会（网址：http://www.cccla.org.cn），中国五矿化工进出口商会（网址：http://www.cccmc.org.cn），中国医药保健品进出口商会（网址：http://www.cccmhpie.org.cn），中国食品土畜进出口商会（网址：http://www.interfoodexpo.com）。

(3)中国出口信用保险公司（网址：http://www.sinosure.com.cn）。中国进出口信用保险公司(简称"中国信保")是我国唯一承办政策性信用保险业务的金融机构,2001 年 12 月 18 日成立,资本来源为出口信用保险风险基金,由国家财政预算安排。

中国信保的主要任务是积极配合国家外交、外贸、产业、财政和金融等政策,通过政策性出口信用保险手段,支持货物、技术和服务等出口,特别是高科技、附加值大的机电产品等资本性货物出口,支持中国企业向海外投资,为企业开拓海外市场提供收汇风险保障,并在出口融资、信息咨询和应收账款管理等方面为企业提供快捷、便利的服务。

(4)中国进出口银行(网址:http://www.eximbank.gov.cn)。中国进出口银行成立于1994 年,是我国外经贸支持体系的重要力量和金融体系的重要组成部分。

中国进出口银行的主要职责是贯彻执行国家产业政策、外经贸政策、金融政策和外交政策,为扩大我国机电产品、成套设备和高新技术产品进出口,推动有比较优势的企业开展对外承包工程和境外投资,促进对外关系发展和国际经贸合作,提供政策性金融支持。

(5)中国国际经济贸易仲裁委员会(网址:http://www.cietac.org.cn)。中国国际经济贸易仲裁委员会是以仲裁的方式,独立、公正地解决契约性或非契约性的经济贸易等争议的常设商事仲裁机构。中国国际经济贸易仲裁委员会是中国国际贸易促进委员会根据中华人民共和国中央人民政府政务院 1954 年 5 月 6 日的决定,于 1956 年 4 月设立的。

四、国际货物贸易的基本业务程序

我国国际货物贸易的业务程序一般分为四个阶段:交易前的准备、交易磋商和订立合同、履行合同以及业务善后工作。交易前的准备阶段是交易磋商能否顺利进行的保证,也是履行合同的基础;交易磋商和订立合同阶段是能否达成协议和确定双方权利、义务与责任的关键阶段;履行合同阶段是指买卖双方按照合同条款履行自己的权利和义务;业务善后工作阶段则事关进出口收付汇、争议与索赔等。

(一)交易前的准备阶段

交易前准备阶段,是指进行国情调研、商品市场调研、客户调研、广告宣传和商标注册等工作,并在调研的基础上制订进出口商品经营方案的阶段。

(二)交易磋商和订立合同阶段

交易磋商和合同订立阶段,是指从事交易的各方需与对方就合同条件进行磋商并最终订立合同的阶段。交易磋商可通过当面谈判、交换函电或电子数据交换进行,一般要经过询盘、发盘、还盘、接受等环节。合同条款的内容包括商品品名、品质、数量、包装、价格、装运、支付方式、商品检验检疫、索赔、不可抗力和争议的处理办法等。

(三)履行合同阶段

履行合同阶段包括进口业务的履行程序和出口业务的履行程序两个方面。其中,进口业务的履行程序包括开立信用证、租船或订舱(CIF 或 CFR 价)、催装、投保、审单、付款、买汇赎单、货到后报关(缴纳关税)、商检、提货或拨交、验收、索赔;出口业务的履行程序包括催证、审证、备货、托运、报关、发运、制单结汇等环节。

(四)业务善后工作阶段

业务善后工作阶段是进出口贸易的基本业务程序不可或缺的一部分,它不仅包括资料归档及有可能产生的争议与索赔;更重要的是,业务善后工作对于出口还包括出口收汇核销、出口退税,对于进口还包括进口付汇核销。

进出口贸易业务程序见图 0-2、图 0-3。

出口准备工作	熟悉商品 市场调研 → 寻找国外客户 选择国内供应商
磋商签约工作	询盘 客户资信调查 贸易障碍调查 → 出口报价核算 ← 向供应商询价 发盘 → 还盘 接受与出口签约
出口履约工作	结算方式 后T/T 前T/T 收到对方电汇款 L/C 催证→审证→改证 D/P 或 D/A 签订内贸合同 备货生产 委托货代订舱 向商检局报检 送货 向外管局领取出口收汇核销单 报关 装船 投保 制单、审单 ①L/C、D/P、D/A:向银行交单收汇 ②前T/T:向进口商寄单 ③后T/T:向进口商寄单收汇
出口善后工作	争议与索赔 资料归档 出口收汇核销 → 出口退税

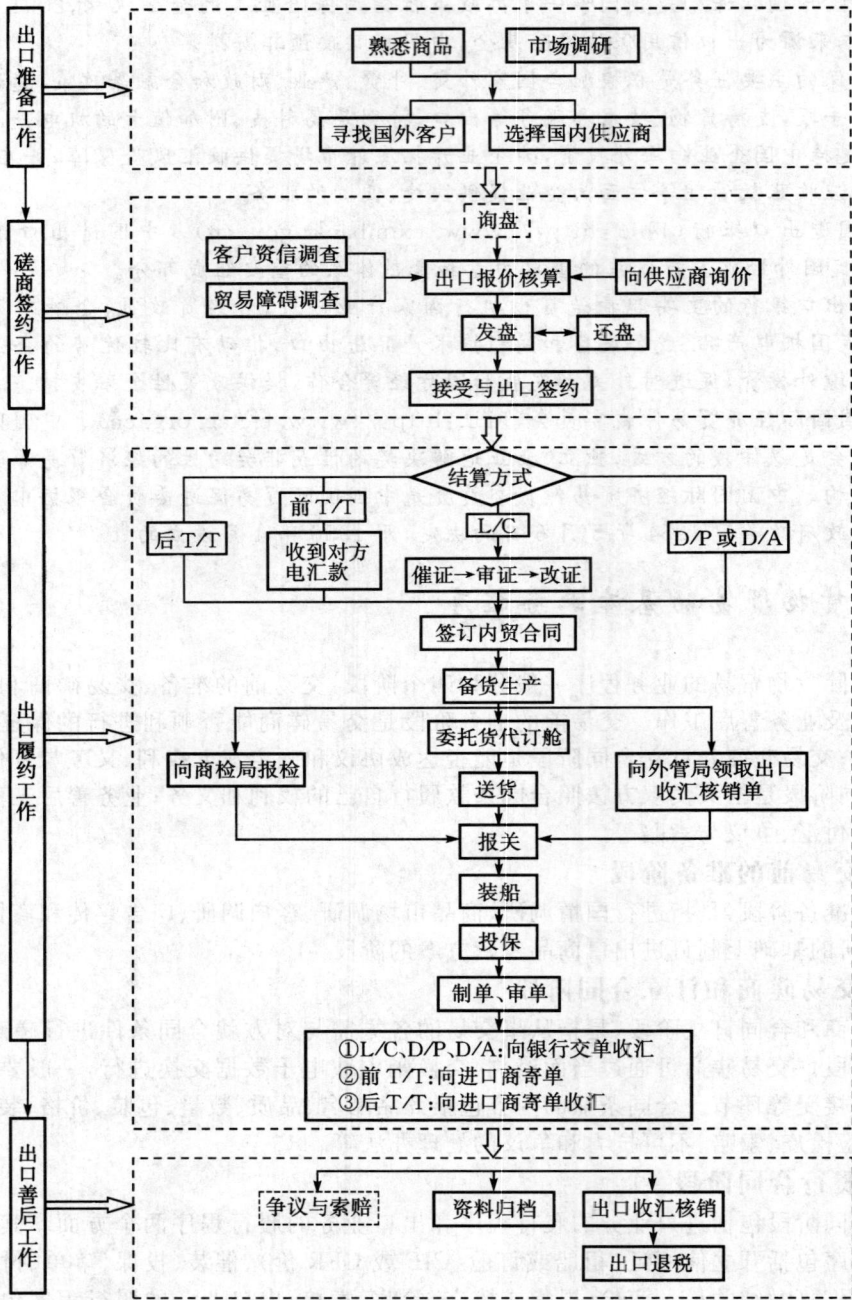

图 0 - 2   出口贸易业务程序
（按 CIF 术语成交）

图 0-3 中各环节：

进口准备工作 → 熟悉商品 了解市场 选择国外客户 寻找国内经销商

磋商签约工作 → 询盘 → 发盘 进口价格核算 ← 还盘 接受与进口签约

进口履约工作 → 办理进口批件 → 付款方式

后 T/T 前 T/T 向对方电汇款 L/C 申请开证 D/P 或 D/A

租船订舱 → 发装船指示 → 发到装运通知 → 投保

① L/C、D/P 向银行付款赎单
② D/A 承兑汇票后取单
③ 前 T/T 收到客户寄单
④ 后 T/T 收到客户寄单后付款

接货 → 报检 → 报关

进口善后工作 → 入库 → 争议与索赔 资料归档 进口付汇核销

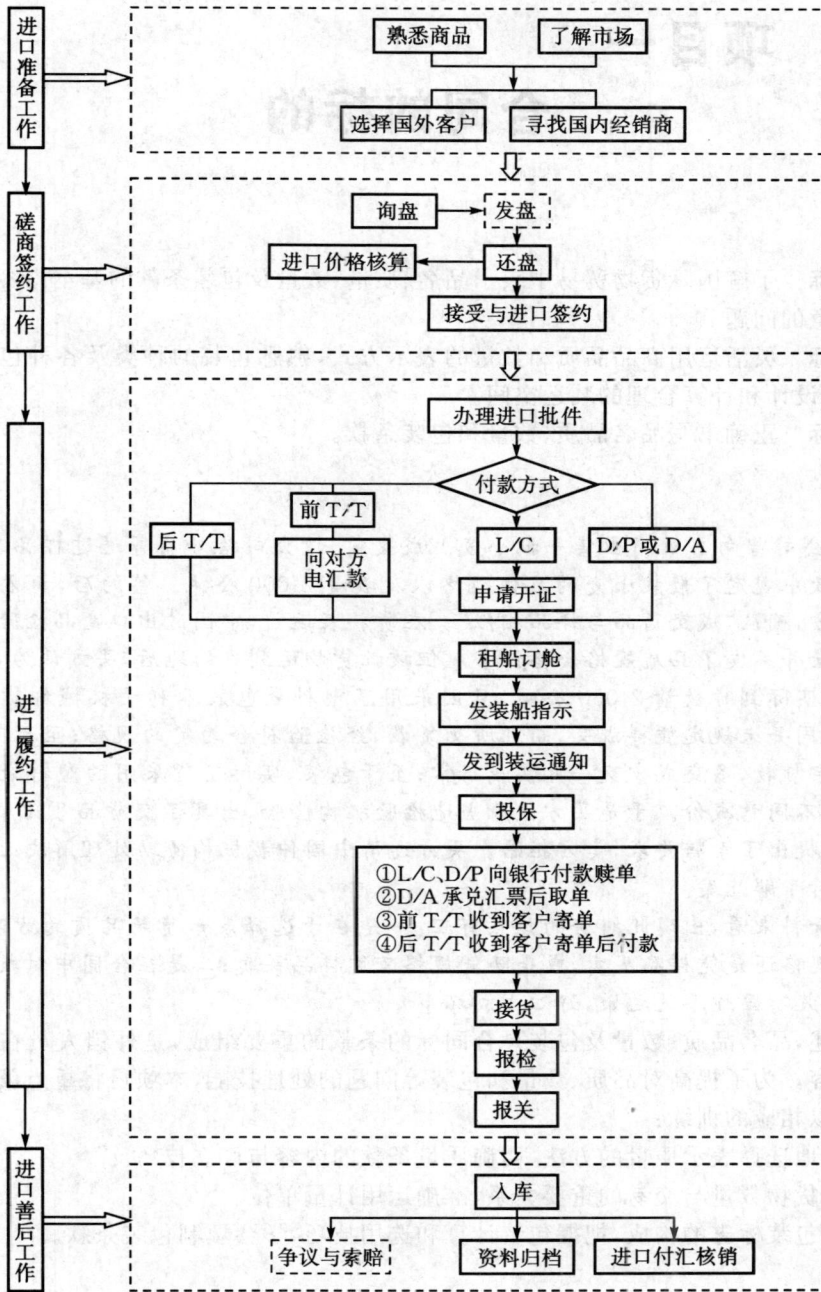

图 0-3 进口贸易业务程序
（按 FOB 术语成交）

项目一

合同的标的

学习目标

知识目标 了解国际货物贸易中表示品名、质量、数量及包装条款的基本内容及其在订立合同应该注意的问题。

能力目标 灵活运用商品品质和数量的表示方式,熟悉包装的种类及各种包装标志的实际运用,精于设计和计算合理的装运空间。

素质目标 正确书写品名品质、数量和包装条款。

情境导入

中国 A 公司曾向 B 外商出售一批小麦。成交前,该公司给外商寄送过样品。签约时,在合同品质条款中规定了散装小麦的具体规格以及数量 2 000 公吨。签约后,卖方经办人员又主动电告买方,确认"成交商品与样品相似"。在货物装运前,中国进出口商品检验检疫局对小麦进行了检验并签发了品质规格合格证书。但该批货物运到目的地后,买方认为,所交货物品质比样品低,实际到货数量 2 050 公吨,且因采用了塑料袋包装不利于机械卸货,要求减价。卖方申辩,合同并未规定凭样成交,而且所交货物,经检验符合约定的规格;至于交货数量,由于小麦是大宗货物,多交或少交一些实属正常;至于包装,实际交货采用的塑料袋包装比散装交货要好,故不同意减价。于是买方便请当地检验机构检验,出具了交货品质比样品低 7% 的证明,并据此提出了索赔要求,卖方拒赔。买方遂请中国仲裁机构协助处理解决此案争议。最后以卖方赔付了解此案。

从情境资料来看,出现此纠纷的焦点有三:一是在于选择表示货物品质的方法不够明确,即究竟是凭规格还是凭样品买卖,或是既凭规格又凭样品买卖;二是在合同中对数量约定不够明确;三是包装有画蛇添足之嫌,好心办成坏事。

综上所述,品名品质、数量及包装是合同标的条款的重要组成,是外销人员在业务中要处理的重要内容。为了提高对品质、数量和包装等问题的处理技能,本项目将重点就下述问题展开讨论并辅以相应的训练:

(1)准确地选择表示质量的方法,明确质量条款的内容与订立技巧。

(2)掌握货物数量与交易的重要关系,准确运用计量单位。

(3)认识包装标志的构成,把握包装计算和选用技巧,学会填制包装条款。

知识支撑

子项目一 商品的品名

一 列明品名的意义

商品的品名(name of commodity),又称商品的名称,是指能使某种商品区别于其他商品的一种称呼或概念,它在一定程度上体现了商品的自然属性、用途和性能特征。

商品名称在国际货物贸易合同中也称作标的物(subject matter),作为进入国际贸易领域的货物,是指双方用于换取对价的物或事,是一笔买卖赖以进行的物质基础。好的商品名称,不但能高度概括出商品的特征,还能促进消费者的消费心理,诱发消费者的购买欲望。为了使生产或销售同类商品的厂商或销售商区别开来,商品的名称又常常与品牌名相融合,构成描述、说明货物的重要部分。参与国际货物贸易的交易双方只有明确了商品的名称,即买卖什么商品,才能进一步确定商品的质量,即以什么样的具体商品进行交易。所以,商品的名称是国际货物贸易合同中必须具备的内容。

二、商品命名的方法

命名商品的方法有许多,概括起来,主要有以下几种:

(1)以商品主要用途命名。这种方法在于突出商品用途,便于消费者按其需要购买,如织布机、旅游鞋、杀虫剂、自行车等。

(2)以商品所使用的主要原材料命名。这种方法能通过突出所使用的主要原材料反映出商品的质量,如棉布、涤纶纱、羊毛衫、铝锅、玻璃杯、冰糖燕窝等。

(3)以商品主要成分命名。以商品所含的主要成分命名,可使消费者了解商品的有效内涵,有利于提高商品的身价。这种方法一般适用于以大众所熟知的名贵原材料制造的商品,如西洋参蜂王浆、人参珍珠霜等。

(4)以商品外观造型命名。以商品的外观造型命名,有利于消费者从字义上了解该商品的特征,如绿豆、喇叭裤、宝塔纱等。

(5)以褒义词命名。这种命名方法能突出商品的使用效能和特性,有利于促进消费者的购买欲望,如青春宝、太阳神口服液等。

(6)以人物名字命名。这种方法以著名的历史人物或传说中的人物命名,其目的在于引起消费者的注意和兴趣,如孔府家酒、孔乙己臭豆腐等。

(7)以制作工艺命名。这种命名方法目的在于提高商品的威望,增强消费者对该商品的信任,如二锅头烧酒、精制油等。

三、规定品名条款的注意事项

由于品名条款是合同的主要条款,因此在拟定时必须注意下述几方面的问题:

(1)必须做到内容明确、具体,切忌空泛、笼统。

(2)必须实事求是,切实反映商品的实际情况。

(3)尽可能使用国际上通行的名称,对于一些新商品的定名及其译名,必须做到准确易懂,符合国际惯例。

(4)考虑商品品名时,必须注意有关国家的海关税则,从中择取有利于减低关税或方便进口的名称。

?思考

资料:我国出口苹果酒一批,该批酒的内外包装上均写的是"cider",而提交的出口单据上均用"apple wine",货到国外后遭海关扣留、罚款。

试问：为什么会出现遭海关扣留、罚款的情况？

子项目二 商品的质量

一、商品质量的含义及其重要性

商品的质量（quality of goods）是商品的外观形态和内在品质的综合。商品的外观形态是指通过人们的感觉器官可以直接获得的商品的外形特征，如商品的大小、长短、结构、造型、款式、色泽、光彩、宽窄、轻重、软硬、光滑粗糙以及味觉、嗅觉等等。商品的内在品质是指商品的物理性能、化学成分、生物特征、技术指标和要求等，一般需借助各种仪器、设备分析测试才能获得。

合同中的质量条款是合同的重要条款之一。它既是构成商品说明的重要组成部分，又是买卖双方交接货物时对质量进行评价的依据。许多国家的法律，对于卖方在交货质量方面所承担的义务作了规定。这些规定并不完全一样，例如，英国的《货物买卖法》规定质量条款是合同的"要件"（condition）；美国的《统一商法典》规定，如果表示质量的声明已经构成交易的基础的一部分，即构成卖方的明示担保；《联合国国际货物销售合同公约》也规定，卖方交付的货物必须与合同所规定的数量、质量和规格相符。

但是各国法律对卖方违反合同规定，交付与品质条款不符的货物，其处理办法大体上是相同的，即如果发生这种情况，买方有权要求降低价格、修理或交替代货物，以至拒收货物、宣告合同无效并提出损害赔偿。由此可见，以质取胜，质量兴贸是国际贸易发展的主要战略，订立好合同的质量条款具有重大意义。

二、商品质量的表示方法

表示商品质量的方法各式各样，综合起来主要分为以实物表示商品的质量和以文字说明表示商品的质量两大类。

（一）以实物表示商品的质量

实际业务中，凭实物买卖又分为两种方式：看货成交和看样成交。

1. 看货成交

看货成交是指卖方掌握现货以及买方亲临现场，经买方现场检验合格达成交易成交后买方不得对商品再提出任何异议。这种方法多用于寄售、拍卖和展卖业务中，特别适用于独特品质的货物，如珠宝、首饰、字画、玉雕等。

2. 看样成交

看样成交又称凭样品买卖（sale by sample）。样品是指从供货商生产的一批商品中抽取，或由生产部门或使用部门设计、加工，足以反映和代表整批商品质量的少量实物。以卖方样品作为交货依据而成交的，称为"凭卖方样品买卖"（sale by seller's sample）；以买方样品作为交货依据而成交的，称为"凭买方样品买卖"（sale by buyer's sample）。

看样成交时应当注意：

（1）提交的样品质量不可过高，要以能够代表货物整体质量的样品为宜，否则会给履约带来困难；提交的样品质量也不可过低，否则同样会影响成交。在看样成交中确认样品是交接货物的品质依据，卖方要承担货样完全一致的责任，因此，只有品质稳定的产品才适于凭样成交，卖方必要时在合同中注明"质量与样品大致相同"(quality to be about equal to the sample)字样,可避免因样品与货物的少许不符,造成买方提出索赔。

(2)向买方提交样品时,应作样品备份,即复样(duplicate sample)。卖方在原样(original sample)和复样上编制相同的货号,注明寄送日期、客户名称等,以便买方及时、迅速知道买方所指的具体样品,进而据此备货。样品保存要保证维持品质不受破坏,必要时可交公证机构封存。

(3)买方寄来样品并要求按其质量成交时,卖方最好按照来样的款式,结合国内可供原材料、生产技术及制造时间,仿制两个样品,即对等样品(counter sample)或回样,一个交对方确认,另一个备存,这样就将"凭买方样品成交"转换成了"凭卖方样品成交";买卖双方中任一方,如果使用对方商标时,应要求对方将商标注册证书复印件交本方备查,并取得对方要求本方生产的授权书,或将有关商标使用注意事项列入合同中,以备双方一旦发生产权纠纷,便于双方分清责任。

(4)买方要求提供样品时,卖方可根据样品价值高低决定是否要求买方支付费用。价值高的样品,可要求买方支付费用或双方各付一半,如果最终成交,样品费用可在货款中扣除。

(5)如果买方提交给卖方的样品不是确认样(confirmation sample)时,应注明"仅供参考"(for reference only)字样。

(6)样品根据业务的需要,还有装船样品(shipping sample),即代表装船时货物品质的样品;色彩样品(colour sample),即只能反映产品的某项指标,而不能反映产品全部的样品。

❓思考

资料:A公司按看样成交的方式,从国外B公司进口作为饲料的谷物。由于B公司交货品质太好,使A公司所在国家的海关误以为货物是供人食用的谷物而课以重税,因此A公司增加了纳税负担。由此,A公司要求B公司赔偿因交货品质与样品不同而造成的关税差额损失。

试问:A公司如上诉到法院,法院将如何判决,原因是什么?

(二)以文字说明表示商品的质量

在国际货物贸易中,大多数商品采用文字说明来规定其质量,这种方法被称为"凭文字说明买卖"(sale by description)。具体有以下几种方式。

1. 凭规格买卖(sale by specifications)

商品的规格是指用以反映商品质量的若干主要指标,如成分、含量、纯度、容量、性能、大小、长短、粗细等。用商品的规格来确定商品质量的方法称为"凭规格买卖"。这种表示质量的方法简单方便、准确具体,在国际贸易中使用最为广泛。

例1:"跳鲤"花布	纱支	密度(每英寸)	幅阔(英寸)
	30×36	72×69	35 / 36 ″
Printed Shirting "Jumping Fish"	Yarn counts	No. of threads (per inch)	Width (inch)
	30×36	72×69	35 / 36 ″

2. 凭等级买卖(sale by grade)

商品的等级是指同一类商品,按其质地的差异,或尺寸、形状、重量、成分、构造、效能等的不同,用文字、数字或符号所作的分类。如特级(special grade)、一级(first grade)、二级(second grade);大号(large)、中号(medium)、小号(small)等。

例2:中国绿茶   龙井茶特级   货号   6307

                           龙井茶一级   货号   6317

                           龙井茶二级   货号   6327

Chinese Green Tea   dragon well tea Special Grade   Art. No. 6307

                           dragon well tea Grade 1   Art. No. 6317

                           dragon well tea Grade 2   Art. No. 6327

买卖双方对交易商品等级理解一致时,只需在合同中明确等级即可。但对于双方不熟悉的等级内容,则最好明确每一等级的具体规格。

3. 凭标准买卖（sale by standard）

标准是指商品规格的标准化。商品的标准一般由标准化组织、政府机关、行业团体、商品交易所等规定并公布。世界各国都有自己商品的标准。另外,还有国际标准和国外先进标准。国际标准是指国际标准化组织(ISO)标准、国际电工委员会(IEC)制定的标准以及其他国际组织规定的某些标准。国外先进标准是指发达国家的国家标准,如英国为 BS,美国为 ANSI,法国为 NF,德国为 DIN,日本为 JIS、JAS 等。这些国际标准和国外先进标准均在国际贸易中被广泛采用。我国有国家标准、行业标准、地方标准和企业标准。在我国外贸实践中,除使用国际标准和某些外国的标准外,也使用我国自己制定的标准。

由于科技的日新月异,同一组织颁布的某类商品的标准往往有不同年份的版本,版本不同,质量标准内容也不相同。在合同中援引标准时,应注明采用标准的版本名称及其年份。

例3:利福平(甲哌利福霉素)《英国药典》1993 年版

       Rifampicin B. P. (British Pharmacopoeia)1993

在国际贸易中,买卖一些质量容易变化的农产品,以及质量构成条件复杂的某些工业制成品时,买卖双方常以同业公会、交易所、检验局等选定的标准物来表示商品的质量。以标准物表示交易商品质量的方法主要有以下两种:

(1)"良好平均品质"(fair average quality,简称 F. A. Q.）。"良好平均品质"标准是指由同业公会或检验机构从一定时期或季节、某地装船的各批货物中分别抽取少量实物加以混合拌制,并由该机构封存保管,以此实物所显示的平均品质水平,作为该季节或时期同类商品质量的比较标准。这种表示质量的方法非常笼统,实际并不代表固定、具体的质量规格。在我国,某些农副产品的交易中也使用 F. A. Q. 来表示品质,习惯上我们称其为"大路货",其交货质量一般以我国产区当年生产该项农副产品的平均质量为依据而确定。采用这种方法,除在合同中注明 F. A. Q. 字样外,一般还注明该商品的主要规格指标。

例4:中国桐油,良好平均品质,游离脂肪酸不超过 4%

       Chinese Tung Oil, F. A. Q. , F. F. A. 4% max.

(2)"上好可销品质"(good merchantable quality,简称 G. M. Q.）。"上好可销品质"标准是指卖方交货品质只需保证为上好的、适合于销售的品质即可。如果卖方所交货物无该类货物通常的使用目的,无市场交易可能,则由卖方承担责任。与"良好平均品质"标准相比,显然这种标准更为笼统,一般只适用于木材或冷冻鱼类等物品。我国在对外贸易中很少使用此种标准。

4. 凭牌名或商标买卖（sale by brand or trade mark）

商品的牌名(brand)是指厂商或销售商所生产或销售商品的牌号,又称"品牌";商标(trade mark)则是牌名的图案化,是特定商品的标志。使用牌名与商标的主要目的是使之区别于其他同类商品,以利销售。一个牌名可用于一种产品,也可用于一个企业的所有产品。

例5:李锦记金标生抽酱油

        Lee Kum Kee Gold Label Soy Sauce

例6:"威尔逊"牌足球,货号WS17,5号球

        "Welson" Brand Football,Art. No. WS17,SIZE 5

5. 凭产地名称或凭地理标志买卖(sale by name of origin, or sale by geographical indication)

有些地区的产品,尤其是一些传统农副产品,具有独特的加工工艺,在国际上享有盛誉。对于这类商品的销售,可以采用产地名称或地理标志来表示其独特的品质。如以一个国家为标志的"法国香水"(France Perfume)、"德国啤酒"(German Beer);以某个国家的某一地区为标志的"中国东北大米"(China Northeast Rice);以某个国家某一地区的某一地方为标志的"四川榨菜"(Sichuan Preserved Vegetable)、"绍兴花雕酒"(Shaoxing HuaTiao Chiew)等。地理标志在《关税与贸易总协定》乌拉圭回合最终协议文件中已被正式列入知识产权保护范畴。

6. 凭说明书和图样买卖(sale by description and illustration)

在国际货物买卖中,有些机器、电器、仪表、大型设备、交通工具等技术密集型产品,由于其结构复杂,制作工艺不同,无法用样品或简单的几项指标来反映其质量全貌。对于这类商品,买卖双方除了要规定其名称、商标牌号、型号等外,通常还必须采用说明书来介绍该产品的构造、原材料、形状、性能、使用方法等,有时还需附以图样、图片、设计图纸、性能分析表等来完整说明其具有的质量特征。例如,在合同中规定"质量和技术数据必须与卖方所提供的产品说明书严格相符"(quality and technical data to be strictly in conformity with the description submitted by the seller)。

如前所述,表示商品的品质有多种方法,在实际业务中,可单独使用一种方法,也可几种方法混合使用。但我们应注意的是,凡是能用一种方法表示商品品质的,则不要用两种或两种以上的方法,因为其中若有一种品质要求卖方的产品未达到,即会构成违约。

？思考

试将下列合同中的质量条款译成中文:

(1)Bright Brand Infant Milk Powder.

(2)Sample NT002 Plush Toy Bear Size 24″.

(3)Colour lamps,candle type 220V 25W.

(4)Multi-shuttle Box Loom Model 1514A,detail specifications as per attached descriptions and illustrations.

三、国际货物贸易合同中的质量条款

(一)质量条款的内容及注意事项

质量条款包括货物的名称和具体质量。质量条款是买卖双方交接货物的质量依据,双方对此都十分重视,如果实际交货达不到质量条款的要求,买方有权提出索赔。为此作为卖方应当注意如下问题:

(1)为了防止纠纷,质量条款要尽量明确具体,避免笼统含糊。所涉及的数据力求突出重点、切合实际,切忌订得过高、过低、过繁或过细。

(2)货物质量要符合有关规定。货物应具备应有的使用性能,符合产品或包装上注明的用

途、标准、说明以及实物样品等表明的品质状况,把握不同市场对货物质量的不同要求。

(3)对于质量不好掌握的货物,应当标注质量机动幅度条款或质量公差条款。如果把质量指标订得过死,必然会给卖方交货带来困难。

(二)质量机动幅度条款与质量公差条款

1. 质量机动幅度条款

质量机动幅度是指对特定质量指标在一定幅度内可以机动。具体方法有规定范围、极限和上下差异三种。质量机动幅度主要适用于初级产品,以及某些工业制成品的质量指标。

(1)规定范围。规定范围是指对某项商品的主要质量指标规定允许有一定机动的范围。

例7:色织条格布　宽度41/42″

　　　　　Yarn – dyed Gingham Width 41/42″

例8:B601番茄酱　28/30浓缩度

　　　　　B601 Tomato Paste　28/30 Concentration

(2)规定极限。规定极限是指对某些商品的质量规格,规定上下极限。如最大、最高、最多(maximum;max.),最小、最低、最少(minimum;min.)。

例9:活黄鳝　每条75克以上

　　　　　Live Yellow Eel 75g and up per piece

(3)规定上下差异。规定上下差异是指在规定某一具体质量指标的同时,规定必要的上下变化幅度。有时为了包装的需要,也可订立一些灵活办法。

例10:灰鸭毛　含绒量18%　允许上下1%

Grey Duck Feather Down Content 18%,allowing 1% more or less

2. 质量公差条款

质量公差(quality tolerance)是指允许交付货物的特定质量指标有在公认的一定范围内的差异。在工业品生产过程中,对产品的质量指标产生一定的误差有时难以避免,如手表走时每天误差若干秒,某一圆形物体的直径误差若干毫米。这种误差若为某一国际同行业所公认,即成为"质量公差"。交货质量在此范围内即可认为与合同相符。

对于国际同行业有公认的"质量公差",可以不在合同申明确规定。但如果国际同行业对特定指标并无公认的"质量公差";或者买卖双方对质量公差理解不一致;或者由于生产原因,需要扩大公差范围时,也可在合同中具体规定质量公差的内容,即买卖双方共同认可的误差。

卖方交货质量在质量机动幅度或质量公差允许的范围内,一般均按合同单价计价,不再按质量高低另作调整。但有些商品,也可按交货时的质量状况调整价格,这时就需要在合同中规定质量增减价条款。

例11:中国芝麻　水分(最高)8%,杂质(最高)2%,含油量以52%为基础。如实际装运货物的含油量高或低1%,价格相应增减1%。

China Sesame　Moisture(max)8%,Admixture(max)2%,Oil Content 52% basis. Should the oil content of the goods actually shipped be 1% higher or lower,the price will be accordingly increaseed or decreased by 1%.

❓思考

资料:出口大米一批,合同质量条款规定以95%的纯度为准。杂质超过2%时,每超出1%按合同价折让5%;若杂质超过5%,则买方有权拒收。

讨论:订立这种条款有何不妥? 如何变动才能对双方有利?

子项目三 商品的数量

一、商品数量的含义及其重要性

商品的数量是指以一定的度量衡表示商品的质量、长度、体积、面积及个数等的量,卖方必须严格按照合同规定的数量交货,履行应尽的义务。通常交易的数量体现了双方的营销意图、经营实力。在国际货物贸易中,商品的数量是国际货物买卖合同的主要交易条件之一。《联合国国际货物销售合同公约》第35条规定:"卖方必须按合同数量条款的规定如数交付货物。"第37条规定:"如果卖方实际交货数量少于约定数量,卖方应在规定的交货期限届满前补交,但不得使买方遭受不合理的不便或承担不合理的开支,然而,买方保留要求损害赔偿的任何权利。"第52条规定:"如果卖方交货数量多于约定的数量,买方可以收取,也可以拒绝收取多交部分货物的全部或一部分。"因此,正确把握成交数量,对于买卖双方顺利达成交易、合同的履行以及今后交易的进一步发展,都具有十分重要的意义。

？思考

资料:现出口土豆泥,合同中规定:150 ctns of 12 cans each and each can of 50g. 出口时,卖方误装了100g/can 的罐头。

试问:这样将产生什么后果? 有人认为因卖方实际多装,买方将显获益。你对此有何看法?

二、计量单位和计量方法

在国际贸易中,由于各国度量衡制度的不同,计量单位有很大的差别。例如,重量单位吨,有公吨、长吨、短吨之分,它们分别等于1 000千克、1 016千克、907.2千克。目前,国际贸易中通常使用的度量衡制度有四种:①公制(或米制)(Metric System);②美制(U. S. System);③英制(British System);④国际单位制(International System of Units)。我国采用的是以国际单位制为基础的法定计量单位。《中华人民共和国计量法》第3条规定:"国家采用国际单位制。国际单位制计量单位和国家选定的其他计量单位,为国家法定计量单位。"

(一)计量单位

在不同计量方式下,通常采用的计量单位的名称及适用商品见表1-1。

表1-1 常见计量单位

计量	应用情形	常见单位
重量单位	主要适用于羊毛、棉花、谷物、盐、油类、天然矿产品,以及矿砂、钢铁等部分工业制品	克(G)、千克(KG)、盎司(OZ)、磅(LB)、公吨(MT)、长吨(LT)、短吨(ST)等

计量	应用情形	常见单位
个数单位	主要适用于成衣、文具、纸张、玩具、车辆、拖拉机、活牲畜、机器零件、杂货类商品及一般制成品	只(PC)、件(PKG)、双(PR)、台/套/架(ST)、打(DZ)、罗(GR)、大罗(G. GR)、令(RM)、卷(ROLL OR COIL)、辆(UNIT)、头(HEAD)、箱(C/S)、捆(BALE OR BDL)、桶(BARREL OR DR)、听(TIN OR CAN)等
容积单位	主要适用于小麦、玉米、汽油、谷物天然瓦斯、化学气体、煤油、酒精、啤酒、双氧水及其他流体、气体物品	公升(L.)、加仑(GAL.)、蒲式耳(BU.)等
长度单位	主要适用于布匹、塑料布、电线电缆、绳索、纺织品等	码(YD.)、米(M.)、英尺(FT.)、厘米(CM.)等
面积单位	主要适用于木材、玻璃、地毯、铁丝网、纺织品、塑料板、皮革等板型材、皮质商品和塑料制品	平方米(SQ. M)、平方英尺(SQ. FT.)、平方码(SQ. YD.)、平方英寸(SQ. INCH)等
体积单位	主要适用于化学气体、木材等	立方码(CU. YD.)、立方米(CU. M.)、立方英尺(CU. FT.)、立方英寸(CU. INCH)等

思考

资料：我方某外贸公司从美国进口钢材 500 公吨，美商报价为每公吨 3 000 美元。当我方凭单提货后发现，实际重量只有 453.6 公吨，当我方向美商提出交涉时，美商拒不补交剩余的 46.4 公吨。

试问：美商的理由是什么？我方应吸取哪些教训？

（二）计算进出口商品重量的方法

在国际货物贸易中，很多商品采用按重量计算。

1. 按毛重计算

毛重(gross weight)是指商品本身的重量加皮重(tare)，即商品连同包装的重量。有些单位价值不高的商品（例如，用麻袋包装的大米、蚕豆等农产品）可采用毛重计量，即以毛重作为计算价格和交付货物的计量基础。这种计重方法在国际货物贸易中被称为"以毛作净"(gross for net)。

2. 按净重计算

净重(net weight)是指商品本身的重量，即毛重扣除皮重(包装)的重量。

在国际货物贸易中去除皮重的方法有四种：

(1)按实际皮重(real tare or actual tare)。将整批商品的包装逐一过秤，算出每一件包装的重量和总重量。

(2)按平均皮重(average tare)。从全部商品中抽取几件，秤其包装的重量，除以抽取的件数，得出平均数，再以平均每件的皮重乘以总件数，算出全部包装重量。

（3）按习惯皮重（customary tare）。某些商品的包装比较规格化，并已经形成一定的标准，即可按公认的标准单件包装重量乘以商品的总件数，得出全部包装重量。

（4）按约定皮重（computed tare）。买卖双方以事先约定的单件包装重量，乘以商品的总件数，求得该批商品的总皮重。

去除皮重的方法，依交易商品的特点，以及商业习惯的不同，由买卖双方事先商定并在买卖合同中作出具体规定。

3. 按公量（conditioned weight）计算

在计算货物重量时，使用科学方法，抽去商品中所含水分，再加上国际公认的标准含水量，求得的重量称为公量。这种计重办法较为复杂、麻烦，主要使用于少数经济价值较高而水分含量极不稳定的商品，如羊毛、生丝、棉花等。公量的计算公式为：

公式（1）：公量＝商品干量×（1＋标准回潮率）

公式（2）：公量＝商品净重×（1＋标准回潮率）/（1＋实际回潮率）

商品干量是指除去水分后的商品干净重。标准回潮率，又称公定回潮率或法定回潮率，是指国际公认的商品回潮率，如羊毛、生丝的标准回潮率为11％。实际回潮率是指商品的实际含水量与干量的百分比。

例12：我国某公司与西班牙某公司达成了一笔100公吨生丝的出口交易，合同中规定以公量来计算商品的重量，商品的标准回潮率确定为11％。假设抽取10千克生丝，用科学方法除去其中的水分，净剩8千克的干生丝。请问：该商品的公量是多少？

解：实际回潮率＝（10－8）/8＝25％

公式（1）：公量＝8×（1＋11％）＝8.88（公吨）

公式（2）：公量＝10×（1＋11％）/（1＋25）＝8.88（公吨）

4. 按理论重量（theoretical weight）计算

理论重量适用于有固定规格和固定体积的商品。规格一致、体积相同的商品，每件重量也大致相等，根据件数即可算出其总重量，如马口铁、钢板等。

5. 按法定重量（legal weight）和净净重（net net weight）计算

纯商品的重量加上直接接触商品的包装材料，如内包装等的重量，即为法定重量。法定重量是海关依法征收从量税时，作为征税基础的计量方法。而扣除这部分内包装的重量及其他包含杂物（如水分、尘芥）的重量，则为净净重，净净重的计量方法主要也为海关征税时使用。

根据《联合国国际货物销售合同公约》第56条的规定，在国际货物贸易合同中，如果货物是按重量计量和计价，而未明确规定采用何种方法计算重量和价格时，根据惯例，应按净重计量和计价。

？思考

资料：我国某出口公司与日本一商人按每公吨500美元成交某农产品200公吨，合同规定每袋包装5千克。事后对方来电称该公司所交货物扣除皮重后实际到货不足200公吨，要求按净重计算价格，退回因短量多收的货款。我国公司则以合同未规定按净重计价为由拒绝退款。

试问：我国公司做法是否可行？为什么？

三、国际货物贸易合同中的数量条款

国际货物贸易合同中的数量条款，内容主要包括交货数量和计量单位，如500箱。规定数量条款,需要注意下列事项。

(一)正确掌握成交数量

掌握成交数量需考虑下列因素:

(1)国外市场的供求状况。应了解该市场的需求量和各地对该市场的供应量,有效地利用市场供求变化规律。

(2)国内货源的供应情况。在具有生产能力和货源充足情况下,可适当扩大成交量;反之,如货源紧张则不宜盲目成交,以免给生产企业履行合同带来困难。

(3)国际市场的价格动态。要有一定的预期能力,注意价格跌与涨。例如,价格看跌时,如有货源,应争取多成交、快抛售;价格看涨时,作为出口方则不宜急于大量成交。

(4)国外客户的资信状况和经营能力。成交数量应与国外客户的资信状况和能力相适应,对资信情况不了解的客户和资信欠佳的客户,不宜轻易签订成交数量较大的合同。

(二)数量条款应当明确具体

在国际货物贸易合同中一般不宜采用大约、近似、左右等伸缩性的字眼来说明。因为各国和各行业对这类词语的解释不一,有的理解为 2% 的伸缩,也有的理解为 5% 甚至 10% 的伸缩,众说纷纭,易引起争议。《跟单信用证统一惯例》(UCP600)规定:①在信用证支付方式下,合同当中的数量及金额的约或大约,应理解为卖方可以多交或少交 10%。②在信用证支付方式下,付款金额不超过信用证总额的前提下,卖方可以多交或少交 5%,但包装单位按个体计数时,此项 5% 的伸缩则不再适用。

(三)合理规定数量机动幅度

在国际货物贸易中,有些商品是可以加以精确计量的,如冰箱、彩电、药品等。但在实际业务中,有许多商品受本身特性、生产、运输或包装条件以及计量工具的限制,在交货时不易精确计算,如散装谷物、油类、水果、粮食、矿砂、钢材以及一些初级产品等,交货数量往往难以完全符合合同约定的某一具体数量。为了便于合同的顺利履行,减少争议,买卖双方通常都要在合同中规定数量的机动幅度条款,允许卖方交货数量可以在一定范围内灵活掌握。

买卖合同中的数量机动幅度条款一般就是溢短装条款(more or less clause)。所谓溢短装条款,就是在规定具体数量的同时,再在合同中规定允许多装或少装一定百分比。卖方交货数量只要在允许增减的范围内即为符合合同有关交货数量的规定。

例 13:5 000 公吨,卖方可溢装或短装 5%(5 000m/t,with 5% more or less at seller's option)。按此规定,如果卖方实际交货数量可以在[4 750m/t,5 250m/t]范围内,买方不得提出异议。

为了订好数量机动幅度条款,即数量增减条款或溢短装条款,需要注意下列几点:

(1)数量机动幅度的大小要适当。数量机动幅度条款的制定,应视商品特性、行业或贸易习惯和运输方式等因素而定。

(2)机动幅度选择权的规定要合理。合同中规定有数量机动幅度条款,具体伸缩量的掌握大都明确由卖方决定(at seller's option),但有时特别是在由买方派船装运时,也可规定由买方决定(at buyer's option)。在采用租船运输时,为了充分利用船舱容积,便于船长根据具体情况,如轮船装载能力等,考虑装运数量,也可授权船方掌握并决定装运增、减量。在此情况下,买卖合同中应明确由承运人决定伸缩幅度(at carrier's option)。

(3)溢短装数量的计价方法要公平合理。在数量机动幅度范围内,多装或少装货物,一般都按合同价格结算货款。但是,由于数量是计算货款的基础,数量机动幅度的运用在一定程度上关系着买卖双方的商业利益。就卖方而言,在市场价格下跌时,大都按照最高约定数量交货,相反,在市场价格上涨时,则往往尽量争取少交货物。这样,按合同价格计算多交或少交货物对买方不利。而如由买方决定时,则又会对卖方不利。据此,为了防止拥有数量增减选择权的当事人利用数量机动幅度,根据市场价格情况故意多装或少装货物以获取额外收益,买卖双方可在合同中规定,多装或少装数量的价款按装运日期某指定市场价(如某交易所的收盘价)计算。

？思考

资料:我国某公司向科威特出口散装小麦 100 公吨,每公吨 400 美元。合同中未规定数量可增减。国外按时开来信用证,证中规定总金额不超过 40 000 美元。我方收到信用证后备货待运,在合同规定的装运期内我方按 104 公吨发货装运,并按实际交货数量制作单据,但持单到银行办理议付时遭拒绝。

试问:银行拒付是否有理? 为什么?

子项目四 商品的包装

一、约定包装条件的意义

商品包装是实现商品的使用价值和附加价值的必要手段之一。超市和一些连锁商店里没有售货员,只有少数理货员和收款员。各种商品分门别类摆在货架上全靠产品的自我介绍,如自我介绍不突出就不能引起顾客的兴趣和促使顾客产生购买的欲望。因此,无论是做广告还是制作包装都要考虑 AIDMA 的因素。AIDMA 是英文 attention、interest、desire、memory、action 五个单词首字母的组合,其意义就是要使商品的包装引起消费者的注意,从而使消费者产生购买欲望,最终采取购买行动。

包装条款是国际货物贸易合同中的一项主要条款,按照合同约定的包装要求提交货物,是卖方的主要义务之一。一些国家的法律将包装视作货物说明的一部分,《联合国国际货物销售合同公约》第 35 条(1)款规定:"卖方须按照合同规定的方式装箱或包装。"如果卖方不按照合同规定的方式装箱或包装,即构成违约。为了明确国际货物贸易合同中当事人的责任,通常应在买卖合同中对商品的包装要求作出明确具体的规定。

国际贸易中的货物,除无须包装,可直接装入运输工具中的散装货物(bulk cargo;cargo in bulk),和在形态上自成件数,不必包装或者只需略加捆扎即可成件的裸装货物(nude cargo)以外,其他绝大多数商品都需要包装。

商品包装的分类方法很多。按包装材料分类,分为木制品、纸制品、金属制品、玻璃制品、陶瓷制品和塑料制品包装等。其中纸制品、金属制品、玻璃制品和塑料制品是现代包装材料的四大支柱。按包装货物种类分类,分为食品、医药、轻工产品、针棉织品、家用电器、机电产品和果蔬类包装等。按安全性能分类,分为一般货物包装和危险货物包装等。

但根据包装在流通过程中所起作用的不同,习惯将商品包装分为运输包装和销售包装两大类。

？思考

资料:我出口公司向瑞典客户出口杏仁 1.5 公吨,合同规定纸箱装,每箱 15 千克,内装 15

小盒,每小盒1千克。交货时,由于此种包装的货物短缺,于是我方便将小装更改为每箱仍为15千克,但内装30小盒,每小盒0.5千克。货到目的港后,对方以包装不符为由拒绝收货。我方则认为数量完全相符,要求买方付款。

试问:产生纠纷责任在谁?应如何处理?

二、运输包装

运输包装(transport packing)又称大包装、外包装(outer packing),它是指将货物装入特定容器,或以特定方式成件或成箱的包装。运输包装的作用有二:一是保护货物在长时间和远距离的运输过程中不被损坏和散失;二是方便货物的搬运、储存和运输。

(一)运输包装的种类

表1-2 运输包装的种类

按包装方式分类	按包装材料分类(举例)	适用情形及有关说明
箱(case)	木箱(WOODEN CASE)、板条箱(CRATE)、纸箱(CARTON)、瓦楞纸箱(CORRUGATED CARTON)、漏孔箱(SKELETON CASE)、夹板箱(PLY－WOODCASE)、金属箱(METAL CASE)	多由纸板、稻草、纤维板制成。内衬防潮纸或塑料薄膜、锌箔、铝箔、纸屑、木屑、纸条等,箱外常以铁皮、塑料带加固,适用于集装箱、托货板运输。
捆包(bale packing)	包(BALE)、捆(BUNDLE)	对于羽毛、羊毛、棉花、布匹、蚕丝等蓬松货物,运输前先压缩,再用帆布、麻布(HESSIAN CLOTH)或棉布进行包裹,并用金属丝或塑料带加箍。这种包装有利于装卸,但不利于保护商品。
袋(bag)	麻袋(GUNNY BAG)、布袋(CLOTH BAG)、塑料袋(PLASTIC BAG)、纸袋(PAPER BAG)、玻璃纤维袋(GLASS FIBRE BAGS)、单层麻袋(SINGLE GUNNY BAGS)等。此外,还有纸塑复合袋、多层塑料复合袋和编织袋等	适用于粉状、颗粒状和块状的农产品及化学原料包装,如水泥、化肥、面粉、糕点、动物饲料、化工产品等。这种包装易被水渗漏,尤其纸袋易破碎,复合袋和编织袋较其他类型的袋牢固,适用于托板运输。
桶(drum,cask)	木桶(WOODEN CASK)、铁桶(IRON DRUM)、琵琶桶(BAREL)、塑料桶(PLASTIC CASK)、纸板桶(CARD BOARD DRUMS)、镀锌桶(GALVAIZED IRON DRUM)	适用于挥发性液体、半液体及粉状、粒状商品运输包装。这种包装有再卖价值,包装一定要密封,防止渗漏、生锈。酸性物品可用塑料桶或瓶装。
其他	瓶(BOTTLE)、罐(CAN)、钢瓶(CYLINDETR)、坛(DEMIJOHN, CARBOY)、篓/筐(BASKET)、(JAR)	盐酸、硫酸、酒类、液化瓦斯等易发生化学反应的物品应用瓶罐装运;蔬菜、水果等一般物品以竹片、柳条、藤条纺制而成的篓装运。

（二）运输包装的标志

包装标志（packing mark）是为了便于识别货物，运输、仓储、检验和海关等有关部门工作的进行，以及收货人收货，在商品运输包装上需要按合同规定标明或刷写的标志。按作用的不同，包装标志可分成运输标志（shipping mark）、指示性标志（indicative mark）、警告性标志（warning mark）、产地标志和重量体积标志等。见图1-1。

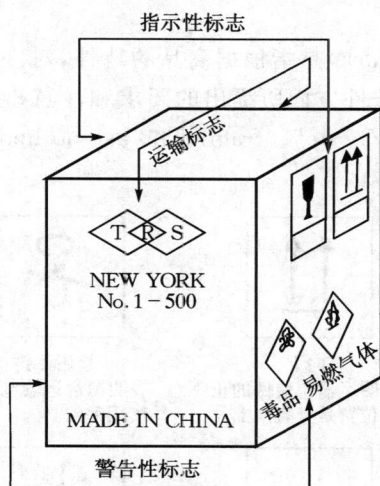

图1-1 运输包装标志

1. 运输标志

运输标志（shipping mark），即"唛头"，是国际货物贸易合同、货运单据中有关货物标志事项的基本内容。它一般由一个简单的几何图形和/或一些字母、数字及简单的文字等组成，通常刷写在运输包装的明显部位，目的是为了使货物运输途中的有关人员辨认货物，核对单证。唛头一般由卖方决定，无须在合同中作具体规定。按国际标准化组织（ISO）的建议，运输标志应包括四项内容：

（1）收货人或买方的名称字首或简称。

（2）参照号码，如买卖合同号码、订单、发票或运单号码、信用证号码等。

（3）目的地，即货物运送的最终目的地或目的港的名称。

（4）件数号码，即本批每件货物的顺序号和该批货物的总件数。

DIF CO. , LTD.	收货人名称
S/C：6234	合同号码（文件号）
NEW YORK	目的港
C/NO. 4－20	件号（顺序号和总件数）

小贴士

C/NO. 1－100、C/NO. 3－100 **与** C/NO. 1－UP **的比较**

须注意的是，运输标志中的件号主要说明整批货与本件货物的关系。假如该批货只有一种规格时,货物的件号可以是一个,例如,C/NO. 1 - 100。但如果一批货物有100箱,每一箱的包装细数和品种规格均不相同时,则可采用顺序件号的方法,即在货物包装上用 C/NO. 1 - 100、C/NO. 2 - 100、C/NO. 3 - 100……来表示,以便理货清查短损。C/NO. 3 - 100 中的 100 表示该批货物共计 100 件,3 则表示本件是 100 件中的第三件。在业务往来函电中,有时会见到这样的写法"C/NO. 1 - UP"这表明包装件数待定,装运时按实际情况确定。

2. 指示性标志

指示性标志(indicative mark)是指根据商品的特性,对一些容易破碎、残损、变质的商品,在搬运装卸操作和存放保管条件方面所提出的要求和注意事项,以及用图形或文字表示的标志。例如,"keep dry"、"this way up"、"fragile"和"use no hook"等。图 1 - 2 列举的是一些常用的指示性标志。

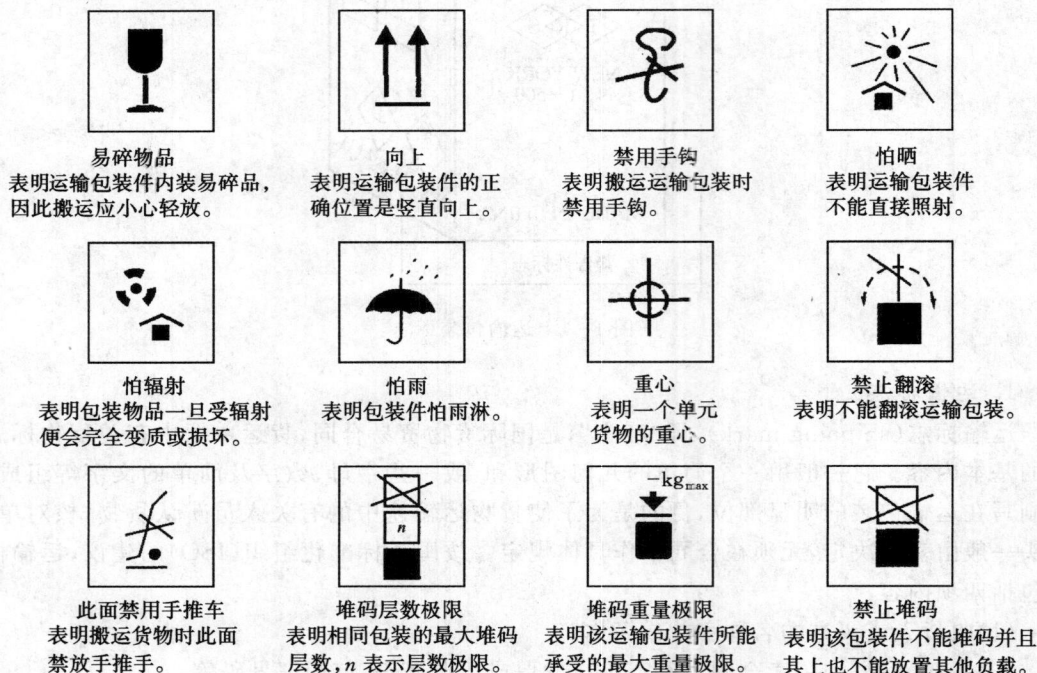

易碎物品
表明运输包装件内装易碎品,因此搬运应小心轻放。

向上
表明运输包装件的正确位置是竖直向上。

禁用手钩
表明搬运运输包装时禁用手钩。

怕晒
表明运输包装件不能直接照射。

怕辐射
表明包装物品一旦受辐射便会完全变质或损坏。

怕雨
表明包装件怕雨淋。

重心
表明一个单元货物的重心。

禁止翻滚
表明不能翻滚运输包装。

此面禁用手推车
表明搬运货物时此面禁放手推手。

堆码层数极限
表明相同包装的最大堆码层数,n 表示层数极限。

堆码重量极限
表明该运输包装件所能承受的最大重量极限。

禁止堆码
表明该包装件不能堆码并且其上也不能放置其他负载。

图 1 - 2 常用的指示性标志

3. 警告性标志

警告性标志(warning mark)又称危险品标志(dangerous cargo mark),是指在装有爆炸品、易燃物品、腐蚀物品、氧化剂和放射物质等危险货物的运输包装上用图形或文字表示各种危险品的标志。其作用是警告有关装卸、运输和保管人员按货物特性采取相应的措施,以保障人身和物资的安全。图 1 - 3 列举了《国际海上危险货物运输规则》(简称《国际危规》)所规定的一些危险品标志。

4. 产地标志

商品产地是海关统计和征税的重要依据,由产地证说明。作为商品说明的一个重要内容,产地一般在商品的内外包装上予以注明。例如,我国出口商品包装上均注明"made in China"。

5. 重量体积标志

重量体积标志是指在运输包装上标明包装的体积和毛重,以方便储运过程中安排装卸作业和舱位。运输标志的涂刷位置,应该在包装箱(外箱)的两个对称面上,称之为"正唛"(main mark),而重量体积标志一般涂刷在另外两个对称面,这便是"侧唛"(side mark)。

(符号:黑色,底色:橙红色)　(符号:黑色或白色,底色:绿色)　(符号:黑色或白色,底色:正红色)

(符号:黑色,底色:白色或红色)　(符号:黑色,底色:柠檬黄色)　(符号:黑色,底色:白色)

(符号:黑色,底色:白色,附一条红竖条)　(符号:上黑下白,底色:上白下黑)　(符号:黑色,底色:白色)

图 1-3　部分危险品标志

思考

请为下列出口货物设计运输标志上的件号:

Commodity:100% cotton men's shirt

Packing:Each piece in a polybag 60 pcs to a carton.

Design No.	Quantity	Ctn No.	Nos. of pkgs
93—11	1 260pcs		
93—12	1 260pcs		
93—13	1 200pcs		
93—14	1 680pcs		

出口商品总数量是:＿＿＿＿＿＿　件

包装总件数为:＿＿＿＿＿＿　箱

三、销售包装

销售包装(selling packing),又称小包装(small packing)、内包装(inner packing)或直接包装(immediate packing),是指在商品制造出来以后以适当的材料或容器所进行的初次包装。销售包装的主要作用不是保护商品的品质,而在于它能美化商品,促进销售,吸引顾客和方便消费者识别、选购、携带和使用。

(一)销售包装的种类

根据商品的特征和形状,销售包装可采用不同的包装材料和不同的造型结构与式样。常见的销售包装有以下几种:

(1)挂式包装。挂式包装是指可在商店货架上悬挂展示的包装,其独特的结构如吊钩、吊带、挂孔、网兜等,可充分利用货架的空间陈列商品。

(2)堆叠式包装。堆叠式包装通常是指包装品顶部和底部都设有吻合装置,这种包装可以使商品在上下堆叠过程中可以相互咬合,其特点是堆叠稳定性强,可大量堆叠而节省货位,常用于听装的食品罐头或瓶装、盒装商品。

(3)便携式包装。便携式包装是指包装造型和长宽高比例的设计均适合消费者携带使用的包装,如有提手的纸盒、塑料拎包等。

(4)一次用量包装。一次用量包装又称单份包装、专用包装或方便包装,是指以使用一次为目的的较简单的包装,如一次用量的药品、饮料、调味品等。

(5)易开包装。易开包装是指包装容器上有严密的封口结构,使用者不需另备工具即可容易地开启的包装。易开包装分为易开罐、易开瓶和易开盒等。

(6)喷雾包装。喷雾包装是指在气密性容器内,当打开阀门或压按钮时,内装物由于推进产生的压力能喷射出来的包装。香水、空气清新剂、清洁剂等均采用喷雾包装。

(7)配套包装。配套包装是指将消费者在使用上有关联的商品搭配成套,装在同一容器内的销售包装,如工具配套袋、成套茶具的包装盒等。

(8)礼品包装。礼品包装是指专作为送礼用的销售包装。礼品包装的造型应美观大方,有较高的艺术性,有的还使用彩带、花结、吊牌等。它的装潢除了要能给消费者留下深刻印象外,还必须具有保护商品的良好性能。使用礼品包装的范围极广,如糖果、化妆品、工艺品、滋补品和玩具等。

(二)销售包装的装潢和文字说明

商品销售包装上的装潢和文字说明,是指美化商品、宣传商品、吸引消费者,使消费者了解商品特性和妥善使用商品的必要手段。装潢、图案和文字说明通常直接印刷在商品包装上,有时也采用在商品上粘贴、加标签、挂吊牌等方式。

销售包装的色调、装潢和文字说明要适应国外消费者的风俗习惯和爱好。如日本人不喜欢荷花;西欧一些国家不喜欢红色,进入加拿大的货物包装必须刷制英法两种文字等,我们切不可以自身的喜好取而代之。

(三)商品条码标志

商品条码(product code)是一种产品代码,它是由一组粗细间隔不等的平行线条及其相应的数字组成的标记,如图1-4所示。条码是商品能够流通于国际市场的一种通用的国际语言和统一编号,是商品进入超级市场和大型百货商店的先决条件。

图1-4 条形码示意图

这些线条和间隙空间表示一定的信息,通过光电扫描阅读装置输入相应的计算机网络系统,即可判断出该商品的生产国别或地区、生产厂家、品种规格和售价等一系列有关该产品的信息。例如,国际上使用最广的 EAN 码由 12 位数字的产品代码和 1 位校验码组成。前 3 位为国别码,中间 4 位数字为厂商号,后 5 位数字为产品代码。

国际上通用的条码种类很多,主要有以下两种:一种是美国统一代码委员会编制的 UPC 条码(universal product code);另一种是由欧洲 12 国成立的欧洲物品编码协会,后改名为国际物品编码协会,编制的 EAN 条码(european article number)。由于目前使用 EAN 物品标识系统的国家(地区)众多,因此 EAN 系统已成为国际公认的物品编码标识系统。为了适应我国对外经济技术交流不断扩大的要求,国务院于 1988 年批准成立了中国物品编码中心,该中心于 1991 年 4 月代表中国加入国际物品编码协会,并成为正式会员,统一组织、协调、管理我国的条码工作。目前,国际物品编码协会分配给我国的国别号为"690"、"691"、"692"、"693"、"694"和"695",凡商品条码前三位是这些数字的商品,即表示是中国生产的商品。

四、定牌、无牌和中性包装

定牌包装是指买方要求在我国出口商品和/或包装上使用买方指定的商标或牌名的做法。我国同意采用指定的商标或品牌,是为了利用买主(包括生产厂商、大百货公司、超级市场和专业商店)的经营能力和他们的企业商誉或名牌声誉,以提高商品售价和扩大销售数量。但应警惕有的外商利用向我国定购定牌商品来排挤使用我国商标的货物销售,从而影响我国产品在国际市场树立品牌。

无牌包装是指买方要求在我出口商品和/或包装上免除任何商标或牌名的做法。它主要用于一些尚待进一步加工的半制成品,如供印染用的棉坯布,或供加工成批服装用的呢绒、布匹和绸缎等,其目的主要是避免浪费,降低费用成本。国外有的大百货公司、超级市场向我国订购低值易耗的日用消费品时,有时也要求采用无牌包装方式。其原因是,无牌商品毋需广告宣传,可节省广告费用,降低销售成本,从而可达到薄利多销的目的。

除非另有约定,采用定牌和无牌时,在我国出口商品和/或包装上均须标明"中国制造"字样。

中性包装(neutral packing)是指在商品上和内外包装上不注明生产国别的包装。中性包装有定牌中性和无牌中性之分。定牌中性是指在商品和/或包装上使用买方指定的商标/牌名,但不注明生产国别。无牌中性是指在商品和包装上均不使用任何商标/牌名,也不注明生产国别,俗称"白牌"。采用中性包装,是为了适应国外市场的特殊需要,如转口销售等,有利于扩大贸易。但需注意,近年来中性包装的做法在国际上屡遭非议。因此,如国外商人要求对其所购货物采用中性包装时,我方必须谨慎从事。

小贴士

OEM、ODM、OBM、OSM 与包装

目前,工商制造企业在外贸出口中多采用定牌包装,因为对传统制造企业来说,从 OEM 到 ODM、OBM、OSM 将会是一条漫长的路。OEM、ODM、OBM、OSM 释义如下:

OEM(original equipment manufacturer),按照字面意思,应翻译成原始设备制造商,是指一家厂家根据另一家厂商的要求,为其生产产品和产品配件,亦称为定牌生产或授权贴牌生产。

ODM(original design manufacture),即原始开发商。原始开发商应客户要求对客户公司产品作较大改进、改型的加工,涉及机械结构、电路结构、软件功能上的重大改动,或者是根据客户需要为其重新设计订制产品的加工过程,均属于 ODM 的范畴。但和 OEM 一样,产品用客户公司的商标,由客户公司经营销售。

OBM(original brand manufacturer),即原始品牌生产商,是一个近年才流行的术语。指的是生产商自行创立产品品牌,生产、销售拥有自主品牌的产品。

OSM(original standardization manufacturer),即原始标准制造。业内的名言"一流企业卖标准",主要是指技术专利标准,如手机制式标准。

五、国际货物贸易合同的包装条款

包装条款主要包括包装材料、包装方式、包装费用和运输标志等,在国际货物贸易合同中,包装条款是合同的主要条款之一,如果卖方提供的包装与合同规定不相符合,买方有权索赔损失,甚至拒收货物。

例14:木箱装,每箱50千克净重。

wooden cases of 50 kilos net each.

例15:布包,每包80套,每套塑料袋装。

In cloth bales of 80 sets,each set packed in a poly bag.

例16:每20件装一盒,10盒装一纸箱,共500只纸箱。

20 pieces to a box,10 boxes to export carton,total 500 cartons only.

例17:每台装1个出口纸箱,810纸箱装1只40英尺集装箱运送。

Each set packed in one export carton,each 810 cartons transported in one 40nch container.

订立合同中的包装条款,应注意以下问题。

(一)包装条款的规定要明确具体,不要笼统

有的合同里规定采用"适合海运包装"(seaworthy packing)或习惯包装(customary packing),太过于笼统,容易引起争端。条款中最好不要采用这种笼统的字眼。

(二)对包装费用要作出明确具体的规定

包装费用一般包括在货价以内。如买方要求特殊包装,除非事先明确包装费用包括在货价内,其超出的包装费用原则上应由买方负担,并应在合同中具体规定负担的费用金额和支付办法。如双方商定,全部或部分包装材料由买方负责供应,合同中应同时规定包装材料最迟到达卖方的时限和逾期到达的责任,该项时限并应与合同的交货时间相衔接。

(三)明确装箱细数及其配比

明确装箱细数及其配比包含两个方面的意思:一是商品个数与纸箱(单件)包装的配比;二是纸箱包装与集装箱(集合包装)的配比。由于外贸最常见的单件包装是纸箱,且单件杂货一般采用集装箱运输,故我们将其作为代表结合实际来谈谈这两个方面的配比。

1. 纸箱体积的确定

纸箱包装可有正方体和长方体之分,正方体比长方体箱能够更多地装载货物。货物在箱内的排列决定着纸箱体积的大小。长宽高的乘积是货物的体积,货物 6 个侧面的平面积总和是货物的"表面积",即货物与包装接触的面积,表面积的大小决定着包装用料的多少。表面积的大小是由货物件数的排列和货物放置的方向来决定的。正方体的 6 个侧面面积均相等,不论怎样放置,方向只有一个。

长方体货物的件数排列是将每件货物的最长边,排在货物件数最少的一边;或者将每件货物的最短边,排在货物件数最多的一边,其结果会使箱型的表面积最小;反之则最大。这个表面积只是纸箱内径,若要计算出纸箱外径则需将纸板厚度加进去。通常三层瓦楞纸箱,其内径长宽尺寸要伸放 10mm 左右,五层瓦楞纸箱内径长宽尺寸要伸放 15mm～20mm 左右,但不论是三层瓦楞箱还是五层瓦楞纸箱内径的高都应相应比长、宽多放出一倍,即得出大致的纸箱外径尺寸。纸箱体积通常用毫米(mm)来表示。

例 18:有一中东客商向我国厂商询购安全皮鞋,要求五层瓦楞纸箱包装,每箱装 12 双,每双装一纸盒,纸盒尺寸为 380mm×240mm×103mm,试计算纸箱外径尺寸。

解析:按照 12 双/箱的要求对货物进行排列,以确定箱型。根据件数排列规则,2 排×2 行×3 层＝12 双较为妥当,由此得出纸箱内径为(380mm×2)×(240mm×2)×(103mm×3)＝760mm×480mm×309mm,长宽和高分别放伸 20mm 和 40mm 得出大致的纸箱外径尺寸,即780mm×500 mm×350mm(0.136 5m³)。

2. 纸箱包装与集装箱的配比

在设计制作纸箱的同时,要将集装箱的运载重量和规定的容积考虑进来,以便合理计算内装件数,尽可能占有集装箱空间,减少运费损失。在实际业务中,经常使用的集装箱有以下两种:①20 英尺集装箱,也称 20 英尺货柜。20 英尺集装箱是国际上计算集装箱的标准单位,英文称为 twenty-foot equivalent unit,简称"TEU"。规格为 8 英尺×8 英尺×20 英尺,内径尺寸为 5.9m×2.34m×2.25m,最大容积为 31m³,一般可装 17.5 公吨或 25m³。②40 英尺集装箱。规格为 8 英尺×8 英尺×40 英尺,内径尺寸为 12.05m×2.34m×2.38m,最大容积为67m³,一般可装 25 公吨或 55m。一个 40 英尺集装箱相当于 2 个 TEU。

在实际业务中,集装箱装载数量与包装容器的长、宽、高的组合及各边是否受固定装放限

制有极大关系。一般有两种情况:一种是包装尺寸受产品特性、客户要求、打包机设备固定的限制。例如,清洁精放置必须竖立,那么包装箱高度即成固定;客户要求每箱装 24 听就不能装 20 听。另一种是包装箱尺寸可配合集装箱的规格,最大限度地装满集装箱。

例 19:一批 T 恤产品出口,T 恤产品所用包装纸箱尺寸为长 580mm×宽 380mm×高 420mm,用 40 英尺钢质集装箱,试计算该集装箱最多可装多少个纸箱。

解析:集装箱内尺寸:长 12 050mm×宽 2 340mm×高 2 380mm

首先,根据集装箱尺寸确定哪一边为高。当 580mm 为高时,2 380/580＝4(层),装载空隙为 60mm;当 380mm 为高时,2 380/380＝6(层),装载空隙为 100mm;当 420mm 为高时,2 380/420＝5(层),装载空隙为 270mm。故以装载空隙最小的 580mm 作为高。

其次,决定哪一边为长。当 380mm 为长时,12 050/380＝31(排),装载空隙为 270mm;当 420mm 为长时,12 050/420＝280(层),装载空隙为 290mm。故以 380mm 作为长。

再次,只能将剩下的 420mm 作为宽。2 340/420＝5(行),装载空隙为 240mm。

最后,总共可装:4 层(H)×31 排(L)×5 行(W)＝620 个纸箱。

交易会等特殊场合快速估算集装箱可装纸箱数量方法可表示为:

公式:可装纸箱数量＝集装箱内容积×0.9(误差系数)÷(纸箱长×宽×高)

计算:67m³×0.9÷(0.58m×0.38m×0.42m)＝651(箱)(60.28m³)

？思考

试将下列合同中的包装条款译成中文,并推测进行交易的大致是什么货物。

In iron drums or cardboard drums of 60 kilos net.

36 pairs packed in a carton size assorted.

Goods are in neutral packing and buyer's labels must reach the seller 45 days before the month of shipment.

实训项目

实训项目一　情境案例分析

【项目情境】

情境一　A 公司从国外进口一批青霉素油剂,合同规定该商品品质"以英国药局 1953 年标准为准",但货抵达目的港后,A 公司发现商品有异样,于是请商检部门进行检验。经反复查明,在英国药局 1953 年版本内没有青霉素油剂的规格标准,结果导致商检人员无法检验,从而使 A 公司提出的索赔失去了根据。

情境二　我国某出口公司与匈牙利商人订立了一份出口水果合同,支付方式为货到验收后付款。但货到经买方验收后发现水果总重量缺少 10％,而且每个水果的重量也低于合同规定,随后匈牙利商人既拒绝付款,也拒绝提货。后来水果全部腐烂,匈牙利海关向中方收取仓储费和处理水果费用 5 万美元。我国出口公司遂陷于被动。

情境三　我国某厂商与外商签订合同,合同规定糖水橘子罐头,每箱 24 听,每听含五瓣橘子,每听罐头上用英文标明"Made in China"。我国厂商为了讨一个吉利,每听装了六瓣橘子,装箱时,为了用足箱容,每箱装了 26 听,在刷制产地标志时,只在纸箱上标明"Made in China",外商以包装不符合合同规定及未按合同规定标明产地为由要求赔偿,否则拒收整批货物。最终,我方理亏只好认赔。

【工作任务】

任务一:上述三个情境分别是关于品质、数量、包装的三个案例,请根据我们学过的业务知识,做出判断与分析。

任务二:举例说明在拟定品质、数量、包装条款时,应注意哪些问题。

实训项目二 合同标的条款辨析

【项目情境】

Dear Sirs,

In reply to your fax of June 3rd which asked us to make an offer on our Blanket No. 33, we wish to confirm our fax despatched on June 6th offering without engagement the following:

Quality:"White Rabbit"Brand Woolen Mixed Blanket No. 33

Size:72 × 84 in.

Weight:4 lbs.

Colour:Yellow

Quantity:500pcs.

Price:at $40 each piece CIF Montreal.

Shipment:During July August.

Terms:Draft at 60 days under an irrevocable L/C.

You are cordially invited to take advantage of this attractive offer which may not be repeated.

We are expecting a large order from the United States, and that will cause a sharp rise in price.

As you will have realized from the catalogue we sent you in May, our blanket is a perfect combination of durability, warmth, softness, and easy care. We are confident you can do some profitable business.

We look forward to a prompt reply by fax, if possible.

Yours faithfully,

×××

【工作任务】

任务一:表示品质的方法很多,该笔业务所使用的方法是什么? 请举例说明其他表示品质的方法。

任务二:请根据上文中函电内容,试以中英文两种形式拟定合同的品名、品质、数量条款。

能力迁移

一、英译汉

1. sale by sample
2. sale by description
3. F. A. Q.
4. G. M. Q.
5. more or less clause
6. quality tolerance

7. In single, new, used and/or repaired gunny bags of 90 kgs each.

8. In baskets of 50 kgs each, covered with cloth and secured with ropes.

9. In tin-lined cartons of 11 kilos. net each.

10. In cartons, each containing 4 boxes about 9 lbs. , each fruit waxed and wrapped with paper.

11. To be packed in new strong wooden cases/cartons suitable for long voyage and well protected against dampness, moisture, shock, rust and rough handling. The seller shall be liable for any damage to the goods due to improper packing and for any damage attributable to inadequate or improper protective measures taken by the seller. In such case all losses and/or expenses incurred shall be borne by the seller.

二、技能作业

1. 一笔出口矿砂的合同规定："15 000m/t 2% more or less at seller's option."卖方准备交货时,矿砂的国际市场价格上涨,作为卖方你准备交付多少?为什么?如果站在买方的立场上,磋商合同条款时,应注意什么?

2. 一位澳大利亚客商前来购买抽油烟机,他看中我国某公司货号 151 的款式,约定纸箱包装,每箱装一台,纸箱尺码 80×50×42cm³,请计算一个 40 英尺货柜可装多少箱?

3. 我国南方某公司与英国客商 STON CO.签订一份皮衣合同,共计 1 250 件,合约号为61HD2,价格条件 CIF 伦敦。根据以上资料制作一个标准唛头。

4. 请根据下列资料,以英文形式拟定合同中的品名、品质、数量条款。

标的物:"白兔"牌第 31 号毛毯

尺寸:72×60 英寸

重量:4 磅

颜色:红色

数量:500 条

三、请根据下列情境,完成工作任务

1. 我国 S 公司向新加坡 M 公司出口牛皮一批。在合同规定的索赔期内,S 公司收到 M 公司信函并寄来一双皮鞋。M 公司声称该皮鞋系 S 公司所交牛皮经营转售给新加坡某皮鞋厂做成皮鞋的样品。两只皮鞋有严重色差,证明 S 公司所交货物存在严重的质量问题。该皮鞋在新加坡市场上无法销售,M 公司要求将已制成的皮鞋全部退回,并要求 S 公司重新按合同规定的品质和数量交货。

任务一:S 公司出口给 M 公司的是牛皮,还是牛皮鞋?

任务二:M 公司的要求是否合理?

任务三:如果你是业务员,将如何处理?

2. 日本某公司(简称日方)拟从我国进口某种冷冻海产品。签约前日方有关人员在我国某出口公司(简称中方)业务人员的陪同下,先后到甲、乙、丙三个产地看货,最终决定购买丙地产品,双方即在丙地谈判成交,并签署书面确认书。该确认书上列明货物的规格,但未表明"凭样品买卖"。日方签约后提出在丙地货物中抽样并封样,并未遭中方反对。不久,中方收到日方通过银行开立的信用证,经审证无误后即办理备货、报验,并取得商检合格证书。装船前,日方派人对装运货物用所封样品加以对照,结论是货样不一致,不允许装船。日方声称中方违反品质担保,提出保留索赔权利。而中方则认为货物已经商检部门检验并认可,日方无权拒收货物。试完成:

任务一:中日双方争议的焦点是什么?为什么会出现争议?

任务二:从该案例中可得到什么教训?

项目二
国际贸易术语

学习目标

知识目标 了解有关国际贸易术语的国际惯例及《2010 年国际贸易术语解释通则》（下文简称《2010 年通则》）中的十一种贸易术语；重点掌握六种常用的贸易术语：FOB、CFR、CIF、FCA、CPT 和 CIP 的基本内容及这六种贸易术语在实际应用中应注意的问题。

能力目标 掌握国际贸易术语的正确表达方式和方法；掌握国际贸易交易中价格条款的正确书写方法。

素质目标 运用各种术语准确报价。

情境导入

我国江苏某食品进出口公司在某年 3 月与越南金兰市某出口公司签订了购买 2 350 公吨咖啡豆的合同，交货条件是 FCA 金兰每公吨 870 美元，约定提货地为卖方所在地。合同中规定，由买方在签约后的 20 天内预付货款金额的 25％作为定金，而剩余款项则由买方在收到货物之后汇付给卖方。合同签订后两星期内，买方如约支付了 25％的定金。当年 5 月 7 日，买方指派越南的一家货代公司到卖方所在地提货，此时，卖方已装箱完毕并放置在其临时敞篷仓库中，买方要求卖方帮助装货，卖方认为货物已交买方照管，拒绝帮助装货。两日后买方再次到卖方所在地提货，但因遇湿热台风天气，致使堆放货物的仓库进水，300 公吨咖啡豆受水浸泡损坏。由于货物部分受损，买方以未收到全部约定的货物为由，仅同意支付 40％的货款，拒绝汇付剩余的 35％的货款。于是，买卖双方产生争议，经过协商未果，因此，买方于当年 7 月向中国国际贸易仲裁委员会南方某分会提出申诉。

（1）根据《2010 年通则》的规定，卖方的交货义务是否完成？

（2）买卖双方孰是孰非？

（3）仲裁机构将如何裁定？

从情境资料来看，此问题的焦点主要涉及 FCA 术语中风险转移地点的问题。按照《2010 年通则》的解释，在 FCA 术语下，根据规定，交货出现在以下情况时才算完成：①若指定的地点是卖方所在地，则当货物被装上买方指定的承运人，或代表买方的其他人提供的运输工具时；②若指定的地点不是卖方所在地，而是其他任何地点，则当货物在卖方的运输工具上，尚未卸货而交给买方指定的承运人或其他人，或由卖方选定的承运人或其他人处置时；③若在指定的地点没有约定具体交货点，且有几个具体交货点可供选择时，卖方可以在指定的地点选择最适合其目的的交货点。本情境中卖方公司应负责在其所在地将货物装车后交付给买方公司指定的运输代理人，才算完成交货义务。

由上述情境导入可知，国际贸易中的买卖双方在交易前要将此次交易所涉及的由何方治租运输工具、装货、卸货、办理货运保险、申领进出口许可证和报关纳税等进出口手续，由何方支付运费、装卸费、保险费、税捐和其他杂项费用，由何方负担货物在运输途中可能发生的损坏和灭失的风险明确予以规定。如果每笔交易都要求买卖双方对上述手续、费用和风险，逐项反复治商,将耗费大量的时间和费用,并影响交易的达成。为此,目前在一笔出口或进口贸易中,通常都使用贸易术语,来明确买卖双方在手续、费用和风险方面的责任划分,以促进交易的达成,简化交易环节,本项目将就贸易术语的相关内容展开讲解。

知识支撑

子项目一 贸易术语的含义

国际贸易的单价往往较国内贸易单价复杂,举例对比如下:

国内贸易报价:　　每千克　　　　　　15　　　　　　元
报价组成为:　　　计量单位　　单位价格金额　　计价货币
国际贸易报价:　　每千克　　　　　　15　　　　　美元　　　CIF 纽约
英译为:　　　　　USD15 per kilogram CIF New York
报价组成为:　　　计量单位　　单位价格金额　　计价货币　　贸易术语

由此可见,国际贸易报价一般包括四项内容:计量单位、单位价格金额、计价货币和贸易术语,比国内贸易报价要多一项内容,即贸易术语。

贸易术语(trade terms)又称价格术语或交货条件,它是用一个简短的概念或三个字母的缩写来说明价格的构成及买卖双方有关责任、费用和风险(responsibilities,costs and risks)的划分,以确定买卖双方在交接货物过程中应尽的责任和义务。例如,"装运港船上交货"或用英文字母表示的"FOB",就具有特定的责任、费用和风险的归属要求。

"责任"是指因交货地点不同而产生的租船订舱、装货、卸货、投保、申请进出口许可、报关等项事宜;"费用"是指因货物的移动而产生的运杂费、保险费、仓储费、码头费等;"风险"是指由于各种原因导致货物被盗、串味、锈蚀、水渍、灭失等危险。

由于贸易术语确定了买卖双方的部分合同义务,在磋商和订立合同时,采用了某种贸易术语,例如,FOB 或 CIF,使该合同具有一定的特征,从而可分别称之为"FOB 合同"或"CIF 合同"。

子项目二 有关贸易术语的国际贸易惯例

国际贸易惯例虽然不是法律,但一经采用则对当事人具有法律约束力。目前,国际上有较大影响的关于贸易术语的惯例主要有以下三种:

一、《1932 年华沙——牛津规则》

《1932 年华沙——牛津规则》(Warsaw-Oxford Rules 1932)是国际法协会专门为解释 CIF 合同而制定的,共 21 条。19 世纪中叶,CIF 贸易术语开始在国际贸易中被广泛采用,然而对使用这一术语时买卖双方各自承担的具体义务,并没有统一的规定和解释。为此,国际法协会于 1928 年在波兰首都华沙开会,制定了关于 CIF 买卖合同的统一规则,称之为《1928 年华沙规则》。其后,在 1930 年的纽约会议、1931 年的巴黎会议和 1932 年的牛津会议上,国际法协会将此规则再次修订,并更名为《1932 年华沙——牛津规则》,沿用至今。这一规则对于 CIF 合同的性质,买卖双方所承担的风险、责任和费用的划分以及所有权转移的方式等问题都作了比较详细的解释。

表 2-1 《1932 年华沙——牛津规则》下 CIF 的规定

贸易术语	英文全称	术语解释
CIF	Cost, Insurance and Freight	卖方必须在合同规定时间或期限内,在装运港将货物装到船上(load the goods on the vessel);承担货物装上船之前损坏或灭失的风险,负担运费和保险费;提供"已装船"提单和保险单

二、《1990 年美国对外贸易定义修订本》

《1990 年美国对外贸易定义修订本》(Revised American Foreign Trade Definitions 1941)是由美国九个商业团体制定的。它最早于 1919 年在纽约制定,原称为《美国出口报价及其缩写条例》(The U. S. A Export Quotations and Abbreviations)。后来于 1941 年在美国第 27 届全国对外贸易会议上对该条例作了修订。这一修订本经美国商会、美国进口商协会和全国对外贸易协会所组成的联合委员会通过,由全国对外贸易协会予以公布。1990 年,根据贸易形式的发展再次修订,更名为《1990 年美国对外贸易定义修订本》。该修订本中所解释的贸易术语共有六种。

表 2-2 《1941 年美国对外贸易定义修订本》中的六种贸易术语

贸易术语	术语名称	术语解释
EX	EX Point Of Origin 产地交货	卖方必须在规定的日期或期限内,在原产地双方约定的地点,将货物置于买方处置之下,并负担一切费用和风险,直至买方提取货物之时为止
FOB	Free On Board	FOB(named inland carrier at named inland point of departure)"在指定内陆发货地点的指定内陆运输工具上交货"
		FOB(named inland carrier at named inland point of departure)freight prepaid to (named point of exportation)"在指定内陆发货地点的指定内陆运输工具上交货,运费预付到指定的出口地点"
		FOB(named inland carrier at named inland point of departure)freight allowed to (named point)"在指定内陆发货地点的指定内陆运输工具上交货,减除至指定地点的运费"
		FOB(named inland carrier at named point of exportation)"在指定出口地点的指定内陆运输工具上交货"
		FOB Vessel(named port of shipment)"船上交货(指定装运港)"
		FOB(named inland point in country of importation)"在指定进口国内陆地点交货"
FAS	Free Alongside Ship (named port of ship-ment)船边交货(指定装运港)	卖方必须在规定的日期或期限内,将货物交至买方指定的船边、船上装货吊钩可及之处,或交至买方或买方所指定或提供的码头;承担货物交至上述地点为止的一切费用和风险
CFR	Cost and Freight (named port of destination)成本加运费(指定目的地)	卖方须安排运输,支付至目的地的运费,取得已装船提单;承担货物交至船上为止的任何灭失或损坏的风险

贸易术语	术语名称	术语解释
CIF	Cost, Insurance and Freight（named port of destination）成本加保险费、运费（指定目的地）	卖方须安排运输和保险事宜，支付至目的地的运费、保险费，取得已装船提单和保险单据，承担货物交至船上为止的任何灭失或损坏的风险
Ex Dock	Ex Dock（named port of importation）进口港码头交货	卖方须安排运输和保险事宜，负担海运费、保险费、目的港卸货费、进口报关费及进口税捐等；承担货物运至进口港卸至码头允许该货物停留期限届满时为止的任何灭失或损坏的风险（实质性交货）

《1941 年美国对外贸易修订本》在美国、加拿大、墨西哥、加勒比海诸国等美洲国家被广泛采用。由于它的解释与国际商会的《2000 年国际贸易术语解释通则》有一定的差异，因此与美洲国家进行交易时，应特别加以注意。

三、《2010 年国际贸易术语解释通则》

《国际贸易术语解释通则》缩写形式为 INCOTERMS，它是国际商会（International Chamber of Commerce，ICC）为了统一对各种贸易术语的解释而制定的。最早的《国际贸易术语解释通则》产生于 1936 年，后来为适应国际贸易业务发展的需要国际商会先后于 1953 年、1967年、1976 年、1980 年、1990 年和 2000 年进行了六次修订。现行的《2010 年通则》（或称《INCOTERMS 2010》）是国际商会根据近十年来形势的变化和国际贸易发展的需要，在《2000 年国际贸易术语解释通则》的基础上修订产生的，并于 2011 年 1 月 1 日起生效。《2010 通则》按适用的运输方式将 11 个贸易术语分为两组：第一组是适用于任何运输方式或多种运输方式的 7个贸易术语；第二组是适用于海运和内陆水运的 4 个贸易术语。如表 2-3 所示。

表 2-3 《2010 年国际贸易术语解释通则》（《INCOTERMS 2010》）

分组	术语名称	中文含义
第一组 适用于任何运输方式或多种运输方式 （all types of transportation）	EXW（Ex Works）	工厂交货
	FCA（Free Carrier）	货交承运人
	CPT（Carriage Paid To）	运费付至目的地
	CIP（Carriage and Insurance Paid To）	运费、保险费付至
	DAT（Delivered At Terminal）	运输终端交货
	DAP（Delivered At Place）	目的地交货
	DDP（Delivered Duty paid）	完税后交货
第二组 适用于海运和内河水运 （water transport）	FAS（Free Alongside Ship）	船边交货
	FOB（Free On Board）	船上交货
	CFR（Cost and Freight）	成本加运费
	CIF（Cost, Insurance and Freight）	成本加保险费、运费

《2010 通则》对《2000 通则》的修订主要有以下几个方面：

（1）将《2000 通则》中规定的十三个术语修订为十一个。《2010 通则》删除 DAF（边境交货）、DES（目的港船上交货）、DDU（未完税交货）三个术语并替代以新增术语 DAP（目的地）。同时，删除 DEQ（目的港码头交货）并替代以新增术语 DAT（运输终端交货）。

（2）改变了《2000 通则》的分组。不再按 E、F、C、D 分组，而是根据运输方式分为两组。适用于任何运输方式或多种运输方式的 7 个贸易术语：EXW、FCA、CPT、CIP、DAT、DDP；适用于海运和内陆水运的 4 个贸易术语：FAS、FOB、CFR、CIF。

（3）改变了 FOB、CFR、CIF 三个术语的风险划分界限，即将以"越过船舷"为界变更为以货物"装上船"（placed on board）为风险划分界限。

（4）正式规定国际贸易术语可用于国内货物买卖合同。以前国际贸易术语至适用于货物跨越国界的货物买卖合同，《2010 通则》正式明确国际贸易术语同样适用于国内货物买卖合同。

根据近十年国际贸易领域的变化，《2010 通则》在电子信息效力、码头作业费用分摊及安检通关等方面也作了更新，实际操作性和指导性进一步增强。然而值得注意的是，《通则》只是国际惯例并不具有法律约束力。同时，《2010 通则》实施以后《2000 通则》仍可使用。在交易中买卖双方应在合同中明确交易依照哪种贸易术语及惯例。

《2010 通则》中各贸易术语买卖双方的权利和义务如表 2－4 所示。

表 2－4　《2010 通则》买卖双方的权利义务一览表

术语	运输手续	保险手续	出口手续	进口手续	风险转移点	交货性质
EXW	买方	买方	买方	买方	商品生产或储存地	实际性交货
FCA	买方	买方	卖方	买方	装运地货交承运人	象征性交货
CPT	卖方	买方	卖方	买方	装运地货交承运人	象征性交货
CIP	卖方	卖方	卖方	买方	装运地货交承运人	象征性交货
DAT	卖方	卖方	卖方	买方	进口国指定目的地的指定运输终端	实际性交货
DAP	卖方	卖方	卖方	买方	进口国指定目的地	实际性交货
DDP	卖方	卖方	卖方	卖方	进口国指定目的地	实际性交货
FAS	买方	买方	卖方	买方	装运港船边	象征性交货
FOB	买方	买方	卖方	买方	指定装运港船上	象征性交货
CFR	卖方	买方	卖方	买方	指定装运港船上	象征性交货
CIF	卖方	卖方	卖方	买方	指定装运港船上	象征性交货

小贴士

关于"交货"

需要特别注意的是，"交货"，这个词在《2010 年通则》中有两种不同含义。首先，"交货"一词被用来判断卖方何时完成其交货义务；其次，"交货"也被用于买方受领或接受货物的义务。《2010 年通则》将重点放在卖方的交货义务上，按其交货性质不同，把 13 种贸易术语分为实际性交货和象征性交货两大类。

实际性交货(physical delivery)的贸易术语是卖方必须在合同指定地点把货物交由买方控制,才算是完成交货任务。在此条件下,装运单据不能代替货物,卖方必须在指定地点把卖出的实物交给买方。如 EXD、DAT、DAP、DDP 术语均属此类。

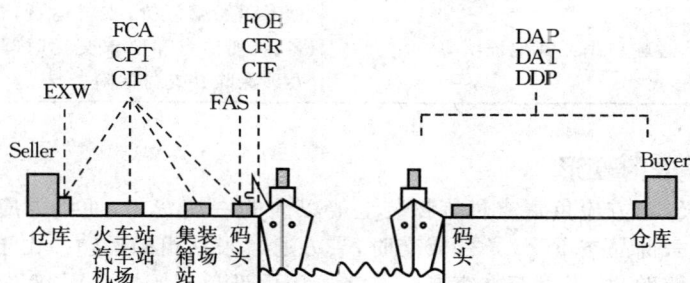

《2010 年通则》11 种贸易术语交货点(风险点)示意图

象征性交货(symbolic delivery)的贸易术语有一个共同特点,即凭单交货、凭单付款。采用这类贸易术语时,卖方只要在合同规定的时间和地点,将货物装上运往指定目的地的运载工具,取得合同规定的装运单据并提交给买方,就算完成了交货义务,如果将装运单据交给第一承运人,仍算是完成了交货,买方应在收到装运单据时付款。也就是说,买方凭单付款而不是凭实际交货付款,尽管实际上买方购买的是货物,但在形式上,买方购买的是单据,只要卖方按照货物买卖合同的规定提交齐全、正确、及时的单据,买方就必须付款赎单。FCA、CPT、CIP、FAS、FOB、CFR、CIF 贸易术语都属此类。

子项目三 六种主要贸易术语及其应用

在国际贸易中,经常使用的主要贸易术语为 FOB、CFR 和 CIF,即装运港交货的三种常用贸易术语。近年来,随着集装箱运输和国际多式联运业务的发展,FCA、CPT 和 CIP 贸易术语(向承运人交货的三种贸易术语)的使用也日渐增多。

一、FOB 术语及其应用

FOB-Free On Board(... named port of shipment)船上交货(……指定装运港),这一术语通常译为装运港船上交货。

(一)买卖双方基本义务的划分

按国际商会对 FOB 的解释,买卖双方各自承担的义务和责任归纳如表 2-5 所示。

表 2-5 FOB 术语买卖双方责任划分一览表

分类	卖方	买方
常规责任	负责在合同规定时间和指定港口将货物装上指派的船只,并给予买方及时充分的通知。(交货)	收取按合同规定交付的货物,并负责按合同规定支付价款。(受货、付款)
	办理货物出口所需的海关手续,取得出口许可证或其他核准书。(证件、手续)	办理货物进口所需的海关手续,取得进口许可证或其他核准书。(证件、手续)
	提供交货凭证、运输单据或起同等作用的电子信息。(单据)	接受与合同相符的单据。(单据)

共同责任	负担货物在装运港装上船为止的一切费用和风险。(费用和风险)	负担货物在装运港装上船为止的一切费用和风险。(费用和风险)
主要责任	提供发票、运输单据或其他证明等	负责租船或订舱,支付运费,并给予卖方关于船名、装船地点和要求交货时间的充分通知;负责办理保险并支付保险费。

(二)FOB 术语的变形

按照 FOB 定义,卖方应负责支付货物装上船以前的一切费用,而买方应负责货物上船以后的一切费用。大宗商品按 FOB 条件成交时,买方通常采用租船运输。由于船方通常多按不负担装卸条件出租船舶,故买卖双方容易在装货费用由谁负担问题上引起争议。为此,买卖双方订立合同时,应在 FOB 后另列有关装货费用由谁负担的具体条件以及相应责任,这就导致了 FOB 的一些变形。常见的有下列几种,如表 2 - 6 所示。

表 2 - 6　FOB 术语的变形及装货费规定

FOB 术语的变形	装货费用规定
FOB Liner Term(FOB 班轮条件)	装货费由支付运费的一方(即买方)承担
FOB Under Tackle(FOB 吊钩下交货)	卖方将货物置于轮船吊钩可及之处,从货物起吊开始的装货费用由买方负担
FOB Stowed-FOBS(FOB 包括理舱)	卖方负担将货物装入船舱并支付理舱费在内的装货费用
FOB Trimmed-FOBT(FOB 包括平舱)	卖方负担将货物装入船舱并支付平舱费在内的装货费用

(三)使用 FOB 术语应注意的问题

1. "装上船"的要求和风险转移

卖方及时将货物装上船,是 FOB 术语的要素(essence)。按照《2010 年通则》规定,当货物在装运港越过船舷(pass the ship's rail)时,货物灭失或损坏的风险从卖方转移至买方,即风险划分界限为"越过船舷"。但根据现行装运作业中的实际情况,货物由起重机械吊装上船的比例逐渐减少,以及"链式销售",如卖方出售的是业已装船或载图货物的情况不断增加,《2010 通则》中关于 FOB 条件下的风险划分界限由之前的"越过船舷"更新为"货物在装运港装上船"。

2. 船货衔接

按照 FOB 含义,买方应负责租船订舱并将船期、船名及时通知对方,而卖方负责在规定期限内将货物装上买方指定的船。但是,如果买方未按期派船,卖方或有权撤销合同和要求赔偿损失,或有权代买方租船装运,或有权凭装运地仓库单代替提单索取货款。如果未经卖方同意,买方船只提前到达,则卖方不负责支付空舱费(dead freight)或滞期费(demurrage)。相反,如果买方按期派船,而卖方未能及时备货按期装船,则卖方应支付由此造成的空舱费和滞期费。

在 FOB 条件下,有时买方可能委托卖方代其租船订舱,但这仅属委托代办性质,卖方可以同意也可以拒绝。如果卖方未租到船只或未订到舱位,其风险由买方自负,买方无权向卖方提出赔偿损失或撤销合同。

3. 美国对 FOB 术语解释与《2010 年通则》对 FOB 术语解释的差异

《1990 年美国对外贸易定义修订本》将 FOB 术语分为六种,其对 FOB 的解释及运用与《2010 年通则》对 FOB 的解释及运用有明显的差异,其中只有"指定装运港船上交货"[FOB Vessel (named port of shipment)]与《2010 年通则》解释的 FOB 术语相近,然而两者在费用负担等方面仍有很大不同,主要表现在两个方面,如表 2-7 所示:

表 2-7 FOB 术语解释差异对照表

FOB Vessel (named port of shipment)	Free On Board(named port of shipment)
买方付费,卖方协助买方取得货物出口所需证件	卖方办理货物出口所需证件和手续
买方负担出口税额和其他税捐费用	卖方负担出口税额和其他费用

？思考

资料:我国某公司向一美商购进棉花一批,合同价格规定为每公吨 1 450 美元 FOB 纽约,我方受载货轮驶抵纽约港后,通知对方装货,但对方要求我方负担货物从纽约城内仓库至装上船的一切费用。

试问:我方应如何处理? 为什么?

二、CFR 术语及其应用

CFR-Cost and Freight(... named port of destination)成本加运费(⋯⋯指定目的港)。这一术语以前在业务上常用"C&F"表示,《1990 年国际贸易术语解释通则》改为 CFR,CFR 也是国际贸易中常用的贸易术语。

(一)买卖双方基本义务的划分

按照《2010 年国际贸易术语解释通则》的解释,卖方承担的基本义务是在合同规定的装运港和规定的期限内,将货物装上船,并及时通知买方。货物在装船时越过船舷,风险即从卖方转移至买方。CFR 与 FOB 条件下卖方的责任除负担运输及其费用外,都完全一样。对买方来说,要负责办理进口手续以及把货物从装运港运至目的港(或目的地)的货运保险并支付保险费。

(二)CFR 术语的变形

大宗商品按 CFR 术语成交并采用租船运输时,卸货费究竟由何方负担,买卖双方应在合同中明确规定,比如在 CFR 术语后加列表明卸货费由谁负担的具体条件,如表 2-8 所示。

表 2-8 CFR 术语的变形及卸货费规定

CFR 术语的变形	卸货费用规定
CFR Liner Terms(CFR 班轮条件)	卸货费由支付运输的一方(即卖方)负担
CFR Ex Ship's Hold(CFR 舱底交货)	买方负担将货物从舱底起吊到码头的费用
CFR Ex Tackle(CFR 吊钩交货)	卖方负担将货物从舱底吊至船边或驳船上卸离吊钩为止的费用
CFR Landed(CFR 卸到岸上)	卖方负担将货物卸到目的港岸上的费用,包括驳船费用和码头费

(三)使用 CFR 术语应注意的问题

按照 CFR 术语成交,需要特别注意的问题是:卖方在货物装船之后必须及时向买方发出装船通知,以便买方办理投保手续。

在 CFR 条件下,由卖方负责租船订舱,而买方自办保险。如果卖方不及时发出装船通知,买方就无法及时办理保险手续,甚至可能漏保。因此,卖方应于装船前和装船时及时用电信方式向买方发出装船通知。根据有关货物买卖合同的适用法律,卖方对因遗漏或不及时向买方发出装船通知而使买方未能及时办妥货运保险所造成的后果,承担违约责任。由此可见,尽管在 FOB 和 CIF 条件下,卖方装船后也应向买方发出通知,但 CFR 条件下的装船通知却具有更为重要的意义。

？思考

资料:我国某公司按 CFR 术语与英国 A 客户签约成交,合同规定保险由买方自理。我方于 10 月 15 日凌晨 1 时装船完毕,受载货轮于当日下午起航。因 10 月 15 日、16 日是周末,我方未及时向买方发出装船通知。17 日上班收到买方急电称:货轮于 16 日下午 4 时遇难沉没,货物灭失,要求我方赔偿全部损失。

试问:我方是否应该赔偿? 为什么?

三、CIF 术语及其应用

CIF-Cost, Insurance and Freight (... named port of cestination)成本加保险费、运费(……指定目的港)。虽然在 CIF、CFR 术语后需注明目的港的名称,但它仍和 FOB 一样,是装运港交货的贸易术语。

(一)买卖双方基本义务的划分

CIF 相对于 CFR 来说,卖方不仅应办理运输手续,而且应办理保险手续,除此之外,与 CFR 完全一样。在 CIF 术语下,当货物在指定装运港装上船时,卖方即完成交货。卖方必须支付将货物运至指定目的港所需的运费和保险费,但交货后货物灭失或损坏的风险,以及由于突发事件而引起的任何额外费用,则由卖方转移给买方。

(二)CIF 术语的变形

CFR 术语中有关卸货费用负担的问题,同样适用于 CIF 术语。为了明确大宗货物租船运输下卸货费用的负担,CIF 术语也可采取变形。例如,CIF Liner Terms(CIF 班轮条件)、CIF Ex Ship's Hold(CIF 舱底交货)、CIF Ex Tackle(CIF 吊钩交货)、CIF Landed(CIF 卸到岸上)。

上述 CIF 术语的各种变形,和 FOB 术语、CFR 术语变形一样,只是为了明确装货费或卸货费由谁负担,并不影响交货地点和风险转移的界线。

？思考

资料:我国某公司按"CIF 卸到岸上"条件对外出口,并按规定提交了全套符合要求的单据,货轮在航行途中触礁沉没,货物全部灭失,买方闻讯以"卖方需将货物运到目的港并安全卸到岸上才算完成交货任务"为由拒付货款。

请问:请分析买方拒付的理由是否合理? 我方应如何处理?

(三)使用 CIF 术语应注意的问题

1. 租船或订舱的责任

卖方负责自费办理租船或订舱。如卖方未及时租船或订舱,不能按合同规定装船交货,则应承担违约责任。根据《2010 年国际贸易术语解释通则》规定,卖方只需负责按惯常条件租船或订舱,使用适合装运有关货物的通常类型的轮船,经习惯行驶航线装运货物。买方无权限制船舶的国籍、船型、船龄或指定船只、船公司等。但在实际业务中,如国外买方提出上述要求,在力所能及又不增加额外费用的情况下,我方也可灵活掌握考虑接受。

2. 办理保险的责任

在 CIF 术语中,卖方是为买方的利益而办理货运保险,该项保险主要是为了保障货物在运输途中的财产安全。根据《2010 年国际贸易术语解释通则》,卖方只需按最低的保险险别投保,如协会货物保险条款的 C 险和中国保险条款的平安险(FPA)。如果买方有要求,并由买方负担费用,卖方可加保战争险、罢工险、暴乱险和民变险。最低保险金额为合同规定的价款加 10%,即按 CIF 的发票金额加 10%,并采用合同货币投保。

🌸 小贴士

装运港交货的三种常用贸易术语:FOB、CFR 和 CIF

FOB、CFR、CIF 是国际贸易中最常用的三种术语。就买卖双方的义务而言,这三种术语在很多方面是相同的,不同之处主要在于租船订舱、支付运费,办理保险、支付保险费这两方面的责任。三种术语间的异同点现归纳如下,见表 2-9。

表 2-9 FOB、CFR、CIF 异同点一览表

		卖　　方	买　　方
相同点		装货,充分通知	接货
		办理出口手续,提供证件	办理进口手续,提供证件
		交单	受单、付款
		都是装运港交货,风险、费用划分一致,都是以"船上"为界	
		交货性质相同,都是凭单交货、凭单付款	
		都适合于海洋运输和内河运输	
不同点	FOB		租船订舱、支付运费 办理保险、支付保险费
	CFR	租船订舱、支付运费	办理保险、支付保险费
	CIF	租船订舱、支付运费 办理保险、支付保险费	

四、FCA 术语及其应用

FCA-Free Carrier(...named place)货交承运人(……指定地点)。FCA 是在 FOB 基础上发展起来的,适用于各种运输方式,特别是内陆城市常涉及的集装箱运输和多式联运更适合采用该术语,以便就地交货、交单结汇。因此也有人称 FCA 为"复合运输 FOB 条件"。

FCA 中的承运人是指在运输合同中承担履行铁路、公路、航空、海洋、内河运输或多式运输的实际承运人(actual carrier);或承担取得上述运输的契约承运人(contracting carrier),如

货运代理商(freight forwarder)。

必须注意的是,交货地点的选择对于在该地装货和卸货的义务会产生不同的影响。如在卖方所在处所交货,则由卖方负责将货物装上买方指定的承运人的收货运输工具;如在任何其他地点交货,则卖方不负责将货物从其送货的运输工具上卸下。

？思考

资料:我国北京 A 公司向美国纽约 B 公司出口某商品 50 000 箱,B 公司提出按 FOB 天津新港条件成交,而 A 公司则提出采用 FCA 北京的条件。

试问:A 公司提出上述成交条件的原因。

五、CPT 术语及其应用

CPT-Carriage Paid To(. . . named place of destination)运费付至(……指定目的地),是指卖方向其指定的承运人交货,并支付运费、办理出口清关手续,买方承担卖方交货之后的一切风险和其他费用。

CPT 是在 CFR 基础上发展起来的,适用于各种运输方式。因此,也有人称其为"复合运输 CFR 条件"。

在多式联运情况下使用 CPT 术语,卖方承担的风险自货物交给第一承运人时转移给买方,交货后应及时向买方发出装运通知以便买方办理保险。货物的装卸费用既可以包括在运费之中,由卖方支付;也可另行约定。

？思考

资料:A 公司签署了一份 CPT 合同,出口 3 000 公吨小麦给 B 公司。A 公司按规定的时间和地点,将 5 000 公吨散装小麦装到火车上,其中的 3 000 公吨属于卖给 B 公司的小麦,货物抵达目的地后,由货运公司负责分拨。A 公司装货后及时给 B 公司发出装运通知。承载火车在途中遇险,使该批货物损失了 3 000 公吨,其余 2 000 公吨安全运抵目的地。B 公司要求 A 公司交货,A 公司宣称卖给 B 公司的 3 000 公吨小麦已全部灭失,而且按 CPT 合同,货物风险已在装运地交至火车上时即转移给 B 公司,卖方对此项损失不负任何责任。

试问:A 公司的上述观点是否正确?

六、CIP 术语及其应用

CIP-Carriage Insurance Paid to (. . . named place of destination)运费、保险费付至(……指定目的地)。

在 CIP 术语下,卖方向其指定的承运人交货,并支付货物到目的地的运费,办理货物在途中的保险并支付保险费,以及承办出口清关手续。买方承担卖方交货之后的一切风险和额外费用。该术语适用于各种运输方式,因此,有人称之为"复合运输 CIF 条件"。

小贴士

FCA、CPT、CIP 与 FOB、CFR、CIF 的比较

FCA、CPT 和 CIP 三种术语是分别从 FOB、CFR 和 CIF 三种传统术语发展起来的,其责任划分的基本原则是相同的,但又有区别,如表 2-10 所示。

表 2-10　FCA、CPT、CIP 与 FOB、CFR、CIF 的比较

比较内容	FCA、CPT、CIP 术语	FOB、CFR、CIF 术语
运输方式	任何运输方式	海运和内河运输
承运人	船公司、铁路局、航空公司、多式联运经营人	船公司
交货地点	卖方处所承运人提供的运输工具上,铁路、公路、航空、内河、海洋运输承运人或多式联运承运人的运输站或其他收货点	装运港
风险转移界限	货交承运人	装运港越过船舷
装卸费用负担(租船)	由支付运费的一方承担	使用贸易术语变形来明确装卸费用由何方负担
运输单据	海运提单、铁路运单、航空运单、多式联运单据	海运提单
运费负担	从出口国指定地点到进口国指定地点的各种运输方式的运费	从装运港到目的港的海运运费
保险内容	各种运输方式下货物的保险	海洋运输货物的保险

目前,集装箱船、滚装船或多式联运被广泛采用,因此,有必要扩大选用 FCA、CPT、CIP 术语,以替代仅适用于水上运输的 FOB、CFR、CIF 术语。这对卖方有两个好处:一是货交承运人风险即转移买方,减轻了卖方的风险责任;二是提前取得运输单据,缩短交单收汇时间,可以提高资金周转速度和减少利息支出。

子项目四　其他五种贸易术语及其应用

除以上介绍的六种主要贸易术语外,《2010 年国际贸易术语解释通则》中的贸易术语还有 EXW、FAS 及 D 组的三种术语。

一、EXW 术语及其应用

EXW 即 Ex Works(... named place)——工厂交货(……指定地点)。

在 EXW 术语下,卖方在其所在地或其他指定的地点(工厂、仓库等)将货物交给买方处置时即完成交货。买方承担在卖方所在地受领货物、办理出口清关手续、将货物装上运输工具及检验等全部费用和风险,EXW 是卖方承担责任最少的术语。但是,当买方不能直接或间接办理出口手续时,不应使用该术语。该术语适用于各种运输方式。

EXW 术语常常被误认为,只有买方提取货物卖方才算完成待运义务,这种看法直接影响

着风险和费用的转移。因此,在双方约定的期限内,无论买方是否前来提货,都要将货物特定化,以保证卖方在买方未按规定提货时,将货物风险和费用提前转移给买方。例如,一份 EXW 合同,买方没有在约定时间去卖方工厂提货,货物在卖方仓库待运期间,因仓库发生火灾而被全部焚毁。这时,卖方拿出充分的证据证明货物在焚毁之前已被清楚地分开(在仓库的账本上和货位上将其用专门的标记加以特定化),并已划归买方合同项下,因此要求买方付款。卖方虽然尚未交货,买方也未收到货物,但由于货物已经特定化,只要到达双方约定的时间,风险和费用即可由卖方转移到买方。

思考

资料:深圳某企业向中国香港出口一批旅游鞋,贸易条件为 EXW 深圳,交货期为 2000 年 3 月份。3 月份港商派来卡车装运旅游鞋,但由于深圳出口企业坚持要港商负担装车费,双方发生争议。

试问:究竟应由哪方负责装车?

二、FAS 术语及其应用

Free Alongside Ship(... named port of shipment)——船边交货(……指定装运港),在 FAS 术语下,卖方在指定的装运港将货物交到船边,即完成交货。如果买方船只不能靠岸,卖方要负责用驳船把货运到船边,在船边交货。

在 FAS 术语下,卖方应办理货物出口清关手续,买方则要承担卖方交货后的一切费用和风险。该术语适用于水上运输,在使用时应注意船货衔接问题。

三、DAP 术语及其应用

Delivered At Place(…place of destination)——目的地交货(…指定目的地)。

《2010 年国际贸易术语解释通则》下的 DAP 术语取代了的《2000 年国际贸易术语解释通则》下的 DAF、DES 和 DDU 三个术语,指卖方在指定的目的地交货,只需做好卸货准备无需卸货即完成交货。该术语所指的到达车辆包括船舶,目的地包括港口。卖方应承担将货物运至指定的目的地的一切风险和费用(进口税费除外)。该术语适用于任何运输方式、多式联运方式及海运。

四、DAT 术语及其应用

Delivered At Terminal(…place of destination)——目的地或目的港的集散站交货(…指定目的地)。

《2010 年国际贸易术语解释通则》下的 DAT 术语取代了的《2000 年国际贸易术语解释通则》下的 DEQ 术语,指卖方在指定的目的地或目的港的集散站卸货后将货物交给买方处置即完成交货,术语所指目的地包括港口。卖方应承担将货物运至指定的目的地或目的港的集散站的一切风险和费用(进口税费除外)。该术语适用于任何运输方式、多式联运方式及海运。

五、DDP 术语及其应用

Delivered Duty Paid(... named place of destination)——完税后交货(……指定目的地)。

在 DDP 术语下,卖方在指定目的地的约定地点,办理货物进口清关手续,将货物交与买方,即完成交货。卖方须承担将货物运至目的地的一切风险和费用,包括需要办理海关手续时,在目的地应交纳的进口"税费"。该术语适用于所有运输方式,是卖方承担责任最大的术语。但若卖方不能直接或间接地取得进口许可证,则不应使用该术语。

实训项目

实训项目一 贸易术语的表示

【项目情境】

交易双方:

(1)卖方——南京宏昌进出口公司

(2)买方——日本尼桑贸易公司

出口地:南京 装运港:上海

进口地:日本 目的港:千叶(CHIBA)

【工作任务】根据以上资料写出六种常用贸易术语的正确表达方式。

实训项目二 国际贸易价格的表示

【项目情境】

(1)Per case 36 CIF London

(2)USD2000 FOB Dalian

(3)200 per doz. DDP

(4)USD15 per set CIF USA

(5)Per M/T EUR1600

【工作任务】指出以上单价表达中的错误,掌握正确的国际贸易价格表示的方法。

能力迁移

一、改错并用英文正确完整地进行表述

1. Per case 42.65 CIF New York

2. CIF London EUR25.00

3. USD18 per pc CIP USA

4. Per Bundle EUR 495.00 Shanghai

5. 每千克 10 美元上海装运出口 FOB Singapore

6. 每打 50 港币香港

7. 每码 3.50 美元 CIF 香港

8. 每箱 500 英镑 CIF 美国

二、请根据下列情境,完成工作任务

1. 某年,我国某公司出售一批核桃给数家英国客户,采用 CIF 术语,凭不可撤销即期信用证付款。由于核桃的销售季节性很强,到货的早迟,会直接影响到货物的价格,因此,英国客户在合同中对到货时间作了以下规定:"货物 10 月份自中国装运港装运,卖方保证载货轮于 12 月 2 日抵达英国某港口。如果载货轮迟于 12 月 2 日抵达,卖方必须同意取消合同,如货款已支付,则需退还买方"。试完成:

任务一:合同中对 CIF 术语的修改是否有效?

任务二:我国外贸公司与英国客户所签订的合同,是真正的 CIF 合同吗?

任务三:双方签订的如果不是 CIF 合同,那么是什么合同,请说明理由。

2. 有一份 CFR 合同,买卖一批蜡烛,货物装船时,经公证人检验合格,符合合同的规定。货物抵达目的港时,买方发现有 20% 的蜡烛有弯曲现象,因而向卖方索赔。但卖方拒绝,其理由是:货物装船时,品质是符合合同规定的,事后又查明,起因是货物交给承运人后,承运人把该批货物装在靠近机房的船舱内,弯曲是由于舱内温度过高而造成的。试完成:

任务一:卖方拒赔的理由是否成立? 为什么?

任务二:承运人是否应承担责任? 为什么?

3. 印度孟买一家电视机进口商与日本京都电器制造商洽谈电视机交易。从京都(内陆城市)至孟买,有集装箱多式联运服务。京都当地货运商以契约承运人的身份签发多式联运单据,货物在京都距制造商 5 公里的集装箱堆场装入集装箱后,由货运商用卡车经公路运至横滨,然后装上海轮运到孟买。京都制造商不愿承担公路和海洋的风险,孟买进口商则不愿承担货物交运前的风险。试完成:

任务一:京都制造商是否可向孟买进口商按 FOB、CFR 或 CIF 术语成交?

任务二:京都制造商是否应提供已装船运输单据?

任务三:按以上情况,你认为京都制造商应采用何种贸易术语?

项目三
商品的价格

学习目标

知识目标 了解国际商品作价方法、原则和计价货币的选择,掌握佣金和折扣的表示方法和计算方法,掌握商品成本核算。

能力目标 能够将贸易术语与商品价格正确结合使用,能够独立完成商品的成本核算。

素质目标 能够出口报价与出口还价核算,能够正确书写价格条款。

情境导入

国内某公司向国外出口女士衬衫,单价为每价 2.10 美元,共 2 000 件。国外开来的信用证中规定的金额为"about USD4 200,CIF London,less 5％ commission and 5％ discount"(约 4 200 美元,CIF 伦敦,减 5％ 的佣金和 5％ 的折扣)。该公司将衬衫装船发运后,向银行交单议付时,需要缮制出口商品发票。该公司的经办人员认为信用证规定的"减 5％ 的佣金和 5％ 的折扣",就是 CIF 净价在 4 200 美元的总价上直接减 10％ 就可以了,于是将发票缮制为:

Ladies Blouses	Unit Price	Amount
2 000pieces	USD2.10	USD4 200.00
	less5％commission and 5％ discount	USD4 200.00
CIF London net:	USD3 780.00	

这样缮制发票对吗?

答案是错误的。我国公司的经办人员由于对国际贸易中的商品价格表示方法以及计算方法缺乏了解,因此使公司在这笔业务中受到损失。请问,该业务员的失误在哪里?

按商业习惯做法,在缮制出口发票时,应在总金额(单价×数量)中先扣除 5％ 优惠(折扣),得出一个毛净价;然后在此基础上再扣除 5％ 佣金,得出净价。在既有折扣又有佣金的交易中,应先扣除折扣,然后再扣除佣金,因为折扣部分是不应支付佣金的。

该公司应该这样缮制发票:

Ladies Blouses	Unit Price	Amount
2 000pieces	USD2.10	USD4 200.00
less5％discount		USD210.00
		USD3 990.00
less5％commission		USD199.50
CIF 3790.50		USD 3 790.50

两种计算方法相比较,该公司由于业务员的业务不精,致使公司损失了 10.50(3790.50—

3780)美元。根据国际商会的《跟单信用证统一惯例》(UCP600)规定,凡"约"、"大概"、"大约"或类似的词语用于信用证金额、货物数量和单价时,应解释为有关金额、数量或单价不超过10%的增减幅度。该公司发票金额没有超过信用证规定的 USD4 200 增减幅度 10%的幅度,所以银行不会拒付,但使公司造成不该有的损失还是非常遗憾的。

在国际货物贸易中,货物的价格是买卖双方争论的焦点,是决定货物能否进入市场的重要因素,关系着买卖双方的切身利益。如何根据客户要求进行价格核算、出口报价、出口还价是外贸业务人员的核心技能和业务素质。本项目将应外贸业务中的价格内容展开讲述。

知识支撑

子项目一 国际商品价格概述

商品的价格,通常是指单位商品的价格,简称单价(unit price)。进出口业务中使用的单价,比国内贸易中使用的单价要复杂一些,它的表述包括四项内容,即计价货币名称、单价金额、计量单位和贸易术语。

例 1:每公吨 200 美元 CIF 伦敦

USD	200	per Metric Ton	CIF London
计价货币	单价金额	计量单位	贸易术语

一 商品作价的基本原则

(1)国际货物贸易应按照国际市场价格水平作价。所谓国际市场价格,是指以国际价值为基础,反映国际市场供求关系,在市场竞争中形成的并为交易双方所接受的价格。例如,商品交易所价格、主要出口国价格、大型货物集散地价格等都为国际市场价格。

(2)在国际市场价格基础上,根据销售意图,可高于或低于国际市场价格对外报价。例如,独一无二的高科技产品、紧俏商品等可略高于市场价格水平,库存商品、专项商品或新商品等可低于市场价格出售。

(3)在参照国际市场价格水平的基础上,适当考虑国别、地区政策,使外贸配合外交。

二 商品作价的方法

1. 固定价格

在交易磋商过程中,买卖双方将价格确定下来之后,任何一方不得擅自改动。这是业务中常见做法,它意味着双方都要承担从订约到交货付款期间国际市场价格变动的风险。

例 2:合同成立后,不得调整价格

No price adjustment shall be allowed after conclusion of this contract.

2. 非固定价格

所谓非固定价格,是指业务上所说的"活价",具体分为以下三种:

(1)具体待定价格。具体待定价格包括两种做法,一是规定定价时间和定价方法(例如,装运月份前 50 天,参照当地及国际市场价格,确定正式价格);二是只规定作价时间(例如,双方在 2011 年 12 月 4 日确定价格)。

(2)暂定价格。暂定价格是指双方订立一个初步价格,作为开证和初步付款的依据,在确定最后价格之后再进行清算,多退少补。

例3:每件5 000港元CIF香港

备注:上列价格为暂定价格,于装运月份15天前由买卖双方另行协商固定价格。

HKD5 000 per bale CIF Hongkong

Remarks:The above is a provisional price,which shall be determined through negotiation between the buyer and the seller 15 days before the month of shipment.

(3)部分固定价格,部分非固定价格。近期交货的商品采取固定价格,远期交货的商品采取非固定价格,可以在交货前一定期限内由双方另行商定。这种方法主要用于分期分批交货或者外商长期包销的商品。相对于固定价格,非固定价格由于先订约后作价,双方均不承担市价变动的风险,因此给合同的履行带来了较大的不稳定性。

3.滑动价格

滑动价格是指按照原料价格和工资的变动来计算合同的最后价格。一般规定,最后价格与初步价格之间的差额不超过约定的范围(如5%),初步价格可不作调整。例如,如果卖方与其他客户的成交价高于或低于合同价格的5%,对本合同执行的数量,双方可协商调整价格。滑动价格旨在把价格变动的风险固定在一定范围之内,联合国欧洲经济委员会已将滑动价格条款订入一些标准合同,且应用范围已从加工周期较长的机械设备贸易扩展到一些初级产品贸易。

例4:以下基础价格将按下列调整公式并根据×××(机构)公布的20××年×月的工资指数和物价指数予以调整。

The following basic price will be adjusted according to the following formula based on the wage and price indexes published by the ...(organization) as of ...(month)20...

调整公式:

Adjustment Formula:

$$P_1 = P_0(a + b \times \frac{M_1}{M_0} + c \times \frac{W_1}{W_0})$$

其中:

P_1指调整后的最后价格;

P_0指订约时的基础价格;

a指管理费用,基础价格的固定部分;

b指原材料成本,基础价格的可变部分;

c指工资成本,基础价格的可变部分;

M_1指若干月后交货时原材料的批发价格指数;

M_0指订约时原材料的批发价格指数;

W_1指若干月后交货时的工资指数,W_0指订约时的工资指数。

三、计价货币

(一)计价货币的选择

计价货币是指合同中规定的用来计算价格的货币。计价货币既可以是出口国或进口国的货币,也可以是第三国的货币,但必须是自由兑换货币(如下表)。计价货币具体采用哪种货币,需由双方协商确定。对与我国签订支付协定并限定使用某种货币的国家,计价货币可使用规定的货币。

表 3-1　进出口贸易中常用的计价货币

货币名称	货币符号	简写
英镑	£	GBP
美元	US$	USD
港元	HK$	HKD
瑞士法郎	SF	CHF
澳大利亚元	$A	AUC
日元	¥	JPY
欧元		EUR

在国际上普遍实行浮动汇率的情况下,买卖双方都要承担一定汇率风险。出口贸易中,计价和结汇争取使用硬币(hard currency)(即币值稳定或具有一定上浮趋势的货币);进口贸易中,计价和付汇力争使用软币(soft currency)(即币值不够稳定且具有下浮趋势的货币)。在选择计价货币时,要对所选用的硬币和软币分别进行比较、核算,确定使用哪一种货币更加合算,达到既可以使对方接受,又能减少我方风险的目的,同时最好订立外汇保值条款,以减少汇兑损失。

(二)计价货币的汇率折算

汇率是指用一个国家的货币折算成另一个国家的货币的比率。汇率的折算有直接标价与间接标价两种方法,我国采用直接标价法,即用本国货币来表示外国货币的价格(外币是常数,本币是变量)。例如,100 美元=681.14 元人民币。

国家外汇管理总局对外公布的外汇牌价,一般列有买入价和卖出价两栏,买入价是指银行买入外汇的价格,卖出价是指银行卖出外汇的价格。出口结汇是指银行付出本国货币,买入外汇,用买入价;进口付汇是指银行买入本国货币,卖出外汇,用卖出价。

业务中,有时需要把本币折成外币,有时需要把外币折成本币,还有时需要将一种外币折算成另一种外币。现分别介绍如下。

1. 将本币折成外币用买入价

出口方需要把收取的外币卖给银行,换回所需本币,而银行是买入外汇,因此用买入价。所以,出口方以外币报价时,就只能以银行买入价进行本币与外币的换算。

$$外币=\frac{本币×100}{汇率(买入价)}$$

例 5:某公司出口一批玩具,价值人民币 40 000 元,客户要求以美元报价。当时外汇汇率为买入价 100 美元=681.73 元人民币,卖出价 100 美元=684.47 元人民币,那么,对外美元报价应为:

$$\frac{40\ 000×100}{681.73}=5\ 867.43\ 美元$$

2. 将外币折成本币用卖出价

在进口时,企业向银行购买外汇,银行卖出外汇时使用卖出价。所以,进口方以外币报价时,就只能以银行卖出价进行本币与外币的换算。

$$本币=\frac{外币×汇率(卖出价)}{100}$$

例 6:某公司进口一批价值 4 835.53 美元的货物,当时外汇汇率为买入价 100 美元=681.73 元,卖出价 100 美元=684.47 元,那么,付汇时需向银行支付人民币:

$$\frac{5\ 867.46 \times 684.47}{100} = 40\ 160.80\ 元$$

3. 将一种外币折成另一种外币

按照银行外汇牌价(用买价则都用买价)将两种外币都折成人民币,然后间接地算出两种外币的兑换率。

例7:某出口商品,对外报价每公吨300英镑CIF纽约。国外客户要求改为美元报价。当日银行外汇牌价为:100英镑=1 063.82元(买入价)/1 072.37元(卖出价);100美元=681.73元(买入价)/684.47元(卖出价)。则1英镑=1 063.82元/681.73元=1.56美元。

因此,我们对外可改报468美元CIF纽约(300×1.56=468美元)。

四、佣金与折扣

(一)佣金与折扣的含义和作用

佣金(commission)又称手续费(brokerage),是指卖方或买方付给中间商为其对货物的销售或购买提供中介服务的酬金。中间商通常称为经纪人(middleman,broker)或代理人(agent)。但在实际业务中,凡是为招揽生意、促成交易提供服务的企业或个人,都可能成为佣金的收受者。折扣(discount)是指卖方按原价给予买方一定百分比的减让。

在我国的外贸实践中,正确和灵活运用佣金与折扣,可调动中间商推销和经营我国出口货物的积极性,增强有关货物在国外市场的竞争力,从而扩大销售。

在实际业务中,佣金与折扣的名目很多,如销售佣金(selling commission)、累计佣金(accumulative commission)、数量折扣(quantity discount)、特别折扣(special discount)等。

佣金还有"明佣"和"暗佣"之分,在价格中体现佣金的为明佣,在价格中不体现佣金,但实际上包含佣金的为暗佣,两者通称为"含佣价"(price including commission)。暗佣表面上与净价没有区别,但为了明确起见,一般在净价的贸易术语后加"net"字样。例如:

每公吨300美元FOB上海净价

USD300 per metric ton FOB Shanghai net.

(二)佣金与折扣的表示方法

1. 佣金的表示方法

凡价格中包含佣金的,称为"含佣价"。"含佣价"可用文字表示,例如:

每公吨335美元CIF纽约包含佣金2%

USD335 per metric ton CIF New York including 2% commission

也可在贸易术语后面加注"佣金"的英文缩写字母"C"并注明佣金的百分比来表示,例如:

每公吨335美元CIFC2%纽约

USD335 per metric ton CIFC2% New York

2. 折扣的表示方法

如价格中允许给予折扣,一般应用文字表示,例如:

每公吨300美元FOB上海减折扣2%

USD300 per metric ton FOB Shanghai less 2% discount

(三)佣金与折扣的计算方法

1. 佣金的计算方法

在国际贸易中,计算佣金的方法不一,有的按成交金额约定的百分比计算,也有的按成交商品的数量来计算,即按每一单位数量收取若干佣金计算。还有人认为,以FOB或FCA价值计算较为合理,否则,卖方除对货物本身价值支付佣金外,还要对部分运费或保险费甚至对佣金本身支付佣金。其实,不管按何种价值,佣金只是作为给中间商以多少酬金的计算基础。而按成交金额(含佣价)计算佣金,在操作上简便明了,故在实践中大量采用。

佣金＝含佣价×佣金率

由此又可得出公式:

$$含佣价 = \frac{净价}{1 - 佣金率}$$

例8:已知 CFRC3 为 1 200 美元,保持卖方净收入不变。试改报为 CFRC5 价。

解:

先把 CFRC3 价改为 CFR 净价

CFR＝CFRC3×(1－ 佣金率)＝1 200×(1－3%)＝1 164(美元)

再把 CFR 净价改为 CFRC5 价

CFRC5＝CFR 净价/(1－佣金率)＝1 164/(1－5%)＝1 225.26(美元)

或

CFRC5＝CFRC3×(1－3%)/(1－5%)＝1 225.26(美元)

故改报后的 CFRC5 价为 1 225.26 美元。

2. 折扣的计算方法

折扣的计算方式有很多种,但最主要的计算方法是:

折扣＝原价×折扣率

折实售价＝原价×(1－折扣率)

例9:某出口商品对外报价为 FOB 上海每打 50 美元,含3%折扣,如出口该商品 1 000 打,试计算其折扣和实收外汇各为多少?

解:

因为:折扣＝金额×折扣率

折实售价＝原价×(1－折扣率)

所以:折扣＝1 000×50×3%＝1 500(美元)

折实售价＝50×(1－3%)＝48.5(美元)

实收外汇＝48.5×1000＝48 500(美元)

或实收外汇＝50 000－1500＝48 500(美元)

答:折扣为 1 500 美元,实收外汇为 48 500 美元。

(四)佣金与折扣的支付方法

在出口业务中,佣金通常由我国出口企业于收到全部货款后再支付给中间商或代理商。因为中间商的服务,不仅在于促成交易,还应负责联系、督促实际履约,协助解决履约过程中可能发生的问题,以使合同得以圆满地履行。但是,为了防止引起误解,对佣金于货款全部收妥后才予支付的做法,应由我国出口企业与中间商在双方建立业务关系之初即予以明确,并达成书面协议;否则,有的中间商可能于交易达成后,即要求我方支付佣金,而日后有关合同是否能得到切实履行,货款能否顺利收到,却并无绝对保证。佣金可于合同履行后逐笔支付,也可按月、按季、按半年甚至一年汇总计付,通常由双方事先就此达成书面协议,以凭执行。

折扣一般由买方在支付货款时扣除。

思考

资料:我国某公司出口商品每公斤 100 美元 CFRC2 纽约。试计算 CFR 净价和佣金各为多少。如果对方要求将佣金增加到 5，我方同意，但要求出口净收入不能减少。

试问：CFRC5 应报何价？

子项目二　出口报价

一、出口商品的价格构成

在国际商品贸易中，出口商品的价格构成包括成本、费用和预期利润三个部分。

（一）成本

成本，也称为实际成本，是外贸业务员出口报价考虑的最基本因素，在我国现行外贸制度下，要准确地对外报价，应必须区分企业成本核算的两个概念：采购成本和出口成本。

1．采购成本

采购成本一词主要来源于外贸公司的产品成本，由于大多数外贸企业的产品都是从生产企业采购而来，因此这一成本被称之为采购成本；对于生产型外贸企业来讲，采购成本即生产成本，它往往包含了增值税额。所以：

增值税额＝货价×增值税率

采购成本＝货价＋增值税额＝货价×（1＋增值税率）

2．出口成本

出口退税是国家用于鼓励出口的政策，它在客观上降低了出口成本。对于出口企业来讲，企业的出口成本是指其采购成本扣除国家退税收入的成本，计算公式如下：

出口成本＝采购成本－出口退税额

$$出口退税额＝货价×退税率＝\frac{采购成本}{1＋增值税率}×出口退税率$$

所以：

$$出口成本＝采购成本×\frac{1＋增值税率－出口退税率}{1＋增值税率}$$

例 10：某公司出口陶瓷茶杯，每套进货成本人民币 90 元（包括 17% 的增值税），退税率为 8%，出口成本核算如下：

计算方法 1：出口成本＝采购成本－出口退税额

$$出口退税额＝\frac{采购成本}{1＋增值税率}×出口退税率$$
$$＝90÷（1＋17\%）×8\%$$
$$＝6.15（元）$$

出口成本＝90－6.15＝83.85（元）

计算方法 2：

$$出口成本＝采购成本×\frac{1＋增值税率－出口退税率}{1＋增值税率}$$
$$＝90÷（1＋17\%）×（1＋17\%－8\%）$$
$$＝83.85（元）$$

故陶瓷茶杯的出口成本（即实际成本）为每套 83.85 元。

❓思考

请填制下面的空格（保留小数点后两位）

品名	单位购货成本(元)	增值税率(%)	出口退税率(%)	实际成本
电动玩具	80	17	9	
台灯	62	17	9	
CD架		17	8	119
多功能健身机		17	7	1 668
组合餐具	180	17		174
数码相机	3 100	17		3 506

(二)费用

出口费用有两种核算方法：

一是经验核算法，即根据企业经营状况和管理规定，按采购成本的一定比例（出口费用定额率）计算出口费用。如某商品采购成本为 50 000 元，出口费用定额率为 10%，则可计算出口费用为 50 000×10%＝5 000 元。

二是明细算法，即把可能产生的费用相加算出出口费用。下面介绍一些可能产生的费用。

①包装费（packing charges）。包装费用通常包括在采购成本之中，但如果客户对货物的包装有特殊要求，则须另加。

②仓储费（warehousing charges）。仓储费是指提前采购或另外存仓的货物仓储发生的费用。

③国内运输费（inland transport charges）。国内运输费是指出口货物在装运前所发生的内陆运输费用，通常有卡车运输费、内河运输费、路桥费、过境费及装卸费等。

④认证费（certification charges）。认证费是指出口方办理出口许可证、配额、产地证明以及其他证明所支付的费用。

⑤港区港杂费（port charges）。港区港杂费是指出口货物装运前在港区码头所需支付的各种费用。

⑥商检费（inspection charges）。商检费是指出口商品检验机构根据国家的有关规定或出口商的请求对货物进行检验所发生的费用。

⑦捐税（duties and taxes）。捐税是指国家对出口商品征收、代收或退还的有关税费，通常有出口关税、增值税等。

⑧垫款利息（interest）。垫款利息是指出口方买进卖出期间垫付资金支付的利息。

⑨业务费（operating charges）。业务费是指出口方在经营过程中发生的有关费用，也称经营管理费，比如，通讯费、交通费、交际费等，一般都按采购成本规定一定的比率。

⑩银行费（banking charges）。银行费是指在出口业务中，外贸企业可能涉及的国内外银行费用，它包括通知费、议付费、不符点处理费、电报费、偿付费、修改费、托收费以及委托银行向国外客户进行资信调查等所支出的费用。

⑪出口运费（freight charges）。出口运费是指货物出口时支付的海运、陆运、空运及多式联运费用。

⑫保险费(insurance premium)。保险费是指出口方向保险公司购买货运保险或信用保险所支付的费用。

⑬佣金(commission)。佣金是指出口方向中间商支付的报酬。佣金的计算通常以发票金额作为基础。

(三)预期利润

出口公司的利润与该公司的预期利润率有关。利润率有成本利润率和销售利润率之分。前者是指利润占实际成本的百分比,后者是指利润占销售价格的百分比。计算利润的依据不同,销售价格和利润就不同。下面分别举例说明。

某公司实际成本(也称出口成本)为人民币 180 元,利润率为 15%,试计算销售价格和利润。

①以实际成本为依据:

销售价格＝实际成本＋利润
    ＝实际成本＋实际成本×利润率
    ＝180＋180×15%
    ＝207(元)

利润＝实际成本×利润率＝180×15%＝27(元)

②以销售价格为依据:

销售价格＝实际成本＋利润
    ＝实际成本＋销售价格×利润率

等式两边移项得:

销售价格＝实际成本/(1－利润率)
    ＝180/(1－15%)
    ＝211.77(元)

利润＝销售价格×利润率＝211.77×15%＝31.77(元)

在实际业务中,用何种利润率计算销售价格并没有统一的规定,但更多的是采用销售利润率,本书在计算利润时也采用此法。

二、出口盈亏的核算

1. 出口换汇成本

出口换汇成本是指出口商品获得每一单位外汇的人民币成本,即出口净收入 1 美元所耗费的人民币数额。若出口换汇成本高于银行外汇牌价,出口则会亏损;反之则会盈利。其公式为:

$$出口换汇成本 = \frac{出口总成本(人民币)}{FOB\ 出口销售外汇净收入(美元)}$$

其中:

(1)出口总成本是指实际采购成本与出口前费用之和。即:

出口总成本(人民币)＝采购成本＋出口费用－出口退税额

(2)FOB 出口销售外汇净收入是指出口商品的 FOB 外汇净收入,即扣除运保费、佣金以后的外汇净收入。

2. 出口盈亏额

出口盈亏额是指出口销售人民币净收入与出口总成本的差额,前者大于后者为盈利;反之则为亏损。通过出口盈亏额还可以计算出出口盈亏率。其公式为:

出口盈亏额＝(FOB 出口销售外汇净收入×银行外汇买入价)－出口总成本(人民币)

$$出口盈亏率＝\frac{出口盈亏额}{出口总成本(人民币)}×100\%$$

例 11：出口健身椅(sit-up bench)1 000 只,出口价每只 17.30 美元 CIF 纽约,CIF 总价 17 300 美元,其中运费 2 160 美元,保险费 112 美元。进口价每只人民币 97 元,共计人民币 97000 元(含增值税 17%),出口费用定额率为 10%,出口退税率为 9%。当时银行美元买入价为人民币 6.92 元。试计算出口健身椅的出口换汇成本、出口盈亏额和出口盈亏率。

解：

$$换汇成本＝\frac{97\,000＋97\,000×10\%－[97\,000÷(1＋17\%)×9\%]}{17\,300－2\,160－112}$$

$$＝99\,238.46/15\,028$$

$$＝6.60357(元/美元)$$

健身椅的出口盈亏额有两种计算方法：

方法 1：(6.92－6.60357)×15 028＝4 755.3(元)

方法 2：15 028×6.92－99 238.46＝4 755.3(元)

健身椅的出口盈亏率也相应有两种计算方法：

方法 1：(6.92－6.60357)/6.60357＝4.79%

方法 2：4 755.3/99 238.46＝4.79%

故出口健身椅的换汇成本就是 6.60357 元/美元,盈利额为 4 755.3 元,盈亏率为 4.79%。

❓ 思考

资料：出口碳刷(carbon brush)1 442 250 只,出口总价为 73 000 美元 CIF 旧金山,其中运费 1 540 美元,保险费 443 美元。进口价 574 980 元(含增值税 17%),出口费用定额率 6%,出口退税率 9%。当时银行美元买入价为人民币 6.85 元。

试问：出口碳刷的出口换汇成本、出口盈亏额、出口盈亏率。

三、三种贸易术语的出口报价核算

出口报价通常使用 FOB、CFR 和 CIF 三种价格,FOB、CFR 和 CIF 三种价格的基本构成如下：

FOB＝出口成本＋出口费用＋预期利润

CFR＝出口成本＋出口费用＋出口运费＋预期利润

CIF＝出口成本＋出口费用＋出口运费＋出口保险费＋预期利润

例 12：吉信贸易公司收到爱尔兰某公司求购 6 000 双牛短面革腰高 6 英寸军靴(一个 40 英尺集装箱)的询盘,经了解每双军靴的进货成本为人民币 90 元(含增值税 17%),进货总价为 90×6 000＝540 000 元；出口包装费每双 3 元,国内运杂费共计 12 000 元,出口商检费为 350 元,报关费为 150 元,港区港杂费为 900 元,其他各种费用共计 1 500 元。吉信贸易公司向银行贷款的年利率为 8%,预计垫款两个月,银行手续费率为 0.5%(按成交价计),出口军靴的出口退税率为 14%,海运费：大连——都柏林,一个 40 英尺集装箱的包箱费是 3 800 美元,客户要求按成交价的 110%投保,保险费率为 0.85%,并在价格中包括 3%佣金。若吉信贸易公司的预期利润为报价的 10%,人民币对美元的汇率为 6.81∶1,试报每双军靴的 FOBC3、CFRC3、CIFC3 价格。

解：

步骤一 计算出口成本（实际成本）

出口成本＝采购成本－出口退税额

$$＝采购成本×\frac{1＋增值税率－出口退税率}{1＋增值税率}$$

$$＝90×(1＋17\%－14\%)÷(1＋17\%)$$

$$＝79.2308 元/双$$

步骤二 计算出口费用

出口费用1:包装费＋运杂费＋商检费＋报关费＋港区港杂费＋其他费用＋垫款利息

$$＝3×6\ 000＋12\ 000＋350＋150＋900＋1\ 500＋540\ 000×8\%×2/12$$

$$＝40\ 100(元)$$

单位货物所摊费用＝40 100 元÷6 000 双＝6.6833(元/双)

出口费用 2:银行手续费＝报价×0.5%

出口费用 3:客户佣金＝报价×3%

出口费用 4:出口运费＝3 800÷6 000×6.81＝4.313(元/双)

出口费用 5:出口保险费＝报价×110%×0.85%

步骤三 计算利润

预购利润＝报价×10%

步骤四 总算

(1)FOB 报价的核算:

FOBC3 报价＝出口成本＋出口费用＋预期利润

　　　　　＝出口成本＋出口费用1＋出口费用2＋出口费用3＋预期利润

　　　　　＝出口成本＋(包装费＋运杂费＋商检费＋报关费＋港区港杂费＋其他费用

　　　　　　＋垫款利息)＋银行手续费＋客户佣金＋预期利润

　　　　　＝79.2308＋6.6833＋FOBC3 报价×0.5%＋FOBC3 报价×3%＋FOBC3 报

　　　　　　价×10%

整理后,得:

$$FOBC3 报价＝\frac{79.2308＋6.6833}{1－0.5\%－3\%－10\%}$$

$$＝99.3227(元/双)$$

折算为美元,FOBC3＝99.3227÷6.81＝14.58(美元/双)

(2)CFR 报价的核算:

CFRC3 报价＝出口成本＋出口费用＋出口运费＋预期利润

　　　　　＝出口成本＋出口费用1＋出口费用2＋出口费用3

　　　　　　＋出口费用 4＋预期利润

　　　　　＝出口成本＋(包装费＋运杂费＋商检费＋报关费＋港区港杂费＋其他费用

　　　　　　＋垫款利息)＋银行手续费＋客户佣金＋出口运费＋预期利润

　　　　　＝79.2308＋6.6833＋CFRC3 报价×0.5%＋CFRC3 报价×3%

　　　　　　＋CFRC3 报价×10%＋4.313＋CFRC3 报价×10%

整理后,得:

$$CFRC3 报价＝\frac{79.2308＋6.6833＋4.313}{1－0.5\%－3\%－10\%}＝104.3088(元/双)$$

折算为美元，CFRC3＝104.3088÷6.81＝15.32（美元/双）

（3）CIFC3 报价的核算：

CIFC3 报价＝出口成本＋出口费用＋出口运费＋预期利润

　　　　　＝出口成本＋出口费用1＋出口费用2＋出口费用3＋出口费用4

　　　　　　＋出口费用5＋预期利润

　　　　　＝出口成本＋（包装费＋运杂费＋商检费＋报关费＋港区港杂费

　　　　　　＋其他费用＋垫款利息）＋银行手续费＋客户佣金＋出口运费

　　　　　　＋出口保险费＋预期利润

　　　　　＝79.2308＋6.6833＋CIFC3 报价×0.5％＋CIFC3 报价×3％＋CIFC3 报价

　　　　　　×10％＋4.313＋CIFC3 报价×110％×0.85％＋CIFC3 报价×10％

整理后，得：

$$CIFC3 报价＝\frac{79.2308＋6.6833＋4.313}{1－0.5％－3％－110％×0.85％－10％}$$

$$＝105.4486（元/双）$$

折算为美元，CIFC3＝105.4486÷6.81＝15.48（美元/双）

步骤五　三种价格对外报价

（1）USD14.58/pair FOBC3 Dalian（每双 14.58 美元，大连港船上交货）；

（2）USD15.32/ pair CFRC3 Dublin（每双 15.32 美元，成本加运费至都柏林）；

（3）USD15.48/ pair CIFC3 Dublin（每双 15.48 美元，成本加运费、保险费至都柏林）。

　　如果我们掌握了出口报价中各个部分的关系，通过分析在上述分步计算中"整理后"的式子中的规律后，我们可以得到三个出口报价的简便计算公式：

$$FOBC＝\frac{出口成本＋出口费用（已知部分）}{1－银行手续费率－佣金率－利润率}$$

$$CFRC＝\frac{出口成本＋出口费用（已知部分）＋出口运费}{1－银行手续费率－佣金率－利润率}$$

$$CIFC＝\frac{出口成本＋出口费用（已知部分）＋出口运费}{1－银行手续费率－（1＋投保加成率）×保险费率－佣金率－利润率}$$

🐛 小贴士

快速对外报价法

　　在国际贸易业务实践中，国内出口费用具有不稳定因素，若采用"构成因素"加总计算对外报价，既程序繁琐，又不太符合实际业务操作，并且有些出口费用是实际出货以后才可能具体明了，故外贸企业快速对外报价时，一般对出口费用先不予考虑，即假设其为零，待出口报价计算出来后，提高毛利润率，以抵偿出口费用。

　　外贸企业快速对外报价，一般采用"盈亏换汇比"法，分两步走：

　　第一步：求盈亏换汇比。盈亏换汇比是指达到盈亏平衡点时的出口换汇成本。

$$盈亏换汇比＝\frac{银行外汇买入价}{1－\dfrac{出口退税率}{1＋增值税率}}$$

其推导如下：

假设某产品的采购价格为 A，出口退税率为 R，盈亏换汇比为 Y。

由于采购价格＝出口成本＋出口退税额，故：

$$\frac{A}{Y}\times 银行外汇买入价 + R\times\frac{A}{1+增值税率}=A$$

利用此等式，即可推出：

$$Y=\frac{银行外汇买入价}{1-\dfrac{R}{1+增值税率}}$$

第二步，得出报价。

$$FOB=\frac{采购价格}{Y}\times(1+毛利润率)$$

（采购价格/Y）即为不盈不亏时的美元报价，业务员可以根据自己期望的利润率，加上利润点后进行报价。FOB 报价出来后，加上单位商品的海洋运费就是 CFR 报价，在 CFR 报价的基础上加上出口保险费就是 CIF 的报价。

例如，当前银行外汇买入价为 6.81 元/美元，增值税率为 17%，退税率为 10% 的围巾盈亏换汇比为：

$$Y=\frac{6.81}{1-\dfrac{0.10}{1+0.17}}=7.45（元/美元）$$

若围巾的采购价格为 35 元，则不盈不亏时的美元报价即为 35÷6.81＝5.14 美元，然后业务员即可以根据自己的利润期望灵活报价。

需特别指出的是，"快速对外报价法"由于忽略了"出口费用"，因而并不能精准地计算出出口报价，故一般考试不做要求。

子项目三　出口还价的核算

当出口方对外报出价格后，最理想的情况是进口商能够接受该报价。但在实际业务中，大多数的情况却是进口方希望降价。在进口方提出降价要求时，出口方在比较有成交把握时，最好能够据理力争，说服进口方接受原报价。但这样做，出口方应该对市场有比较充分的了解，出口商品只有处于卖方市场控制时才不会有失去客户的风险。如果出口方没有这样的把握，则要考虑接受进口方的还价或适当降价。

一、出口还价的基本方法

在考虑接受进口方的还价或适当降价的策略中，出口方要对利润、费用等因素的影响进行充分的核算，其基本要求是在已知出口商品的采购价格、国内费用、国外费用以及公司预期利润的条件下，计算出口报价。这是一个将报价作为计算结果的"正算"过程。而在出口还价核算时，我国大部分出口方是将外商的还价作为一个"已知数"，以此来倒推采购价格、国内费用（国外费用变化的可能性不大）以及公司的预期利润。因此，出口还价的基本方法是：

（1）如果接受进口方的还价，在其他条件（采购成本、国内费用等）不变的情况下，出口方可以计算公司的利润或利润率，因为利润或利润率的多少是能否接受对方还价的基础。此种情况的计算方法是：

销售利润＝销售收入（进口方的还价）－出口成本－出口费用

（2）如果接受进口方的还价，又要保持公司的预期利润率不变，出口方可以计算出能够接受的国内采购成本或供货价格。此种情况的计算方法是：

出口成本＝销售收入（进口方商的还价）－出口费用－销售利润

（3）如果不接受进口方的还价，在其他条件不变的情况下，出口方可以降低利润率进行还价，即重新报价。

FOB＝出口成本＋出口费用＋预期利润

CFR＝出口成本＋出口费用＋出口运费＋预期利润

CIF＝出口成本＋出口费用＋出口运费＋出口保险费＋预期利润

下面以一个情境资料进行讨论上述的三种基本还价方法。

情境资料：2009 年，浙江远大公司出口 1 个 20 英尺货柜的陶瓷餐具，进货成本 150 元/套（含 17％增值税，出口退税率 9％），每纸箱装一套，纸箱尺寸为：40cm×35cm×38cm。20 英尺货柜需发生的费用有：运杂费 900 元，商检报关费 200 元，港区港杂费 700 元，公司业务费 1 300 元，其他费用 950 元，上海——纽约 20 英尺集装箱包箱费 2 250 美元，利润为报价的 10％，人民币对美元汇率为 6.81：1。浙江远大公司对外报价每套 29.32 美元 CFR 纽约，美国 CLARK 公司还价每套 24.5 美元 CFR 纽约。

二、出口还价方法 Ⅰ

当进口方不能接受出口方的报价而要求降价时，为保证交易继续进行，出口方比较简单和直接的方法是接受进口方的还价，但是在其他条件如采购成本、国内费用等不变的情况下，接受还价会使出口方的利润减少。在贸易中获利是出口方的根本，因此出口方应以首先计算利润减少的程度为宜，不可贸然接受还价。

例 13　计算利润率（在其他条件不变的情况下接受对方还价）

浙江远大公司如果考虑接受美国 CLARK 公司每套 24.5 美元 CFR 纽约还价，在采购成本、出口费用等不变的情况下，试计算浙江远大公司的利润率要降低到多少。

步骤一　计算浙江远大公司每套商品出口的预期销售收入

每套销售收入＝24.5×6.81＝166.845（元）

步骤二　计算浙江远大公司每套商品的出口成本

出口成本＝采购成本－出口退税额

$$＝采购成本×\frac{1＋增值税率－出口退税率}{1＋增值税率}$$

$$＝150÷(1＋17％)×(1＋17％－9％)$$

$$＝138.4615（元/套）$$

步骤三　计算浙江远大公司每套商品的出口费用和出口运费

出口费用 1：(运杂费＋商检报关费＋港区港杂费＋公司业务费＋其他费用)/470 套
　　　　＝(900＋200＋700＋1 300＋950)/470
　　　　＝4 050/470＝8.617（元）

由于是 CFR 纽约报价，故还应计算出口运费。

纸箱体积为 40cm×35cm×38cm＝53 200cm³＝0.0532m³

出口套数：25/0.0532＝470（套）(20 英尺货柜按 25m³ 计)

故出口费用 2：每套餐具出口运费＝2 250÷470×6.81＝32.6011（元/套）

步骤四　计算远大公司每套商品的销售利润与利润率

销售利润＝销售收入－出口成本－出口费用

＝销售收入－出口成本－出口费用1－出口费用2

＝销售收入－出口成本－（运杂费＋商检报关费＋港区港杂费＋公司业务费＋其他费用）－出口运费

＝166.845－138.4615－8.617－32.6011

＝－12.8346（元/套）

即利润呈负数,亏损为12.8346元/套。

亏损占销售收入的比率为12.8346/166.845＝7.69%

三、出口还价方法Ⅱ

如果出口方报出价格后,进口方提出要求降价,有一定实力的出口方可能利用自己在出口市场上的优势,采用"堤外损失堤内补"的办法,为了保持公司的预期利润率不变,转而要求供货厂家降低供货价格,或者是与国内其他方谈判,以降低出口费用。

如果进口方提出降价,出口方在要求业务员计算出公司预期利润率不变的情况下,可以接受的国内供货价格、其他费用。

例14:计算供货价格（公司预期利润率与其他费用不变）

浙江远大公司如果考虑接受美国CLARK公司每套24.5美元CFR纽约还价,同时要保证公司预期的10%利润率不变,而出口中的费用水平又无法降低。那么,浙江远大公司就需要计算其能够接受的国内采购成本是多少,然后才能与供货厂家进行谈判。试计算浙江远大公司能够接受的国内供货价格。

步骤一　计算浙江远大公司每套商品出口的预期销售收入

每套销售收入＝24.5×6.81＝166.845（元）

步骤二　计算浙江远大公司每套商品的出口费用

出口费用1:(运杂费＋商检报关费＋港区港杂费＋公司业务费＋其他费用)/470套

＝(900＋200＋700＋1300＋950)/470

＝4050/470＝8.617（元）

由于是CFR纽约报价,故还应计算出口运费。

纸箱体积为40cm×35cm×38cm＝53 200cm³＝0.0532m³

出口套数:25/0.0532＝470套（20英尺货柜按25m³计）

故出口费用2:每套餐具出口运费＝2250÷470×6.81＝32.6011（元/套）

步骤三　计算浙江远大公司每套商品的销售利润

利润＝166.845×10%＝16.6845（元/只）

步骤四　总算

出口成本＝销售收入－出口费用－销售利润

＝销售收入－出口费用1－出口费用2－销售利润

＝销售收入－（运杂费＋商检报关费＋港区港杂费＋公司业务费＋其他费用）－出口运费－销售利润

＝166.845－8.617－32.6011－16.6845

＝108.9424（元/套）

由于:

$$出口成本＝采购成本×\frac{1＋增值税率－出口退税率}{1＋增值税率}$$

因此:

$$采购成本=\frac{出口成本\times(1+增值税率)}{1+增值税率-出口退税率}$$

$$=\frac{108.9424\times(1+17\%)}{1+17\%-9\%}$$

$$=118.02(元/套)$$

故若浙江远大公司接受美国 CLARK 公司每套 24.5 美元 CFR 纽约的还价,同时又将利润率保持在 10%,则须将采购成本压低至 118.02 元/套才行,也就是说供货厂家须降价 150-118.02=31.98 元。

四、出口还价方法 Ⅲ

在其他条件不变的情况下接受进口方还价导致亏损,这是每一个出口方都不能接受的;出口方若要保持预期利润率不变,则须较大幅度地压低供货厂家的供货价格,但这在现实中很难做到。折中的方法,就是双方各退一步,出口方将利润率降低进行还价。

例 15:降低利润率进行还价(在其他条件不变的情况下)

在采购成本、出口费用等因素不变的情况下,浙江远大公司将利润率从 10% 降到 5%,对美国 CLARK 公司进行还价,试计算浙江远大公司将利润率调到 5% 时,对美国 CLARK 公司的 CFR 纽约还价是多少?

步骤一 计算浙江远大公司每套商品的出口成本

出口成本=采购成本-出口退税额

$$=采购成本\times\frac{1+增值税率-出口退税率}{1+增值税率}$$

$$=150\times(1+17\%-9\%)\div(1+17\%)$$

$$=138.4615(元/套)$$

步骤二 计算浙江远大公司每套商品的出口费用

出口费用 1:(运杂费+商检报关费+港区港杂费+公司业务费+其他费用)/470 套

$$=(900+200+700+1\ 300+950)/470$$

$$=4\ 050/470=8.617(元)$$

由于是 CFR 纽约报价,故还应计算出口运费。

纸箱体积为 40cm$\times$35cm$\times$38cm=53 200cm^3=0.0532m^3

出口套数:25/0.0532=470 套(20 英尺货柜按 25m^3 计)

故出口费用 2:每套餐具出口运费=2 250$\div$470$\times$6.81=32.6011(元/套)

步骤三 计算浙江远大公司每套商品的预期利润

预期利润=CFR 报价$\times$5%

步骤四 总算

CFR=出口成本+出口费用+预期利润

$$=出口成本+出口费用1+出口费用2+预期利润$$

$$=出口成本+(运杂费+商检报关费+港区港杂费+公司业务费+其他费用)$$

$$+出口运费+预期利润$$

$$=138.4615+8.617+32.6011+CFR\times5\%$$

整理后,得:

$$CFR = \frac{138.4615 + 8.617 + 32.6011}{1 - 5\%}$$

$$= 189.1364(元/套)$$

折算为美元,CFR=189.1364/6.81=27.77(美元/套)

故浙江远大公司将利润率调低到 5% 时,对美国 CLARK 公司还价为 27.77 美元/套。

思考

资料:泰国华太公司向北京图文进出口公司订购文件夹,起订量为 1 个 20 英尺货柜。华太公司主动递盘为 CFRC5 Bangkok USD36.85 per dozen。已知文件夹 5 打装 1 纸箱,尺码为 70cm×30cm×40cm。工厂供货价为每打 280 元(含 17% 增值税),出口退税率为 9%,国内费用按购货成本的 3% 计,美元对人民币汇率 1:6.81。

试问:(1)在这笔业务中,北京图文进出口公司能否达到 8% 的最低利润率?

(2)如果我方要保持 8% 的利润率,求供货价必须降低多少?

子项目四 贸易合同中的价格条款

一、价格条款的主要内容

在国际货物贸易中,进出口双方通常采用固定作价方法,因此价格条款一般包括两项内容:一是货物单价(unit price),二是货物总值(total amount)。

进出口业务绝大多数需要通过函电进行磋商,如果所报价格不规范,很容易造成误解或差错,导致日后查询浪费钱财,并有损于企业形象。因此,必须正确掌握表示货物单价的方法,即单价表述四要素:货币名称、单价金额、计量单位和贸易术语(见下面的价格条款实例)。总值是指单价金额同成交数量的乘积,即一笔交易的总金额。

当签订加工周期较长的机械设备合同,或合同约定采用非固定作价以防止某些因素的变动时,价格条款中需要对此做出说明。

二、价格条款实例

(1)HKD5.00 per dozen CIF Hong Kong net.

每打 5 港元 CIF 香港净价。

(2)USD21 per set FOB Shanghai including your commission 5% on FOB basis.

每套 21 美元 FOB 上海,在 FOB 基础上包含你方 5% 佣金。

(3)USD30.00 per ton FOB Dalian including 5% commission, the commission shall be payable only after seller has received the full amount of all payment due to seller.

每公吨 30 美元含 5% 佣金 FOB 大连,佣金以收付全部货款为条件。

(4)Seller reserves the right to adjust the contracted price, if prior to delivery, there is any variation in the cost of labor or raw material or component parts.

如果在交货前劳动力原材料成本或其组成部分发生任何变化,卖方有权调整合同价格。

(5)Any advance in freight at time of shipment shall be for buyer's account.

装运期间运费的提价由买方支付。

(6)Exchange risks, if any, for buyer's account.

如有任何汇率风险,则由买方承担。

三、制定价格条款的注意事项

(1)合理确定商品的单价,防止作价偏高或偏低。

(2)根据经济意图和实际情况,在权衡利弊的基础上选用适当的贸易术语。

(3)争取选择有利的计价货币,以免遭受币值变动带来的风险,如采用不利的计价货币时,应当加订保值条款。

(4)灵活运用各种不同的作价方法,以避免价格变动风险。

(5)参照国际贸易的习惯做法,注意佣金和折扣的合理运用。

(6)如对交货品质和数量约定有一定的机动幅度,则对机动部分的作价也应一并规定。

(7)如对包装材料和包装费另行计价时,对其计价办法也应一并规定。

(8)单价中涉及的计量单位、计价货币、装卸地名称,必须书写正确、清楚,以利于合同的履行。

?思考

资料:我方与利比亚商人订立了出口合同,目的港为利比亚首都的黎波里,但我方交货时却将货物运往黎巴嫩的的黎波里,造成损失。

试问:我方工作应吸取什么教训?

实训项目

实训项目一 价格条款书写

【项目情境】

有一些出口报价如下:

1.每件 3.50 美元 CIFC 香港

2.每箱 400 英镑 CFR 英国

3.每公吨 1 000 美元 FOB 伦敦

4.每打 200 欧元 CFR 净价含 2% 的佣金

5.1 000 美元 CIF 上海减 1% 的折扣

【工作任务】

任务一:上列出口单价的写法是否正确?

任务二:如有错误或不完整,请更正或补充,并译成英语。

实训项目二 海藻香皂的出口成本核算

【项目情境】

创翔进出口公司向孟加拉国 Soul Brown 公司出口货号为 AQL186 的高级海藻香皂,每块进货成本是 9.30 元人民币,其中包括 17％增值税,出口退税率为 9％,纸箱包装,数量一共 450 箱,每箱装 72 块,外箱体积 36cm×27.5cm×28cm,毛重 12.5 千克,净重 10.8 千克,交货日期为 2008 年 12 月底之前,信用证支付,起运港宁波,成交条件 CFR 吉大港 USD1.50/件,海运费 2 800 美元,定额费用率为进货成本的 16％。美元对人民币汇率 1∶6.81。

【工作任务】

任务一:试计算退税额。

任务二:试计算出口成本(实际成本)。

任务三:试计算出口费用(包括海运费)。

任务四:试计算出口利润。

任务五:试计算海藻香皂的出口换汇成本。

实训项目三 电动缝纫机的出口还价核算

【项目情境】

美国 KERIS 公司与天津凯立公司就家用电动缝纫机进行交易磋商,KERIS 公司起订量为一个 20 英尺集装箱,希望凯立公司报价。该产品的资料为:

国内供货价格:260 元/台(含 17％增值税)

出口退税率:9％

包装:每 2 台装 1 纸箱,尺码 43cm×34cm×36cm,毛重 49 千克

国内费用(按 1 个 20 英尺集装箱计):运杂费 1 000 元,包装费 1 400 元,仓储费为每天 50 元(预计存仓 10 天),商检费 600 元,报关费 50 元,港口费 350 元,其他费用 1 100 元,银行手续费率为 0.5％,预计垫款 60 天,贷款年利率为 8.5％

海运运费:20 英尺集装箱包箱费为 1 900 美元,散货基本运费为每运费公吨 120 美元,计算标准为 W/M

保险:按成交价格的 110％投保一切险和战争险,费率分别是 0.85％和 0.5％

公司预期利润率:15％

客户要求的佣金率:3％

【工作任务】

任务一:请报出 FOBC3、CFRC3 和 CIFC3 价格。

任务二:如果外商还价为 USD40CIFC3 纽约,那么公司的利润率下降了多少?

任务三:若要保持公司的 15％利润率,则国内购货价应为多少?

任务四:经过考虑,公司决定只维持 10％的利润率,且与国内供货商联系后,购货价最后定为 240 元/台,试重新报出 CIFC3 的价格。

能力迁移

一、英译汉

1. unit price   2. total amount

3. CIFC5 London

4. FOB Trimmed Qingdao

5. hard currency

6. soft currency

7. Your commission 3% on FOB value has been included in the above price.

8. USD20.00 per yard FOB Dalian net.

9. GBP2.50 per doz. CIF London including 5% commission.

二、请根据下列情境,完成工作任务

某出口公司希望扩大其产品在国外的市场份额,这时进口国的某中间商主动来函与该出口公司联系,表示愿为推销产品提供服务,并要求按每笔交易的成交额的5%给予佣金。不久,该公司经该中间商中介与当地的用户达成CIFC5总金额50 000美元的交易,装运期为订约后2个月内从中国港口装运,并签订了销售合同。合同签订后,该中间商即来电要求出口公司立即支付佣金2 500美元。出口公司复称:佣金需待货物装运并收到全部货款后才能支付。于是,双方发生了争议。

任务一:这起争议发生的原因是什么?

任务二:出口公司是否有失误?应接受什么教训?

三、计算题

1. 某公司出口350件服装到美国洛杉矶,成交价格每件125美元CIF洛杉矶,如价格中含有5%佣金或给予5%的折扣,请填制下表:

Quantity 数量	Unit price 单价	Amount 总价

2. 我国某外贸公司出售一批货物至日本,出口总价为10万美元CIFC5横滨,其中从中国口岸至横滨的运费和保险费占12%。这批货物的国内购进价为人民币702000元(含增值税17%),该外贸公司的出口费用定额率为5%,出口退税率为9%。结汇时银行外汇买入价为1美元折合人民币6.80元。试计算这笔出口交易的出口换汇成本和盈亏额。

3. 请就下列数据计算出口FOB的报价,运算过程中保留4位小数,最后报价四舍五入保留2位小数。

品名:R/C Nitro Gas Engine Car 货号:TY9898			
计量单位:	辆	包装:	纸箱
包装方式:	2pcs/ctn		
每个纸箱尺码:	32cm(长)	20cm(宽)	30cm(高)
每个纸箱重量:	G.W.:14.20kgs	N.W.:11.2kgs	
报价数量:	200辆	集装箱装箱:	LCL

核算数据

采购成本:150元人民币/辆(含增值税)

出口费用:件杂货拼箱海运费率为:(计费标准"M/W")USD60.00/运费吨

出口定额费率为：(按采购成本计)3.5％

海运货物保险费率为：0.7％

投保加成率为：10％

增值税率为：17％

出口退税率为：13％

国外客户的佣金为：(按报价计)3％

银行手续费率为：(按报价计)0.35％

当时汇率为：1美元兑换人民币6.8元

预期利润：销售利润率为：10％

4. 恒昌贸易公司出口健身器材到美国纽约，货物每套装1个纸箱，共计530箱(20英尺货柜)，装运港至美国纽约一个20英尺货柜的包箱费率为2 050美元。恒昌贸易公司出口该产品的定额费用率为6％，进货成本每套人民币85元(含17％增值税)，出口退税率为9％，进口方的佣金为售价的5％，货运保险按CIF价格的110％投保，费率为0.85％；美元对人民币的汇率为1：6.80。试按上述资料根据7％和10％的销售利润率分别计算FOB和CIF价格。如果美国客户还价每套CIFC5纽约为14.50美元，那么：

(1)如果恒昌贸易公司要保证5％的销售利润，其CIFC5的还价应为多少？

(2)若客户坚持按CIFC5纽约每套14.50美元成交，恒昌贸易公司仍要保持5％利润率，其进货价应调整至每套人民币多少元？

附件3-1 报价单(企业样本)

1	Contact Person：You Fang　　Email：y1_exporter@yahoo.com.cn						
2	Price list　　Nov. 25th, 2009						
3	Photograph	Type	Specifications	Measurement	Packing Details	Quantity (40HQ)	Price per set (USD)
4		YKL-NA6	2.5HP DC motor with PWM control system Speed：0.8—16.0km/h Max load：110kg Running area：L1300mm ×W450mm Occuping area：L1800mm ×750	L1865mm × W770mm × H335mm	foam and plastic bag for inner packing, carton for outer packing	126sets	$300
5		YKL-NA7	2.5HP DC motor with PWM control system Speed：0.8—16.0km/h Incline：0％—18％ Max load：110kg Running area：L1350mm ×W440mm Occuping area：L1820mm ×W785mm	L1820mm × W850mm × H350mm	foam and plastic bag for inner packing, carton for outer packing	84sets	$320

6		YKL-NA9	2.5HP DC motor with PWM control system Speed:0.8～16.0km/h Incline:0%～15% Max load:110kg Running area: L1300mm ×W450mm Occuping area：L1780mm ×W800mm	L1800mm × W810mm × H350mm	foam and plastic bag for inner packing, carton for outer packing	84sets	$ 305
7		YKL-NB5A	2.5HP DC motor with PWM control system Speed:0.8～12.0km/h Max load:100kg Running area: L1200mm ×W400mm Occuping area：L1600mm ×W775mm	L1630mm × W750mm × H320 （235） mm	foam and plastic bag for inner packing, carton for outer packing	168sets	$ 220
8		YKL-NB503	2.5HP DC motor with PWM control system Speed:0.8～12.0km/h Max load:90kg Running area： L1200mm ×W390mm Occuping area： L1600mm ×W720mm	L1700mm × W750mm × H260mm	foam and plastic bag for inner packing, carton for outer packing	189sets	$ 190
9		YKL-NQ3	2.5HP DC motor with PWM control system Speed:0.8～16.0km/h Incline:0%～18% Max load:120kg Running area： L1350mm ×W470mm Occuping area： L1860mm ×W785mm	L1940mm × W850mm × H355 （175） mm(A) L875mm × W840mm × H250mm （B）	foam and plastic bag for inner packing, carton for outer packing	100sets	$ 345

10		YKL-LS001	8KG Flywheel, magnetic break system	L90mm × W25mm × H65mm	foam and plastic bag for inner packing, carton for outer packing	340sets	$ 85
11		YKL-LS001	7.5KG Flywheel, magnetic break system	L86mm × W26mm × H58mm	foam and plastic bag for inner packing, carton for outer packing	440sets	$ 70
12		YKL-TY02	7.5KG Flywheel, magnetic break system	L108mm × W40mm × H56mm	foam and plastic bag for inner packing, carton for outer packing	229sets	$ 105
13	(1)The above mentioned prices are based FOB Ningbo and available within 60 days:						
14	(2)Load port: Ningbo						
15	(3)Terms of Payment: By T/T or By Irrevocable L/C, payable by draft at sight.						
16	(4)Delivery time: will be 45 days after we received your deposit or L/C.						
17	We will try our best to supply you.						
18	End * * *						

项目四
国际货物运输

学习目标

知识目标 了解国际货物运输的基本方式、国际货物运输单据的性质和作用以及买卖合同中的装运条款。

能力目标 学会合理选用国际货物运输方式,熟悉国际货物运输方式的操作程序,掌握装运条款的运用和填制。

素质目标 正确书写合同中的装运条款。

情境导入

情境一 我国某外贸公司(卖方)曾在广州秋交会上与英国某商人(买方)按 CIF 伦敦条件签订了一项出口白薯干的合同。由于卖方货源充足,急于出售,因此成交时便约定当月交货。后因卖方租不到船,未能按期交货,致使双方产生争议,买方遂提请在中国仲裁,结果卖方败诉。

情境二 我国某出口公司收到一国外来证,货物为 40 000 只打火机,总价值为 4 万美元,允许分批装运,采用海运方式。后客户来传真表示急需其中 10 000 只(总数量的 1/4)打火机,并要求改用空运方式提前装运,并提出这部分货款采用电汇方式(T/T)在发货前汇至我方。遇到此类问题该如何解决?

情境三 我国某公司曾按 FOB 条件从北欧进口一批大宗商品。双方原先约定的装运港是一个比较偏僻的小港,大船不能直接进港装货。签约后,买方才了解该港条件,便要求变更装运港,但卖方不同意更改。买方只好租用小船,将货物运至汉堡集中,然后再装上海洋巨轮运回国内,这不仅延误了时间,而且增加了运杂费用,给国家和企业造成了不该发生的经济损失。

情境四 英国 A 进口商开来一张信用证,以 B 公司为受益人。信用证要求提交"2/3 of original clean on board bill of lading made out to order to A Import Company"(2/3 正本已装船提单,抬头为凭 A 进口公司指示)。在特殊条款中又规定:"The beneficiary must send 1/3 original bill of lading to the applicant immediately after shipment"(受益人在装运后立即将1/3 正本提单寄给开证申请人)。根据该信用证规定,B 公司在装运后从船方取得了三份正本海运提单,将其中一份直接邮寄给进口方,其余两份连同其他单据一起提交出口地银行办理议付。开证行收到单据后,即提出拒付,理由是提单被通知人一栏漏打开证申请人的电话号码,单证不符,不能接受。B 公司立即与外轮公司取得联系,要求更改提单,但被告知货物被收货人凭一份正本提单提走。

从以上几则导入情境中,我们可以看到情境一中,由于装运期规定不当,导致卖方受损。情境二中,卖方需要充分理解信用证中允许分批装运的规定,才能做出正确的选择,即收到 T/T 后立即空运 10 000 只打火机,然后在装运有效期前海运剩余 30 000 只打火机,随后递交全套单据向银行议付,单据上的数量与金额分别为 30 000 只与 30 000 美元,因该证规定允许分批装运,银行便认为货物已被分批装运,只要单据与信用证完全相符,根据《跟单信用证统一惯例》(UCP600)条款规定,开证行凭单证相符履行付款责任。情境三中,由于装运港规定不当,导致卖方受损;情境四中,卖方对提单物权性质认识不清,结果导致货被提走而款未收到。

为了解决以上问题,避免发生贸易纠纷或经济损失,本项目将从国际货运方式入手,分别介绍各种运输方式的特点、概况和操作程序,以及货运单据的性质作用,最后阐述装运条款的订立及其注意事项,具体如下:

(1)了解货物运输方式,学会合理选择运输方式。

(2)掌握货运单据的性质作用。

(3)学会订立装运条款。

知识支撑

子项目一 运输方式

一、海洋运输

海洋运输(ocean transport)是国际货物贸易中最主要的运输方式,目前海洋运输的运量在跨国运输中占绝大部分。

(一)海洋运输的特点

海洋运输的运量占国际货物运输总量的80%以上,我国绝大部分进出口货物,都是通过海洋运输方式运输的。海洋运输之所以被如此广泛采用,是因为与其他国际货物运输方式相比,具有下列明显的优点:

(1)运力强。海洋运输可以利用四通八达的天然航道,并且在遇到特殊情况时还可以改道航行,而不像火车、汽车等容易受轨道和道路的限制。

(2)运量大。海洋运输船舶的运载能力,远远大于铁路运输车辆和公路运输车辆,如一艘万吨船舶的载重量一般相当于250~300个车皮的载重量。目前,第五代集装箱船的载货能力已超过5000TEU,第六代集装箱船可达6000~12000TEU,散装船可载货16~17万吨,超巨型游轮已达到50~70万吨。

(3)运费低。按照规模经济的观点,海洋运输因为运量大,航程远,分摊于每货运吨的运输成本少,因此运价相对低廉。

海洋运输虽有上述优点,但也存在不足之处。例如,海洋运输受气候和自然条件的影响较大,航期不易明确,而且风险较大。此外,海洋运输的速度也相对较低。

(二)海洋运输船舶的经营方式

海洋运输船舶的经营方式可分为班轮运输和租船运输。

1. 班轮运输(liner transport)

班轮运输又称定期船运输,简称班轮(liner),是指船舶在固定航线上和固定港口之间按事先公布的船期表和运费率往返航行,从事客货运输业务的一种运输方式。班轮运输比较适合于运输小批量的货物。

？思考

资料:法国海运咨询机构Alphaliner于2016年8月公布全球20大集装箱班轮公司最新

运力排名。数据显示,全球前20大集装箱班轮公司运力合计1765.1万TEU,份额合计为85%,见表4-1。20强的前3名依旧是欧洲海运经营大户马士基、地中海航运和法国达飞轮船,这三家船队运力之和相当于全球集装箱船队现有总运力的40%。其中,排名第一的马士基集团,运力3 189 290 TEU,份额占比15.4%;第2名地中海航运,运力2 782 811TEU,份额占比13.4%;第3名法国达飞,运力2 302 739TEU,份额占比11.1%。整合后的中远海运集运(筹)排在第四位,运力1 563 979TEU,份额占比7.5%。台湾长荣海运排第五,赫伯罗特排在第六。第七名到第十名分别是:汉堡南美、韩进海运、东方海外与台湾阳明海运。

但需要注意的是,根据《美国托运人》的最新资料,在船运公司的联盟中,强强联合呈加剧趋势。由中远、川崎汽船、阳明海运和韩进海运组成的CKYH联运体船队运力相当于全球总运力的12.1%。由赫伯罗特、日本邮船、东方海外、马来西亚国际航运组成的大联合经营体船队运力相当于全球总运力的11%左右。由总统轮船、现代航运和商船三井组成的新世界联营体船队运力相当于全球总运力的9%左右。

表4-1 2016年8月全球班轮公司运力20强榜单

Rnk	Operator	Teu	Share	Total Ships	Owned Ships	Chartered Ships
1	APM－Maersk	3 189 290	15.40%	622	263	359
2	Mediterranean Shg Co	2 782 811	13.40%	490	193	297
3	CMA CGM Group	2 302 739	11.10%	526	140	386
4	COSCO Container Lines	1 563 979	7.5%	288	87	201
5	Evergreen Line	956 030	4.6%	187	107	80
6	Hapag－Lloyd	920 424	4.4%	164	70	94
7	Hanjin Shipping	611 682	2.9%	98	37	61
8	Hamburg Süd Group	610 554	2.9%	119	44	75
9	OOCL	578 703	2.8%	104	53	51
10	Yang Ming Marine Corp.	572 153	2.8%	104	43	61
11	UASC	541 146	2.6%	56	38	18
12	MOL	520 908	2.5%	83	22	61
13	NYK Line	494 766	2.4%	95	45	50
14	Hyundai M. M.	435 523	2.1%	60	22	38
15	K Line	373 706	1.8%	65	12	53
16	Zim	349 320	1.7%	77	7	70
17	PIL (Pacific Int. Line)	347 881	1.7%	138	120	18
18	Wan Hai Lines	234 860	1.1%	93	71	22
19	X-Press Feeders Group	142 074	0.7%	91	22	69
20	KMTC	123 409	0.6%	61	25	36

试问:你能完全看懂这个榜单吗?全球20强班轮公司的中文名称是什么?国际航运呈现一种什么样的趋势?

（1）班轮运输的特点。①四固定。"四固定"是指固定航线、固定港口、固定船期和相对固定的运费率。②一负责。"一负责"是指货物由班轮公司负责配载和装卸，运费内已包括装卸费用，班轮公司和托运人双方不计滞期费和速遣费。③船、货双方的权利、义务与责任豁免，以船方签发的提单条款为依据。④各类货物都可接受。各类货物都可接受是指班轮承运货物的品种、数量比较灵活，包括冷冻、易腐、液体及危险品之类的货物，且班轮公司一般采取在码头仓库交接货物，故为货主提供了更为便利的条件。

（2）班轮运费及运价表的构成。班轮运费是指班轮公司为运输货物而向货主收取的费用，计算运费的单价或费率则称为班轮运价。班轮运费由基本运费和附加费构成，即班轮运费＝基本运费＋附加费。

基本运费是指货物从装运港运到卸货港所应收取的基本费用，它是构成全程运费的主要部分；附加费是指对一些需要特殊处理的货物，或者由于突然事件的发生或客观情况变化等原因而需另外加收的费用。

班轮运费是按照班轮公司制定的班轮运价表的规定计算的。运价表也称班轮费率表，是发货方支付运费、班轮公司收取运费的计算依据。班轮运价表的结构一般包括：说明及有关规定、货物分级表、航线费率表、附加费率表、冷藏货及活牲畜费率表等。不同的班轮公司或班轮公会有不同的班轮运价表。运价表从形式上可分为等级运价表和单项费率运价表。

①等级运价表。等级运价表将全部货物（主要是杂货）分为若干个等级，每一个等级有一个基本运费率，货物即按被定位的相应等级计算运费。货物一般被划分为二十个等级，其中，第一级的货物运费率最低，第二十级的货物运费率最高。货物等级运价表如表4-2所示。

表4-2 货物等级运价表

货名	COMMODITIES	CLASS BASIS
农具	AGRICULTURAL IMPLEMENT	8 W/M
农机及其零件（包括拖拉机）	MACHINES PARTS & ACCESSORIES (INCL. TRACTORS)	9 W/M
人造革及其制品	ARTIFICIAL LEATHER & GOODS	11 M
麻、纸、塑料包装袋	BAGS GUNNY, PAPER, POLYPROPYLENE	5 M
竹制品	BAMBOO PRODUCTS	8 M
推车	BARROW	8 W/M
自行车及零件	BICYCLES & PARTS	5 W/M
电缆	CABLE	10 W/M
蜡烛	CANDLE	6 M
各种罐头	CANNED GOODS, ALL KINDS	8 W/M
钟表及其零件	CLOCKS & SPARE PARTS	10 M
计算机和复印机	COMPUTER & DUPLICATOR	12 W/M
棉布和棉纱	COTTON GOODS & PIECE GOODS	10 M
棉线和棉纱	COTTON THREAD & YARN	9 M

各种毛巾	COTTON TOWELS,ALL KINDS	9 M
铜管	COPPER PIPES	12 W/M
半危险化学品	CHEMICALS,SEMI-HAZARDOUS	17 W/M
危险化学品	CHEMICALS,HAZARDOUS	20 W/M
洗衣粉,洗洁净	DETERGENT LIQUID	7 M
染料颜料(非危险品)	DYESTUFFS,PIGMENTS(N. H.)	10 M
电器和电料	ELECTRIC GOODS & MATERIALS	10 W/M
搪瓷器皿	ENAMEL WARE	9 W/M
羽绒及其制品	FEATHER DOWN & PRODUCTS	15 M
化肥	FERTILIZERS	6 W
皮鞋	FOOTWEAR LEATHER	12 M
未列名鞋	FOOTWEAR,N. O. E.	9 M
未列名家具	FURNITURE,N. O. E.	10 M
未列名手套	GLOVES,N. O. E.	10 M
棉布、劳动服和手套	GLOVES,COTTON&WORKING CLOTHES	9 M
皮手套	GLOVES LEATHER	12 M
小五金及工具	HARDWARE & TOOLS,N. O. E.	10 W/M
千斤顶	HOISTING JACK	10 W
医疗设备	HOSPITAL EQUIPMENT N. O. E.	10 W/M
仪器和仪表 (刻度表,游标卡尺)	INSTRUMENTS & METERS N. O. E. (INC DIAL CALIPER VERNIER CALIPERS)	12 W/M

②单项费率运价表。单项费率运价表将每项货物及其基本费率都逐步开列,即每项货物均有各自的费率。

(3)班轮运费的计收标准。根据货物种类的不同,基本运费的计收标准一般有以下几种:

①按重量吨(weight ton)计收,在运价表上用"W"表示,以货物毛重计算重量,单位为"吨",吨以下取三位小数。

②按尺码吨(measurement ton)计收,在运价表上用"M"表示,以货物的体积/容积来计算,计算单位为"立方米",立方米以下取三位小数。重量吨和尺码吨统称为运费吨或计费吨(freight ton,FT)。

③按货物的重量或体积计收,由班轮公司选择两者中收费较高项作为计费吨,运价表中以"W/M"表示。

④按货物的价格计收,即称为从价运费,运价表内用"A. V. "或"Ad. Val"表示,从价运费一般按货物的 FOB 价格的一定百分比收取。

⑤按货物的重量、体积或从价计收,有两种方式:一是在运价表中以"W/M or A. V. "表

示,即运费按照货物重量、体积或价值三者中较高的一种计收;另一种方式是在运价表中注明"W/M plus A. V.",即先按货物重量或体积中较高的一种计收运费,然后另加一定百分比的从价运费。

⑥按货物的件数计收,一般只对包装固定,包装内的数量、重量、体积也是固定不变的货物,才按每箱、每捆或每件等特定的运费额计收。

⑦按货物的个数计收,如卡车车辆、活牲畜等均按此种计收方法。

⑧由货主和班轮公司临时议定,这种方法通常是在承运粮食、豆类、矿石、煤炭等运量大、货价低、装卸容易、装卸速度快的农副产品和矿产品时采用。在运价表中,以"Open"表示。

班轮公司除收取基本运费外,还可根据不同情况征收不同的附加费,以弥补基本运费的不足。附加费名目繁多,常见的有下列几种:

①超重附加费(heavy lift additional)。一件货物毛重超过运价表规定的重量,即为超重货,需要加收一定的附加费。各班轮公司对每件货物的重量规定不一,我国班轮公司规定每件货物不得超过 5 吨。

②超长附加费(long length additional)。一件货物的长度超过运价表规定的长度,即为超长货,需要加收一定的附加费。

③选卸附加费(optional fees)。对于选卸货物需要在积载方面给予特殊的安排,但如此就会增加一定的手续和费用,甚至有时会发生翻舱,由于上述原因而追加的费用,称为选卸附加费。

④直航附加费(direct additional charges,DAC)。如果托运人要求将一批达到规定数量的货物直接抵达非基本港口卸货,班轮公司为此加收的费用,称为直航附加费。

⑤转船附加费(transhipment surcharge)。如果货物需要转船运输的话,班轮公司必须在转船港口办理换装和转船手续,由于上述作业所增加的费用,称为转船附加费。

⑥港口附加费(port surcharge,PS)。由于某些港口的情况比较复杂、装卸效率较低或港口收费较高等原因,班轮公司特此加收一定的费用,称为港口附加费。

除上述各种附加费外,班轮公司有时还根据各种不同情况临时决定增收某种费用,例如,港口拥挤附加费(port congestion surcharge,PCS)、燃油附加费(bunker adjustment factor,BAF)、货币贬值附加费(currency adjustment factor,CAF)、码头操作费(terminal handling charge)等。

(4)班轮运费的计算步骤。

①根据合同查明装货港和目的港所属航线,并查明该装货港和卸货港是否属于航线上的基本港口,是否需要转船。

②根据货物名称,从货物等级运价表中查出所属等级及计费标准。如属未列名货物,运费应参照性质相近货物的等级及计费标准计算。

③查出各种附加费的计算方法及费率。附加费一般是在基本运费的基础上,加收一定的百分比,或规定每个运费吨加收一个绝对数。

④根据运费计算公式计算运费,即:总运费=基本运费+附加费

例 1:班轮运费的计算

某贸易公司以 CFR 价格条件由上海港向新加坡出口门锁 600 箱,该货物体积每箱长 45cm,宽 40cm,高 25cm,毛重为 35kg,该批门锁的运费为多少?

首先查货物登记表,得知该商品属于 10 级货物,运费计收标准为 W/M。

然后查航线费率表,得知该航线 10 级货物每运费吨基本费率为 450 美元,另收燃油附加费 20%,港口附加费 10%。

最后将查得的数据进行计算如下：

W＝35kg＝0.035t＝0.035 运费吨

M＝45cm×40cm×25cm＝45 000cm³＝0.045m³＝0.045 运费吨

因为 M＞W，所以采用 M 计费。

根据公式得：

总运费＝运费吨×基本运费率×（1＋附加费率）

　　　　＝0.045 运费吨×600×450 美元/运费吨×（1＋20％＋10％）

　　　　＝15 795（美元）

所以，该批门锁的运费为 15 795 美元。

2. 租船运输（charter transport）

租船运输又称不定期船运输。它与班轮运输的营运方式不同，即没有预定的船期表，船舶经由的航线和停靠的港口也不固定，须按船租双方签订的租船合同来安排，有关船舶的航线和停靠的港口、运输货物的种类以及航行时间等，都按承租人的要求，由船方确认而定，运费或租金也由双方根据租船市场行市在租船合同中加以约定。

国际海运业务中租船运输的方式主要有定程租船、定期租船和光船租船三种。

（1）定程租船（voyage charter）。定程租船又称程租船或航次租船，它是由船方负责提供船舶，在指定港口之间进行一个航次或数个航次的运输方式。定程租船就其租赁方式不同又可分为单程租船（又称单航次租船）、来回航次租船、连续航次租船和包运合同租船等。定程租船主要用于运输批量较大的大宗初级产品，如粮食、油料、矿产品和工业原料等。

（2）定期租船（time charter）。定期租船又称期租船，是指由船方将船舶出租给承租人，供其使用一定时期，租船人付给船方一定租金的租船运输方式，承租人也可将此期租船充作班轮或程租船使用。

定程租船和定期租船有许多不同，主要体现在以下几个方面：

①船舶经营管理不同。程租情况下，租船人对船舶不负经营管理责任；期租情况下，租船人要对船舶负经营管理责任。

②对船舶的调度权限不同。程租情况下，租船人无权调度船舶；期租情况下，租船人有权调度船舶，包括可以选择航线、港口和所载货物等。

③计算和支付运费的方法不同。程租的运费是按货物的数量及双方商定的费率计算，支付方法有预付、到付，或者部分预付部分到付；而期租的运费是按船舶的载重吨、程期长短以及商定的租金率计算，都是按一月或半月预付。

④其他费用划分不同。程租情况下，租船人只付运费，至于隔垫费、装卸费等须视租船合同内容而定，比如装卸费的规定有四种做法：船方管装管卸（liner terms）、船方管装不管卸（free out，F. O.）、船方管卸不管装（free in，F. I.）、船方不管装卸（free in and out，F. I. O.）。期租情况下，船方只付少数几项营运费用，如修理费、保险费、船检费等，其他一切日常营运开支均有租船人负担。

（3）光船租船（bare boat charter）。光船租船是指船方将船舶出租给承租人需要使用一个时期，但船舶所有人所提供的船舶是一艘空船既无船长，又未配备船员，承租人自己要任命船长、配备船员、负责船员的给养和船舶营运管理所需的一切费用的运输方式。光船租船实际上属于单纯的财产租赁，与上述期租船有所不同。由于这种租船方式比较复杂，因此在当前国际贸易中很少使用。

我国大宗货物的进出口通常采用租船运输方式。在采用租船运输方式时，除了要对运输进出口商品的运费在成本中所占的比例做出正确的估价和判断外，还必须对国际航运市场运费行市的发展趋势做出预测,以便正确选择适当的贸易用语。

❓思考

资料:按 CFR 价格出口洗衣粉 100 箱,该商品内包装为塑料袋,每袋 0.5 千克,外包装为纸箱,每箱 100 袋,箱的尺寸 47cm×30cm×20cm,基本运费为每尺码吨 400 美元,另加收燃油附加费 33%,港口附加费 5%,转船附加费 15%,计费标准为"M"。

试问:该批商品的运费为多少?

二、铁路运输

铁路运输(rail transport)是一种仅次于海洋运输的主要运输方式,负担着进出口货物集中和分散的繁重任务。

铁路运输有许多优点,它一般不受气候条件的影响,可以保证常年的正常运输,而且运量较大,速度较快,有高度的连续性,运输过程中可能遭受的风险较小,手续也相对简单,因而具有广泛的适用性。

铁路运输可分为国内铁路货物运输和国际铁路货物联运两种。

(一)国内铁路运输

我国出口货物经铁路至港口转船,进口货物卸货后经铁路运往各地,供应港澳地区货物经铁路运往香港、九龙和澳门,都属于国内铁路运输的范畴。下面主要介绍对港澳地区的铁路货物运输。

1. 对香港的铁路运输

香港回归祖国后,香港的铁路货物运输,仍由国内段铁路运输和港段铁路运输两部分组成,采用"租车方式、两票运输"的方法。具体做法是,凡全国各地运往香港的出口货物,从发货站到深圳北站的国内段铁路运输,先由发货人或发货地外运机构依照对港铁路运输计划或配额的安排,填写国内铁路运单运往深圳北站,收货人为中国对外贸易运输公司深圳分公司。深圳外运分公司作为全国各进出口企业的总代理,负责在深圳与铁路局办理货物及其运输单据的交接,并向铁路办理租车,然后向海关申报出口,经联桥查验放行后,货车编组集结在深圳北站,等待港段铁路派机车拉运。货车原车过轨后,由香港中国旅行社作为深圳外运分公司在香港的代理人向港段铁路公司输港段进行运输的托运、付费、运送、押运等工作。货车到达九龙终点站后,再由香港中国旅行社将货物卸交给香港各收货人。

2. 对澳门的铁路运输

出口单位在发送地车站将货物托运至广州,随后整车到广州南站新风码头,零担到广州南站,危险品零担到广州吉山站,集装箱和快件到广州车站,收货人均为广东省外运公司。货到广州后由广东省外运公司办理水路中转将货物运往澳门,货到澳门由南光集团的运输部负责接货并交付收货人。

(二)国际铁路货物联运

国际铁路货物联运简称国际联运,是指使用一份统一的国际铁路联运票据,由铁路负责经过两国或两国以上的全程运输,并由一国铁路向另一国铁路移交货物。移交货物时,不需发货人和收货人参加。

三、航空运输

航空运输(air transport)是一种现代化的运输方式,它与海洋运输、铁路运输相比,具有运输速度快、货运质量高、且不受地面条件的限制等优点。因此,它最适宜运送急需物资、鲜活商品、精密仪器和贵重物品。近年来,随着国际贸易的迅速发展以及国际货物运输技术的不断现代化,采用航空运输方式也日趋普遍。

(一)航空运输的方式

航空运输方式主要有班机运输、包机运输、集中托运和航空快递业务。

1. 班机运输(scheduled airline)

班机运输是指具有固定开航时间、航线和停靠航站的飞机。执行运输任务的班机通常为客货混合型飞机,货舱容量较小,运价较贵,但由于航期固定,有利于客户安排鲜活商品或急需商品的运送。班机运输时刻表举例见表4-3。

表4-3 北京飞德国的汉莎航空公司货运时刻表

Lufthansa Cargo

FIGHTS FROM BEIJING TO GERMANY

FLIGHT NUMBER		LH721	LH721	LH8063	LH8067	LH8061
DEPARTUER	DAY	MON	TUE	TUE	TUE	WED
BEIJING	DEP	1110	1110	1345	1400	1345
FRANKFURT	ARR	1430	1430	1640	1750	1640
ARRIVAL DAY		MON	TUE	TUE	TUE	WED
A/C—TYPE		747—PAX	747—PAX	747—PAX	747—F	747—M

Flight numbers starting with 80···operated in cooperated with Air China

A/C—types are 747—F(Freighter),747—PAX(Passenger—version),747—M(Combi)

All times shown in this schedule are local times.

This schedule is subject to change without prior notice.

2. 包机运输(chartered carrier)

包机运输是指航空公司按照约定的条件和费率,将整架飞机租给一个或若干个包机人(包机人是指发货人或航空货运代理公司),从一个或几个航空站装运货物至指定目的地。包机运输适合于大宗货物运输,费率低于班机,但运送时间则比班机要长些。

3. 集中托运(consolidation)

集中托运是指航空货运代理公司将若干批单独发运的货物集中成一批向航空公司办理托运,并填写一份总运单送至同一目的地,然后由其委托当地的代理人负责分发给各个实际收货人。这种托运方式通常采用班机或包机运输,较低运费,是航空货运代理公司的主要业务之一。见图4-1。

4. 航空快递业务(air express service)

航空快递业务是指由快递公司与航空公司合作,向货主提供快递服务的运输方式。其业务主要是指由快递公司派专人从发货人处提取货物后以最快航班将货物出运,飞抵目的地后,由专人接机提货,办妥进关手续后直接送达收货人,称为"桌到桌运输"(desk to desk service)。航空快递业务是一种最为快捷的运输方式,特别适合于运送各种急需物品和文件资料。

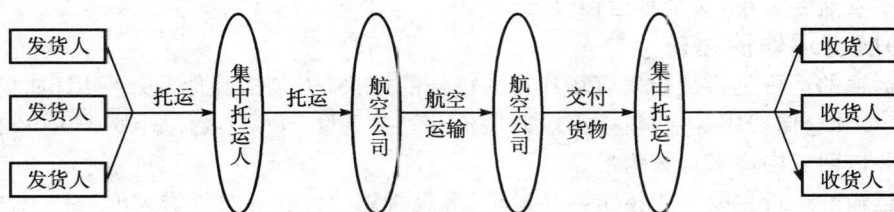

图 4-1 集中托运各方当事人关系图

(二)航空运输的承运人

1. 航空运输公司

航空运输公司是航空运输业务中的实际承运人,负责办理从始发机场至目的地机场的运输,并对全程运输负责。世界常见的航空公司参见表 4-4。

表 4-4 常见的航空公司

船空公司的英文全称	中文全称	两字代码	所在国家
Air China International Corp.	中国国际航空公司	CA	中国
China Southern Airlines	中国南方航空公司	CZ	中国
China Eastern Airlines	中国东方航空公司	MU	中国
America Airlines	美洲航空公司	AA	美国
Air Canada	加拿大航空公司	AC	加拿大
China Airlines Ltd.	中华航空公司	CI	中国台湾
Cathay Pacific Airways Ltd.	国泰航空公司	CX	中国香港
Korean Air	大韩航空公司	KE	韩国
Dragon Air	港龙航空公司	KA	中国香港
Japan Airlines Co. ,Ltd.	日本航空公司	JL	日本
Nippon Airlines Co. ,Ltd.	全日本航空公司	NH	日本
Japan Air System Co. ,Ltd.	佳速航空公司	JD	日本
Lufthansa Germany Airline	汉莎航空公司	LH	德国
Northwest Airlines Inc.	美国西北航空公司	NW	美国
Asiana Airlines	韩亚航空公司	OZ	韩国
Singapore Airlines Ltd.	新加坡航空公司	SQ	新加坡
Air France	法国航空公司	AF	法国
British Airways	英国航空公司	BA	英国
Royal Dutch Airlines	荷兰皇家航空公司	KLM	荷兰
Air Macao Airlines	澳门航空公司	NX	中国香港

2. 航空货运代理公司

航空货运代理公司可以是货主的代理,负责办理航空货物运输的订舱,在始发机场和目的机场的交、接货与进出口报关等事宜;也可以是航空公司的代理,负责办理接货并以航空承运人的身份签发航空运单,对全程运输负责。

(三)航空运输的运价

航空运输的运价是指从始发机场到目的机场的运价,不包括其他额外费用(如提货、进出口报关、交接和仓储费用等)。航空运输的运价一般按重量(千克)或体积(6 000cm³ 折合 1 千克)计算,并以两者中高者计算为准。

航空运输的运价主要是指指定商品运价、等级货物运价和一般货物运价三种,航空运费选择其中一种计算。但如遇两种运价均可适用时,应首先使用指定商品运价,其次是等级货物运价,最后是一般货物运价。

1. **指定商品运价**(special cargo rate,简称 SCR)

指定商品运价往往低于普通货物的运价,是一种优惠性质的运价。在使用指定商品运价时,对于货物的起讫地点、运价的使用期限、货物运价的最低重量起点等均有特定的条件。指定商品低运价产生的原因可归纳为以下两个方面:其一,在某特定航线上,一些较为稳定的货主经常地或者定期地托运特定品名的货物,托运人要求承运人提供一个较低的优惠运价;其二,航空公司为了有效地利用其运力,争取货源并保证飞机有较高的载运率,向市场推出的一个较具竞争力的优惠运价。有些指定商品运价也公布了不同的重量等级分界点,旨在鼓励货主托运大宗货物,并使其意识到选择空运的经济性及可行性。

2. **货物等级运价**(class cargo rate,简称 CCR)

货物等级运价仅适用于在指定地区内少数货物的运价,通常是在一般货物运价基础上加减一定百分比。如运输活动物、贵重货物、尸体或骨灰会在普通货物运价的基础上增加一定的百分比,运输书报杂志、行李等会在普通货物运价的基础上减少一定的百分比。通常附加的等级货物用代号(S)表示(S—surcharged class rate),附减的等级货物用代号(R)表示(R—reduced class rate)。

3. **一般货物运价**(general cargo rate,简称 GCR)

普通货物运价根据货物重量不同,运价分为若干个重量等级分界点。例如,"N"表示标准普通货物运价,即指 45 千克以下的普通货物运价。同时,普通货物运价还公布有"Q45"、"Q100"、"Q300"等不同重量等级分界点的运价。"Q45"表示 45 千克以上(包括 45 千克)普通货物的运价,依此类推。对于 45 千克以上不同重量分界点的普通货物运价均用"Q"表示。参见表 4-5。

表 4-5 SHANGHAI-BOSTON AIR CARGO TARIFF

城市代码	城市	国家地区代码	单价(千克)	
BOS	BOSTON	MA US	M	420.00
			N	75.15
			45	56.29
			100	49.56
			300	42.72
			500	34.47
			1000	31.52

注:表 4-5 中代号 M(Minimum Charge)即最低运费,指在两地间运输一批货物收取的最低费用。

例 2:有一票热带鱼,毛重 120 千克,体积 0.504m³。需从我国某地空运至韩国首尔,问应如何计算其运费?(设一般货物运价:45 千克以上,每千克为 9 港元;等级货物运价:每千克为

16.70 港元;特种货物运价:每千克为 7.59 港元)

解答:根据上述运价进行比较计算

按 GCR 运价,应为:9×120＝1 080(港元)

按 CCR 运价,应为:16.70×120＝2 004(港元)

按 SCR 运价,应为:7.59×120＝910.8(港元)

可见,此票热带鱼应选用 SCR 运价算,运价是 910.8 港元。

四、邮包运输

邮包运输(parcel transport)是一种较简便的运输方式。各国邮政部门之间订有协定和公约,通过这些协定和《万国邮政公约》,各国的邮件包裹可以互相传递,从而形成国际邮包运输网。我国也参加了该公约。

由于国际邮包运输具有国际多式联运和"门到门"运输的性质,而且手续简便,按照国际贸易的惯例,托运人对邮包货物只需按邮局章程办理一次托运,一次付清足额邮资,取得邮政包裹收据(parcel post receipt)交货手续即告完成;加之邮包运输费用不高,故其成为国际贸易中普遍采用的运输方式之一。

我国与很多国家签订有邮政包裹协定和邮电协定,是"万国邮政联盟"(Universal Postal Union)的参加国。国际间邮包运输一般分为普通邮包和航空邮包两种,对每件邮包的重量和体积,各国都有一定的限制。我国限定为每件邮包长度不超过 1.5m,重量不超过 20 千克,长度和长度以外最大横周合计不得超过 300cm。因此邮包运输只适用于量轻、体小的货物,如精密仪器、机器零部件、药品、金银首饰、样品和其他零星物品。

五、集装箱运输

集装箱运输(container transport)是指以集装箱作为运输单位进行货物运输的一种现代化先进的运输方式,它可适用于海洋运输、铁路运输及国际多式联运等,目前在航空运输中也有时使用集装箱。集装箱运输可以说是现今进出口货物采用最多和最普遍的运输方式。参见图 4-2。

(一)集装箱运输的特点

与传统运输相比,集装箱运输具有巨大的优越性:

(1)装卸率高。例如,传统办理每小时只能装卸 35 吨左右的货物,集装箱班轮每小时可装卸 400 吨货物。装卸率高极大地提高了码头吞吐量。

(2)充分利用运输工具、节省包装费用。集装箱可以在运输工具上整齐地堆码摆放,最大限度利用车船的载重量和容积。并且其本身就是一个坚固的外包装,防日晒雨淋、防偷窃,大大的简化了内部货物的包装。

(3)流程简便且有利于开展国际多式联运。采用集装箱运输,简化了计量、整理、保管、检验、交接等流程,从而加速商品和资金的流通。同时,由于在交接时无需拆箱,很好地将传统单一的运输方式串联为连贯的成组运输,促进了国际多式联运的发展。

(二)集装箱的种类和规格

为适用运输各类货物的需要,集装箱可从不同角度分类。按用途可分为干活集装箱、保温集装箱、罐式集装箱、液体集装箱等;按结构可分为内柱式集装箱、外柱式集装箱、折叠式集装箱和固定式集装箱等。

实践中适用最多的是干货集装箱(dry cargo container),即通用集装箱(general propose

front
前

箱前(指在船上放置的位置,此端朝前)

COSCO

箱底

箱主的名称

ream
后
头门 ← 箱门,因放在船上此门朝船尾故叫"后"

COSCO

100778 ← 箱的编号

CN4310 ← CN 为国家代号,4310 为箱子的尺寸,4×××即为 40′,2×××即为 20′的箱子,余类推

NGW 30480kgs
672001bs ← 箱子的总重量,向箱内装货不得超过此限

TARE3800kgs
83371bs ← 箱子的皮重,亦即自重

NET26800kgs
590831bs ← 箱子的净载重量,也是装货的重量限度

CU. CAP67.8m³
2394m³ ← 箱内的容积,也是装货的容积限度

制造集装箱厂家的铭牌

船舶检验机构的唛记

CSC 标志。CSC 是 International Conventional for Safe Container 的缩写,中文含义是《国际集装箱安全公约》

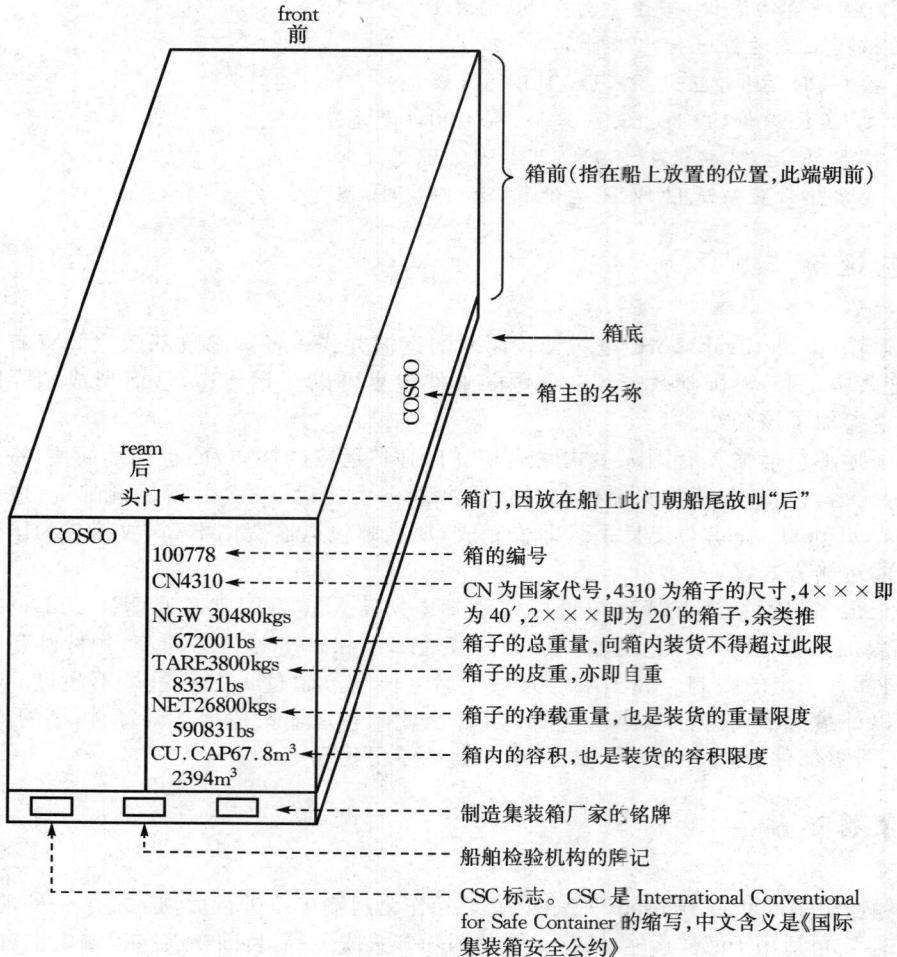

图 4-2 集装箱外部标志示意图

container,GP),占全球使用量的 85%。这中集装箱可以用来装载除液体和控温货物意外的几乎所有杂货。

为统一集装箱规格,国际标准化组织推荐了三个系列 13 种规格的集装箱。在国际运输中常用的集装箱规格为 20 英尺(20GP)和 40 英尺(40GP)两种。有时会用到 40 英尺(40HQ)高箱和 45 英尺高箱(45HQ)。目前国际上均以 20 英尺作为衡量单位,称为"相当于 20 英尺单位",以标箱 TEU(twenty-foot equivalent unit)来表示。不同型号的集装箱,一律折成 TEU 加以计算,见表 4-6。

表 4-6 通用集装箱的规格

箱型	内容积	配货毛重	有效容积
20GP	5.79m×2.13m×2.18m	一般为 17.5 吨	25 立方米
40GP	11.8m×2.13m×2.18m	一般为 24.5 吨	55 立方米
40HQ	11.8m×2.13m×2.72m	一般为 22 吨	68 立方米
45HQ	13.58m×2.34m×2.71m	29 吨	86 立方米

注:表 4-6 中的配货毛重在实践中已各船公司在不同航线上的规定为准。

例 3:集装箱装箱数量的简略计算

某种货物装箱方式是 8 台装 1 纸箱,纸箱的尺码是 54cm×54cm×40cm,毛重为每箱 53kg,试简略计算该类货物集装箱运输出口时的装箱数量。(根据 20 英尺、40 英尺的重量和体积分别计算装箱的最大数量)

(1)如果按重量计算,每个 20 英尺集装箱可装数量为:

17 500/53＝330.189 箱,取整为 330 箱,计 2 640 台。

每个 40 英尺集装箱可装数量为:

24 500/53＝462.264 箱,取整为 462 箱,计 3 696 台。

(2)如果按体积计算,每个 20 英尺集装箱可装数量为:

25/(0.54×0.44×0.4)＝263.047 箱,取整为 263 箱,计 2 104 台。

每个 40 英尺集装箱可装数量为:

55/(0.54×0.44×0.4)＝578.704 箱,取整为 578 箱,计 4 624 台。

综合(1)、(2):

出口时每个 20 英尺集装箱装 2 104 台,每个 40 英尺集装箱装 3 696 台。

(三)集装箱货物的交接方式

集装箱按其装载货物所属的货主,可分为整箱货(full container load,FCL)和拼箱货(less container load,LCL)。整箱货可由发货方自行装箱后直接送至集装箱堆场(container yard,CY),再由收货人提取。堆场通常设在集装箱码头附近,是集装箱的中转站。

如果一家货主的货物不足一整箱,需送至集装箱货运站(container freight station,CFS),由承运人把不同货主的货物按性质、流向进行拼装,称为拼箱货。到达目的地,拼箱货应送至货运站由承运人拆箱后分别由收货人提取。

集装箱货物的交接方式应在运输单据上予以说明,国际上通用的表示方式如表 4-7 所示。

表 4-7   集装箱的交接方式

运输方式	交接地点	交接方式
整箱货运输	场到场(CY to CY)、门到门(door to door)、门到场(door to CY)、场到门(CY to door)	整箱交(FCL),整箱接(FCL)
拼箱货运输	站到站(CFS to CFS)	拼箱交(LCL),拆箱接(LCL)
	门到站(door to CFS)、场到站(CY to CFS)	整箱交,拆箱接(不常见)
	站到门(CFS to door)、站到场(CFS to CY)	拼箱交,整箱接(不常见)

集装箱运输有三个交接地点:①集装箱堆场(container yard,CY),指集装箱码头堆场;②门(door),指货主的工厂或仓库;③集装箱货运站(container freight station,CFS),通常指货代的仓库。上述三个交接地点两两组合得到 9 种组合方式,如表 4-7 第二列所示。然而,在实践中常用的只有"场到场(CY to CY)"、"门到门(door to door)"、"站到站(CFS to CFS)"三种。

(四)集装箱运费的计算

集装箱运费由内陆运输费、堆场服务费、拼箱服务费、设备使用费和海运运费等构成。对于拼箱货的运输,运费以运费吨为计算单位,除按照传统的杂货等级费率收取基本运费外,还收取一定的附加费。对于整箱货的运输,运费则以一个集装箱为计算单位,按包箱费率(box rate)来计算。包箱费率主要有以下三种形式:

(1)FAK 包箱费率(freight for all kinds),是指不分货物种类,也不分货物重量,统一规定每个集装箱收取相应的费率,参见表4-8。

表4-8 FAK 包箱费率表

SHANGHAI-MIDDLE EAST SERVICE (IN US$)

航线	目的港	20'GP	40'GP	40'HQ	附加费	船期	航程	有效期
中东	CHITTAGONG	1 035	1 900	1 900	ALL IN	2	20	2010-2-7
中东	DOHA	1 000	1 800	1 800	ALL IN	5	21	2010-2-7
中东	NHAVA SHEVA	650	1 100	1 100	ALL IN	3	13	2010-2-7
中东	DAMMAN	1 075	1 550	1 550	ALL IN	1	21	2010-2-7
中东	KUWAIT	725	1 300	1 300	ALL IN	3	21	2010-2-7

(注:GP 指普通箱,HQ 指高箱)

(2)FCS 包箱费率(freight for class),是指按不同货物等级制定的包箱费率,参见表4-9。

表4-9 FCS 包箱费率表

CHINA-JAPAN CONTAINER SERVICE (IN US$)

SHANGHAI-KOBE,OSAKA,NAGOYA,YOKOHAMA,MOJI,YOKKAICHI NINGBO-KOBE,YOKOHAMA WENZHOU-YOKOHAMA			
CLASS	LCL W/M	20'	40'CY/CY
1~7	55.00	770.00	1 460.00
8~10	58.00	820.00	1 560.00
11~15	61.00	870.00	1 650.00
16~20	64.00	920.00	1 750.00
CHEMICALS	61.00	370.00	1 650.00
SEMI-HAZARDOUS	68.00	1 200.00	2 280.00
HAZARDOUS		1 650.00	3 100.00
REFRIGERATED		2 530.00	4 800.00

(3)FCB 包箱费率(freight for class & basis),是指按不同货物等级或货类以及计算标准制定的包箱费率,参见表4-10。

表4-10 FCB 包箱费率表

中国—地中海航线集装箱费率表 CHINA-MEDITERRANEAN CONTAINER SERVICE
中国基本港:上海、新港、青岛、大连、黄埔、厦门—巴塞罗那、马赛、热那亚 CHINA-BASE PORTS:SHANGHAI,XINGANG,QINGDAO,DALIAN, HUANGPU,XIAMEN-BARCELONA,MARSEILLES,GENOA

续表 4 - 10

等级 CLASS	计算标准 BASIS	CFS/CFS	CY/CY	
			20'	40'
1～7	M	90	1 750.00	3 500.00
8～10	M	94	1 900.00	3 800.00
11～15	M	101	2 050.00	4 100.00
16～20	M	107	2 200.00	4 400.00
1～7	W	118	1 750.00	3 500.00
8～10	W	127	1 900.00	3 800.00
11～15	W	136	2 050.00	4 100.00
16～20	W	145	2 200.00	4 400.00
CHEMICALS	W/M	128	2 050.00	4 100.00
SEMI-HAZARDOUS	W/M	166	2 550.00	5 100.00
HAZARDOUS	W/M	224	3 550.00	7 100.00
REFRIGERATED	W/M	246	3 900.00	7 850.00

？思考

资料:某公司出口一批十字扳手到日本神户,共 600 件,总重量 16.2 公吨,总尺码为 23.316m³,由船公司装载在一个 20 英尺集装箱内。经查船公司运价表,该货运费计算标准为 W/M,等级为 10 级,20 英尺箱运费率是 870/M 美元和 850/W 美元,装箱费是 US＄120/20'。

试问:该批十字扳手的总运费是多少?

六、其他运输方式

(一)公路运输(road transport)

公路运输,又称汽车运输,它不仅可以直接承担跨国货物运输,而且也可以承担车站、港口和机场集散进出口货物的运输。

公路运输具有机动灵活、速度快捷、运输方便等特点,尤其在实现"门到门"运输中,作为尤为明显。但公路运输也有其不足之处,如载货量有限、运输成本高、容易造成货损事故等。

由于我国在与有公路相通的邻国之间相当一部分进出口货物贸易都是通过公路运输完成,因此公路运输在我国对外贸易运输中占有重要地位。此外,我国内地对香港、澳门地区的部分进出口货物,也是通过公路运输来完成的。

(二)内河运输(inland water transportation)

内河运输是水上运输的一个组成部分。它是连接内陆腹地和沿海地区的纽带,也是边疆地区与邻国边疆河流的连接线,在进出口货物的运输和集散中起着重要的作用。内河运输具有投资少、运量大、成本低、耗能小的优点。

我国拥有四通八达的内河航运网,长江、珠江等主要河流中的一些港口已对外开放;我国同一些邻国还有国际河流相通连,这为我国进出口货物通过河流运输和集散提供了十分有利

(三)国际多式联运(international multimode transport)

国际多式联运,又称联合运输,是在集装箱运输的基础上产生和发展起来的一种综合性的连贯运输方式,它一般是以集装箱为媒介,把海、陆、空各种传统的单一运输方式有机地结合起来,组成一种国际间的连贯运输。《联合国国际货物多式联运公约》对国际多式联运所下的定义是:"国际多式联运是指按照多式联运合同,以至少两种不同的运输方式,由多式联运经营人把货物从一国境内接运货物的地点运至另一国境内指定交付货物的地点。"

根据上述定义,结合国际上的实际做法可以得出,构成国际多式联运必须应具备下列条件:

(1)必须有一份多式联运合同,合同中明确规定多式联运经营人和托运人之间的权利、义务、责任和豁免。

(2)必须至少是两种或两种以上不同运输方式的连贯运输。

(3)必须使用一份包括全程的多式联运单据,并由多式联运经营人对全程运输负总的责任。

(4)必须是全程单一运费费率,使用范围包括全程各段运费的总和、经营管理费用和合理利润。

国际多式联运又包括陆空联运、海空联运、陆空陆联运、陆海联运、大陆桥运输等方式,多式联运经营人与托运人之间需要订立多式联运合同。

多式联运合同(multi-modal transport contract)是指凭以收取运费、负责完成或组织完成国际多式运输的合同。它明确规定了多式联运经营人和托运人之间的权利、义务、责任和豁免。多式联运经营人(multi-modal transport operator)是指本人或代表本人订立多式运输合同的任何人。多式联运经营人是事主,而不是发货人的代表人或代表、参加多式联运承运人的代理人或代表,并且负有履行合同的责任。多式联运经营人既可以充任实际承运人,办理全程或部分运输业务;也可以充任无船承运人(non-vessel operating common carrier,NVOCC),即将全程运输交由各段实际承运人来履行。多式联运单据(multi-modal transport documents,MTD)是指证明多式联运合同以及证明多式联运经营人接管货物并负责按照合同条款交付货物的单据。根据发货人的要求,它可以作成可转让的,也可以作成不可转让单的。

国际多式联运较之个别单一运输方式或一般的联运方式,有手续简化、货运速度快捷、计算运输费用方便、发货人收回货款时间缩短的优点。采用国际多式联运,货物在始发地只要装上第一程运输工具,发货人即可取得多式联运经营人或其代理人出具的包括全程联运的多式联运单据,并以此向银行办理收汇手续。

(四)大陆桥运输(land bridge transport)

大陆桥运输是指以集装箱为媒介,使用横贯大陆的铁路或公路运输系统为中间桥梁,把大陆两端的海洋运输连接起来,构成海/陆/海的连贯运输。大陆桥运输除具有集装箱运输和国际多式联运的优点外,还通过开辟最短的运输线路,从而缩短运输时间和降低运输成本。

世界上最早的大陆桥运输路线是20世纪50年代的北美大陆桥,它是基于当时的政治、经济形势在美国、日本之间首先开辟,但现在已经废弃不用。第二条大陆桥运输路线是自20世纪70年代开始营运的西伯利亚大陆桥,它利用前苏联的西伯利亚大铁路作为陆地桥梁,东端由海参崴的纳霍德卡港从海上连接韩国、日本和我国台湾、香港等地,西端则经由莫斯科后组成铁路与公路、铁路与海运相联合的方式而延伸到欧洲各地和伊朗等中近东地区。由于这条路线横跨欧洲和亚洲大陆,故亦称为欧亚大陆桥。

1992年9月,我国开通了第二条欧亚大陆桥运输路线。它东起我国江苏省连云港市,经由陇海、兰新、北疆铁路,横贯河南省、陕西省、甘肃省、青海省和新疆维吾尔自治区等省(区),经兰新线的终点阿拉山口国境站与哈萨克斯坦土西铁路的德鲁日巴站连接,再通过莫斯科、华沙、柏林等地可直通荷兰的鹿特丹港,全长约 10 800 公里,沿途可辐射 20 多个国家和地区,从而将我国和独联体、西欧国家连接起来,形成一条新的国际运输大动脉。这条大陆桥运输路线与西伯利亚大陆桥运输路线相比,对外贸易货物同样是从远东地区到欧洲地区,运输距离缩短更多,运输时间更为提前,而且具有更优越的地理环境和气候条件,可以长年正常运输,这对发展我国对外贸易运输和赚取过境货物的外汇运费收入都极为有利。这条运输路线大部途经我国的中西部地区,对于开发沿途省区的资源经济并协同沿海港口实行海陆分流具有积极的意义。

❓思考

资料:我国某出口企业收到的一份信用证规定:"装运自重庆至汉堡。多式联运单据可接受。禁止转运。"受益人经审查认为信用证内容与合同相符,遂按信用证规定委托重庆外运公司如期将货物在重庆装上火车经上海改装轮船运至汉堡。重庆外运公司于装车当日签发多式联运单据。议付行审单认可后即将单据寄开证行索偿。开证行提出单证不符,拒绝付款,理由有两条:①运输单据上表示的船名有"预期"(intended)字样,但无实际装船日期和船名批注;②信用证规定禁止转运,而提供的单据却表示"将转运"。

试问:开证行拒绝付款理由是否成立?

子项目二 运输单据

运输单据是指证明货物已经装上运输工具或已由承运人接管的单据。在采用象征性交货方式下,运输单据是卖方凭以证明已履行交付货物的责任和买方凭以支付货款的主要单据。

按照不同的运输方式分类,运输单据有海运提单、海上货运单、国际铁路货物联运运单、货物收据、航空运单、邮政包裹收据、集装箱联运提单和国际多式联运单据等。本节重点介绍使用广泛、涉及内容和问题较多的提单。

一、海上货物运输单据

(一)海运提单(ocean bill of lading)

海运提单简称提单(B/L)。根据我国《海商法》中对提单的定义,提单是指用以证明海上货物运输合同和货物已经由承运人接收或者装船,以及承运人保证据以交付货物的单证。提单中载明的向记名人交付货物,按照指示人的指示交付货物,或者向提单持有人交付货物的条款,构成承运人据以交付货物的保证。

1. 海运提单的性质和作用

海运提单的性质和作用,可以概括为三个方面:

(1)提单是承运人或其代理人应托运人的要求所签发的货物收据,以证明承运人已按提单所列内容收到货物。

(2)提单是货物所有权的凭证。货物抵达目的港后,承运人应向提单的合法持有人交付货物;提单持有人在货物抵达目的港之前,可以通过背书将提单转让,从而转移货物所有权,或凭提单向银行办理抵押贷款。

（3）提单是承运人和托运人之间订立的运输契约的证明。提单条款明确规定了承、托双方之间的权利、义务、责任与豁免，是处理承运人与货方之间争议、纠纷的法律依据。

2. 海运提单的分类

海运提单可以从不同角度予以分类，主要的有以下几种。

（1）根据货物是否已装船，可分为已装船提单和备运提单。

已装船提单（on board B/L；shipped B/L）是指承运人在货物已经装上指定船舶后所签发的提单，提单签发日期即为装船日期。由于已装船提单对按时到货把握较大，因此在国际贸易中，买方一般都要求卖方提供已装船提单。

备运提单（received for shipment B/L）又称收货待运提单，是指承运人已收到托运货物、等待装运期间所签发的提单。

（2）根据提单上对货物外表状况有无不良批注，可分为清洁提单和不清洁提单。

清洁提单（clean B/L）是指货物在装船时表面状况良好，承运人在提单上未加注货物及/或包装有缺陷的批注的提单。

不清洁提单（unclean B/L；foul B/L）是指承运人在提单上加有明确宣称货物及/或包装有缺陷状况批注的提单。

（3）根据提单收货人抬头的不同，可分为记名提单、不记名提单和指示提单。

记名提单（straight B/L），又称收货人抬头提单，是指提单上的收货人（consignee）栏内具体填明收货人名称，并只能由指定收货人凭以提货，而不能转让流通的提单。

不记名提单（bearer B/L）是指提单上的收货人栏内仅注明提单持有人交付货物（to bearer）的提单。这样任何持有提单的人均可提货，而且不加背书即可任意转让。使用不记名提单对买卖双方的风险都比较大，故在国际贸易中很少使用。

指示提单（order B/L）是指提单收货人栏内填写"凭指示"（to order）或"凭××人指示"（to order of ××）字样。"凭指示"和"凭发货人指示"（to the order of shipper）的含意相同，都是指须经发货人背书后才能提货。指示提单经过背书后可以转让，故其在国际贸易中使用最广。记名背书的提单受让人如需再转让，必须再加背书。目前在实际业务中使用最广泛的是凭指示抬头并经空白背书的提单，习惯上称此为空白抬头、空白背书提单。

（4）根据运输方式的不同，可分为直达提单、转船提单和联运提单。

直达提单（direct B/L）是指货物从装运港装船后，中途不再换船而直接驶往目的港卸货的提单。凡合同或信用证中规定不准转运者，必须使用直达提单。

转船提单（transshipment B/L）是指货物在装运港装船后，中途需经转船才能驶往目的港卸货的包括运输全程的提单。其转船手续由第一运程承运人负责安排，费用也由其承担，但运输责任则由各程承运人分段负责。

联运提单（through B/L）是指货物在运往目的港途中需要经过其他运输方式联合运输（例如海陆联运、海空联运）时由第一程承运人所签发的，包括运输全程并能在目的港或目的地凭以提货的提单。联运提单的运输安排、费用和责任如同转船提单。

🌸 **小贴士**

联运提单的特点

对于联运提单，有下列问题需引起注意：

①第一运程必须是海运；②转运手续由承运人办理；③联运提单往往用于海陆或海空等联合运输中，由第一运程承运人收取全程运费，货物到达转运港后，由第一运程承运人或其代理人负

责将货物交给下一运程的承运人或其代理人;④各承运人只对自己运输的运程负责,联运提单的签发人只对第一运程运输负责;⑤联运提单包括转船提单,但转船提单不包括联运提单。

(5)根据船舶营运方式的不同,可分为班轮提单和租船提单。

班轮提单(liner B/L)是指由班轮公司在承运货物后签发给托运人的提单。

租船提单(charter party B/L)是指承运人根据租船合同载运货物时签发的提单。租船提单上通常注明"一切条件、条款和免责事项按照某租船合同"字样。这时,原来的提单已不是一个独立文件而受租船合同条款的约束,因此买方或银行往往不愿接受,或者在接受这种提单时要有特别约定或要求对方提供租船合同副本。

(6)根据提单内容的繁简,可分为全式提单和略式提单。

全式提单(long form B/L),又称繁式提单,是指不仅在提单正面列有必须记载事项,而且在提单背面印有承运人和托运人有关权利和义务详细条款的提单。

略式提单(short form B/L),又称简式提,是指只在提单正面列有必须记载事项,而在提单背面无条款的提单。略式提单一般都印有"本提单货物的收受、保管、运输和运费等事项均按本公司全式提单上的条款办理"的字样。略式提单和全式提单在法律上具有同等效力。

(7)其他提单。舱面提单(on Deck B/L),又称甲板提单,是指承运人签发的注明货物装于甲板上的提单。有些货物如活动物、危险品或因货物体积过大,必须装在甲板上时,承运人在其签发的提单上都需加注"货装甲板"的字样。按照《海牙规则》的规定,甲板货物不包括在承运人负责的"货物"范畴之内,承运人对其在海上运输中除故意行为以外所发生的任何灭失或损失都不负责。由于货物装在甲板上受损的风险很大,因此买方一般不愿意将货物装在甲板上。在信用证业务中,除非另有约定,银行也不接受舱面提单。

过期提单(stale B/L),又称陈旧提单,是指在提单签发日期 21 天之后,才交到银行的提单。过期提单违反了国际贸易惯例,买方和银行有权拒绝接受。此外,在近邻国家之间的贸易中,由于运输路线短,航运速度快,以致有时不能在货物抵达目的港之前收到提单,因而产生提单"过期"的情况。对此,为保证安全收汇,可在买卖合同或信用证中规定:"过期提单可接受"(stale B/L acceptable)的条款。

倒签提单(antidated B/L),是指承运人应托运人的要求在货物的实际装船日期迟于信用证或合同规定的装运期限时,倒签符合装运期限的提单。

预借提单(advanced B/L),是指承运人应托运人的要求在信用证或合同规定的装运期已到而货物尚未装船或未完全装船时,签发并借给托运人的提单。

上述两种提单,承运人违背了已装船提单只能在货物全部装船完毕才能签发的国际航运规定,尽管此两种提单是在托运人的请求并提供"担保书"的情况下签发的,但依旧推卸不了掩盖真实装船日期,签发"虚假提单"(false B/L),从而构成侵权行为的事实。

(二)海上货运单(sea waybill)

海上货运单,又称海运单,是指证明海上货物运输合同已经成立,货物已由承运人装船或接管,承运人保证据以将货物交付单据所载明的收货人的一种不可流通的单证,因此又称"不可转让的海运单"(non-negotiable sea waybill)。

海运单不是物权凭证。收货人不能凭海运单担保货物;承运人也不能凭海运单交付货物,而是凭收货人的提货凭条交付货物,但是该收货凭条必须证明该收货人是海运单上指明的收货人。

海运单是为适应近年来运输技术的发展,货运速度加快,许多货物在运输途中无需转运;并为克服提单在整个流转过程中经常不能满足时间上的要求,以致造成船、货双方交货延误损反作用的实际情况而产生和发展的。与海运提单相比,海运单不但具有更安全、更及时、更简便的优点,还可以在一定程度上减少在国际贸易中经常出现的以假提单进行的诈骗活动。另外,由于 EDI 技术在国际贸易中的推广使用,不可转让海运单也更适用于电子数据信息交换。20 世纪 70 年代以来,在欧洲斯堪的纳维亚半岛和远东、中东某些地区,使用海运单的国家越来越多。《国际海运委员会海运单统一规则》已被英国、法国、德国、意大利和新加坡等主要航运国家讨论并通过,但美国未参与并坚持采用记名提单,因为根据美国《提单法》的规定,凡采用记名提单运送货物时,不必要求收货人提供提单,只要收货人证明自己就是提单上载明的收货人即可提货。

案例

提单倒签案

【案情】

我国某公司向德国出口某冷冻商品 1 500 箱,合同规定 1—5 月按同等数量装运,每月 300 箱,凭不可撤销即期信用证付款。客户按时开来信用证,我方 1—3 月份交货正常,顺利结汇。但在 4 月份时,由于船期延误,推迟到 5 月 6 日才装运出口,而海运提单则倒签为 4 月 30 日,并送银行议付,议付行也未发现问题。后在 5 月 10 日,我公司又同船装运 300 箱运往目的地,开具的提单为 5 月 10 日。进口方取单时发现问题,拒绝收货。问:我方的失误在哪里?进口商为何拒收货物并拒付?

【分析】

我方的失误是:

(1)拖延交货期。

(2)将 5 月 6 日装运出口的货物装船日期倒签为 4 月 30 日,这是违法行为。

(3)最严重的错误是,5 月 10 日将信用证中规定分月等量装运的货物与 5 月 6 日的货物装在同一船只上,这个错误无疑告诉对方 4 月 30 的提单是倒签的。再者,将分批装运的货物装在同一只船上,从根本上违背了信用证关于分批装运的规定。

进口方拒收货物的理由如下:

(1)卖方倒签提单的行为成立,这是一种侵权行为。

(2)对 5 月 6 日装运的货物,虽然 5 月装运是按信用证规定的数量装运,但进口商以前批(4 月份)应装的货物未按时装运为由可判决 5 月 10 日装运的货物无效。因为《跟单信用证统一惯例》(UCP600)第 32 条规定:如信用证规定在指定的时间段内分期支款或分期发运,任何一期未按信用证规定期限支取或发运时,信用证对该期及以后各期均告失效。"

因此,进口方有权拒收货物。

二、铁路运单

铁路运单(rail waybill)是铁路承运人收到货物后签发的货物收据,也是收、发货人同铁路承运人订立的运输契约。铁路运单不是物权凭证,收货人一栏不应做成指示性抬头,应做成记名抬头。铁路运单一式两份,正本在签发后与货物同行,副本签发给托运人作为收到托运货物的收据。如果货物发生损失,托运人可凭副本向铁路承运人进行索赔。我国对外贸易铁路运输按营运方式分为国际铁路联运和通往港澳的国内铁路运输两种,分别适用国际铁路联运运单和承运货物收据。

(一)国际铁路联运运单

国际铁路联运运单是国际铁路联运的主要运输单据,是铁路与货主之间的运输契约。国际铁路联运运单正本随同货物到达终点站并交给收货人,它既是铁路承运人出具货物的凭证,也是铁路承运人与货主交接货物、核收运杂费和处理索赔与理赔的依据。国际铁路联运运单副本于运输合同缔结后交给发货人,作为卖方凭以向收货人结算货款的主要证件。

(二)承运货物收据

承运货物收据(cargo receipt)是指我国内地货物通过铁路运往港澳台地区时使用的一种特殊运输单据。承运货物收据既是承运人出具的货物收据,又是承运人与托运人签订的运输契约。其内容和海运提单基本相同。

三、航空运单

航空运单(air waybill)是承运人与托运人之间订立的运输契约,也是承运人或其代理人签发的货物收据。航空运单还可作为承运人核收运费的依据和海关查验放行的基本单据;但航空运单不是代表货物所有权的凭证,也不能通过背书转让。收货人提货并非凭航空运单,而是凭航空公司的提货通知单。

航空运单依签发人的不同可分为主运单(master air waybill,MAWB)和分运单(house air waybill,HAWB)。前者是由航空公司签发的,后者是由航空货运代理公司签发的,两者无论在内容上还是法律效力上都基本相同。货物在航空公司责任范围内的丢失、损坏,收货人或其代理人可凭商务事故记录,向航空公司索赔。如果货损货差发生在代理人的责任范围内,则由代理人负责赔偿。航空运单流转关系如图4-3所示。

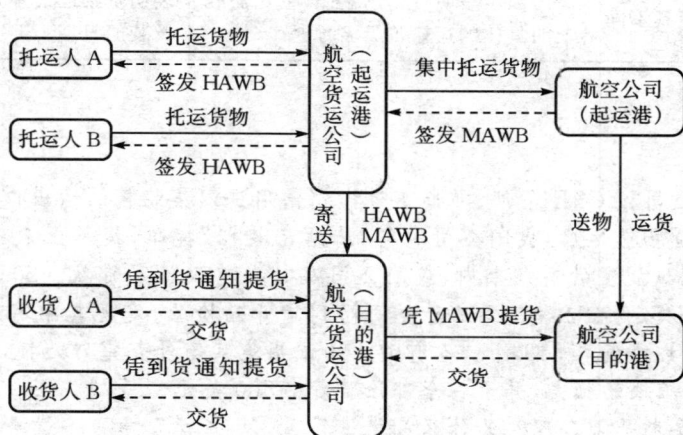

图4-3 航空运单流转关系图

采用空运方式,要警惕个别不法商人钻航空运单不是物权凭证的空子,未付货款而将货提走。因此空运采用信用证支付时,卖方可要求货物空运单的收货人填写为开证行,这样货物到达后提货权掌握在银行手中,可以避免买方拒付的风险。

四、邮包收据

邮包收据(parcel post receipt)是邮包运输的主要单据,它既是邮局收到寄件人的邮包后所签发的凭证,也是收件人凭以提取邮件的凭证,当邮包发生损坏或灭失时,它还可以作为索赔和理赔的依据,但邮包收据不是物权凭证。

五、多式联运单据

多式联运单据(multi-modal transport documents,MTD;或 combined transport documents,CTD)是证明国际多式联运合同成立及证明多式联运经营人接管货物,并负责按照多式联运合同条款支付货物的单据。

多式联运单据是由承运人或其代理人签发,其作用与海运提单相似,既是货物收据,也是运输契约的证明。根据发货人的要求,它可以是可转让的,也可以是不可转让的。多式联运单据与前面所述的联运提单既有相似之处,也有区别之处,它们的比较参见表4-11。

表 4-11　多式联运单据与联运提单的比较

不同点	多式联运单据	联运提单
适用的运输方式不同	任何两种及两种以上不同运输方式组成的联合运输	海运与其他不同运输方式组成的联合运输
签发运输单据人的身份不同	由多式联运经营人或其代理人签发	由第一运程的承运人或其代理人签发
签发运输单据人的责任不同	对全程运输负责	仅对第一运程海运负责
单据上表明的运输工具不同	可以不表明货物已装船,也无需载明具体的运输工具名称	表明货物已装船,并载明船名、航次及装船日期

思考

资料:我国某公司按 CFR 条件、即期不可撤销信用证以集装箱装运出口成衣 350 箱,装运条件是 CY/CY。货物交运后,我国公司取得"清洁已装船"提单,提单上表明:"Shippers load and count",在信用证规定的有效期内,我国公司及时交单议付了货款。20 天后,接买方来函称:经有关船方、海关、保险公司、公正行会同对到货开箱检验,发现其中有 20 箱包装严重破损,每箱均有短少,共缺成衣 512 件。各有关方均证明集装箱外表完好无损,为此,买方要求我国公司赔偿其货物短缺的损失,并承担全部检验费 2 500 美元。

试问:对方的要求是否合理? 为什么?

子项目三　合同中的装运条款

在国际货物贸易合同中,涉及装运方面的条款主要包括以下内容:装运期、装运港和目的港、分批装运和转船、装运通知及滞期费与速遣费。

一、装运期

装运期又称装运时间,是指卖方装运货物的期限。装运期是贸易合同的主要条件,如果卖方违反该条件,买方有权撤销合同,并要求卖方赔偿其损失。

(一)装运期的规定办法

1. 明确规定具体的装运期限

(1)限于某月或某几个月内装运。

Shipment during March 2009

Shipment during July and August2009

Shipment on/or before the end of May 2009

(2)限于某月或某日前装运。

Shipment on/or before May 31，2009

(3)规定跨月、跨季度装运。

Shipment on Oct./Nov.

上述规定,使卖方拥有一定时间进行加工备货和安排运输,同时也有利于买方掌握货物装运期,作好支付货款和接受货物的准备,因此在国际贸易中应用较广。

2. 规定在收到信用证后一定时间内装运

如规定"Shipment within 30 days after receipt of L/C"。对某些外汇管制较严,或专为买方制造的特定商品的国家或地区,为了防止买方不按时履行合同而造成损失,可采用这种规定方法。

3. 笼统规定近期装运

这种规定方法不规定具体期限,只是用"立即装运(immediate shipment)"、"即刻装运(prompt shipment)"等词语表示。由于这类词语在国际上无统一解释,为了避免不必要的纠纷,应尽量避免使用。

(二)制定装运期条款的注意事项

(1)应考虑货源和船源的实际情况。如对货源心中无数,盲目成交,就有可能出现未能按时交货,从而形成有船无货的情况。在按 CFR 和 CIF 出口和 FOB 进口时,还应考虑船源的情况,如船源无把握即盲目成交,或者未能留出安排舱位的合理时间,则可能在成交的当月交货或装运时出现租不到船或订不到舱位而形成有货无船的情况。

(2)对装运期的规定要明确。在买卖合同中,应明确规定装运的具体期限,尽量避免采用"立即装运"和"尽速装运"等词语。根据《跟单信用证统一惯例》(UCP500)规定,在信用证中,装运期不应使用"立即装运"和"尽速装运"等词语,如若使用,银行将不予置理。

(3)装运期限应当适度。装运期限的长短,应视不同商品和租船订舱的实际情况而定。

(4)在规定装运期的同时,还应考虑开证日期的规定是否明确合理。装运期与开证日期是互相关联的,为保证按期装运,装运期和开证日期应该互相衔接起来。此外,在出口业务中,除非确有必要,一般不能接受对方提出的在合同中既规定装运时间又规定到达时间的做法。

二、装运港和目的港

(一)装运港和目的港的表示方法

装运港(port of shipping),又称装货港,是指货物起始装运的港口。装运港一般由出口方提出,经进口方同意后确定。目的港(port of destination)是指货物最后卸货的港口。目的港则由进口方提出,经出口方同意后确定。

(二)装运港和目的港的规定方法

在贸易合同中,装运港和目的港的规定方法通常有以下几种:

（1）在一般贸易情况下，装运港和目的港分别规定各为一个，如装运港——大连，目的港——新加坡。

（2）在大宗贸易情况下，也可列明规定两个或两个以上的装运港和目的港，如装运港——大连/天津/青岛。

（3）在磋商交易时，如明确规定装运港或目的港确有困难，也可以采用选择港的方法。规定选择港有两种方式：一种是在两个或两个以上港口中选择一个；另一种是笼统规定某一航区为装运港或目的港，如"地中海主要港口"、"西欧主要港口"等等。

例 4：Port of Destination：London/Liverpool/Manchester

（三）规定装运港和目的港时应注意的问题

1. 规定国外装运港和目的港时应注意的问题

（1）对国外装运港或目的港的规定，应力求具体明确。在磋商交易时，如国外商人笼统地提出以"欧洲主要港口"或"非洲主要港口"为装运港或目的港时，不宜轻易接受，因为欧洲或非洲港口众多，究竟哪些港口为主要港口，并无统一解释，而且各港口距离远近不一，港口条件也参差不齐，运费和附加费相差很大，所以我们应避免采用笼统模糊的规定方法。

（2）不能接受将内陆城市作为装运港或目的港。因为如果接受这一条件，我方将要承担从港口到内陆城市这段路程的运费和风险，所以应选择其最近的附近港口为装卸港。

（3）必须注意装卸港的具体条件，主要包括：有无直达班轮航线、港口和装卸条件以及运费和附加费水平等。如果租船运输时，还应进一步考虑码头泊位的深度、有无冰封期、冰封的具体时间以及对船舶国籍有无限制等港口制度。

（4）应注意国外港口有无重名问题。世界各国重名港口很多，例如，维多利亚港（Victoria）在世界上就有 12 个之多，波特兰（Portland）、波士顿（Boston）等在美国和其他国家都有同名港。为防止发生差错，引起纠纷，在贸易合同中应注明装运港或目的港所在国家或地区的名称。

（5）正确使用"选择港"。在实际业务中，有些国外客商作为中间商，他们在洽谈交易时明确指定具体目的港确有困难，为了照顾买方的实际困难和促成交易起见，可允许买方在几个港口中任选其中一个港口作为目的港，但应注意以下几个问题：

①合同中规定的选择港数目一般不宜超过三个；②选择港必须在同一条班轮航线上，而且是班轮公司的船只都能停靠的港口；③在核定价格和计算运费时，应按选择港中最高的费率和附加费计算，如成交的价格是按一般条件商定的，则在贸易合同中应明确规定因选择港而增加的运费、附加费均应由买方负担；④应在合同中明确规定买方宣布最后目的港的时间（一般规定买方在载货轮船到达合同所列第一个卸货港前 48 小时向船方宣布最后目的港）。

例 5：CIF London, optional Hamburg/Rotterdam, optional additional for buyer's account.

2. 规定国内装运港和目的港时应注意的问题

在出口业务中，对国内装运港规定，一般以接近货源地的对外贸易港口为宜，同时应考虑港口和国内运输的条件和费用水平。在进口业务中，对国内目的港的规定，原则上应选择以接近用货单位或消费地区的对外贸易港口为最合理。但根据我国目前港口的条件，为避免港口到船集中而造成堵塞现象，在进口合同中，目的港有时也可规定为"中国口岸"。

三、分批装运和转船

（一）分批装运（partial shipment）

分批装运是指一笔成交的货物，分若干批次装运。凡数量较大，或受运输、市场销售、资金等条件的限制，都可在买卖合同中规定分批装运条款。《跟单信用证统一惯例》规定，除非信用证有相反规定，在其他情况下均可准许分批装运。

在国际货物买卖合同中规定分批装运的方法主要有以下两种：

（1）只规定允许分批装运，对于具体的分批时间、批次和数量均不作规定，如"with partial shipment allowed"。

（2）对具体分批时间、数量等做了明确规定，如"shipment during Mar./Apr./May in three monthly lots，each 1 000 MT"（在三、四、五月装运，每月 1 000 公吨）。

第一种规定方法对卖方来说比较主动，卖方可根据货源和运输条件，在合同规定的装运期内灵活掌握；如果采用第二种规定方法，那么卖方应严格按照其装运规定，每月不得多装、少装或不装，因为《跟单信用证统一惯例》（UCP600）第 32 条规定：如信用证规定在指定的时间段内分期支款或分期发货，任何一期未按信用证规定期限支取或发运时，信用证对该期及以后各期均告失效。

需要注意的是，依照惯例，运输单据表面注明同一运输工具、同一航次、同一目的地的多次装运，即使其表面上注明不同的装运日期及/或不同的装运港、接受监管地或发运地，也将不视作分批装运。

？思考

资料：有一份 CIF 合同，出售矿砂 5 000 公吨，合同装运条款规定："CIF 汉堡，2009 年 2 月份，由一船或数船装运。"买方于 2 月 15 日装运了 3 100 公吨，余数又在 3 月 1 日装上另一艘船。当卖方凭单据向买方要求付款时，买方以第二批货物延期装运为由，拒绝接受全部单据，并拒付全部货款；卖方提出异议，认为买方无权拒收全部货物。

试问：请问买方的拒付有无道理？

（二）转船（transshipment）

转船是指货物自装运港运至目的港的过程中，从一运输工具转移到另一运输工具上，或是由一种运输方式转为另一种运输方式的行为。一般来说，当货物运往无直达船停靠或虽有直达船而无固定船期或船期较少的港口，可在合同中规定"允许转船"的条款。根据《跟单信用证统一惯例》规定，除非信用证有相反的规定，在其他情况下均可准许转船。

四、装运通知

装运通知（shipping advice）是指卖方向买方发出的货物已装船的通知。规定这一条款的目的在于明确买卖双方的责任，促使买卖双方互相配合，共同做好船货衔接工作。如在 FOB 条件下，买方应按约定的时间将船名、船期等通知卖方，卖方装船后应及时通知买方以便保险。实际业务中，买卖双方基本采用电传或传真通知。

五、装卸时间、装卸率、滞期费和速遣费

在国际贸易中,大宗商品多使用程租船运输,在程租船运输的情况下,货物买卖合同中也要求规定装卸时间、装卸率、滞期和速遣条款。

(一)装卸时间(lay time)

装卸时间是指船方与租船人约定的,允许租船人完成货物装卸任务的时间。装卸时间的规定方法主要有:

(1)按日(days)或连续日(running days;consecutive days)计算,其中没有任何扣除,24小时为一个连续日,即按自然日计算。这种规定方法一般用于运输矿石、石油等少数不受天气影响的货物的租船合同中,对于租船人不利,对船方有利。

(2)按工作日(working days)计算,即按港口习惯规定,属于正常工作日,星期日和节假日除外。由于世界各港口工作日时间不同,因此这种概念不确切,容易产生争议,在租船合同中很少使用。

(3)按晴天工作日(weather working days)计算,即按正常工作日,星期日、节假日和因恶劣天气不能进行装卸作业的日子除外。

(4)按连续24小时晴天工作日(weather working days cf consecutive 24 hours)计算,即连续24小时为一个工作日,但星期日、节假日和因恶劣天气不能进行装卸作业的日子除外。这种方法一般适用于昼夜作业的港口,其规定也比较合理,因此在国际上采用较多,我国租船公司的租船合同也基本上采用这种方法。

(二)装卸率(lay rate)

装卸率是指日装卸货物的数量。装卸率的高低关系到装卸任务的完成时间和运费水平。装卸率一般应按照港口习惯的正常装卸速度,本着实事求是的原则,具体予以规定。装卸率如果规定过高,有可能无法完成装卸任务;如果规定过低,虽能提前完成装卸任务,但船方会因装卸率过低,船舶在港时间过长而增加运费,致使租船人得不偿失。因此,装卸率的规定一定要适当。

(三)滞期费(demurrage)和速遣费(dispatch money)

在国际贸易中,大宗商品在程租船运输的情况下,买卖合同中应规定滞期、速遣条款。滞期费是指在合同规定的装卸时间内,由于租船人未能完成装卸作业,给船方造成经济损失,为了补偿船方由此而产生的损失,应由租船人向船方支付一定的罚金;反之,如果租船人在合同规定的时间内提前完成了装卸,给船方节约了船期,从而降低了费用成本增加了收益,船方对所节约的时间要给租船人一定金额的奖励,这种奖金称为速遣费。在实际业务中,速遣费通常为滞期费的一半。

❓思考

资料:我国某公司按FOB价格从澳大利亚购进一批矿产品3 000公吨,买卖合同中规定卖方每天负责装货2 000公吨,按晴天工作日计算;但我方租船合同中规定每天装货2 500公吨,按连续日计算。上述两个合同的滞期费均为每天6 000美元,速遣费3 000美元。卖方用13天(其中包括两个星期日)便将全部货物装完。

试问:(1)我方共支付滞期费和速遣费多少元?

　　(2)我方从中可以得到什么教训?

六、装运条款实例

　　(1)3/4/5 月每月平均装一批,由香港转运。

Shipment during March/April/May in three monthly lots, to be transshipped at Hong Kong.

　　(2)1/2 月从上海至纽约,允许分批装运和转运。

Shipment from Shanghai to New York during Jan./Feb. with partial shipments and transshipment allowed.

　　(3)9 月份装运,由伦敦至厦门,装船后 48 小时内将一份正本提单 DHL 快递给买方,不允许分批装运和转运。

Shipment during Sep. from London to Xiamen, original B/L should be sent to the Buyers within 48 hours by DHL after shipment, partial shipments and transshipment prohibited.

思考

　　请解释下列运输条款:

　　1. Time of shipment, within 10 days upon receiving your letter of credit, from Shanghai to Singapore.

　　2. Shipment will be effected during March/April/May2009 in three equal monthly lots.

　　3. Shipment during August from Shanghai to Dubai, transshipment allowed.

　　4. Shipment before the end of this year, from Ningbo to London, partial shipment and transshipment prohibited.

实训项目

实训项目一　国际运输方式的选择

　　【项目情境】

1.阿姆斯特丹——北京	500 支郁金香花
2.乌鲁木齐——神户	3 万公吨赤铁矿石
3.上海——法兰克福	展览用医学仪器一套
4.广州——香港	500 千克新鲜鸡蛋
5.台北——上海	300 千克新鲜木瓜
6.北京——波士顿	5 000 件男士纯棉衬衣

　　【工作任务】

　　为以上货物的运输选择合适的运输方式,并说明理由,从而掌握如何选择适合运输方式的方法。

实训项目二　班轮运费的计算

【项目情境】

表 4-12 和表 4-13 为部分货物分级及相关运费率。

表 4-12　某船公司的货物分级表

货名	计算标准	等级
机械	W/M	8
豆类	W	3
零件	M	10
五金及工具	W/M	10
玩具	M	11

表 4-13　大连至东非某主要港口的运费率

等级	运费（元）
1	243
2	254
3	264
4	280
10	443

据资料回答下列问题：

(1)若将绿豆 15 000 千克由大连运至东非某主要港口，请计算运费（燃料附加费 40%）。

(2)现有工具 100 箱，每箱体积 0.45m³，每箱重 510 千克，计算由大连运至东非某港口的运费（燃料附加费 40%，港口拥挤费 10%）。

【工作任务】

计算以上题目中的班轮运费，掌握班轮运输的计算步骤和办法。

实训项目三　装船通知

【项目情境】

出口方在出口时，无论采用的是 FOB，还是 CFR，都要及时地在货物出运之后，把装船通知（shipping advice）发给进口方，以便进口方办理保险或准备提货、租仓。有时进口方的信用证也要求提交装船通知的副本作为议付单据之一。

如果出口方未能在装船后及时将装船通知发给进口方，从而使进口方因未能投保而遭受到损失，出口方应负赔偿责任。由此可见，及时把装船通知发给买方是何等重要。装船通知也称为装运通知，其内容主要包括：①货物的品名与包装；②数量；③总金额；④船名与航次；⑤提单号码;⑥起航日期;⑦装货港与卸货港;⑧运输标记。

以下是远大进出口公司给德国客户的装船通知:

YUAN DA I/E CO.,LTD.

345 ZHONGSHAN ROAD,DALIAN CHINA

SHIPPING ADVICE

TO:Tivoli Products Co.

　　　Dec. 6th,2009

Dear Sirs,

　　Re:Invoice No. HB200934　　　L/C No. 51346HKXB

We hereby inform you that the goods under the above mentioned credit have been shipped out. The details of the shipment are stated below.

Commodity:football

Quantity:500 cartons

Amount:USD35,000.00

Ocean Vessel:per s. s. DONGFANG Voy. 156

Bill of Lading No. :01COS87654

Date of Departure:Dec. 6th,2009

Port of Loading:Dalian

Shipping Mark:T. P. P

　　　　　　　HB4321

　　　　　　　TORONTO

　　　　　　　C/NO. 1 - 500

We hereby certify that the above content is true and correct.

YUAN DA I/E CO. ,LTD.

Chet Luo

【工作任务】

请将上面的装船通知翻译成中文。

能力迁移

一、计算题

1. 某公司出口箱装货物一批,原报价为每箱 50 美元 FOB 上海,英国商人要求改 CFR 汉堡。问我方应报价多少? 已知,该批货物体积 0.05m³,每箱毛重 40 千克,商品计费标准为 W/M,每运费吨基本运费率为 200 美元,并加收燃油附加费 10%。

2. 某公司出口货物共 3 500 箱,对外报价为每箱 380 美元 CFR 悉尼,国外商人要求将价格改报为 FOB,试求 FOB 为多少? 已知该批货物每箱的体积为 45cm× 35cm× 25cm,毛重为 30 千克,净重 25 千克,商品计费标准为 W/M,基本运费为每运费吨 100 美元,到马尼拉港需加收燃油附加费 20%,货币附加费 10%,港口拥挤附加费 20%。

3. 我国某公司向东京出口自行车 100 箱,每箱的体积为 20cm×50cm×120cm,毛重为 25 千克,查运费标准为 M,基本运费率为每运费吨 109 港元,另加燃油附加费 30%,港口拥挤附加费 10%。问该批商品的运费是多少?

4. 我国某公司出口商品共 100 箱,每箱的体积为 30cm× 60cm× 50cm,每箱毛重为 40 千克,查运费表得知该货物为 9 级,计费标准为 W/M,基本运费为每运费吨 280 港元,另加燃油附加费 30％,港口拥挤费 10％。问该批货物的运费为多少港元?

二、请根据下列情境,完成工作任务

1.我国某公司对澳大利亚出口 1 000 公吨大豆,国外开来信用证规定不允许分批装运。结果我国公司在规定的期限内分别在大连、天津新港各装 500 公吨大豆于同一航次的同一船上,提单也注明了不同的装运地和不同的装船日期。试完成:

任务一:我国公司的行为是否构成违约?

任务二:在此情况下,银行能否议付?

2.我国某公司出口一批货物,CIF 新加坡。我国公司于 8 月 25 日将货物运至大连港码头,8 月 29 日开始装船,8 月 30 日装完货物,8 月 31 日开航,9 月 17 日抵达新加坡,9 月 20 日客户提取货物。试完成:

任务一:出口公司 8 月 25 日将货交承运人时,承运人此时应签发何种提单?

任务二:签发已装船提单日期应是哪一天?

任务三:签发提单的地点应是何处?

3.我国某公司对日本按 CFR 合同出口一批化工原料,合同规定 3—4 月份装运,国外来证也如此规定,别无它字样。但我方在租船订舱时发生困难,即因出口量大一时租不到足够的舱位,需分三次装运。

任务一:在这样的情况下,是否需要国外修改信用证的装运条款?

4.我国向科威特出口茶叶 600 箱,合同和信用证均规定"从四月份开始,连续每月 200 箱",我方于四月份装 200 箱,五月份未装,六月份装 200 箱,七月份装 200 箱,这种行为是否构成违约?

三、请根据下列条件,填制装运条款

2009 年 5 月 10 日前交货,装运港上海,目的港纽约,货物可以转船,也可以分批运送。

四、请根据下列条件,填制海运提单

CHUANWEI (JIANGSU) GLOVES CO. , LTD.

Shanghai International Trade Center 2201 Yan An Road(W), SHANGHAI 200336

TEL:＋86 21 6278 9099 FAX:＋86 21 6278 9569

向加拿大公司

JAMES BROWN&SONS.

＃304－310 JaJa Street, Toronto, Canada

TEL: (1)7709910, FAX: (1)7701100

出口 1521A Latex 全棉梭织护腕海运共 1 000 箱,每件 2.2 美元 CIF 蒙摩利尔,纸箱包装,每箱 12 件。每箱毛重为 16.65 千克,体积为 10.8m³。运输标志(唛头)为:N/M。

该货物于 2003 年 11 月 25 日在上海装 V.26GW 航次"CMA CGM"号轮运往蒙特利尔。

请根据上列条件填制一份"清洁、已装船、空白抬头"的提单,要求通知 JAMES BROWN&SONS. ,并填制在附件 4－1 海运提单上。

附件 4 - 1

海运提单

Shipper		
Consignee or order		
Notify address		
Pre-carriage by	Place of loading	
Vessel	Port of transship-ment	
Port of Discharge	Final destination	

SINOTRANS

B/L No.

中国对外贸易运输总公司
CHINA NATIONAL FOREIGN TRADE TRANSPORTATION CORP.
直运或转船提单
BILL OF LADING
DIRECT OR WITH TRANSSHIPMENT

SHIPPED on boardin apparent good order and condition (unless otherwise indicated) the goods or packages specified herein and to be discharged at the mentioned port of discharge or as near thereto as the vessel may safely get and be always afloat.

The weight, measure, marks and numbers, quality, contents and value, being particulars furnished by the Shipper, are not checked by the carrier on loading.

The Shipper, Consignee and the Holder of this Bill of Lading hereby expressly accept and agree to all printed, written or stamped provisions, exceptions and conditions of this Bill of Lading including those on the back hereof.

IN WITNESS Where of the number of original Bills of Lading stated below have been signed, one of which being accomplished, the other(s) to be void.

Container, Seal No. or Marks & Nos.	Number and kind of Packages	Description of Goods	Gross weight (kgs)	Measurement (m³)

ABOVE PARTICULARS FURNSHED BY SHIPPER		

FREIGHT & CHARGES		REGARDING TRANSSHIPMENT INFORMATION PLEASE CONTACT
Ex. rate	Prepaid at	Freight payable at	Place and date of issue
	Total Prepaid	Number of original B(s)/L	Signed for or on behalf of themaster as Agents

附件 4-2

航空货运单

Shipper's name and address	Shipper's Account Number	Not negotiable Air Waybill ISSUED BY
Consignee's name and address	Consignee's Account Number	It is agreed that the goods described herein are accepted in apparent good order and condition (except as noted) for carriage SUBJECT TO THE CONDITIONS OF CONTRACT ON THE REVERSE HEREOF. ALL GOODS MAY BE CARRIED BY ANY OTHER MEANS INCLUDING ROAD OR ANY OTHER CARRIER UNLESS SPECIFIC CONTRARY INSTRUCTIONS ARE GIVEN HEREON BY THE SHIPPER. THE SHIPPER'S ATTENTION IS DRAWN TO THE NOTICE CONCERNING CARRIER'S LIMITATION OF LIABILITY. Shipper may increase such limitation of liability by declaring a higher value for carriage and paying a supplemental charge if required.

Issuing Carrier's Agent Name and City	Accounting Information

Agents IATA Code	Account Number	

Airport of Departure(Addr. of First Carrier) and Requested Routing	Reference number	Optional shipping information

To	By First Carrier	Routing and Destination	To	By	To	By	Currency	CHGS Code	WT/VAL		Other		Declared Value for Carriage	Declared Value for Carriage
									PPD	COLL	PPD	COLL		

Airport of Destination	Flight/Date	For Carrier Use only	Flight/Date	Amount of Insurance	INSURANCE-If carrier offers insurance and such insurance is requested in accordance with the conditions thereof indicate amount to be insured in figures in box marked "Amount of Insurance".

Handling Information

SCI

No.of Pieces RCP	Gross Weight	Kg lb	Rate Class / Commodity item number.	Chargeable Weight	Rate /Charge	Total	Nature and Quantity of Goods (incl. Dimensions or Volume)

Prepaid	Weight charge	Collect	Other Charges
	Valuation Charge		
	Tax		
	Total Other Charges Due Agent		
	Total Other Charges Due Agent		Shipper certifies that the particulars on the face hereof are correct and that insofar as any part of the consignment contains dangerous goods, such part is properly described by name and is in proper condition for carriage by air according to the applicable Dangerous Goods Regulations Charges at Destination
Total Prepaid	Total Collect		Signature of Shipper or his agent
Cumency Conversion	CC Charges in dest Cumency		Executed on(date) At(place) Signature of issuing Carrier or as Agent
For Carrier's Use Only at Destination	Charges at Destination	Total Collect Charges	AWB No.

ORIGINAL3(For Shipper)

附件 4 - 3 铁路运单
运单副本(给发货人)

运单副本(给发货人)

发送路简称 中铁 3	1发货人、通信地址	批号— 25（检查标签一）	2合同号码
		3发　站	
	5收货人、通信地址	4发货人的特别声明	
		26海关记载	
6对铁路无约束效力的记载		27车辆——　28标记载重（吨）　29轴数 30自重——　31换装后的货物重量——	
7通过的国境站			
8到达站和到部		27　28　29　30　31	

慢运国际货协运单	9记号、标记、号码	10包装种类	11货物名称	12件数	13发货人确定的重量（公斤）	22铁路确定的重量（公斤）
14共计件数	15共计重量（大写）零担/整车			发货人签字 发货人/铁路		
17互换托盘数量	集装箱/运送用具					
	18种类/类型			19所属者及号码		
20发货人负担下列铁路过境的费用			21办理种别 零担/整车	22由何方装车 发货人/铁路		33
						34
			不需要者划消			35
23发货人添附的文件			24货物的声明价值			36
			45铅封			37
			个数　　记号			38
						39
						40
						41
46发站日期戳		47到站日期戳	48确定重量方法	49过磅站戳记、签字		42
						43
						44

附件 4-4　承运货物收据

中国对外贸易运输公司××分公司

<table>
<tr><td colspan="2">承运货物收据
CARGO RECEIPT
第一联（凭提货物）</td><td>运编 No. _____
发票 No. _____
合约 No. _____</td></tr>
<tr><td colspan="2">委托人：
Shipper</td><td>发货人：
Consignee
通知
Notify</td></tr>
<tr><td colspan="2" style="text-align:center">自 From</td><td style="text-align:center">至 To</td></tr>
</table>

发运
装车　　　日期：　　　　　车　号:Car No.

<table>
<tr><td>标记</td><td>件数</td><td>货物名称</td><td>附记</td></tr>
<tr><td></td><td></td><td></td><td></td></tr>
<tr><td></td><td></td><td></td><td></td></tr>
</table>

<table>
<tr><td>全程运费在　　付讫
FREIGHT PREPAID
AT SHANGHAI</td><td></td><td>请向下列地点接洽提货
For Delivery apply to</td></tr>
</table>

中国对外贸易公司上海分公司

押汇银行签收　　　　　　收货人签收
Bank's Endorsement　Consignee's Signature

附件 4 - 5

多式联运提单

Shipper		SINOTRANS B/L No.
Consignee or order		中国对外贸易运输总公司 CHINA NATIONAL FOREIGN TRADE TRANSPORTATION CORP. COMBINED TRANSPORT BILL OF LADING
Notify address		RECEIVED the goods in apparent good order and condition as specified below unless otherwise stated herein. The Carrier in accordance with the provisions contained in this document.
Pre-carriage by	Place of receipt	1) undertakes to perform or to procure the performance of the entire transport from the place at which the goods are taken in charge to the place designated for delivery in this document ,and
Ocean Vessel	Port of Loading	2) Assumes liability as prescribed in this document for such transport. One of the Bills of Lading must be surrendered duly indorsed in exchange for the goods or delivery order.

Container, Seal No. orMarks and Nos.	Number and kind of Packages	Description of Goods	Gross weight (kgs)	Measurement (m³)

ABOVE PARTICULARS FURNISHED BY SHIPPER

FREIGHT & CHARGES	IN WITNESS where of the number of original Bills of Lading stated above have been signed ,one of which being accomplished, the other(s) to be void.
	Place and date of issue
	Signed for or on behalf of the Carrier εs Agents

SUBJECT TO THE TERMS AND CONDITIONS ON BACK

项目五

国际货物运输保险

学习目标

知识目标 了解国际货物运输保险的基本原则,掌握海上货物运输保险承保的范围,熟悉我国海、陆、空、邮运输货物保险的险别,了解英国伦敦保险业协会海运货物保险条款。

能力目标 能够操作货运保险业务以及订立合同中的保险条款。

素质目标 能够防范货物运输中的各种风险并掌握货物发生损失后得到经济补偿的方法。

情境导入

我国某公司向欧洲出口一批器材,投保海运货物平安险。载货轮船由于在航行中发生碰撞事故,使得部分器材受损。另外,公司还向美国出口一批器材,由另外一船装运,投保了海运货物水渍险。船舶在运送途中,由于遭受暴风雨的袭击,船身颠簸,货物相互碰撞,发生部分损失。后船舶又不幸搁浅,经拖救脱险。

从导入情境来看,出口欧洲的器材的部分损失是运输工具发生碰撞造成的意外事故。根据平安险的承保责任,保险公司负责"由于运输工具遭受搁浅、触礁、沉没、互撞、与流冰或其他物体碰撞以及失火爆炸等意外事故而引起的部分损失"。上述货物损失显然属于承保的意外事故引起的损失,平安险对此不覆盖。而向美国出口货物的损失,由于是船舶遭受自然恶劣气候全部损失,而不负责部分损失。但是平安险承保责任又规定,对于运输工具曾经遭受搁浅、触礁、沉没、焚毁等意外事故的,在事故之前或之后因恶劣气候等自然灾害造成的部分损失,保险公司予以补偿。所以,出口美国的货物虽然是由于自然灾害造成的部分损失,但因载货船舶在该航行中遭受搁浅,且船舶搁浅时货物仍在船上,因而保险公司对美国的货物所遭受的损失应予以赔偿。

综上所述,国际货物运输保险是指以国际贸易货物运输过程中的各种货物作为保险标的的保险。在国际贸易中,一笔交易从成交到兑现,必然要经过货物运输这个环节,而在货物运输过程中,遇到自然灾害或意外事故而使货物受到损失通常是难以避免的,对这种损失给予补偿的经济行为就是货物运输保险。

在国际货物运输过程中,海上货运比例最大,历史也最为悠久。作为国际货物运输最基本的业务,海上货运的风险、费用及损失的界定已经约定俗成。因此,本项目将重点介绍海上货运保险,并以其他运输方式的货物保险知识作为补充。

知识支撑

子项目一 保险的基本原则

按保险标的的不同,保险可分为财产保险、责任保险、信用保险(或称保证保险)和人身保险四类。国际货物运输保险是财产保险的一种。但不论哪一类保险,投保人和保险人均须订立保险合同并共同遵守下述原则。

一、保险利益原则

保险利益(insurable interest),又称可保利益,是指被保险人对保险标的所具有的合法的利害关系。依我国《保险法》第 11 条的规定,投保人对保险标的应当具有保险利益,投保人对保险标的不具有保险利益的,保险合同无效。此原则可以使被保险人无法通过不具有保险利益的保险合同获得额外利益,以避免其将保险合同变为赌博合同。保险利益可以表现为现有利益、期待利益和责任利益。

国际货物运输保险同其他保险一样,要求被保险人必须对保险标的具有可保利益,但是国际货物运输保险又不像人身保险那样,要求被保险人在投保时便具有可保利益,它仅要求投保人在保险标的发生损失时必须具有可保利益,这种特殊规定是由国际贸易的特点所决定的。例如,在国际货物买卖中,买卖双方分处两国,如以 FCA、FOB、CFR、CPT 条件达成的交易,货物风险的转移以货物在装运港装上船或在出口国发货地或启运地货交承运人为界。很明显,货物在风险转移之前,仅卖方有可保利益,而买方并无可保利益。如果硬性规定被保险人在投保时就具有可保利益,则按照这些条件成交时,买方便无法在货物装船或货交承运人之前及时对该货物办理保险了。因此,在实际业务中,保险人可视为买方具有预期的可保利益而允予承保。

二、最大诚信原则

最大诚信(utmost good faith)原则是指签订保险合同的各方当事人必须最大限度地按照诚实与信用精神协商签约。对被保险人来说,最大诚信原则主要有两方面的要求:一是重要事实的申报;二是保证。重要事实的申报是指投保人在投保时应将自己知道的或者在通常业务中应当知道的有关保险标的的重要事实如实告知保险人,如保险标的、包装条件、运输条件等方面的真实情况,以便保险人判断是否同意承保或者决定承保。保证是指被保险人在保险合同中所作的保证要做或不做某种事情,保证某种情况的存在或不存在或保证履行某一条件。例如,货物不用 15 年以上船龄的旧船装运,载货船舶不驶入某些海域,货物必须合法等。经保险双方同意写进保险单中的条款即为保证条款,称为明示保证。此外,还有默示保证,即在保险单内虽未明文规定,但是按照法律或惯例,被保险人应该保证对某种事情的行为或不行为。

必须指出的是,基于海上保险合同的平等性,最大诚信原则同样适用于保险人。我国《保险法》第 16 条第 1 款规定:"订立保险合同,保险人应当向投保人说明保险合同的条款内容,并可以就保险标的或者被保险人的有关情况提出询问,投保人应当如实告之。"这表明,保险人在签订海上保险合同前,应将保险合同的内容和办理保险的有关事项,如实告知被保险人及其代理人,特别对海上保险合同中一些容易引起误解的条款应作详细解释。

三、补偿原则

补偿(principle of indemnity)原则,又称损害赔偿原则,是指被保险人在保险合同约定的保险事故发生之后,保险人对其遭受的实际损失应当进行充分的补偿。对补偿原则掌握的标准为:①保险赔偿金额应当公平合理、充分补偿,协商一致。所谓公平合理,充分补偿,是指保险人在保险事故发生后的具体赔偿数额应当有利于保险人和被保险人的双方利益。一方面，要充分补偿被保险人的实际损失，达到保险保障的目的；另一方面，不能使赔偿数额超过实际损失，使被保险人获取额外收益而损害保险人的合法权益。所谓协商一致，是指海上保险合同的保险金额作为保险赔偿的最高限额，应由保险人和被保险人根据保险标的的实际价值，协商确定；而赔偿数额的计算方法也须双方协商一致才予适用。②保险金额是计算赔偿数额的依据，一般不允许超值保险。③防止道德危险的发生。海上保险合同是对被保险人的保险保障措施，并非其牟利的手段，所以要防止道德危险的发生。④保险人的赔偿责任要依法律和海上保险合同予以限制。

四、近因原则

近因（proximate cause）原则是指保险人对于承保范围内的保险事故最直接、最接近的原因所造成的损失，承担保险责任，而对于承保范围以外的原因所造成的损失，不负赔偿责任。

近因原则在海上保险中广泛适用，但是如何认定其致损的近因尚无统一标准，具体的论证方法多种多样，主要有以下三种：一是最近时间论，即将各种致损原因按发生的时间顺序进行排列，以最后一个作为近因；二是最后条件论，它区别于最近时间论，是将致损所不可缺少的各个原因列出，以最后一个作为近因；三是直接作用论，即将对于致损具有最直接最重要作用的原因作为近因，这一方法为大多数人所认可。

按照直接作用论来认定海上损失的近因时，应当把握两个条件：一是致损原因与损失后果之间因果关系的客观性，二是海上保险合同约定的承保危险范围。如果有两个以上的致损原因，而这些原因对损失所起的作用一般不会完全相同，故需要判定它们对于损失后果所起作用的大小。若致损的各个原因都属于保险责任范围之内，则无需判断其作用大小，保险人必然要承担赔偿责任。若致损的各个原因，有的属于保险责任之内，有的属于保险责任之外，在这种情况下，应当判断各个原因作用的主次。对于致损的最直接、作用最大的原因在保险责任之内构成近因的，保险人应当承担保险责任；反之，最直接、作用最大的原因为非保险责任的，保险人少承担甚至不承担保险责任。

❓思考

资料：在战争期间，某企业将投保一切险的出口商品运至码头仓库待运，此时，适逢敌机轰炸，引起仓库火灾，使该批商品受损。

（提示：一切险覆盖了仓库失火，但没有覆盖飞机投弹。）

试问：造成货物受损的原因有哪几个？保险公司是否会赔偿，依据的会是哪个原则？

子项目二　海运风险、损失和费用

在保险业务中，风险、损失和险别三者之间有着紧密的联系：风险是造成损失的起因，险别则是保险人对风险与损失的承保责任范围。不同运输方式的货物保险，虽然保险人承担的责任有所不同，但保障的范围都是相似的。在各种运输方式的货物保险中，海洋运输货物保险起源最早、历史最久，其他运输方式的货物保险都是借鉴海洋运输货物保险的基本原则和做法而产生和发展的，因此，本节重点介绍国际货运保险业务中的海洋运输货物保险。

一、风险

海洋运输货物保险的风险分为海上风险和外来风险两类。

（一）海上风险

海上风险（perils of the sea）又称为海难，是指船舶或货物在海上运输过程中发生的或随附海上运输所发生的风险，主要包括自然灾害和意外事故。在保险业务中，海上风险有其特定的内容。

1. 自然灾害

自然灾害（natural calamities）是指不以人的意志为转移的自然界的力量所引起的灾害。自然灾害作为客观存在的、人力不可抗拒的灾害事故，是保险人承保的主要风险。但在海洋运输货物保险中并不是泛指一切由于自然力量造成的灾害均属承保范围，其承保范围仅指由于恶劣气候（heavy weather）、雷电（lightning）、地震（earthquake）、海啸（tsunami）、火山爆发（volcanic eruption）、洪水（flood）、浪击落海（washing overboard）等引发的破坏或毁灭性灾害。

2. 意外事故

意外事故（fortuitous accidents）是指由于偶然的、难以预料的原因造成的事故。但意外事故并不是泛指海上所有的意外事故，而仅指运输工具遭遇的搁浅（grounded）、触礁（stranding）、沉没（sunk）、碰撞（collision）、火灾（fire）、爆炸（explosion）、失踪（disappearance）、倾覆（capsized）或其他类似事故。

需要指出的是，按照国际保险市场的一般解释，海上风险并非局限于海上发生的灾害和事故，那些与海上航行有关的发生在陆上或海陆、海河或与驳船相连接之处的灾害和事故，例如，地震、洪水、火灾、爆炸、海轮与驳船或码头碰撞，也属于海上风险。

（二）外来风险

外来风险（extraneous risks）是指由于自然灾害和意外事故以外的其他外来原因造成的风险，但不包括货物的自然损耗和本质缺陷。外来风险可分为一般外来风险和特殊外来风险两种。

1. 一般外来风险

海洋运输货物保险业务中承保的一般外来风险主要有偷窃、提货不着、淡水雨淋、短量、渗漏、破碎、受潮受热、霉变、串味、混杂沾污、钩损、生锈、碰损等。

2. 特殊外来风险

特殊外来风险是指由于战争、种族冲突或一国的军事、政治、国家政策法律以及行政措施等的变化所造成的全部或部分损失，包括战争、罢工、交货不到、进口关税、拒收等。如因政治或战争因素，运送货物的船只被敌对国家扣留而造成交货不到，或者遭遇某些国家颁布的新政策或新的管制措施以及国际组织的某些禁令，都可能造成货物无法出口或进口而造成损失。

二、海损

被保险货物因遭受海洋运输中的风险所导致的损失称之为海损或海上损失。海损按损失程度的不同，可分为全部损失和部分损失。

（一）全部损失

全部损失（total loss）简称全损，是指被保险货物在海洋运输中遭受全部损失。从损失的性质看,全损又可分为实际全损和推定全损两种。

1. 实际全损

实际全损(actual total loss)又称绝对全损,是指保险标的物在运输途中全部灭失或等同于全部灭失。在保险业务上构成实际全损主要有以下几种:

(1)保险标的物全部灭失。例如,载货船舶遭遇海难后沉入海底,保险标的物实体完全灭失。

(2)保险标的物的物权完全丧失已无法挽回。例如,载货船舶被海盗抢劫,或被敌对国扣押等。虽然标的物仍然存在,但被保险人已失去标的物的物权。

(3)保险标的物已丧失原有商业价值或用途。例如,水泥受海水浸泡后变成水泥硬块,无法使用;茶叶被海水浸泡后,丧失了原有的香味,无法再饮用;烟叶受潮发霉后失去其原有价值等。

(4)载货船舶失踪,无音讯已达相当一段时间。在国际贸易实务中,一般根据航程的远近和航行的区域来决定载货船舶失踪时间的长短。

2. 推定全损

推定全损(constructive total loss)又称商业全损,是指被保险货物在海上运输途中遭遇到承保风险之后,虽未达到完全灭失的状态,但是可以预见到它的全损已经不可避免;或者为了避免全损,需要支付的抢救、修理费用加上继续将货物运抵目的港的费用之和将超过货物的保险价值或货物到达目的地时的价值,这种情况下,被保险人可推定货物发生了全部损失,称为推定全损。构成被保险货物推定全损的情况有以下几种:

(1)保险标的物受损后,其修理费用超过货物修复后的价值。

(2)保险标的物受损后,其修理和继续运往目的港的费用超过货物到达目的港的价值。

(3)保险标的物的实际全损已经无法避免,为避免全损所需的施救费用将超过获救后标的物的价值。

(4)保险标的物遭受保险责任范围内的事故,使被保险人失去标的物的所有权,而收回标的物的所有权,其费用已超过收回标的物的价值。

被保险货物发生推定全损时,被保险人可以要求保险人按部分损失赔偿,也可以要求按全部损失赔偿。如果要求按全部损失赔偿,被保险人必须向保险人发出委付通知(notice of abandonment)。所谓委付,是指被保险人表示愿意将保险标的的一切权利和义务转移给保险人,并要求保险人按全部损失赔偿的一种行为。委付必须经保险人同意后方能生效,但是保险人应当在合理的时间内将接受委付或不接受委付的决定通知被保险人,委付一经保险人接受,不得撤回。

(二)部分损失

部分损失(partial loss)是指被保险货物的损失没有达到全部损失的程度。部分损失按其性质,可分为共同海损和单独海损。

1. 共同海损

根据1974年国际海事委员会制定的《约克安特卫普规则》的规定,载货船舶在海运途中遇难时,船方为了共同安全,以使同一航程中的船货脱离危险,有意而合理地做出的牺牲或引起的特殊费用,这些损失和费用被称为共同海损(general average,GA)。

构成共同海损必须具备以下条件:一是共同海损的危险必须是实际存在的,或者是不可避免的;二是船方所采取的措施,必须是为了解除船、货的共同危险,是有意识而且是合理的;三是所作的牺牲具有特殊性,支出的费用是额外的,是为了解除危险,而不是危险直接造成的;四是牺牲和费用的支出最终必须是有效的,也就是说经过采取某种措施后,船舶和货物的全部或一部分最后安全抵达航程的终点港或目的港,从而避免了船、货同归于尽的局面。

由于共同海损行为所做出的牺牲或引起的特殊费用,都是为使船方、货主和承运各方不遭受损失而支出的,因此,根据惯例,共同海损的牺牲和费用,不管其大小如何,都应由船方、货主和承运各方按获救的价值,以一定的比例分摊。这种分摊叫共同海损的分摊(general average contribution)。在分摊共同海损费用时,不仅要包括未受损失的利害关系人,而且还需包括受到损失的利害关系人。

2. 单独海损

单独海损(particular average)是指除共同海损以外的,由海上风险直接导致的船舶或货物的部分损失。这种损失只属于特定利益方,而不属于所有其他的货主或船方,由受损方单独承担。例如,在运输过程中,有面粉、机器设备、钢材三种货物,途中遇到暴风雨,部分海水进入船舱,海水浸泡了部分面粉,使其变质。面粉的损失只是使面粉一家货主的利益受到影响,跟同船所装的其他货物的货主和船方利益无关,因而属于单独海损。

共同海损与单独海损都属于部分损失,两者的区别主要有三点:一是损失的构成不同。单独海损一般是指货物本身的损失,不包括费用损失;而共同损失既包括货物损失,又包括因采取共同海损行为而引起的费用损失。二是造成损失的原因不同。单独海损是海上风险直接导致的货物损失;而共同海损是为了减轻船方、货主、承运方三方共同危险而人为造成的损失;三是损失的承担者不同。单独海损由受损方自行承担损失;而共同海损则由船方、货主、承运方三方按获救财产价值大小的比例分别承担。

例1:共同海损分摊额的计算

某载货船舶在航程中发生共同海损,船体损失30万元,货物损失20万元,救助费5万元,运费损失5万元,共60万元。设各方分摊价值如下:

船舶:	1 000万元
货主甲(200万元)	
货物:货主乙(100万元)	400万元
货主丙(100万元)	
运费:	100万元
分摊总值:	1 500万元
分摊比例:	60万元÷1 500万元=4%

各方分摊如下

船主分摊:	1 000万元×4%=40万元
货主甲分摊:	200万元×4% =8万元
货主乙分摊:	100万元×4% =4万元
货主丙分摊:	100万元×4% =4万元
承运人分摊:	100万元×4% =4万元

值得指出的是,上述船货及运费的共同海损分摊额与保险公司的赔偿金额并无相关,保险人对共同海损的赔偿是以保险单上所载保险金额为依据。如果共同海损分摊价值等于或低于保险金额,保险公司可予全部赔偿;如果共同海损分摊价值高于保险金额,保险公司只按保险金额赔偿,其差额由船方、货主各方自行负责。

三、费用

保险公司对因为货物减少而发生的实际损失而支付的费用也负责赔偿,它分为施救费用和救助费用。

1. 施救费用

施救费用(sue & labor expenses)是指被保险货物在遭受保险责任范围内的灾害事故时,被保险人或其代理人为防止损失扩大而采取抢救所支出的费用。此项费用由保险人给予补偿。

2. 救助费用

救助费用(salvage charges)是指被保险货物在遭遇保险责任范围内的灾害事故时,由保险人和被保险人以外的第三者对受损货物采取抢救措施而支付的费用。

施救费用与救助费用的区别主要有以下四点:

(1)采取行为的主体不同。施救是由被保险人及其代理人等采取的行为;而救助是保险人和被保险人以外的第三者采取的行为。

(2)给付报酬的原则不同。施救不论有无效果,都要给予赔偿施救费用;而救助则是"无效果、无报酬"。

(3)保险人的赔偿责任不同。施救费用可在保险货物本身的保额以外,可再赔一个保额;而保险人对救助费用的赔偿责任是以不超过获救财产的价值为限,亦即救助费用与保险货物本身损失的赔偿金额二者相加,不得超过货物的保额,而且是按保险金额与获救的保险标的之价值比例承担责任。

(4)救助行为一般总是与共同海损联系在一起,而施救行为则并非如此。

案 例

怎样鉴定损失性质

【情境】

某货轮从天津新港驶往新加坡,在航行途中船舶货舱起火,大火蔓延到船舱,船长为了船、货的共同安全,下令往舱内灌水,火很快被扑灭。但由于主机受损,无法继续航行,于是船长雇佣拖轮将船拖回新港修理,修好后继续驶往新加坡。这次造成的损失共有:

①1 000箱货被火烧毁;②600箱货被水浇湿;③主机和部分甲板被烧坏;④拖轮费用;⑤额外增加的燃料和船上人员的工资。

问:从损失的性质看,上述损失各属何种损失? 为什么?

【分析】

在此案例中,判定所列各项损失的性质应从造成该项损失的原因入手分析。根据构成共同海损的条件及单独海损的定义,逐一分析如下:

①1 000箱货被火烧毁。该批货物致损是货舱起火这一意外事故直接造成的,故属单独海损。

②600箱货被水浇湿。该批货物致损是因为货舱起火,大火蔓延到机舱,若不扑灭大火,势必威胁到船、货的共同安全。船长为解除或减轻火灾引起的风险而人为地、有意识地采取引水灭火这一合理措施,故应属于共同海损。

③主机和部分甲板被烧坏。同前(1),该项损失是由火灾直接造成,属单独海损。

④拖轮费用。该项损失是由于灭火过程中致使主机受损,一旦海轮失去动力,必将威胁船、货共同安全,为避免这一风险雇佣拖轮而产生的额外费用,属于共同海损。

⑤额外增加的燃料和海上人员的工资,这一部分费用开支不在正常的营运费用范围内,其起因也是由于为解除船、货面临的共同危险而产生的,应属共同海损。

子项目三 海洋运输货物的保险的险别与条款

一、我国海洋运输货物保险的险别与条款

我国为适应对外经济贸易业务发展的需要,由中国人民保险公司(PICC)根据我国的实际情况,分别制定了海洋、陆地、航空等多种运输方式的货物保险条款,总称为《中国保险条款》(China Insurance Clause,CIC)。

其中使用最普遍的是《海洋运输货物保险条款》。本文介绍时,引用最新的 2009 年修订本。

海洋运输货物保险险别分为基本险和附加险两类:基本险又称主险,是指可以独立投保的险别,包括平安险、水渍险和一切险;附加险是对基本险的补充和扩展,它不能单独投保,只能在投保基本险的基础上加保,包括一般附加险和特殊附加险。基本险和附加险具体参见表5-1。

表 5-1 CIC 下海洋货物保险险别对比表

损失原因		自然灾害		意外事故		外来风险	
保险险别		全部损失	部分损失	全部损失	部分损失	一般风险	特殊风险
基本险	平安险	负责	只负责共同海损,不负责单独海损	负责	负责	不负	不负
	水渍险	负责	既负责共同海损,也负责单独海损	负责	负责	不负	不负
	一切险	负责	负责	负责	负责	负责	不负
一般附加险		不负	不负	不负	不负	负责	不负
特殊附加险		不负	不负	不负	不负	不负	负责

(一)基本险

基本险按其责任范围,平安险最小,水渍险居中,一切险最大。投保人应该根据货物本身的特点、货物去向及船公司的营运状况等条件选择投保的险别。

1. 平安险

平安险(free from particular average,F.P.A)是我国保险业的习惯叫法,英文原意是"单独海损不赔"。平安险承保的责任范围是:

(1)货物在运输途中由于恶劣气候、雷电、海啸、地震、洪水自然灾害造成整批货物的全部

损失或推定全损。当被保险人要求赔付推定全损时,须将受损货物及其权利委付给保险人。被保险货物用驳船运往或运离海轮的,每一驳船所装的货物可视作一个整批。推定全损是指被保险货物的实际全损已经不可避免,或者恢复、修复受损货物以及运送货物到原订目的地的费用超过该目的地的货物价值。

(2)由于运输工具搁浅、触礁、沉没、互撞、与流冰或其他物体碰撞、失火、爆炸等意外事故造成货物的全部或部分损失。

(3)在运输工具已经发生搁浅、触礁、沉没、焚毁等意外事故的情况下,货物在此前后又在海上遭受恶劣气候、雷电、海啸等自然灾害造成的部分损失。

(4)在装卸或转运时由于一件或数件整件货物落海造成的全部或部分损失。

(5)被保险人对遭受承担责任范围内危险的货物采取抢救,防止或减少货物措施而支付的合理费用,但以不超过对该批被救货物承保的保险金额为限。

(6)运输工具遭遇海难后,在避难港由于卸货所引起的损失,以及在中途港、避难港,由于卸货、存仓以及运送货物所产生的特别费用。

(7)共同海损的牺牲,分摊和救助费用。

(8)运输契约订有"船舶互撞"条款,根据该条款规定由货主偿还船方的损失。

2. 水渍险

水渍险(with particular average，W. P. A)或(with average，W. A)亦是我国保险业的习惯叫法,英文原意是"负责单独海损"。水渍险承保的责任范围是:除包括上列平安险的各项责任外,还负责被保险货物由于恶劣气候、雷电、海啸、地震、洪水自然灾害所造成的部分损失。

3. 一切险

一切险(all risks)是基本险中承保责任范围最广泛的一种,比较适宜承保价值较高,可能遭受损失因素较多的货物投保。一切险承保的责任范围是:除包括上列平安险和水渍险的各项责任外,还负责被保险货物在运输途中由于外来原因所致的全部或部分损失。

对海洋运输货物保险的三种基本险别,保险公司规定有下列除外责任(exclusions):

①被保险人的故意或过失行为所造成的损失;②属于发货人责任所引起的损失;③在保险责任开始前,被保险货物已存在的品质不良或数量短差所造成的损失;④被保险货物的自然损耗、本质缺陷、特性以及市价跌落、运输延迟所引起的损失或费用;⑤属于海洋运输货物战争险条款和运输货物罢工险条款规定的责任范围和除外责任。

与国际保险市场的习惯做法一样,我国的海洋运输货物保险条款规定的保险责任起讫期限,也是采用"仓至仓"条款(warehouse to warehouse clause，W/W Clause),即保险公司的保险责任自被保险货物运离保险单所载明的起运地仓库或储存处所开始运输时生效,包括正常运输过程中的海上、陆上、内河和驳船运输在内,直至该项货物到达保险单所载明目的地,即收货人的最后仓库或储存处所或被保险人用作分配、分派或非正常运输的其他储存处所为止。如未抵达上述仓库或储存处所,则以被保险货物在最后卸载港全部卸离海轮后满60天为止。如在上述60天内被保险货物需转运至非保险单所载明的目的地时,则以该项货物开始转运时终止。

关于赔偿的处理,保险人收到被保险人的赔偿请求后,应当及时就是否属于保险责任作出核定,并将核定结果通知被保险人。情况复杂的,保险人在收到被保险人的赔偿请求并提供理赔所需资料后三十日内未能核定保险责任的,保险人与被保险人根据实际情形商议合理期间,保险人在商定的期间内作出核定结果并通知被保险人。对属于保险责任的,在与被保险人达成有关赔偿金额的协议后十日内,履行赔偿义务。

以上三种基本险别的索赔时效,从保险事故发生之日起起算,最多不超过两年。

（二）附加险

1．一般附加险

一般附加险（general additional risks）承保一般外来风险所造成的损失，共有11种：

（1）偷窃、提货不着险（theft，pilferage and non-delivery risks，T. P. N. D）。该险别承保货物因偷窃行为所致的损失和整体提货不着的损失。

（2）淡水雨淋险（fresh water and/or rain damage risks，F. W. R. D）。该险别承保货物因直接遭受雨水、淡水以及雪融水浸淋所致的损失。其中，淡水是与海水相对而言，包括船上淡水管漏水、舱汗等。

（3）渗漏险（leakage risks）。该险别承保对因容器损坏而引起的渗漏损失，或用气体储藏的货物因气体的渗漏而引起的货物腐蚀等损失。例如，以流体装存的温肠衣，因为流体渗漏而使肠衣发生腐烂、变质等损失，均由保险公司负责赔偿。

（4）短量险（shortage risks）。该险别承保对因外包装破裂或散装货物发生数量损失和实际重量短缺的损失，但不包括正常运输途中的损耗。

（5）混杂、玷污险（intermixture and contamination risks）。该险别承保对在运输过程中货物因混进杂质或被玷污所致的损失。

（6）碰损、破碎险（clashing and breakage risks）。该险别承保，对金属、木质等货物因震动、颠簸、挤压所造成的碰损和对易碎性货物在运输途中由于装卸野蛮、粗鲁，运输工具的颠震所造成的破碎损失。

（7）钩损险（hook damage risks）。该险别承保货物因在装卸过程中使用手钩、吊钩所造成的损失。例如，粮食包装袋因吊钩钩坏而造成的粮食外漏的损失。

（8）锈损险（rust risks）。该险别承保货物在运输中发生的锈损而产生的损失。需要指出的是，货物生锈必须是在保险期内发生，如货物装船时就已发生锈损，保险人则不负责赔偿。

（9）串味险（odour risks）。该险别承保被保险的食用物品、中药材、化妆品原料等因受其他物品的影响而引起的气味损失。例如，茶叶、香料与樟脑等堆放在一起产生异味而不能使用。

（10）包装破裂险（breakage of packing risks）。该险别承保货物因运输或装卸不慎，包装破裂所造成的损失，以及为继续运输安全的需要对包装进行修补或调换所支付的费用。

（11）受潮受热险（sweat and heating risks）。该险别承保货物因气温突然变化或由于船上通风设备失灵导致船舱内水汽凝结，受潮或受热所造成的损失。

值得注意的是，投何人只能在投保平安险和水渍险的基础上加保上述11种附加险中的一种或数种险别，但若投保一切险时，因上述险别均包含在内，则无需加保。

2．特殊附加险

特殊附加险（special additional risks）承保特殊外来风险所造成的损失，主要有以下几种：

（1）战争险（war risks）。根据中国人民保险公司《海洋运输货物战争险条款》，海洋运输货物战争险负责赔偿货物直接由于战争、类似战争行为和敌对行为、武装冲突或海盗行为所致的损失，以及由此而引起的捕获、拘留、扣留、禁止、扣押所造成的损失；还负责货物因各种常规武器（包括水雷、鱼雷、炸弹）袭击所致的损失，以及由于上述责任范围而引起共同海损的牺牲、分摊和救助费用；但对使用原子或热核武器所造成的损失和费用不负赔偿责任。战争险的保险责任起讫是以水上危险（waterborne）为限，即自货物在起运港装上海轮或驳船时开始，直到目的港卸离海轮或驳船时为止。如货物未卸离海轮或驳船，则从海轮到达目的港的当日午夜起算满15天，保险责任自行终止；如货物在中途港转船，不论货物是否在当地卸货，保险责任以海轮到达该港或卸货地点的当日午夜起算满15天为止，直至货物再装上续运海轮时恢复有效。

(2)罢工险(strike risks),又称罢工暴动民变险(strikes riots and civil commotions,S. R. C. C.)。该险别承保被保险货物由于罢工、工人被迫停工或参加工潮、暴动等人员的行动或任何人的恶意行为所造成的直接损失,和上述行动或行为所引起的共同海损的牺牲、分摊和救助费用;但对在罢工期间由于劳动力短缺或不能使用劳动力所造成的被保险货物的损失,包括因罢工而引起的动力或燃料缺乏使冷藏机停止工作所致的冷藏货物的损失,以及无劳动力搬运货物,使货物堆积在码头淋湿受损,不负赔偿责任。罢工险对保险责任起讫的规定与其他海运货物保险险别一样,采取"仓至仓"条款。按照国际保险业惯例,已投保战争险后另投保罢工险,不另增收保险费。如仅要求加保罢工险,则按战争险费率收费。

3. 其他附加险

在中国人民保险公司附加险条款中,还列有六种不包括在基本险中的其他附加险别,分别是:交货不到险(failure to deliver risks)、进口关税险(import duty risks)、舱面险(on deck risks)、拒收险(rejection risks)、黄曲霉素险(aflatoxin risks)、出口货物到香港(包括九龙在内)或澳门存仓火险责任扩展条款(fire risk extension clause,F. R. E. C. —for storage of cargo at destination Hongkong,including Kowloon or Macao)。

小贴士

由一个个案引发的对"仓至仓"的思考

有一份FOB合同,买方已向保险公司投保"仓至仓"条款的一切险。货物在从卖方仓库运往装运港码头途中,发生承保范围内的风险损失,事后卖方以保险单含有"仓至仓"条款,要求保险公司赔偿,但遭拒绝,后来卖方又请买方以自己的名义凭保险单向保险公司索赔,但同样遭到拒绝。本例中货物是在从卖方仓库运往装运码头途中发生承保范围内的损失,所保一切险又含"仓至仓条款",为什么保险公司会拒绝赔偿呢?

思考一:

这主要与FOB合同的特殊性有关。

第一,在FOB合同下,保险由买方办理并支付有关费用。因此,与货物有关的风险,也在装运港从货物装上船时起,由卖方转移给买方。买方投买保险,只保其应该负责的风险(即转移后的风险),而风险转移前(如从卖方仓库运往转运码头期间)发生的风险损失,买方概不负担,因此买方投保的保险公司也当然不负责任。

第二,即使发生的损失属保险公司承保责任,向保险公司索赔还必须具备以下三个条件:

(1)索赔人与保险公司之间,必须具有有效的合同关系。保险合同一般指保单,只有保险单的合法持有人(投保人或受让人)才有权向保险公司提出索赔。本例中的卖方不是保险单的合法持有人,无权向保险公司提出索赔。

(2)索赔人不仅是保险单的合法持有人,而且必须享有保险利益。保险利益不仅指被保险货物本身,而且指被保险人对保险标的所具有的利益。如FOB合同,在货物装船(越过船舷)之前,风险由卖方负责,卖方对货物具有保险利益;如卖方凭提单、发票等货运单据向银行办理押汇,在买方付款赎单之前,办理押汇的银行由于控制货运单据,因此对该批货物拥有保险利益;如买方已付款赎单,则对货物有保险利益的只能是买方。无论如何,只有享有保险利益的人才能提出索赔。本案中的买方虽然是投保人(被保险人),但在损失发生时,不具备保险利益,故无权向保险公司索赔。

(3)索赔人要求赔偿的损失,必须为所保险别的承保范围所属。为保证FOB合同下货物从卖方仓库运至码头期间发生损失能得到有效补偿,卖方必须向保险公司另行投买保险。本案中保险公司拒赔卖方,是因为损失发生时卖方虽然拥有保险利益,但并不是保险单的被保险人或合法的受让人,故无权向保险公司索赔。

思考二:

此案例合同如果是 CFR 或 CIF 合同,保险公司对此项损失是否负有赔偿责任?为什么?

循着思考一的思路,不难知道:CFR 合同下,保险公司不负赔偿责任;CIF 合同下,保险公司应负赔偿责任。

思考三:

得出如下结论:

(1)货物若按 CIF(指定目的港)价格条件成交,由卖方办理投保,则其保险责任适用"仓至仓"条款,如图 5-1 所示。

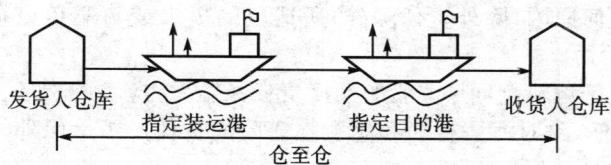

图 5-1 按 CIF 成交基本险责任起讫

(2)货物若按 FOB(指定装运港)或 CFR(指定目的港)术语条件成交,由买方办理投保,则保险公司不承担在装运港船前的保险责任,只负责货物在装上海轮后,直到抵达目的港收货人的最后仓库为止的风险,不再是原始意义上的"仓至仓",如图 5-2 所示。

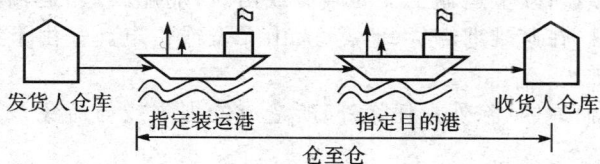

图 5-2 按 FOB 或 CFR 成交基本险责任起讫

二、伦敦保险业协会海洋运输货物保险条款

在国际海洋运输货物保险业内,最有影响力的当属英国伦敦保险业协会制定的《协会货物条款》(institute cargo clauses,ICC)。《协会货物条款》最早制定于 1912 年,现行英国伦敦《协会货物条款》是 2009 年的修订本,与我国现行保险条款相比,其保险期限大体相同,也是采用"仓至仓"(W/W 条款),战争险也依据"水上危险"(waterborne)的原则,但其形式和内容与我国现行条款相比有所不同。《协会货物条款》共有六种险别,分别是:

(一)协会货物条款(A)——ICC(A)险

ICC(A)险采取"一切风险减除外责任"的方式规定责任范围,其责任范围有三项:

(1)承保除外责任以外的一切保险标的的损失的风险;

(2)承保为避免任何原因(除外责任除外)所造成的损失或与避免该损失有关而引起的共同海损和救助费用;

(3)承保被保险人于运输合同中"船舶互撞责任条款"下应负的责任。

除外责任包括：①一般除外责任，如因包装原因造成的损失、由船方原因造成的损失、使用原子或热核武器所造成的损失；②不适航、不适货除外责任，如被保险人在装船时已知船舶不适航、不适货；③战争除外责任；④罢工除外责任。

ICC(A)险的承保风险类似我国基本险中的一切险。

(二)协会货物条款(B)——ICC(B)险

ICC(B)险采用"列明风险"的方法规定责任范围，责任范围有三项：

(1)承保下列风险：①保险标的合理归因于下列事故造成的损失：火灾或爆炸；船舶或驳船遭受搁浅、触礁、沉没倾覆；陆上运输工具的倾覆或出轨；船舶、驳船运输工具同除水以外的任何外界物体碰撞或接触；在避难港卸货；地震、火山爆发或雷电。②由下列原因造成的保险标的损失：共同海损牺牲；抛货或浪击落海；海水、湖水或河水过入船舶、驳船、其他运输工具、集装箱或其堆放场所。③货物在船舶或驳船装卸时落海造成的任何整件的全损。

(2)承保为避免任何原因(除外责任除外)所造成的损失或与避免该损失有关而引起的共同海损和救助费用。

(3)承保被保险人于运输合同中"船舶互撞责任条款"下应负的责任。

ICC(B)的除外责任，除对海盗行为和恶意损害险的责任不予承保外，其余均与ICC(A)的除外责任相同。

ICC(B)险的承保风险类似我国基本险中的水渍险。

(三)协会货物条款(C)——ICC(C)险

ICC(C)险也采用"列明风险"的方法规定责任范围，责任范围有三项：

(1)承保下列风险：①保险标的合理归因于下列事故造成的损失：火灾或爆炸；船舶或驳船遭受搁浅、触礁、沉没倾覆；陆上运输工具的倾覆或出轨；船舶、驳船运输工具同除水以外的任何外界物体碰撞或接触；在避难港卸货；地震、火山爆发或雷电。②由下列原因造成的保险标的损失：共同海损；抛货。

(2)承保为避免任何原因(除外责任除外)所造成的损失或与避免该损失有关而引起的共同海损和救助费用。

(3)承保被保险人于运输合同中"船舶互撞责任条款"下应负的责任。

ICC(C)的除外责任与ICC(B)完全相同。

ICC(C)险的承保风险类似我国的平安险，但比平安险的责任要小一些。

ICC(A)、ICC(B)、ICC(C)三险是基本险，可以单独投保；其余的是附加险，但战争险和罢工险条款有完整的结构，可以单独投保。

(四)协会货物战争险条款(货物)

该险的承保范围是：

(1)除除外责任外由下列事项所致的保险标的的损失：①战争、内战、革命、叛乱、暴动或民争所致或任何交战势力所为或抵抗的任何战斗行为导致的损失；②由与第①项所列的事项产生的捕获、查扣、拘押、管制或征收，及其任何后果或其任何企图造成的损失；③遭弃水雷、鱼雷、炸弹或其他遭弃的战争武器所导致的损失。

(2)承保为避免本条款承保风险造成的损失引起的共同海损和救助费用。协会战争险的责任起讫仅限于海上。

(五)协会货物罢工险条款(货物)

该险的承保范围是：

(1)除除外责任外由下列事项所致的保险标的的损失：①罢工者、被迫停工工人或参与工潮、暴动或民变的人员所致的损失;②为颠覆或影响无论是否合法成立的政府,任何组织或个人适用武力或暴力等恐怖主义手段导致的损失;③出于政治医师形态、宗教冬季采取行动的人所致的损失。

(2)承保为避免本条款承保风险造成的损失引起的共同海损和救助费用。

(六)恶意损害险条款

恶意损害险承保除被保险人以外的其他人(如船长、船员)的故意破坏行为所造成的被保险货物的灭失或损坏,但出于政治动机的人的行为除外。恶意损害在 ICC(A)险中被列为承保责任,而在 ICC(B)险和 ICC(C)险中均被列为除外责任。因此,在投保 ICC(B)险和 ICC(C)险时,如需取得恶意损害风险的保障,应另行加保恶意损害险。

？思考

资料:我国某外贸公司按照 CIF 条件对外发盘,若按下列险别作为保险条款提出:

1.一切险,锈损险,串味险

2.平安险,一切险,偷窃、提货不着险,战争险,罢工险

3.水渍险,淡水雨淋险

4.短量险,碰损、破碎险,战争险,罢工险

试问:以上四组险别搭配是否妥当? 如有不妥,请予更正并说明理由。

子项目四　我国陆空邮运输货物保险的险别与条款

一、我国陆上运输货物保险的险别与条款

中国人民保险公司 2009 年修订的《陆上运输货物保险条款》规定,陆上货物的运输险分为陆运险与陆运一切险两种基本险别。

(一)陆运险与陆运一切险

1. 责任范围

陆运险(overland transportation risks)的承保责任范围是指被保险货物在运输途中遭受暴风、雷电、洪水、地震等自然灾害,或由于运输工具遭受碰撞、倾覆、出轨,或在驳运过程中因驳运工具遭受搁浅、触礁、沉没、碰撞,或由于遭受隧道坍塌、崖崩或失火、爆炸等意外事故所造成的全部或部分损失,以及被保险人对遭受承保责任内危险的货物采取抢救、防止或减少货损的措施而支付的合理费用,但以不超过该批被救货物的保险金额为限。由此可见,陆运险的保险责任范围与海洋运输货物保险条款中的水渍险相似。

陆运一切险(overland transportation all risks)的承保责任范围除上述陆运险的责任外,还包括在运输途中,由外来原因造成的短少、偷窃、渗漏、碰损、破碎、钩损、雨淋、生锈、受潮、受热、发霉、串味、沾污等全部或部分损失。陆运一切险的承保责任范围与海洋运输货物保险条款中的一切险相似。

以上陆运险和陆运一切险的承保责任范围均适用于火车和汽车运输。

2. 除外责任

陆运险、陆运一切险的除外责任与海洋运输货物险的除外责任相同。

3. 责任起讫

陆上货物运输保险也采用"仓至仓"条款原则,即保险责任从被保险货物远离保险单所载明的起运地发货人的仓库或储存处所开始,包括正常陆运和有关水上驳运在内,直到该货物送至保险单所载明的目的地收货人仓库或储存处所,或者被保险人用作分配、分派或非正常运输的其他储存处所为止。如果物货没有被送抵保险单所载明的目的地收货人仓库或储存处所,则以到达最后卸载车站之后 60 天为限。

(二)陆上运输冷藏货物险

陆上运输冷藏货物险(overland transportation insurance-frozen products)是陆上货物险中的一种专门险。其主要的承保责任范围除负责陆运险所列举的各项损失外,还包括负责被保险货物在运输途中由于冷藏机器或隔温设备的损坏或者车厢内贮存冰块的溶化所造成的解冻溶化以至腐败的损失;但对由于战争、罢工或运输延迟而造成的被保险冷藏货物的腐败或损失,以及被保险货物开始时因未保持良好状态,包括整理加工和包扎不妥、冷冻上的不合规定及骨头变质所引起的货物腐败和损失则不予负责。该险别适用于一般的除外责任条款。

陆上运输冷藏货物险的承保责任自被保险货物远离保险单所载明起运地发货人的冷藏仓库装入运送工具开始运输时生效,包括正常陆运和与其有关的水上驳运在内,直至该项货物到达保险单所载明的目的地收货人仓库为止。最长保险责任以被保险货物到达目的地车站后10 天为限。中国人民保险公司的《陆上运输货物保险条款》条款还规定:装货的任何运输工具,都必须具有相应的冷藏设备或隔离温度的设备,或供应和贮存足够的冰块使车厢内始终保持适当的温度,保证被保险冷藏货物不致因溶化而腐败,直至目的地收货人仓库为止。

(三)陆上运输货物战争险(火车)

陆上运输货物战争险(火车)(overland transportation cargo war risks— by train)是陆上运输货物险的特殊附加险,在投保陆运险和陆运一切险的基础上可加保。陆上运输货物战争险(火车)承保直接由于战争、类似战争行为以及武装冲突所造成的损失。保险人的具体责任同海运战争险基本类似,陆上运输货物战争险(火车)的承保责任自被保险货物装上保险单所载明的起运地发货人的火车时开始,至卸离保险单所载目的地的火车为止。如果被保险货物不卸离火车,则本保险责任最长期限以火车到达目的地的当日午夜起 48 小时为止。如在中途转车,不论货物在当地卸车与否,保险责任从火车到达中途站的当日午夜起满 10 天为止。如果被保险货物在 10 天内重新装车续运,本保险责任恢复生效。但如运输契约在保险单所载明目的地以外的地点终止,该地点即被视为本保险单所载目的地,仍照前述规定终止责任。

二、我国航空运输货物保险的险别与条款

航空运输货物保险是以飞机为运输工具的货物运输保险。近年来,航空运输货物保险业务发展迅速,但由于其历史短暂,迄今尚未形成像海上运输货物保险那样成为一个完整、独立的体系。在英国,伦敦保险业协会在 1965 年才开始制定有关航空运输货物保险的条款。经1982 年修订后,现行协会空运货物保险条款只有 3 种,即《协会空运货物险条款(不包括邮递)》、《协会空运货物战争险条款(不包括邮递)》以及《协会空运货物罢工险条款》。目前,国际保险市场较多采用上述条款进行航空运输货物保险。

根据 2009 年修订的中国人民保险公司《航空运输货物保险条款》的规定,我国航空运输货物保险的基本险有航空运输险和航空运输一切险两种。另外还有一种特殊附加险,即"航空运输货物战争险"。此外,海洋运输货物保险中的附加险也可在航空运输货物保险中有使用。

（一）航空运输险和航空运输一切险

1. 责任范围

航空运输险（air transportation risks）的承保责任范围与海洋运输保险条款中的水渍险相似。保险人负责赔偿被保险货物在运输途中遭受雷电、火灾、爆炸或由于飞机遭受恶劣气候或其他危难事故而被抛弃，或由于飞机遭受碰撞、倾覆、坠落或失踪意外事故所造成的全部或部分损失。此外，被保险人对遭受承保责任内危险的货物采取抢救，防止或减少货损的措施而支付的合理费用，但以不超过该批被救货物的保险金额为限。

航空运输一切险（air transportation all risks）的承保责任范围与海洋运输货物保险条款中的一切险相似，除上述航空运输险的各项责任外，还包括被保险货物由于一般外来原因所造成的全部或部分损失，即在航空运输险的责任范围基础上增加承保海洋运输货物保险中的11种一般附加险的责任。

2. 除外责任

航空运输险、航空运输一切险的除外责任与海洋运输货物保险条款基本险的除外责任基本相同。

3. 责任起讫

航空运输货物保险的两种基本险的责任起讫也采用"仓至仓"条款原则。但与海洋运输货物保险的"仓至仓"责任条款不同的是：如货物运达保险单所载明目的地而未运抵保险单所载明收货人仓库或储存处所，则以被保险货物在最后卸离飞机后满30天保险责任即告终止。如在上述30日内被保险的货物需转送到非保险单所载明的目的地时，则以该项货物开始转运时终止。

（二）航空运输货物战争险

航空运输货物战争险（air transportation cargo war risks）是航空运输货物险的一种附加险，该险别只有在投保航空运输险或航空运输一切险的基础上，经过投保人与保险人协商方可加保，加保时须另付一定的保险费。

航空运输货物战争险的责任起讫期限是被保险货物装上保险单所载明的起运地的飞机时开始，直至卸离保险单所载明目的地飞机为止。如果被保险货物不卸离飞机，则以飞机到达目的地当日午夜起计算满15天为止。

三、我国邮包运输货物保险的险别与条款

中国人民保险公司2009年修订的《邮包险条款》规定，邮包险分为邮包险和邮包一切险两种基本险。

（一）邮包险和邮包一切险

1. 责任范围

邮包险（parcel post risks）的承保责任范围是指被保险货物在运输途中由于恶劣气候、雷电、海啸、洪水、自然灾害，或由于运输工具遭受搁浅、触礁、碰撞、沉没、倾覆、出轨、坠落、失踪，或由于失火、爆炸等意外事故所造成的全部或部分损失；另外，还负责被保险人对遭受保险责任范围内的货物采取抢救、防止或减少货损的措施而支付的合理费用，但以不超过该批被抢救货物的保险金额为限。

邮包一切险（parcel post all risks）的承保责任范围除上述邮包险的各项责任外，还负责被保险的邮包在运输途中由于外来原因所致的全部或部分损失。

2. 除外责任

邮包险、邮包一切险的除外责任与海洋运输货物险条款中基本险的除外责任相同。

3. 责任起讫

邮包险和邮包一切险的承保责任起讫期限是自被保险邮包离开保险单所载明的起运地点寄件人的处所运往邮局时开始生效,直至被保险邮包运达保险单所载明的目的地邮局,自邮局签发到货通知书当日午夜起算,满 15 天终止,但在此期限内,邮包一经递交至收件人的处所时,保险责任即行终止。

(二)邮包运输货物战争险

邮包运输货物战争险(parcel post war risks)是邮包险的一种附加险。保险公司的承保责任范围与上述陆运、空运保险条款的战争险基本相同,但保险责任起讫有所区别,它的承保保险责任期限是被保险的邮包经邮政机构收讫后,自储存处所开始运送时生效,直至该项邮包运达保险单所载明的目的地邮政机构送交收件人为止。

此外,在附加险方面,除战争险外,海洋运输货物保险中的一般附加险和特殊附加险险别和条款均可适用于陆上、航空、邮包运输货物保险。

？思考

资料:我国某外贸公司按照 CIP 条件对外发盘,若按下列险别作为保险条款提出:

1. 陆运险、短量险
2. 航空运输一切险、淡水雨淋险
3. 邮包险、受潮受热险

试问:以上三组险别搭配是否妥当? 如有不妥,请予更正并说明理由。

子项目五 进出口货物运输保险实务

一、确定保险金额

保险金额(insured amount)是保险人对保险标的承担的最高赔偿金额,也是保险人计算保险费的依据。因此投保人在投保时须按照保险价值申报保险金额。

根据保险市场的习惯做法,保险金额一般都是以 CIF 或 CIP 的发票金额为基础来确定,除应包括商品的价值、运费和保险费外,还应包括被保险人在贸易过程中支付的经营费用(开证费、电报费、借款利息、税款等)和本来可以获得的预期利润,因此,各国保险法及国际贸易惯例一般都规定进出口货物运输保险的保险金额可在 CIF 货价的基础上适当加成。

保险金额计算的公式是:

保险金额＝CIF(CIP)货价×(1＋保险加成率)

关于保险加成率,在《跟单信用证统一惯例》(UCP600)和《2000 年国际贸易术语解释通则》中均规定,最低保险金额为货物的 CIF 或 CIP 价格加 10%,因此,如果买卖合同中未规定保险金额时,习惯上按照 CIF 或 CIP 价的 10%投保。实际业务中,如国外进口商要求保险加成超过 10%,可酌情考虑。此外,如果以其他贸易术语成交,则应将价格先折算成 CIF 或 CIP 再加成。

在实际业务中,如已有成本的 FOB,要计算 CFR 及 CIF 价格,可先算出运费额,然后将运费额与 FOB 成本价相加得出成本加运费价 CFR 价,然后再按下列公式计算出 CIF。

$$CIF = \frac{货价(FOB) + 运费(F)}{1 - 保险费率 \times 投保加成}$$

二、办理投保和交付保险费

保险费率(premium rate)是由保险公司根据一定时期、不同种类的货物的赔付率,按不同险别和目的地确定。我国的进出口货物的保险费率是根据我国货物运输的实际货损情况,并参照国际保险市场的费率水平制定的。

以 CIF 或 CIP 条件成交的合同,其保险费计算的一般公式为:

保险费 = CIF(或 CIP)价 × 保险加成 × 保险费率

例 2:杭州贸易有限公司出口一批服装到加拿大多伦多,CFR 价总金额为 1 000 美元。现买方要求改报 CIF 价格,投保一切险,加保战争险,保险加成率为 10%,已知该批服装一切险保险费率为 0.6%,战争险保险费率为 0.06%,问该批服装的保险金额和保险费各为多少?

解:CIF = CFR + I = CFR + CIF × 110% × (0.6% + 0.06%),则

CIF = CFR ÷ [1 − 110% × (0.6% + 0.06%)]

　　= 1 000 ÷ [1 − 110% × (0.6% + 0.06%)]

　　= 1 007.31(美元)

所以,保险金额 = CIF × 110%

　　　　　　= 1 007.31 × 110%

　　　　　　= 1 108.04(美元)

保险费 = 保险金额 × 保险费率　　　　或　　保险费 = CIF − CFR

　　　= 1 108.04 × (0.6% + 0.06%)　　　　　　= 1 007.31 − 1 000

　　　= 7.31(美元)　　　　　　　　　　　　　　= 7.31 美元

三、取得保险单据

保险单据既是保险公司向投保人出具的承保证明,并规定了双方的权利和义务关系;又是被保险人凭以向保险公司索赔和保险公司进行理赔的依据。在国际贸易中,保险单据可以转让。保险单据主要分为以下几种类型。

(一)保险单

保险单(insurance policy)俗称大保单,是保险人和被保险人之间成立保险合同关系的正式凭证,除载明正面内容(被保险人名称,保险货物项目、数量和标志,保险金额,起讫地区,运输工具名称,起讫日期和投保险别)之外,还在背面列有保险人的责任范围,以及保险人与被保险人双方各自的权利、义务等方面的详细条款,因此,保险单在国际贸易中最为常用,参见附件 5-1。

(二)保险凭证

保险凭证(insurance certificate)俗称小保单,其背面没有列明详细保险条款,但其他内容与保险单基本一致,且与保险单具有同等法律效力。一般来说,如果信用证要求提交保险单时,不能提供保险凭证;如果信用证要求提供保险凭证时,则可提供保险单。

(三)预约保险单

预约保险单(open policy)是一种长期性的运输货物保险合同。合同中规定了承保范围、险别、费率、责任、赔款处理等项目,凡属合同约定的运输货物在合同有效期内自动承保。预约

保险单往往与保险通知书、保险声明书一起使用。当交易以 FOB 或 CFR 价格进行出口时,由进口方办理保险手续。一般来说,进口方和保险人订有较长期的预约保险单。每当货物装船后,由出口方把货物的详细情况,包括品名、数量、重量、金额、运输工具、运输日期以及信用证中的预约保险单号码直接通知保险人和进口方,并以其作为正式保单生效的依据。

思考

资料:A 公司出口箱装货物一批,价格条件为 CIF 纽约,合同规定按发票金额 110％投保一切险、战争险和罢工险,如出口发票金额为 100 000 美元,一切险保险费率 0.8％,战争险保险费率为 0.08％,罢工险保险费率为 0.08％。

试问:试批货物的保险金额是多少? 应付多少保险费?

四、保险索赔

保险索赔是指被保险人按照保险单的有关规定,向保险公司提出赔偿进出口货物在承保责任有效期内发生属于承保责任范围内损失的要求。

(一)索赔手续

在索赔工作中,被保险人应做好下列工作:

1. 损失通知与残损检验

当被保险人获悉或发现被保险货物已遭损失,应立即通知保险人或保险单上所载明的保险人在当地的检验、理赔代理人,并申请检验。保险公司或指定的检验、理赔代理人在接到损失通知后即应采取相应的措施,如检验损失、提出施救意见、核实损失原因、确定保险责任和签发检验报告等。

2. 向承运人等有关方面提出索赔

被保险人或其代理人在提货时发现被保险货物整件短少或有明显残损痕迹,除向保险人报损外,还应立即向承运人或有关当局(如海关、港务当局等)索取货损货差。如果货损货差涉及承运人、码头、装卸公司等方面责任,还应及时以书面形式向有关责任方提出索赔,并保留追偿权利,必要时还需申请延长索赔时效。在第三者责任方拒赔、赔偿不足或拖延不赔时,被保险可转向保险人索赔,并将有关索赔文件移交保险人,保证保险人向第三者责任方行使追偿权利。

3. 采取合理的施救、整理措施

被保险货物受损后,被保险人应迅速对受损货物采取必要合理的施救、整理措施,防止损失的扩大。被保险人收到保险人发出的有关采取防止或者减少损失的合理措施的特别通知后,应当按照保险人的要求处理。因抢救、阻止或减少货损的措施而支付的合理费用,可由保险人负责,但以不超过该批被抢救货物的保险金额为限。

4. 备妥索赔单证

被保险货物的损失经过检验,并办妥向承运人等第三者责任方的追偿手续后,被保险人应即向保险人或其代理人提出赔偿要求。提出索赔时,被保险人除应提供检验报告外,通常还须提供其他单证,包括:保险单或保险凭证正本;运输单据,主要包括海运提单、海运单、铁路或公路运单、航空运单、邮包收据;发票、提单、装箱单或重量单;向承运人等第三者责任方索赔的函电及其他必要的单证或文件;货物残损检验报告;海事报告(sea protest)摘录;费用开支,即列索赔金额及计算依据,以及有关费用的项目和用途的索赔清单。下面重点介绍以下几项:

（1）货物残损检验报告。货物残损检验报告是检验机构对受损货物实地检验的客观记录，可以证明被保险货物损失情况；同时也是被保险人提赔的客观证据；但它并不是确定保险责任的依据，而只是保险人了解货物损失情况的重要依据。

（2）保险单或保险凭证正本。保险单或保险凭证正本是保险人的承保证明，保险人是否负赔偿责任，就是依据保险单及其所列条款确定。

（3）发票、提单、装箱单或重量单。此四项是证明被保险货物原有状况的依据，对于货物残损情况有重要参考价值。

（4）海事报告摘录。海事报告摘录是载货船舶在航行途中遭遇恶劣天气、意外事故或其他海难时，船长据实记录的报告。其目的在于证明航程中遭遇人力不可抗拒因素致使船舶或货物遭受损失，并且声明船长及船员已经采取一切必要措施，船方应予免责。海事报告摘录对于海难情况、货损原因以及采取措施的证明，对于确定损失原因和保险责任具有重要的参考作用。

（5）费用开支。费用开支是被保险人为保全被保险货物支付的合理损害防止费用以及货物残损检验费用的开支清算。根据保险条款规定，这些费用均可从保险人获得补偿。

（6）向承运人等第三者索赔的函电及其他必要的单证或文件。除函电外，保险人可根据损失情况和理赔需要，要求被保险人提交其他单证或文件。作为保险人审核理赔案件的重要内容之一，这些单据或文件是被保险人提赔的依据，保险人是否承担赔偿责任，除根据现场调查搜集的资料外，主要是依据这些文件进行判断。

对易碎和易短量货物的索赔，应了解是否有免赔的规定：即按照不论损失程度（irrespective of percentage，IOP）均予赔偿，或规定免赔率。免赔率是指保险人对于被保险货物在运输途中发生的货损货差，在一定比率内不负赔偿责任。规定免赔率是因为有些货物由于本身的特点或在装运作业过程中，必然会发生损失，属于正常现象，而非偶然事故。免赔率分相对免赔率和绝对免赔率两种。

（1）相对免赔率。相对免赔率是指如果货损或货差的程度超过免赔率，保险人在赔偿时不扣除免赔率，全部予以赔偿。

（2）绝对免赔率。绝对免赔率是指如果货损或货差的程度超过免赔率，保险人在赔偿时要扣除免赔率，只负责赔偿超过免赔率的部分。

如果损失程度没有超过免赔率，则保险人不予赔偿。中国人民保险公司现在实行的是绝对免赔率。

5. 代位追偿

在保险业务中，为了防止被保险人双重获益，保险人在履行全损赔偿或部分损失赔偿后，在其赔付金额内，要求被保险人转让其对造成损失的第三者责任方要求全损赔偿和相应部分赔偿的权利。这种权利称为代位追偿权（right of subrogation），或称代位权。在施救业务中，保险人需首先向被保险人进行赔付，才能取得代权追偿权。其具体做法是：被保险人在获得赔偿的同时，签署一份权益转让书，作为保险人取得代位权的证明，保险人便可凭此向第三者责任方进行追偿。

（二）索赔应注意的问题

1. 索赔的时效

被保险人提出索赔的时间如果超过规定时间，保险公司可不再受理。中国人民保险公司条款的索赔时效为两年。因此，被保险人一旦获悉或发现货物遭受损失，便应立即通知保险公司。

2. 保险的失效

保险人承保的是今后可能发生的意外风险,因此在投保时如果被保险的标的已经发生损失,保险理当无效。但是,在国际贸易中,由于买卖双方相距遥远,消息无法及时传递,投保时,货物在外地或运输中已经发生损失时有出现。因此,国际运输货物保险的习惯公认,如果投保时货物已经发生损失,只要是出于善意,即投保人和保险人不知情,保险仍然有效;如果投保人投保时已知被保险标的发生损失,但保险人不知情者,则保险无效。

3. 船舶的适航性

远洋货轮承运货物执行航行任务,事前必须经过船舶检验,取得船舶适航证书。但是,取得适航证书并不能无条件证明船舶适航,而是要根据船舶实际状况来鉴定。

4. 承运人对于货物运输的责任

如果船舶本身的适航性不成问题,发生不可抗力的海事事故可以免除船方的责任。但某些不适航的船舶在航行中发生海事事故,如果收货人及其保险人对发生事故的原因不作认真的鉴别,往往会掩盖船舶不适航的真相。

❓思考

资料:我国某公司出口某商品净重100公吨,装5 000箱,每箱单价为89美元,加一成投保一切险,货到目的港后,买方发现除短少5箱外,还短量380千克。

试问:(1)货主遭受多少损失?

(2)保险人是否负责赔偿?

(3)被保险人在办理索赔时,应提供哪些必不可少的单证?

子项目六 贸易合同中的保险条款

一、贸易合同中保险条款示例

为了明确交易双方在货物运输保险方面的责任,在合同中通常订有保险条款,内容包括保险投保人、保险公司、保险险别、保险费率以及保险金额等事项。

(1)以 FOB、CFR 或 FCA、CPT 条件成交的合同,保险一般由买方办理,其保险条款可以简化。例如:

保险:由买方负责

Insurance:To be covered by the buyer

(2)以 CIF 或 CIP 成交的合同保险一般由卖方办理,而实际风险的承担者为国外买方,所以应在合同中明确规定保险金额、投保险别、适用的保险条款等。比如:

保险由卖方按发票金额的110%投保一切险、战争险,以中国人民保险公司2009年修订的有关海洋运输货物保险条款为准。

Insurance:To be covered by the seller for 110% of total invoice value against all risks and war risks, as per and subject to the relevant ocean marine cargo clauses of the People's Insurance Company of China,2009.

二、签订贸易合同中议定保险条款应注意的问题

(1)明确保险条款的选择,一般按照中国保险条款 CIC 投保,也可以接收英国伦敦保险业协会货物条款 ICC 或美国保险条款。

(2)明确投保险别,如需要加保某一种或者多种附加险,则应写明。

(3)明确投保人,如系 FOB、CFR 合同,应明确由买方负责投保,但卖方为了避免货物从工厂仓库至码头的运输风险,可加保"仓至船险"(before loading risk)。如系 CIF 合同,应明确由卖方投保。

(4)明确投保加成率,如果加成率超过 10%,则由此产生的超额保险费通常由买方负担。

(5)保险单的签订日期不能迟于提单上所显示的装运日期,如果货物在装运以后才签订保险合同,则货物从装运到签订保险合同的一段时间内没有被保险。

(6)根据不同商品的性质和特点,选择加保有关附加险。比如出口花生时,通常要选择加保黄曲霉素险。

(7)保险货币应与发票货币一致,以避免汇率风险。

(8)注意合同的价格条件与船舶的船龄和适航性。以 CIF 或者 CFR 条件成交的进口合同,由出口方负责租船。由于发货人只关心运输费的高低,而不很重视船舶的船龄和适航性。对于进口方来说,也不能因为投保了货物运输保险而不关心货物运输的安全。发货人与承运人相互勾结,以破旧船不装或少装货物,在途中故意沉没的情况并非绝对没有。即使不存在欺诈行为,收货方也应注意船龄和适航性,按照国际惯例,保险人对超过 15 年船龄的船舶所载的货物的货运保险,要加收保险费。为使进口方避免负担增加的保险费,以 CFR 或 CIF 成交的合同中,应定明老船加费的条款。

思考

请将下列保险条款翻译成英文:

由卖方按发票金额 110%投保海运险,按照 2009 年 1 月 1 日伦敦保险业协会货物 ICC(A)险条款负责。

实训项目

实训项目一 投保险种的选择

【项目情境】

有如下商品:

1.钢材,有色金属块、条、管、板等商品

2.粮谷,主要包括大米、豆类、玉米、干果仁等商品

【工作任务】

在办理投保时应如何选择适合的险种? 请设计应投保的保险险种。

实训项目二 缮制保险单

【项目情境】

有下面两个情境资料,这两个资料关于同一个外贸合同。

1. 一是来自信用证下的信息:

SOME MSG FROM COMING L/C

……

L/C NO. AND DATED:Y/24/404 SEP.18, 2009

BENEFICIARY:CHINA NATIONAL LIGHT IND. PRODUCTS I/E CORP. NINGBO GOODS BRANCH

EVIDENCING SHIPMENT OF : SPORTS GOODS 1.125 GROSSES (S/C 88G 1055)

DOCUMENTS :

……

INSURANCE POLICY OF CERTIFICATE IN DUPLICATE BLANK ENDORSED COVERING MARINE INSTITUTE CARGO CLAUSES (ALL RISKS) AND WAR CLAUSES FOR 110% INVOICE VALUE UP TO FINAL DESTINATION IN NEPAL AND INSURANCE POLICY OR CERTIFICATE MUST BE VALID FOR 60 DAYS AFTER THE DISCHARGE OF GOODS FROM THE VESSEL AT THE PORT OF DESTINATION CLAIMS,IF ANY ,PAYABLE AT CALCULTTA.

2. 二是来自装货单下的信息:

SOME MSG FROM S/O :

THE GOODS ARE PACKED IN 1,125 GROSSES WITH MAYER 225 ON15/10/2000. FROM NINGBO TO CALCUTTA.

INVOICE NO. :GMS—025

【工作任务】

请根据这两个情境资料缮制保险单,填制在附件5-1保险单。

能力迁移

一、英译汉

1. ICC   2. CIC

3. WA   4. All Risks

5. Open policy   6. T. P. N. D

7. F. W. R. D   8. S. R. C. C

9. W/W clause

10. Insurance to be covered by the seller for 110% of total invoice value against W. P. A,war risks and S. R. C. C. as per ocean marine cargo clause of PICC dated1/1/1981.

二、计算题

1. 我国某公司以每袋50美元CIF新加坡出口某商品1 000袋,货物出口前,由我国公司向中国人民保险公司投保水渍险、串味险及淡水雨淋险的保险费率分别为0.6%、0.2%和0.3%,按发票金额110%投保。则该批货物的投保金额和保险费各是多少?

2. 某货主在货物装船前,按发票金额的110%办理了货物投保手续,投保一切险,加保战争险。该批货物以 CIF 成交的总价值为 20.75 万美元,一切险和战争险的保险费率合计为 0.6%。试计算①该货主应缴的保险费是多少? ②若发生了保险公司承保范围内的风险导致该批货物全部灭失,保险公司的最高赔偿金额是多少?

3.我国某外贸公司以 CFR 神户每公吨 350 美元出售农产品 1 000 公吨,日商要求改报 CIF 价。按加两成投保水渍险,保险费率为 0.8%,试计算在不影响我外汇收入前提下的 CIF 报价。

三、请根据下列情境,完成工作任务

1.我国某公司按 CIF 纽约出口冷冻羊肉一批,合同规定投保一切险加战争险、罢工险。货到纽约后,适逢码头工人罢工,货物因港口无法作业不能卸载。第二天货轮因无法补充燃料,以致冷冻设备停止工作。等到第五天罢工结束,该批羊肉已变质。

任务一:导致羊肉变质的直接原因是什么?

任务二:进口方向保险公司索赔是否合理?

2.某货轮在航行途中发生船舶搁浅事故,为了强行起浮脱险,船长命令使用顺车倒车,致使轮机受损,船底划破,同时海水渗入货舱,造成部分货物损失。为了使船舶能继续航行,船舶驶入避难港进行修理,暂时卸下大部分货物,前后共耗时 10 天,增加支出包括船员工资在内的各项费用。当船修复后,装上原货启航不久,载有文具用品、茶叶的 A 舱起火,船长下令对该舱灌水灭火。灭火后发现文具用品一部分被焚毁,另一部分文具用品和全部茶叶被浸湿。

任务一:分别说明以上各项损失的性质。

任务二:在投保 CIC(2009 版)何种险别的情况下,保险公司才负责赔偿?

附件 5-1 保险单(空白)

中国人民保险公司××分公司

海洋货物运输保险单

发票号次:	第一正本	保险单号次
INVOICE NO	THE FIRST ORIGINAL	POLICY NO NP47/

中国人民保险公司(以下简称本公司)根据(以下简称被保险人)的要求,由被保险人向本公司缴付约定的保险费,按照本保险单承保险别和背面所载条款与下列特殊条款承保下述货物运输保险,特立本保险单。

This policy of Insurance witnesses that People's Insurance Company of China(hereinafter called "the company") at the request of .... (hereinafter called the "Insured") and in consideration of the agreed premium being paid to the Company by the insured, undertakes to insure the undermentioned goods in transportation subject to the conditions of this policy as per the clauses printed overleaf and other special clauses attached hereon.

标记 MARKS. & NOS.	包装及数量 QUANTITY	保险货物项目 DESCRIPTION OF GOODS	保险金额 AMOUNT INSURED

总保险金额

Total Amount Insured _____

保费	费率	装载运输工具
PremiumAs Arranged	Rate As Arranged	Per Conveyance S. S. _____

开航日期	自	至
Slg on or abt. _____	From _____	To _____

承保险别

Conditions

所保货物,如遇出险,本公司凭第一正本保险单及其有关证件给付 赔 款。所保货物,如发生本保险单项下负责赔偿的损失或事故,应立即通知本公司下述代理人查勘。

Claims, if any , payable on surrender of the first original of the Policy together with other relevant documents. In the event of accident whereby loss or damage may result in a claim under this Policy immediate notice applying for survey must be given to the company's agent as mentioned hereunder.

中国人民保险公司 XX 分公司

THE PEOPLE'S INSURANCE CO. OF CHINA

XX   BRANCH

赔款偿付地点

CLAIM PAYABLE AT _____

DATE _____   _____

附件 5-2 保险单(企业样本)

中保财产保险有限公司
The people insuranca (Property)Company of China,Ltd.
PICC PROPERTY

发标号码 (1)
Lnvoice No. YSM1999C

保险单号次 (2)
Policy No. 0071925

海洋货物运输保险单
MARINE CARGO TRANSPORTATION INSURANCE POLICY

被保险人: GUANG DONG MACHINERY IMPORT AND EXPORT CORP.(GPOUP) (3)
Insured:...

中保财产保险有限公司(以下简称本公司)根据被保险人的要求,及其所缴付约定的保险费,按照本保险单承担险别和背面所载条款与下列特别条款承保下列货物运输保险,特签发本保险单。

This policy of Insurance witnesses that The People Insurance (Property)Commpany of China,Ltd. (hereinafter called"the Company"),at the request of the Insured and in consideration of the agreed premint paid by the Insured,undertakes to insure the undementioned goods in transportation subject to the conditions of this policy as per the clauses printed overleaf and other special clauses attached hereon.

保险货物项目 descriptions of goods	包装单位数量 packing unit quantity	保险金额 amount Insued
(4) RABTT BRAND SHOVELWTTH METAL HANDLE TOTAL:400 BUNDLES	(5) 400BUNDLES	(6) USD 17 600.00

承保险别
Conditions

货物标记
Maks of Goods

(7)
COVERING ALL RISKS AND WAR RISKS AS PER OCEAN MARINE CARGO CLAUSES (WAREHOUSE TO WAREHOUSE CLAUSE IS INCLUDED) AND OCEAN MARINE CARGO WAR RISK CLAUSES OF THE PEOPLES INSURANCE COMPANY OF CHINA(1/1/1981)

(8)
A98JP1990006
SHITAYA
YOKOHAMA

总保险金额: (9)
Total Amount Insured:U. S. DOLLARS SEVENTEEN THOUSAND SIX HUNDRED ONLY

保费 (10)   载运输工具 (11)   开航日期 (12)
Premium As arranged Per conveyance S. S. JING AN CHENG V. 0224E Slg. on or abt JAN. 25,1998

起运港 (13)   目的港 (14)
From GUANGZHOU To YOKOHAMA

所保货物,如发生本保险单项下可能引起索赔的损失或损坏,应立即通知本公司下述代理人查勤。如有索赔,应向本公司提交保险单正本(本保险单共有2份正本)及有关文件。如一份正本已用于索赔,其余正本则自动失效。

In the event of loss or damage which may result in a claim under this Policy,mmediate notice must be given to the Compery Agent as mentoned hereunder. Clams,if any,one of the Ongial Policy which has been lssued in (15) 2 Orlglna(s) together with the relevent documents shall be sumendered to the Company,If one of the Original Policy has been aoompllshed,the others to be vold.

中保财产保险有限公司
THE PEOPLE INSURANCE (PROPERTY) COMPANY OF CHINA,LTD.

赔款偿付地点 (16)
Claim payable at YOKOHAMA

日期 (17)   在 (18)
Date JAN. 25,1998   at GUANGZHOU

地址:
Address:

131

项目六
国际货款的结算

学习目标

知识目标 了解出口货款结算的方式及其特点、规律；了解各种结算单据的内容与作用；了解国际贸易融资及各种支付方式的结合使用。

能力目标 掌握票据中汇票的使用、各种支付方式的业务流程，尤其是信用证的收付程序、合同中支付条款的规定方法。

素质目标 熟练运用和填制合同支付条款的内容。

情境导入

2007 年 11 月底，我方大陆 A 公司与台湾 B 公司签订一份出口各式打火机合同，总价值 10118 美元，数量为 111000 只，装箱方式为 1X20′集装箱，规定从上海运往基隆港，到港时间不得晚于 12 月 17 日，支付方式为 B 公司收到目的港代理的接货通知书后 48 小时内将全部货款办理电汇（T/T）给 A 公司。由于装运期较为迫切，我方立即准备货物，并预定了 12 月 10 日船期（预计整个航程共需 7 天）。货物如期装船后，正本提单寄 B 公司。但因货物途经高雄时多停靠了 2 天，于 12 月 19 日才抵达目的港，B 公司于次日提货后，提出暂时拒付全部货款，待货物销完后再付，原因是货物未能如期到港，致使这批货物无法赶上当地圣诞节的销售高潮，其部分客户已纷纷取消订单，造成此批货物大量积压，给 B 公司带来巨大经济损失。A 公司多次电告 B 公司，告知货物未能如期到港（延误 2 天），我方是无法预料与控制的，再者，因备货时间短暂，我方已尽力将货物装上最早船期。A 公司多次要求 B 公司办理付款，B 公司均不予以理睬。2 个月后，A 公司只好请台湾某一友好客户 C 公司与 B 公司协商，B 公司才开始有所松口，条件是要求我方降价 30％后才同意给予付款（客户称约有价值 30％货物积压仓库）。经我方一再努力与之协商，最终才以我方降价 15％告终，此案中我方直接损失 1 500 多美元。

国际货款结算涉及信用和使用何种货币、票据，以及在什么时间、以何种方式收付等问题。货款顺利收回是一笔交易圆满结束的重要标志，采用什么样的结算方式能够及时、安全收回货款，是业务员应当掌握的基本常识。在进出口贸易实务中，买卖双方都极力争取有利于自身的结算方式，以便买方融通资金和卖方安全收汇，因此结算方式成为合同的重要交易条款，正如案例所示，由于卖方对汇付的商业性质认识不透，或不能识别信用证中的陷阱条款，以致造成买方随意撤销付款通知、货款无法回收的严重后果。

因此，为了准确地选用合适的结算方式，了解必要的结算知识，避免不必要的贸易争端和收汇风险，本项目将就下列问题展开讨论并辅以相应的训练：

(1)进出口贸易结算中常用的支付工具。

(2)货款的结算方式及其操作程序。

(3)贸易融资。

(4)不同结算方式的结合使用。

(5)买卖合同中支付条款的主要内容。

知识支撑

子项目一 票据

进出口贸易货款的结算,大多为非现金结算,即通过使用代替现金作为流通手段和支付手段的信用工具来结算买卖双方的债权债务。票据就是一种基本的支付工具,广泛用于进出口贸易的结算中。票据是以支付金钱为目的的有价证券,是由出票人签名于票据上,约定由自己或另一人无条件地支付确定金额的可流通转让的证券。票据具有四个特性:流通性、无因性、文义性和要式性。正因为票据具备了这四个特性,才能减少票据纠纷,保证票据的顺利流通,才能更好地发挥票据在经济活动中的汇兑、支付和信用工具的功能。

为了便于票据流通,保障有关当事人的权益,各个国家大都制定了专项的法律——票据法。从具体规定看,各国票据法虽然大体相同,但也存在不少分歧与差异。从 20 世纪初期起,一些国际组织虽曾试图统一各国的票据法并制定了一些公约,但迄今为止,就世界范围来看,各国票据法还未统一起来。目前世界上影响较大的票据法有两类:一类是以英国《1882 年票据法》(Bills of Exchange Act,1882)为代表的英美法系,另一类是以《日内瓦统一法》为代表的大陆法系。《日内瓦统一法》是在国际联盟主持下,由以欧洲大陆国家为主的 20 多个国家于 1930 年和 1931 年签订的两个公约,它们的全称是:《1930 年汇票和本票统一法公约》(Convention Providing a Uniform Law for Bills of Exchange and Promisory Notes,1930)和《1931 年支票统一法公约》(Convention Providing a Uniform Law for Cheques,1931)。因为上述两个文件是在日内瓦签署的,所以通常把它们简称为《日内瓦统一法》。我国于 1995 年 5 月 10 日第八届全国人大常委会第十三次会议通过了《中华人民共和国票据法》,并已于 1996 年 1 月 1 日起施行。

票据可分为汇票、本票和支票三种,在国际货款结算中,主要使用汇票,有时也使用本票和支票。

一、汇票

汇票(bill of exchange,简称 draft 或 bill)是指出票人签发并委托付款人在见票时或者在指定日期无条件支付确定金额给收款人或持票人的票据。

(一)汇票的必备内容

汇票必须要式齐全,所谓要式齐全,即应当具备必要的形式和内容。我国《票据法》第 22 条明确规定,汇票必须记载下列事项:①表明"汇票"的字样;②无条件支付的委托;③确定的金额;④付款人(payer)名称;⑤收款人(payee)名称;⑥出票日期;⑦出票人(drawer)签章。汇票上未记载上述任何规定事项之一的,汇票即为无效。参见图 6-1。

在实际业务中,汇票通常尚需列明付款日期、付款地和出票地等内容。对此,我国《票据法》第 23 条也作了下述具体规定:"汇票上记载付款日期、付款地、出票地等事项的,应当清楚、明确。汇票上未记载付款日期的,为见票即付。汇票上未记载付款地的,付款人的营业场所、住所或者经常居住地为付款地。汇票上未记载出票地的,出票人的营业场所、住所或者经常居住地为出票地。"

除了上述必备项目外,汇票还可以有一些票据法允许的其他内容的记载,例如,利息和利率、付一不付二、禁止转让、汇票编号、出票条款等。

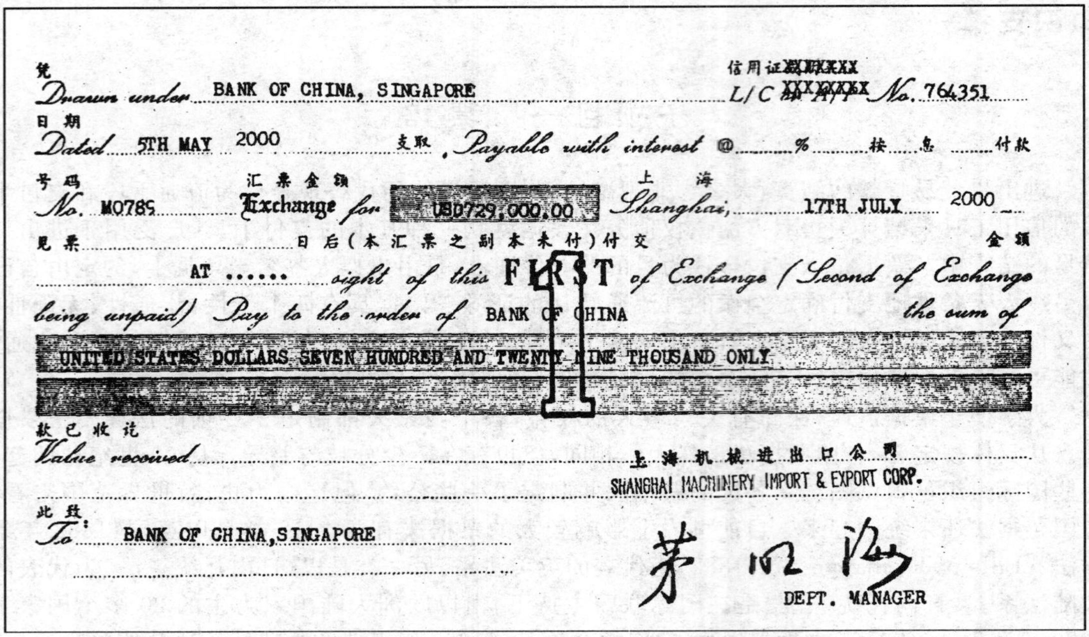
凭
Drawn under BANK OF CHINA, SINGAPORE
信用证 XXXXXXXX
L/C XXXXXXXX No. 764351
日期
Dated 5TH MAY 2000 支取 Payable with interest @ ...... % ...... 按 ...... 息 ...... 付款
号码 汇票金额 上海
No. M0789 Exchange for USD729,000.00 Shanghai, 17TH JULY 2000
见票 ...... 日后（本汇票之副本未付）付交 金额
AT ...... sight of this FIRST of Exchange (Second of Exchange being unpaid) Pay to the order of BANK OF CHINA the sum of
UNITED STATES DOLLARS SEVEN HUNDRED AND TWENTY NINE THOUSAND ONLY
款已收讫
Value received
上海机械进出口公司
SHANGHAI MACHINERY IMPORT & EXPORT CORP.
此致
To: BANK OF CHINA, SINGAPORE
DEPT. MANAGER

图 6-1　商业汇票样例

（二）汇票的种类

汇票可从不同的角度进行分类：

1. 按照出票人的不同，汇票可分为银行汇票（banker's draft）和商业汇票（commercial draft）

银行汇票的出票人和付款人都是银行。在国际结算中，银行汇票签发后，一般交汇款人，并由汇款人寄交国外收款人向指定的付款银行取款。出票行签发汇票后，必须将付款通知书寄给国外付款行，以便付款行在收款人持票取款时进行核对。银行汇票一般为光票，不随附货运单据。以下为中国银行上海分行的银行汇票样例，参见图 6-2。

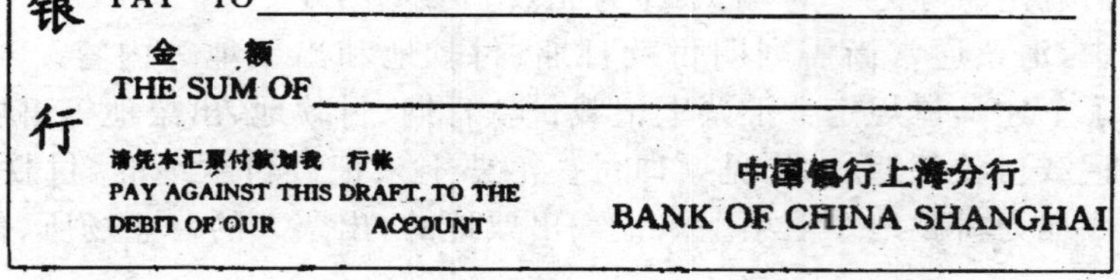
BANK OF CHINA
本汇票有效期为一年
This draft is valid for one year from the date of issue
号码 No. 30007611
金额 AMOUNT
中国银行
致 TO
请付 PAY TO
金额 THE SUM OF
请凭本汇票付款划我行帐
PAY AGAINST THIS DRAFT, TO THE DEBIT OF OUR ACCOUNT
中国银行上海分行
BANK OF CHINA SHANGHAI

6-2　银行汇票样例

商业汇票的出票人是工商企业或个人;付款人可以是工商企业或个人,也可以是银行。在国际贸易结算中,商业汇票被较多使用。商业汇票通常是由出口人开立,向国外进口方或银行收取货款时使用。商业汇票的出票人不必向付款人寄送付款通知书。商业汇票大都附有货运单据,图 6-1 便是商品汇票样例。

2. **按照付款时间的不同,汇票可分为即期汇票(sight draft;demand draft)和远期汇票(time draft;usance draft)**

即期汇票是指在提示或见票时立即付款的汇票。

远期汇票是指在一定期限或特定日期付款的汇票。在实际业务中,远期汇票付款日期的规定主要有:

①见票后若干天付款(at...days after sight)(业务中最常见);

②出票后若干天付款(at...days after date);

③提单签发后若干天付款(at...days after date of B/L);

④指定日期付款(fixed date)。

3. **按照承兑人的不同,汇票可分为商业承兑汇票(commercial acceptance draft)和银行承兑汇票(banker's acceptance draft)**

商业承兑汇票是指由工商企业或个人承兑的远期汇票。商业承兑汇票建立在商业信用的基础之上,其出票人也是工商企业或个人。

银行承兑汇票是指由银行承兑的远期商业汇票。银行承兑汇票通常由出口方签发,银行对汇票承兑后即成为该汇票的主债务人,而出票人则成为从债务人,或称次债务人。由于银行承兑汇票建立在银行信用的基础之上,因此便于在金融市场上进行流通。

4. **按照是否附有货运单据,汇票可分为光票(clean draft)和跟单汇票(documentary draft)**

光票又称净票或白票,是指不附带货运单据的汇票。视使用场合不同,光票的出票人既可以是工商企业或个人,也可以是银行。付款人同样既可以是工商企业或个人,也可以是银行。光票的流通全靠出票人、付款人或出让人(背书人)的信用。在国际结算中,除少量用于货款结算外,光票一般仅限于贸易从属费用、货款尾数、佣金等的托收或支付时使用。

跟单汇票又称押汇汇票,是指附有运输单据的汇票。跟单汇票的付款以附交货运单据,如提单、发票、保险单等单据为条件。汇票的付款人要取得货运单据提取货物,必须付清货款或提供一定的担保。跟单汇票体现了贷款与单据对流的原则,为进出口双方提供了一定的安全保证。因此,在国际货款结算中,大多采用跟单汇票作为结算工具。

一份汇票通常同时具备几种属性,例如,一份商业汇票,可以同时又是即期的跟单汇票、远期的银行承兑跟单汇票或远期的商业承兑跟单汇票。

？思考

资料:有一份国外来证,证内有条款如下(畜产出口公司为受益人)

...beneficiaries'draft on A.B.C. Bank in duplicate at sight drawn to the order of Algemene Bank,Nederland.

试问:开出的汇票是即期还是远期? 出票人(drawer)、受票人(drawer)和收款人(payee)是谁?

（三）汇票的使用

汇票的使用即汇票的票据行为因其是即期汇票还是远期汇票而有所不同。即期汇票只需经过出票、提示和付款的程序；而远期汇票除此之外还须经过承兑手续。汇票如需流通转让，通常要经过背书。汇票遭到拒付时，还要涉及做成拒绝证明，依法行使追索权等法律问题。

1. 出票

出票(to draw)是指出票人签发票据并将其交付给收款人的票据行为。出票由三个动作组成：一是由出票人在事先印就格式的票据上将空白的部位填写好；二是出票人在汇票上签字；三是由出票人将汇票交付给收款人。由于出票是设立债权债务的行为，因此，只有经过出票汇票才开始生效。

出票人在签发汇票时，必须逐一写明汇票的各项内容，可视对收款人不同交易的需要，在以下三种方法中选择一种作为汇票的抬头：

（1）限制性抬头。例如，"仅付 A 公司"(pay A Co. only)或"付给 B 公司，不准转让"(pay B Co. not transferable)，这种抬头的汇票不能流通转让，只有指定的公司才有权收取票款。

（2）指示性抬头。例如，"付 C 公司或其指定人"(pay C Co.，or order 或 pay to the order of C Co.)，做成这种抬头的汇票可以经过持票人背书并交付给第三者进行转让。

（3）持票人或来人抬头。例如，"付给来人"(pay bearer)或"付给持票人"(pay holder)，

做成这种抬头的汇票无须由持票人背书，仅凭交付即可转让。按照我国《票据法》必须记载收款人名称的规定，凡签发持票人或来人抬头的汇票无效。在涉外单据中，一般也不使用持票人或来人抬头。《日内瓦统一法》也不允许汇票做成持票人或来人抬头；但《英国票据法》则允许做成持票人或来人抬头，即允许签发不记名汇票。

出票人签发汇票后，即承担保证该汇票必然会被承兑或付款的责任，出票人在汇票得不到承兑或者付款时，应当向持票人清偿被拒绝付款的汇票金额和自到期日或提示付款日起至清偿日止的利息，以及取得拒绝证明和发出通知等的费用。

2. 提示

提示(presentation)是指持票人将汇票提交付款人，要求付款或承兑的行为。付款人看到汇票叫做见票(sight)。提示分为两种：

（1）提示付款(presentation for payment)。提示付款是指汇票的持票人向付款人(或远期汇票的承兑人)出示汇票要求付款人(或承兑人)付款的行为。

（2）提示承兑(presentation for acceptance)。提示承兑是指远期汇票持票人向付款人出示汇票，并要求付款人承诺付款的行为。

3. 承兑

承兑(acceptance)是指汇票付款人承诺在汇票到期日支付汇票金额的票据行为。按照我国《票据法》第 41 条规定，汇票付款人应当自收到承兑提示的汇票之日起 3 日内承兑或者拒绝承兑。又按照《票据法》第 43 条规定："付款人承兑汇票，不能附有条件；承兑附有条件的，视为拒绝承兑。"但按照票据法的一般规定，承兑附有条件的，承兑人仍应按所附条件承担责任。

汇票承兑是指由付款人在汇票正面写上"承兑"(accepted)字样，注明承兑的日期，并由付款人签名，交还持票人的行为。远期汇票一经承兑，付款人即成为承兑人，是汇票的主债务人，而出票人则退居为从债务人。持票人可将汇票在市场上背书使其流通转让。

4. 付款

付款(payment)是指汇票付款人向持票人支付汇票金额以消灭票据关系的行为。即期汇票在付款人见票时即付；远期汇票于到期日在持票人提示付款时由付款人付款。持票人获得付款时，应当在汇票上签收，并将汇票交给付款人作为收据存查。汇票一经付款，汇票上的一

切债权债务即告消灭或结束。

5. 背书

背书(endorsement)作为一种以转让票据权利为目的的票据行为,是票据转让的一种重要方式。背书是指持票人在汇票背面签上自己的名字或再加上受让人的名字,并把汇票转让给受让人的行为。背书后,原持票人成为背书人,担保受让人所持汇票得到承兑和付款,否则,受让人有权向背书人追索清偿债务。与此同时,受让人成为被背书人,取得了汇票的所有权,可再背书再转让,直到付款人付款把汇票收回为止。对于汇票的受让人来说,所有在其以前的背书人(endorser),以及原出票人都是其"前手";而对于汇票的出让人来说,在出让汇票所有权以后的所有受让人都是其"后手"。前手对后手负有担保汇票必然会被承兑或付款的责任。

背书的方式主要有三种:

(1)限制性背书(restrictive endorsement),即不可转让背书,是指背书人对支付给被背书人的指示带有限制性词语的背书。例如,"仅付 xx 公司"(pay to ... Co. only)、"付给 xx 银行,不可转让"(pay to ... bank,not transferable)。凡做成限制性背书的汇票,只能由指定的被背书人凭票取款,而不能再行转让或流通。我国《票据法》第34条明确规定,背书人在汇票上记载了"不得转让"字样后,其后手再背书转让的,原背书人对后手的被背书人不承担保证责任。

(2)空白背书(blank endorsement),又称略式背书或不记名背书,是指背书人只在票据背面签名,不指定被背书人,即不写明受让人的背书。这种汇票可交付任何持票人,和持票人或来人抬头汇票一样,只凭交付就可以转让。

(3)特别背书(special endorsement),又称记名背书,是指背书人除在票据背面签名外,还写明被背书人名称或其指定人的背书。例如,"付给 xx 银行或其指定人"(pay ... bank or order)。这种特别背书,被背书人可以进一步凭背书交付而将汇票进行转让。

由此可见,经空白背书或特别背书的汇票可经过再次背书在市场上继续转让。按我国《票据法》第30条规定,背书必须记载被背书人名称,这就表明我国不允许对票据作不记名背书。限制性背书和特别背书应记载的事项包括被背书人名称、背书日期和被背书人签章。其中背书人签章和被背书人名称是绝对应记载事项,欠缺记载的,按照我国《票据法》规定,背书行为无效。按照外国票据法,一般只需背书人签章,背书即有效。

6. 拒付与追索

拒付(dishonour)是指当汇票在提示时,遭到付款人拒绝付款或拒绝承兑,拒付又称退票。汇票经过转让,如果遭到拒付,最后的持票人有权向所有的"前手"追索,并可一直追索到出票人。持票人为了行使追索权,应及时作出拒付证书(protest)。拒付证书,是由付款地的法定公证人(notary public)或其他依法有权作出这种证书的机构,例如法院、银行等所作出的付款人拒付的文件,是最后持票人凭以向其"前手"进行追索的法律依据。如拒付的汇票已经承兑,出票人也可凭拒付证书向法院起诉,要求承兑汇票的付款人付款。此外,汇票的出票人或背书人为了避免承担追索的责任,可在背书时加注"不受追索"(without recourse)的字样,凡列有这种批注的汇票,在市场上一般很难转让流通。

思考

资料:下面有三种汇票的抬头

1. ... pay to Smith Co. , Ltd. only

2. ... pay to the order of Smith Co. , Ltd.

3. . . . pay to bearer

试问:哪种汇票可以转让？转让时需要什么手续？

二、本票

按照我国《票据法》第73条给本票(promissory note；cashier's cheque)所下的定义："本票是出票人签发的,承诺自己在见票时无条件支付确定的金额给收款人或者持票人的票据。本法所称本票,是指银行本票。"

(一)本票的必备内容

我国《票据法》第76条规定,本票必须记载：①表明"本票"的字样；②无条件支付承诺；③确定的金额；④收款人名称；⑤出票日期；⑥出票人签章。本票上未记载任何规定事项之一的,本票即为无效。《票据法》又规定,本票上未记载付款地的,出票人的营业场所为付款地；未记载出票地的,出票人的营业场所为出票地。

本票的必备内容从国内银行本票样例中可体现出来,参见图 6-3。

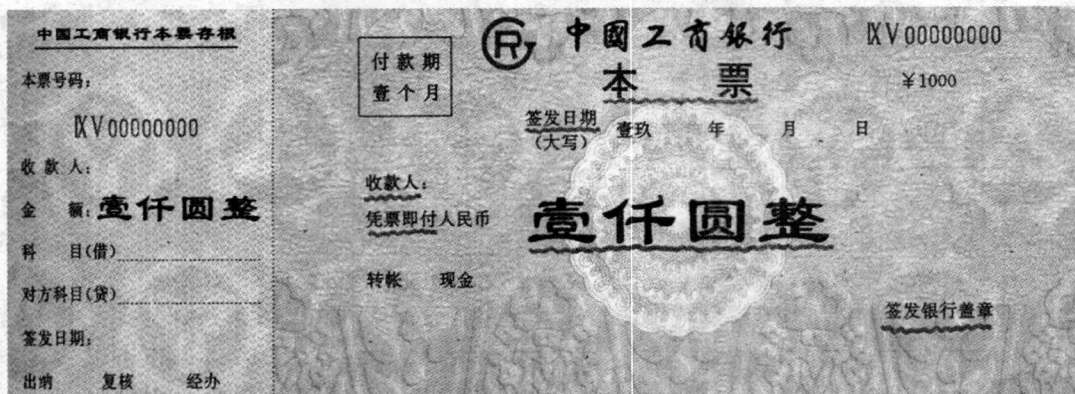

图 6-3 国内银行本票样例

(二)本票的种类

按照《日内瓦统一法》与《英国票据法》,本票可按出票人(maker)的不同,分为一般本票和银行本票两种。一般本票(general promissory note)的出票人是工商企业或个人,因此又称商业本票；银行本票(banker's promissory note；cashier's order)的出票人是银行,参见图 6-4。一般本票又可按付款时间分为即期和远期两种：即期本票就是见票即付的本票,而远期本票则是承诺于未来某一规定的或可以确定的日期支付票据的本票。银行本票则都是即期本票。按照我国《票据法》第79条规定,我国只允许开立自出票日起,付款期限不超过 2 个月的银行本票。

```
        ASIA:INTERNATIONAL BANK,LTD.
        18 QUEEN's Road, Hongkong
        CASHIER'S ORDER
                  Hongkong,Aug,8,2001
Pay to the order of Dockfield & Co. ......................
the sum of Hongkong Dollars Eighty Thousand and
Eight Hundred Only. ......................
        For Asia International Bank,Ltd.
        HK $80,800.00
                        Manager
```

图 6-4　国际银行本票样例

（三）本票与汇票的区别

本票与汇票在基本内容上有许多相同之处,票据法关于汇票的背书、到期日、付款、追索等票据行为的规定同样适用于本票。尽管如此,本票和汇票仍是两种不同性质的票据,主要有以下不同:

（1）本票是出票人的无条件支付承诺,是承诺式票据;汇票是出票人要求受票人无条件付款的支付命令,是命令式或委托式票据。

（2）本票有两个基本当事人,即出票人和收款人;汇票有三个基本当事人,即出票人、受票人和收款人。

（3）本票的出票人就是付款人,远期本票不需要承兑;远期汇票必须承兑。

（4）本票的出票人是主债务人;汇票在承兑前,出票人是主债务人,承兑后,承兑人是主债务人。

（5）本票只能一式一份,不能多开;汇票可以开成一式多份(银行汇票除外)。

三、支票

按照我国《票据法》第 82 条对支票(cheque;check)所下的定义:"支票是出票人签发,委托办理支票存款业务的银行或者其他金融机构在见票时无条件支付确定的金额给收款人或者持票人的票据。"

（一）支票的内容

根据我国《票据法》第 85 条规定,支票必须记载下列事项:①表示"支票"的字样;②无条件支付的委托;③确定的金额;④付款人名称;⑤出票日期;⑥出票人的签章。未记载上述任何规定事项之一的,支票即为无效,参见图 6-5。

按照我国《票据法》规定,支票上的金额可以由出票人授权补记;支票上未记载收款人名称的,经出票人授权可以补记;支票上未记载付款地的,付款人的营业场所为付款地;支票上未记载出票地的,出票人的营业场所、住所或者经常居住地为出票地。《票据法》又规定,出票人可以在支票上记载自己为收款人。

使用支票一般要注意三点:一是支票金额不得超过其存款金额,如果超出,即为空头支票,这是法律所不允许的。二是注意支票到手并不意味着货款到手,有时也会出现此类突发事件。例如,客户触犯法律,被当局冻结了银行账户,支票被付款银行拒付退回;再如,买方希望止付

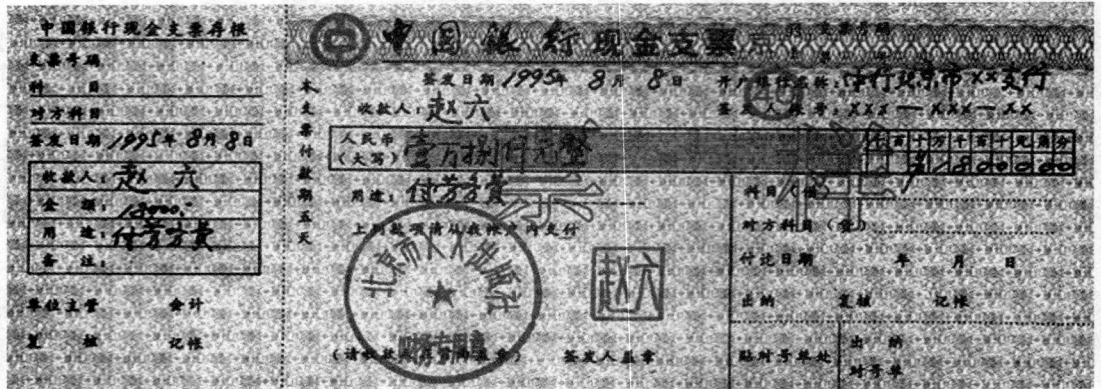

图 6-5 现金支票样例

支票项下的货款，向出票银行称支票丢失，银行也会停止付款。三是支票付款即使到账也不能算作资金收妥，因为支票付款后一般都有 7~10 天的退单期，在此期间，出票人提出退回支票所付货款的要求均属有效。

（二）支票的种类

支票都是即期的。我国《票据法》第 91 条明确规定："支票限于见票即付，不得另行记载付款日期。另行记载付款日期的，该记载无效。"有些支票虽有时被称为期票，但仍然不是远期的，只是填迟日期，那个日期实际上应被视为出票日期，对那个日期来说，支票仍是见票即付的即期支票。"期票"一词可以理解为远期本票或远期汇票，也可以说是填迟出票日期的支票。

根据我国《票据法》，支票可分为：普通支票、现金支票和转账支票三种。《票据法》第 84 条规定，支票可以支取现金，也可以转账，用于转账时，应当在支票正面注明"普通支票"。该条又规定，需要支票专门用于支取现金，可以另行制作现金支票，现金支票只能用于支取现金。"需要支票专门用于转账，可以另行制作转账支票，转账支票只能用于转账，不得支取现金，参见图 6-6。

图 6-6 转账支票样例

在国际上，支票一般既可用于支取现金，也可用于银行转账，由持票人或收款人自主选择收款方式。但支票一经划线就只能用于银行转账，而不能直接支取现金。因此就有所谓划线支票（crossed cheques）和未划线支票（uncrossed cheques）之分。未划线支票也可称为一般支票，参见图 6-7；划线支票通常都在其左上角划上两道平行线。视需要，支票既可由出票人划线，也可由收款人或代收银行划线。

收款人如果收到未划线支票后，可通过自己的往来银行向付款银行收款，存入自己的账户，也可以径自到付款银行提取现款。收款人如果收到划线支票，或收到未划线支票自己加上划线后，收款人只能通过往来银行代为收款入账。

按照国际惯例，支票可由付款银行加"保付"（certified to pay）字样并签字而成为保付支票。付款银行保付后应立即付款，支票一经银行保付，出票人及其"前手"背书人即被解除责任。支票经保付后身价提高，并有利于流通。

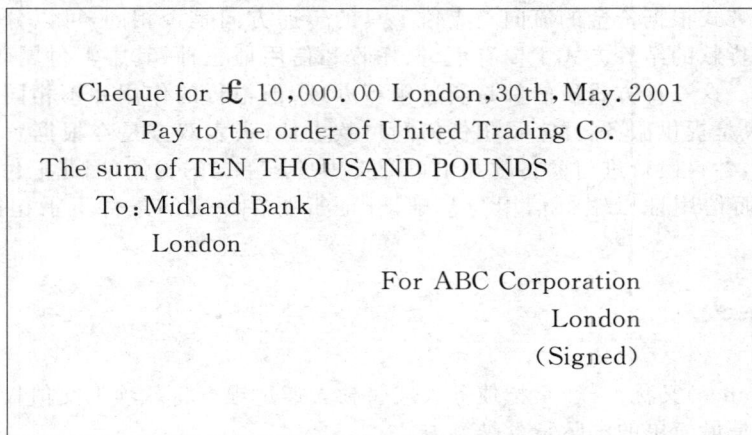

```
Cheque for £ 10,000.00 London,30th,May,2001
      Pay to the order of United Trading Co.
The sum of TEN THOUSAND POUNDS
      To：Midland Bank
          London
                              For ABC Corporation
                                      London
                                    (Signed)
```

图 6-7 国际一般支票样例

（三）支票与汇票、本票的区别

支票与汇票、本票虽均具有票据的一般特性，支票的票据行为除票据法特定的以外，均适用汇票的规定，但也存在明显差别，主要表现在以下几个方面：

（1）当事人。汇票和支票均有三个基本当事人，即出票人、付款人和收款人；而本票的基本当事人只有两个，即出票人和收款人，本票的付款人即出票人自己。

（2）证券的性质。汇票与支票均是委托他人付款的票据，故属委托支付票据；而本票是由出票人自己付款的票据，故属自付票据或承诺票据。

（3）到期日。支票均为见票即付；而汇票和本票除见票即付外，还可作出不同到期日的记载，如定日付款、出票后定期付款和见票后定期付款。在国际货款结算中使用的跟单汇票，还有做或运输单据出单日期后定期付款的形式。

（4）承兑。远期汇票需要付款人履行承兑手续；本票由于出票时出票人就负有担保付款的本票责任，因此无需提示承兑，但见票后定期付款的本票必须经出票人见票才能确定到期日，因此又有提示见票即"签见"的必要；支票均为即期，故也无需承兑。

（5）出票人与付款人的关系。汇票的出票人对付款人没有法律上的约束，付款人是否愿意承兑或付款，是付款人自己的独立行为，但一经承兑，承兑人就应承担到期付款的绝对责任；本票的付款人即出票人自己，一经出票，出票人即应承担付款责任；支票的付款人只有在出票人在付款人有足以支付支票金额存款的条件下才负有付款义务。

？思考

资料：甲交给乙一张经付款银行承兑的期票，作为向乙订货的预付款，乙在票据上背书后转让给丙以偿还原欠丙的借款，丙于到期日向承兑银行提示取款，恰遇当地法院公告该行于当日起进行破产清理，因而被退票。丙随即向甲追索，甲以乙所交货物质次为由予以拒绝，并称已于10天通知银行止付,止付通知及止付理由也已同时通知乙。在此情况下丙再向乙追索。乙以票据系甲开立为由推诿不理。丙遂向法院起诉,被告为甲、乙与银行三方。

试问:法院将如何依法判决?理由何在?

子项目二 汇付

货款的支付方式根据资金的流向与支付工具的传递方向是否相同,可以分为顺汇和逆汇两种方法。国际货款的结算方式主要有汇付、托收和信用证三种,其中汇付属顺汇法,托收与信用证属逆汇法。这三种方式虽然都是通过银行办理,但银行的作用并不相同。在汇付和托收方式下,银行只是提供服务,并未承担任何的付款责任,买卖双方是在根据贸易合同相互提供信用的前提下,各自履行进口商付款和出口商提供货运单据的责任,因此汇付和托收是以商业信用为基础;而信用证以银行信用为基础,开证行要在一定的条件下承担第一性的付款责任。

一、汇付的含义

汇付(remittance)又称汇款,是指债务人或付款人通过银行将款项汇交债权人或收款人的结算方式。汇付是最简单的国际货款结算方式。

二、汇付的当事人

在汇付业务中,通常涉及四方当事人。

(1)汇款人(remitter)是指汇出款项的人。在进出口贸易中,汇款人通常是进口方。

(2)收款人(payee;beneficiary)是指接受汇款的人。在进出口贸易中,收款人通常是出口方。

(3)汇出行(remitting bank)是指接受汇款人的委托,汇出款项的银行。在进出口贸易中,汇出行通常是进口地的银行。

(4)汇入行(paying Bank),又称解付行,是指接受汇出行的委托,解付款项的银行。在进出口贸易中,汇入行通常是出口地银行。

在上述当事人中,汇款人和收款人也可以是同一人,即汇款人将款项汇出后,可以自己到异地取款。

三、汇付方式的种类

汇付按照汇出方式的不同分为信汇、电汇和票汇三种。

1. 电汇

电汇(telegraphic transfer,T/T)是指汇出行应汇款人的申请,采用电报、电传、环球银行间金融电信协会(Society for Worldside Interbank Financial Telecommunication,简称 SWIFT)等电讯手段发出付款委托通知书给收款人所在地的汇入行,委托其将款项解付给指定的收款人。

汇出行在发电后,为防止传递电文有误,通常还应立即以航空信件向汇入行寄发"电汇证实书"(T/T confimlation),以供汇入行查对。

汇入行在收到付款委托通知书并经核对密押无误后,即通知收款人凭适当身份证明文件取款,收款人收取款项后出具收据作为收妥汇款的凭证。汇入行解付款项后,除向汇出行收回垫款或邮寄付讫借记通知(debit advice)进行转账外,应将收据寄交汇出行,以便在必要时交给汇款人,作为汇款已经交付清楚的凭证。

电汇的优点是交款迅速,但其缺点是费用绞高。

2. 信汇

信汇(mail transfer,M/T)与电汇类似,只是汇出行不是使用电讯手段,而是以信汇委托书(M/T advice)或支付通知书(payment order)作为结算工具,通过邮政航空信件方式寄发给汇入行。汇入行在收到汇出行邮寄来的委托书或通知书后首先要核对汇出行的签字或印鉴,经证实无误后才能付款给收款人。信汇以借记通知寄给汇出行转账。

信汇的优点是费用较为低廉,但缺点是收款人收到款项的时间较晚。

电汇和信汇的业务程序见图6-8。

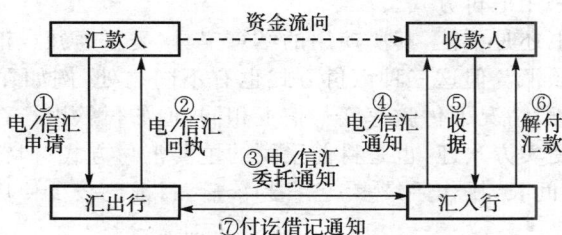

图6-8 电/信汇业务程序图

3. 票汇

票汇(remittance by banker's demand draft,D/D)是以银行即期汇票作为结算工具的一种汇付方式。票汇一般是指汇出行应汇款人的申请,开立以汇出行的海外分行或代理行为付款人的银行即期汇票,交由汇款人自行寄交给收款人,收款人凭票向付款行取款的一种汇付方式。票汇业务流程见图6-9。

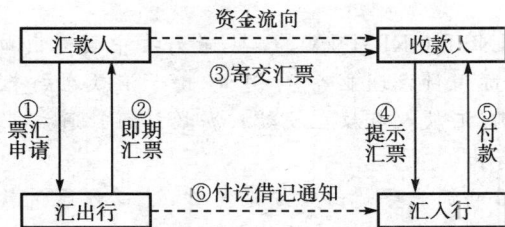

图6-9 票汇业务程序图

？思考

资料:我国某公司卖方与外国某公司买方签订出口合同,出口合同规定的支付条款为买方在装运月前15天电汇付款,结果买方延至装运月中始从邮局寄来银行汇票一张,为保证按期交货,卖方于收到该汇票次日即将货物托运,同时委托银行代收票款。一个月后,卖方接银行通知,因该汇票系伪造,已被退票。此时,货物已抵达目的港,并己被买方凭卖方自行寄去的单据提走。卖方事后追偿,但买方早已人去楼空。

试问:对此损失,我国公司的主要教训是什么?

四、汇付的使用

在国际贸易结算中,无论是电汇、信汇还是票汇,银行都不经手货运单据,而由出口方自行寄交进口方,这种支付方式被称为单纯支付。由于使用汇付方式完全取决于买卖双方中的一方对另一方的信任,并在此基础上进行交易和支付,因此汇付方式建立在商业信用基础之上,风险较大。汇付方式在我国的外贸实践中,除被本企业的联号或分支机构和比较可靠的客户用于预付货款(payment in advance)、寄售方式(consignment)以及货到付款(cash on delivery,C. O. D.)、随订单付现(cash with order,C. W. O.),统称赊账交易(open account trade,O/A)外,主要用于定金、货款尾数,以及佣金、费用等的支付。大宗交易使用分期付款或延期付款办法时,其货款支付也常采用汇付方式。

无论采用电汇、信汇还是票汇,其所使用的结算工具(委托通知或汇票)的传送方向与资金的流运方向相同,均属顺汇。但这三种汇付方式也有不同之处,例如在付款速度上,以电汇最快,信汇次之;票汇在一般情况下付款速度与信汇相同,但如付款银行在非收款人所在国,则速度最慢。因此,电汇最受卖方欢迎,也是目前采用的主要汇付方式;但银行收取的费用也最高。而信汇由于资金在途时间长,操作手续多,已日趋落后,目前已较少使用。

小贴士

电汇支付应该注意的问题

因为电汇是商业信用,风险大,出口方要正确选择电汇支付方式。电汇分为:

前电汇:T/T BEFORE SHIPMENT,又分:T/T BEFORE PRODUCTION 和 T/T AFTER PRODUCTION

后电汇:T/T AFTER SHIPMENT,又分:T/T AGAINST FAX B/L 和 T/T AGAINST ORIGINAL B/L

如果选择 T/T AGAINST ORIGINAL B/L,最好去中国进出口信用保险公司投保"出口信用险"或去银行办理"国际保付代理业务"。另外,由于汇款在尚未被收款人支取前是可以被撤销的,按一般的银行惯例,汇款人有权在收款人支款前随时通知银行将汇款退回,因此,货款未收妥前,提单不要轻易寄出。

提单抬头人的做法:后电汇业务是出口方先发货,进口方后付款,由于货物装运后收款尚无绝对把握,为了掌握货物的所有权,提单的收货人应做成发货人指示或空白指示抬头,由发货人(出口方)背书;而不要做成进口人指示或记名式抬头,以防万一遭到拒付,货权已经转移,处于被动地位。

严格按照合同的要求缮制出口单据,单据的名称、份数和内容必须与合同一致。出口方收款后,委托快递公司,将单据直接寄给进口方。

子项目三 托收

一、托收的含义

托收(collection)是指债权人(一般为出口方)开具汇票或者连同货运单据,委托托收行通过它在进口地的代收行向债务人(一般为进口方)收取货款的一种支付方式。

二、托收的当事人

托收方式涉及的主要当事人有四个,即委托人、托收行、代收行和付款人。

(1)委托人(principal),即委托银行办理托收的一方,通常是指开立汇票委托银行向国外进口方收取货款的出口方。

(2)托收行(remitting bank),即接受委托人的代理人,是接受委托人的委托转托国外银行向国外付款人代为收款的银行,通常是出口地银行。

(3)代收行(collecting bank),即接受托收行的委托向付款人收取货款的银行,通常是进口地银行,并且多数是托收行在进口地的分行或代理行。

(4)付款人(drawee),即根据托收指示被提示单据并被要求付款或承兑汇票的人,是债务人和汇票的受票人,通常是进口方。

委托人与托收行的关系以及托收行与代收行的关系都是委托代理关系。委托人与托收行的委托代理关系以委托人提交的托收申请书确定,托收行与代收行之间通常订有代理合同并按托收委托书确定双方的委托代理关系,付款人和代收行之间不存在任何契约关系。如果付款人拒付,代收行除将拒付情况通知托收行并由托收行通知委托人外,并不承担付款责任。

三、托收的种类及收付程序

在托收业务中,银行处理的单据有两类:一类是资金单据,包括汇票、本票、支票等用于取得付款的凭证;另一类是商业单据,包括发票、运输单据、保险单据等。

托收方式按照是否随附单据分为光票托收和跟单托收两种。

1. 光票托收

光票托收(clean collection)是指不附带商业单据的资金单据的托收。光票托收主要用于货款尾数、小额货款及其他费用的收取。

2. 跟单托收

跟单托收(documentary collection)是指附有包括货运单据在内的商业单据的托收。跟单托收可以是带有资金单据(汇票)的跟单托收,也可以是不带有资金单据的跟单托收。跟单托收的汇票,可以是即期汇票,也可以是远期汇票。

在国际贸易支付中采用的托收方式通常都是跟单托收,其中的货运单据代表了货物的所有权,交单即等于交货,因此,对于交单的规定要符合合同的要求。

根据代收行向进口方交付货运单据的条件不同,跟单托收的交单方式可分为付款交单和承兑交单两种。

(1)付款交单(documents against payment,D/P),是指在代收行提示跟单汇票后,只有在

进口方付清货款时,才能将货运单据交给进口方的一种交单方式。按付款时间的不同,付款交单又可分为:

①即期付款交单(D/P at sight),是指出口方发货后开具即期汇票,连同货运单据通过银行向进口方提示,进口方见票即付,在付清货款后领取货运单据。

②远期付款交单(D/P after sight),是指出口方发货后开具远期汇票,连同货运单据通过银行向进口方提示,进口方先在汇票上承兑,然后于汇票到期日付清货款后再领取货运单据。

在远期付款交单的情况下,当到货日期早于付款日期时,如要提前取得货运单据以便及时转售或使用,进口方可采取以下作法:一是在付款到期日之前付款赎单;二是开立信托收据交给代收行,凭以借出货运单据先行提货。所谓信托收据(trust receipt,T/R),是指进口方借单时提供的一种书面信用担保文件,用来表示愿意以代收行的受托人的身份代为提货、报关、存仓和销售,并承认货物的所有权仍属银行,保证取得的货款应于汇票到期日交付代收行。

远期付款交单方式下的凭信托收据借单提货实质上是委托人或代收行对进口方提供的一种资金融通方式,这种方式只有在对进口方的资信、偿款能力等十分了解并确信能如期收回款项时才能使用。如果是代收行自行向进口方提供信用便利,风险由代收行承担,与出口方和托收行无关。如果是出口方提出或同意可以凭信托收据借单提货,并在托收委托书上写明"付款交单,凭信托收据借单提货"(D/P at ... days after sight to issue trust receipt in exchange for documents,简称 D/P·T/R)字样,代收行以此指示办理托收业务而产生的风险应由出口方承担,这种做法的性质与承兑交单差不多。所不同的是,只是由于代收行握有进口方出具给代收行的信托收据,在事先得到代收行同意的条件下,出口方可以委托代收行作为当事人的一方,径直向进口方追偿,或向法院起诉;而在承兑交单情况下,如进口方不付款,则只能由出口方自己向进口方追偿。

(2)承兑交单(documents against acceptance,D/A),是指进口方在远期汇票上承兑后,即可向银行领取货运单据,然后于汇票到期日再行付款。由于承兑交单是进口方只要在汇票上承兑之后,即可取得货运单据,凭以提取货物。也就是说,出口方已交出了物权凭征,其收款的保障依赖进口方的信用,一旦进口方到期不付款,出口方便会遭到货物与货款全部落空的损失。因此,出口方对这种方式,一般采用很慎重的态度。

？思考

根据下列表格中的内容,按照不同的跟单托收条件分别填写承兑日、付款日和交单日。

托收方式	提示日或首次提示日	承兑日	付款日	交单日
D/P at sight	4月8日			
D/P at 30days after sight	4月8日			
D/A at 45days after sight	4月8日			

四、跟单托收的一般业务程序

由于使用的结算工具(托收指示书和汇票)的传送方向与资金的流动方向相反,因此,托收方式属于逆汇(reverse remittance)。

跟单托收业务流程见图6-10,各环节的具体内容分述如下:

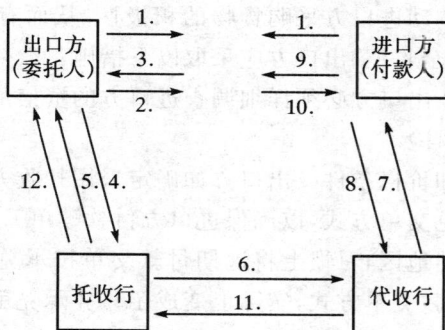

图6-10 跟单托收业务流程图

(1)出口方和进口方签订合同,合同约定采用托收方式结汇。

(2)出口方按照合同规定,租船订舱,装船发运货物。

(3)货物装运后,船公司签发提单。

(4)出口方取得运输单据后,即连同汇票及发票等商业单据,填写托收申请书一并送交托收行,委托代收货款。

(5)托收行收下单据后,返回回执给出口方。

(6)托收行根据出口方的指示,向代收行发出托收委托书连同汇票、单据寄交代收行,要求按照申请书的指示代收货款。

(7)代收行收到汇票和单据后,应及时向进口方作付款或承兑提示。如为即期汇票,进口方应立即付清货款,取得货运单据;如为远期汇票,进口方应立即承兑汇票。倘属付款交单方式,代收行保留汇票及单据,待汇票到期再通知进口方付款赎单;倘属承兑交单方式,则进口方在承兑汇票后即可从代收行取得全套单据。

(8)进口方付款后,取得货运单据。

(9)进口方向船公司出示货运单据(提单等)。

(10)船公司交货给进口方。

(11)代收行发收讫贷记通知书给托收行,即转账给托收行,并通知托收行款已收妥。

(12)托收行收到货款应立即转交出口方。

五、托收的使用

在托收方式中,出口方在发运货物后,在一定程度上失去了货物和资金两方面的主动权,因此托收方式对出口方风险较大。在货物发运后,如进口方倒闭或无力付款,或有意拒不付款赎单,出口方就有可能无法收回货款。出口方在货物抵达目的地时还会产生因货物存仓、转售或不得已运回出口地的费用和损失。在承兑交单或远期付款凭信托收据借单提货方式下,出口方的风险更大,因为进口方只要办理了承兑或提交了信托收据,即可取得单据并提取货物,进口方一旦到期不付款,出口方就会钱货两空。

由于托收方式费用低廉,进口方可免去开立信用证的手续,不必交付银行押金,减少了资金支出。如果采用远期托收,还可以避免占用自有资金,有利于资金周转。总体来说,托收方式对进口方比较有利。实际上,在出口业务中采用托收,是出口方对进口方提供融资,以此作为竞争的一种手段,有利于调动进口方采购货物的积极性,从而有利于促进成交和扩大出口。同时,为了防范风险,确保安全收汇,出口方应采取以下措施:

(1)做好售前调查工作。出口方必须详细调查进口方的资信情况、进口国的贸易和外汇管制法令等,并注意避免市场风险。

(2)正确把握交单方式和价格条件。出口方如确定采用托收方式,应尽量争取采用即期付款交单方式,而避免使用承兑交单方式,以确保进口方付款赎单。

世界上有些地区,如拉美地区,习惯上将远期付款交单按承兑交单方式处理,使原来的只有进口方付款后才交单的付款交单方式,实际上变成了只凭承兑就交出货运单据的方式,使出口方面临着钱货两空的风险。出口方如不得已采用了远期付款交单,应采取措施避免出现上述问题。

(3)出口方如果使用 D/P 方式,争取以 CIF(或 CIP)条件成交,由出口方办理保险;如以FOB(或 FCA)、CFR(或 CPT)条件成交,出口方应加保"卖方利益险"(contingency insurance clause covers seller's interest only),以求当货物在运输途中受损而买方又不支付货款时,由保险公司承担赔偿责任。

(4)出口方可以把托收方式与银行保函、信用证等方式结合起来,以降低风险。为了增加收取货款的保障,出口方可以要求进口方申请开立出口方认可的银行保函,一旦进口方在规定的时间内拒绝赎单或承兑取单提货后拒不付款,出口方有权向开立保函的银行索赔。

(5)出口方如果采用托收方式成交,提单不应以进口方为收货人,而最好采用"空白抬头,空白背书"(made out to order and blank endorsed)的提单,为维护出口方利益,在取得代收行同意的条件下,也可以以代收行作为提单抬头人。

(6)在托收业务中,各方当事人的关系,以及权利义务的划分,应遵照《托收统一规则》国际商会第 522 号出版物(Uniform Rules for Collections, ICC Publication No. 522)。

❓思考

资料:我国某外贸企业向日本某公司出售商品发盘,其中付款条件为即期付款交单(D/P at sight),对方答复可以接受,但付款须按以下条件:"付款交单见票后 90 天"(D/P at 90 days after sight)并通过其指定的 A 银行代收。按一般情况,货物从我国运至日本最长不超过 5 天。

试问:日本公司为何要提此项条件?

子项目四　信用证

一、信用证的含义

信用证(letter of credit, L/C)是指开证行应申请人的要求并按其指示,向第三者开具的载有一定金额,在一定期限内凭符合规定的单据付款的书面保证文件。信用证实质上是银行代表其客户(买方)向卖方有条件地承担付款责任的凭证。

二、信用证的当事人

信用证一般有三个基本当事人：申请开证人、开证行、受益人，在使用过程中，又产生了通知行、议付行、付款行、保兑行和偿付行等其他当事人。

（1）开证申请人（applicant），又称开证人（opener），是指向银行申请开立信用证的人，通常是进口方。开证申请人要在规定的时间内开证，交付开证押金并及时付款赎单。

（2）开证行（opening bank，issuing bank），是指应开证申请人的要求，开立信用证并承担付款责任的银行，通常是进口地银行。开证行有权收取开证手续费，正确及时开证，负第一性付款责任，一般无追索权。

（3）受益人（beneficiary），是指接受信用证并享有信用证下合法权利的人，通常是出口方或实际供货人。受益人拥有按时交货、提交符合信用证要求的单据、索取货款的权利和义务。

（4）通知行（advising bank，notifying bank），是指受开证行的委托将信用证转交或通知出口方的银行，通常是出口地的银行。通知行通常是开证行的代理行。卖方通常指定自己的开户行作为通知行。通知行应合理审慎地鉴别信用证的表面真实性，如果无法鉴别又想通知受益人，则应告诉受益人其未能鉴别该证的表面真实性。

（5）议付行（negotiation bank），是指自己垫付资金买入或贴现受益人开立和提交的符合信用证规定的跟单汇票的银行。议付行可以是信用证上指定的银行，也可以是非指定的银行。如遭拒付，议付行有权向受益人追索垫款。

（6）付款行（paying bank，drwaee bank），是指开证行授权进行信用证项下付款或承兑并支付受益人出具的汇票的银行。付款行可以是开证行自己，也可以是接受开证行委托的另一家银行。

（7）保兑行（confirming bank），是指应开证行的请求在信用证上加具保兑的银行，其具有与开证行相同的责任。保兑行对受益人独立负责，在付款或议付后，不论开证行发生什么变化，都不能向受益人追索，业务通常由通知行兼任，也可以由其他银行加具保兑。

（8）偿付行（reimbursing bank），是指接受开证行在信用证中委托，代开证行偿还垫款的第三国银行，即开证行指定的对议付行进行偿还的代理人（reimbursing agent）。偿付行产生的原因是：进出口双方在信用证中规定的支付货币，既不是进口国的货币，也不是出口国的货币，而是第三国的货币，而开证行拥有的第三国货币资金调度或集中在第三国银行，要求该银行代为偿付信用证规定的款项，偿付行通常是开证行的存款银行或约定垫款的银行。

三、信用证的收付程序

信用证收付程序随信用证类型不同而有所差异，但就其基本流程而言，大体要经过申请、开证、通知、议付、索偿、偿付、赎单等环节。由于在以信用证方式结算的情况下，结算工具（汇票、单据、索偿证明等）与资金流向相反，因此信用证也属逆汇。现以最为常见的即期不可撤销跟单议付信用证为例，图6－11简要说明了其收付程序，以及各环节的具体内容。

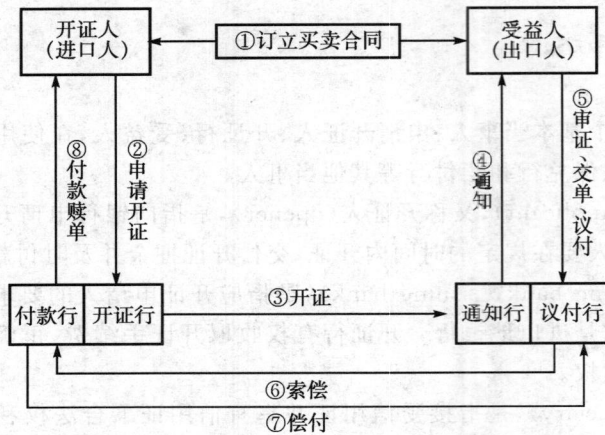

图 6 - 11　即期不可撤销跟单议付信用证收付程序示意图

1．订立买卖合同（conclusion of contract）

进出口双方先就国际货物买卖的交易条件进行磋商，达成交易后订立国际货物买卖合同，明确规定进口方以信用证方式支付货款，其中一般还应规定开证银行的资信地位、信用证的类型、金额、到期日、信用证开立并送达出口方的日期等。

2．申请开证（application for credit）

进口方在与出口方签订贸易合同后，应根据合同条款向银行申请开立信用证。申请开证时，进口方应填写开证申请书，内容包括两部分：第一部分是填写要求开立信用证的基本内容，作为开证行开证的主要依据。第二部分是填写开证人对开证行的声明或保证，以明确自己应承担的责任，其基本内容是承认在其付清货款前，开证行对单据及其所代表的货物拥有所有权，若到期不付款，开证行有权没收一切抵押物，作应付款项的一部分。

开证申请人申请开证时，开证行可根据开证人的资信状况，要求提供一定的担保品或一定比例的押金（margin），并收取手续费。

3．开立信用证（issuance of credit）

开证行开立信用证时，必须严格按照开证申请书的要求，否则，开证行的权益不能得到可靠保障。

开立信用证的方法有信开（open by airmail）、全电开（open by telecommunication）和简电开（open by brief cable）三种。信开是指开证行将信函形式的信用证通过航邮寄送给出口方或通知行。全电开是指开证行通过 SWIFT 系统（环球银行金融电讯协会）或电报电传等电讯方式将信用证内容传至通知行。简电开是指通过电报或电传预先通告通知行信用证的主要内容，并附有"详情后告"等词语。信开信用证和全电开信用证都是有效的信用证，简电开信用证必须补寄该证的全文方为有效信用证。

4．通知（advice of credit）

通知行收到开证行开来信用证时，经核对密押和印鉴相符，确认其表面真实性后，应及时将信用证通知受益人。按照《跟单信用证统一惯例》（UCP500）第 7 条规定，信用证可经由另一银行（通知行）通知受益人，而该通知行无需承担责任，但如该行愿意通知，则应合理审慎地鉴别通知信用证的表面真实性。

5．审证、交单、议付（verification，presentation，negotiation of credit）

受益人收到信用证后，应仔细审核。如发现其内容有与合同条款不符或不能接受之处，应及时要求开证人通过开证行对信用证进行修改或拒绝接受信用证。如接受信用证,应立即备货,并在信用证规定的装运期限内,按照信用证规定的条件装运发货。然后,缮制并取得信用证所规定的全部单据,开立汇票,连同信用证正本和修改通知书,在规定的期限内送交信用证规定的议付行或付款行、保兑信用证的保兑行,或任何愿意议付该信用证下单据的银行。

议付行对出口方提交的单据进行仔细的审核后,确认单证相符、单单相符后,即可进行议付。议付(negotiation)是指议付行以自有资金按照汇票金额扣除各项费用和利息后,垫付款项给受益人,并获得受益人提交的汇票及单据所有权的行为。议付表面上是银行的购票行为,实际上是银行为受益人融通资金的一种方式。银行议付单据后,有权向开证行或其指定的付款行索偿,如遭拒付,可向受益人追索议付款项。

小贴士

议付行一定要提前买单吗?

出口方在货物装运后,应按合同或信用证要求,正确缮制各种单证,并在信用证规定的有效时间内送交银行议付和结汇。

但这并不意味着,议付行一定会提前买单,不要忘记信用证只有申请开证人、受益人和开证行三个基本当事人,通知行、议付行等都只是接受开证行的指示予以提供帮助的银行,并不是基本当事人。故议付行并不一定要提前买单,即不一定做出口押汇。

在实际外贸业务中,我国信用证下交单结汇的方式主要有收妥结汇、押汇和定期结汇三种。

收妥结汇又称付款,是指议付行收到外贸公司的出口单据后,经审查无误,将单据寄交国外付款行索取货款,待收到付款行将货款拨入议付行的贷记通知书(credit note)时,即按当日外汇牌价折成人民币拨给外贸公司的行为。

押汇,又称买单结汇,是指议付行在审单无误的情况下,按信用证条款买入受益人(外贸公司)的汇票和单据,从票面金额中扣除从议付日到估计收到票款之日的利息,将余款按议付日外汇牌价折成人民币,拨给外贸公司的行为。议付行向受益人垫付资金、买入跟单汇票后,即成为汇票持有人,可凭票向付款行索取票款。银行做出口押汇,是为了对外贸公司提供资金融通,有利于外贸公司的资金周转。

定期结汇,是指议付行根据向国外付款行索偿所需时间,预先确定一个固定的结汇期限,到期后主动将票款金额折成人民币拨交外贸公司的行为。

6. **索偿**(reimbursement claim)

索偿是指议付行办理议付后,根据信用证规定,凭单向开证行或其指定的银行(付款行或偿付行)请求偿付的行为。

凡信用证规定有电汇索偿条款的,议付行就需以电报、电传或 SWIFT 网络传递的方式向开证行、付款行或偿付行进行索偿。

7. **偿付**(reimbursement)

在信用证业务中,偿付是指开证行或被指定的付款行或偿付行向议付行进行付款的行为。

开证行或指定的付款行收到议付行寄来的汇票和单据后,经核验认为其与信用证规定相符,应即将票款偿付议付行。如发现单据与信用证规定不符,可以拒付,但应在不迟于收到单据的次日起 7 个营业日内通知议付行表示拒绝接受单据。

8. **赎单提货**(take delivery of goods against documents retired)

开证行接受单据后,应立即通知进口方付款赎单。进口方核验单据无误后,将全部票款

（或部分票款以押金抵补）及有关费用付给开证行，即可取得所有单据并提货。此时，开证行和进口方之间由于开立信用证而形成的契约关系就此终止。进口方付款赎单后，如发现任何有关货物的问题，不能向银行提出赔偿要求，应按具体情况向出口方、保险公司或运输部门索赔。

四、信用证的内容

（一）信用证的关系人（parties to a L/C）

1. 开证人（the applicant for the credit）

开证人是指向进口地银行申请开证的进口方。信用证中有关开证人常见的词或词组有：

applicant /principal /accountee /opener /	开证人
at the request of...	应……的请求
by order of...	按……的指示
for account of...	由……付款
at the request of and for…	应……的请求

2. 受益人

在国际贸易中，受益人一般情况下就是出口商。信用证中有关受益人常见的词或词组有：

beneficiary	受益人
in favor of	以……为受益人
in your favor	以你方为受益人
transferor	转让人（可转让信用证的第一受益人）
transferee	受让人（可转让信用证的第二受益人）

3. 开证行

信用证中有关开证行常见的词或词组有：opening bank/ issuing bank/ establishing bank

4. 通知行

信用证中有关通知行常见的词或词组有：advising bank/notifying bank/advised through

5. 议付行

信用证中有关议付行常见的词或词组有：negotiation bank/honoring bank

6. 付款行

信用证中有关付款行常见的词或词组有：paying bank/drawee bank

（二）信用证议付有效期和到期地点（validity and place of expiry）

常见条款有：

1. 直接写明到期日和到期地点名称

Expiry date：March. l5, 2009 in the country (China) of the beneficiary for negotiation.

有效期：2009年3月15日前，在受益人国家（中国）议付有效。

This credit remains valid/force/good in China until March 15,2009 (inclusive).

本信用证在中国限至2009年3月15日前有效（最后一天包括在内）。

2. 以"交单日期"、"汇票日期"等表达的信用证有效期限

This credit shall cease to be available for negotiation of beneficiary's drafts after MAR. 15th,2009.

本信用证受益人的汇票在2009年3月15日前议付有效。

Bill of exchange must be negotiated within 15 days from the date of Bill of Lading but not later than March 15,2009.

票据自提单日期起 15 天内议付,但不得迟于 2009 年 3 月 15 日。

(三)金额、币制(amount and currency)

金额条款是信用证的核心内容,其表达方式有:

Amount: USDXX　　　金额:XX 美元

For an amount /a sum not exceeding total of USDXX　总金额不超过 XX 美元

(四)汇票条款(clause on draft or bill of exchange)

常见的汇票条款有:

①All draft(s) drawn under this credit must contain the clause "Drawn under Bank of China, Singapore credit No. 6111 dated August 15, 2009."

所有凭本信用证开具的汇票,均须包括本条款:(本汇票书)凭中国银行新加坡分行 2009 年 8 月 15 日所开第 6111 号信用证开具。

②Drafts drawn under this credit must be presented for negotiation in Guangzhou, China on or before June 25,2009.

凭本证开具的汇票须于 2009 年 6 月 25 日或以前在广州提交议付。

(五)货物说明(description of goods)

货物说明内容一般包括货名、品质、数量、单价、价格术语等。

2 100 dozen of "COOK " brand hoes ART. No. H3162−3/4LBS, hoes darkblue painted at USD12. 8 per dozen, CIF Tokyo.

2 100 打"公鸡"牌锄头,货号:H3162−3/4LBS 深蓝色油漆,每打 12.8 美元,CIF 东京。

(六)单据条款(clause on documents)

信用证项下要求提交的单据通常有:商业发票(commercial invoice)、提单(bill of lading)、保险单(insurance policy)、汇票(bill of exchange)、原产地证书(certificate of origin)、检验证书(inspection certificate)、受益人证明书(beneficiary's certificate)、装箱单(packing list)等。

常见条款有:

①Documents marked "×" below.

(须提交)下列注有"×"标志的单据。

②Accompanied by the following documents marked "×" in duplicate.

须随附下列注有"×"标志的单据一式两份。

③Draft(s) must be accompanied by the following documents marked "×".

汇票须随附下列注有"×"标志的单据。

④Documents required. 需要下列单据。

⑤... available against surrender of the following documents bearing our credit number and the full name and address of the openers.

(议付时)以提交下列注明本信用证编号及开证人详细姓名、地址的各项单据为有效。

⑥In duplicate(triplicate,quadruplicate,quintuplicate,sextutplicate,septuplicate,octuplicate,nonuplicate,decuplicate).

一式两份(三、四、五、六、七、八、九、十份)。

⑦Signed commercial invoices in 6 copies. 签字的商业发票 6 份。

(七)装运条款(clauses on shipment)

装运条款通常包括装运期限、是否允许分批和转运以及起讫地点的规定。常见条款有:

1. **装运期**（date of shipment）

①Latest date of shipment：March.12,2009.

最迟装运日期：2009 年 3 月 12 日。

②From China Port to Singapore not later than March.12,2009.

自中国口岸装运货物驶往新加坡不得迟于 2009 年 3 月 12 日。

③Bill of Lading must be dated not before the date of this credit but later than March.12th,2009.

提单日期不得早于本信用证开具日期,但不得迟于 2009 年 3 月 12 日。

2. **分运/转运**（partial shipments/transsshipment）

①transsshipment partial shipment prohibited（not allowed /not permitted）.

不允许分运/转船。

②Transsshipment is authorized at Hongkong.

允许在香港转运。

③With（without）partial shipment/transsshipment.

允许（不允许）分运/转船。

④Part shipments allowed，but part shipments of each item not allowed.

允许分运,但每个品种的货物不得分运。

（八）特别条款（special clauses/condition）

特殊条款主要是根据进口国政治、经济和贸易情况的变化,或每一笔具体交易的需要而作出的特别规定。常见的条款有:

1. **佣金、折扣**（commission and discount）

（1）明佣。

①Signed invoice must show 5% commission.

经签署的发票须标明 5%的佣金。

②5% commission to be deducted from the invoice value.

5%的佣金须在发票金额中扣除。

（2）暗佣。

①Less 3% commission to be shown on separate statement only.

用单独声明书列明所扣 3%的佣金。

②The price quoted include a discount of 5% which must be shown on your Final Invoice but is to be the subject of a separate credit note，the amount of which is to be deducted from your draft.

（本证）所列价格包括 5%折扣在内,最后发票上应开列未扣除 5%折扣的价格,但须另出一份贷记通知书,汇票金额扣除此项折扣金额。

③At the time of negotiation you will be paid less 5%，being commission payable to M/S...，and this should be incorporated on the bank's covering schedule.

议付时,须扣除 5%的金额作为付给某某的佣金,议付行应将佣金金额填入银行议付通知书。

2. **费用**（charges）

①All banking charges for seller's account.

一切银行费用由卖方负担。

②Charges must be claimed either as they arise or in no circumstances later than the date of negotiation.

一切费用须于发生时或不迟于议付期索偿。

③Port congestion surcharges, if any, at the time of shipment is for opener's account.

装运时如有港口拥挤附加费,应由开证人负担。

3. **议付与索偿**(negotiation and reimbursement)

①15 days grace period permitted in respect of shipment and negotiation of documents in case vessel not available for shipment during the stipulated period.

如在本证所规定的装运期内无船可装,装运期及议付单据期限可宽延 15 天。

②In reimbursement, please draw on our head office account with your London office.

偿付办法:请从我总行在你伦敦分行的账户内支取。

③You are authorized to reimburse yourself for the amount of your negotiation by drawing as per arrangement on our account with United Bank Limited, London.

兹授权你行索偿你行议付金额,按约定办法请向伦敦联合银行我账户内支取。

(九)开证行的保证(warranties of issuing bank)

常见的条款有:

①We hereby undertake to honour all drafts drawn in accordance with terms of this credit.

凡按本信用证所列条款开具并提示的汇票,我行保证承兑。

②We hereby engage with drawers and/or bona fide holders that draft drawn and negotiated on presentation and that draft accepted within the terms of this credit will be duly honoured at maturity.

我行兹对出票人及/或善意持有人保证:凡按本证条款开具及议付的汇票一经提交即予承兑;凡依本证条款承兑的汇票,到期即予照付。

(十)跟单信用证统一惯例文句

This credit is subject to the Uniform Customs and Practice for Documentary credits-UCP (2007 Revision) International Chamber of Commerce publication No. 600. 本证根据国际商会 2007 年修订本第 600 号小册《跟单信用证统一惯例》办理。

对照实例 6-1 学习信用证的内容。

实例 6-1 信开信用证

BANCO BISEL S. A. ARGENTINA

Cable advised by preliminary on: 27 - Jul. - 2009 ROSARIO

DATE 1 - Aug. - 2009		
IRREVOCABLE DOCUMENTARY LETTER OF CREDIT	OUT NO. CITI - 070202	ADVISING BANK NO.
ADVISING BANK THE BANK OF EAST ASIA LTD. SHANGHAI BRANCH	APPLICANT MIGUEL ANGEL ORFEI 20 DE SETIEMBRE 1758, 7600 MAR DEL PLAZA BUENOS AIRES, ARGENTINA	

BENEFICIARY: TRIUMPH IMP. & EXP. CO. ,LTD. 2103 SHANGHAI INT'L TRADE CENTER, 2200 YAN-AN ROAD(W) SHANGHAI,CHINA	AMOUNT　　　US $ 159960. 00 SAY US DOLLARS ONE HUNDRED FIFTY NINE THOUSAND NINE HUNDRED AND SIX-TY ONLY.
	EXPIRY 20 - Sep. - 2009

GENTLEMEN:YOU ARE AUTHORIZED TO VALUE ON US.
BY DRAWING DRAFTS AT 45 DAYSPT SIGHT FOR 100% OF INVOICE VALUE
ACCOMPANIED BY THE FOLLOWING DOCUMENT.

1. DETAILED COMMERCIAL INVOICE IN QUADRUPLICATE
2. PACKING LIST IN TRIPLICATE SHOWING ITEM AND WEIGHT
3. CERTIFICATE OF ORIGIN IN DUPLICATE STATING THE IMPORTING COUNTRY AS ARGEN-
   TINA DULY SIGNED BY CHAMBER OF COMMERCE
4. FULL SET OF CLEAN ON BOARD OCEAN BILL OF LADING ISSUED BY COSCO
   AND MADE OUT TO ORDER OF SHIPPER AND ENDORSED IN BLANK MARKED
   FREIGHT PREPAID NOTIFY APPLICANT
5. INSURANCE CERTIFICATE COVERING I. C. C. (A) FOR 110% OF INVOICE VALUE
   INSTITUTE CARGO CLAUSE OF 1982 WITH CLAIMS ARE TO BE PAYABLE IN BUENOS AI-
   RES IN THE CURRENCY OF THE DRAFTS

SHIPPING TERMS:CIF BUENOS AIRES COVERING:2 ITEMS OF TRAIN BRAND FOOTBALL 　　AS PER S/C NO. MIG0922 DD5 - JUN - 2009	SHIPPING MARK:MIG 　　　　9722 　　BUENOS AIRES 　　NO. 1 - 358

FROM:SHANGHAI TO:BUENOS AIRES	PARTIAL SHIPMENT:NOT ALLOWED TRANSSHIPMENT:NOT ALLOWED	LATEST DATE OF SHIPMENT: 5 - Sep. - 2009

SPECIAL INSTRUCTIONS:
　　ALL CHARGES OUTSIDE OPENING BANK ARE FOR ACCOUNT OF BENEFICIARY
　　ALL DOCUMENTS TRESENTED FOR NEGOTIATION SHALL BEAR THE NO. OF THIS CRED-
IT AND THE NAME OF ISSUING BANK.
　　THE AMOUNT OF ANY DRAFT DRAWN UNDER THIS CREDIT MUST BE ENDORSED ON
THE REVERSE OF THE ORIGINAL CREDIT. ALL DRAFTS MUST BE MARKED DRAWN UNDER
THIS DOCUMENTARY CREDIT AND BEARING ITS NUMBER AND DATE.
　　DRAFTS AND DOCUMENTS TO BE PRESENTED FOR NEGOTIATION NOT LATER THAN 15
DAYS AFTER THE BILL OF LADING DATE.

EXCEPT SO FAR AS OTHERWISE EXPRESSLY STATED,THIS DOCUMENTARY CREDIT IS SUB-
JECT TO THE"UNIFORM CUSTOMS AND PRACTICE FOR DOCUMENTARY CREDITS" 2007 RE-
VISION INTERNATIONAL CHAMBER OF COMMERCE PUBLICATION NO. 600

WE HEREBY AGREE WITH THE DRAWERS ENDORSERS AND BONA-FIDE HOLDERS OF DRAFTS DRAWN UNDER AND IN COMPLIANCE WITH THE TERMS OF THIS CREDIT THAT SUCH DRAFTS WILL BE DULY HONORED ON DUE PRESENT-ATION TO THE DRAWEE IF NEGOTIATED ON OR BEFORE THE EXPIRY THE EXPIRY DATE.	ADVISING BANK NOTIFICATION THE BANK OF EAST ASIA LTD. SHANGHAI BRANCH
David Lange Authorized Signature	Shanghai 陈洁, 13 - Aug. - 2009 Place, date, name and signature of the advising bank

五、信用证的性质和作用

和汇付、托收不一样，信用证下银行不仅提供服务，还提供信用。根据《跟单信用证统一惯例》(UCP600)规定，信用证有以下三个特点：

1. 开证行负有首要付款责任（primary liabilities for payment）

信用证是由开证银行以自己的信用作出的付款保证。在信用证支付方式下，只要出口方履行了信用证条款所规定的义务，开证行就应履行其第一性付款责任，即使进口方在开证后失去偿付能力。

2. 信用证是一项自足文件（self-sufficient instrument）

信用证通常都是以交易合同为基础开立的。但是信用证一经开出，就成为独立于买卖合同之外的另一种契约。信用证的各当事人的权利和责任完全以信用证所列条款为准，不受买卖合同的约束。

3. 信用证是一种纯单据交易（pure documentary transaction）

根据《跟单信用证统一惯例》(UCP600)第 4 条规定，在信用证业务中，各有关方面处理的是单据，而不是与单据有关的货物、服务或其他行为。至于单据的真伪、法律效力以及单据所代表的货物状况等，银行概不负责。需要特别注意的是，银行虽只根据表面上符合信用证条款的单据承担付款责任，但对这种符合的要求却十分严格。也就是说，银行在信用证业务中是按照"严格符合的原则"(the doctrine of strict compliance)办事。"严格符合的原则"不仅要求"单证一致"，而且还要求各种单据之间的一致，即所谓"单单一致"。

信用证在国际贸易结算中可以起到以下两个主要作用：一是保证作用，二是资金融通作用。以上两个作用通过各有关当事人体现。首先，对出口方来说，只要按信用证规定发运货物，向指定银行提交单据，收取货款即有保障。出口方发货后将汇票和单据交议银行议付，通过押汇可及时收回货款，有利于加速资金周转。在货物装运前，出口方还可以凭信用证向银行申请打包放款（packing credit），这是对出口方业务开展极为有利的一种融资方式。其次，对进口方来说，申请开证时只需交纳少量押金或免交押金，大部分或全部货款在单据到达后支付，减少了资金占用。如为远期信用证，进口方还可凭信托收据向开证行借单提货出售或使用，到期后再向开证行付款。进口方可以通过信用证条款控制出口商的交货时间、交货方式以及所交货物的质量和数量，以保证进口方付款后即获得代表货物的单据。

对银行来说，开证行贷出的是信用，不必占用资金，即可取得开证手续费的收入，还可将收取的开证押金加以利用；虽然面临一定的垫款风险，但开证时已收取一定的押金，付款后即获得出口方提交单据所代表货物的所有权,因而,风险已经得到有效的控制。至于出口地的议付行,在议付出口方提交的单据后,可向开证行索偿,只要出口方交来的单据符合信用证规定,就可以对出口方进行垫款、叙做出口押汇,还可以从中获得利息和手续费等收入。

🐝 小贴士

由欺诈案引发的对信用证缺陷和风险的思考

【案情】

2003年初,我国某公司通过进出口公司与国外某公司签订了出口建筑材料的合同,合同总金额为100万美元,外方要求我方必须先支付10万美元的履约保证金,方能开立信用证。我方为利润所诱,出口心切,给外方指定的账户汇付了10万美元。不久,对方开出信用证,条款规定:"以FOB计价;由开证申请人指定船公司,指定检验;由开证申请人在装运口岸验货,出具质量检验证书,并经开证行在证明书上签字。"

一个月后,我方公司的货物运抵装运口岸,通知外方公司派人检验并派船装货,但外方一再借故拖延时间,致使信用证逾期。无奈之下,我方只好终止合同,但10万美元的履约保证金却打了水漂,直接经济损失达15万美元以上。

启示:信用证结算方式,因其具有银行信用的特征,故而比商业信用结算方式相对要安全得多,但进出口双方依然会面临各种潜在风险。因为信用证本身并不是无懈可击,信用证惯例存在一些漏洞。

思考一:信用证有缺陷

第一,开证行只对信用证和单据本身负责,银行审核单据仅要求也只能要求单据在表面上与信用证一致。银行只凭符合信用证条款的单据付款,而对单据的真实性及其法律效力,货物的数量、质量、包装、交期、价值存在与否,货物的发运人、承运人、收货人或保险商的资信状况等概不负责。

第二,由于信用证"严格相符原则"的要求,出口方提交的单据必须完全符合信用证条款规定,否则尽管所装运的货物完全符合合同及信用证的要求,也会遭开证行拒付。开证申请人为了能有效地控制出口方履行出货义务,往往要求在信用证中加列一些对其有利的条款(如软条款或限制性条款),使受益人的行为受到极大的限制,即单据的取得或其有效性受到限制。"单证严格相符"原则甚至成为一种拒付借口而被一些开证行频繁滥用,使信用证这种为便利贸易结算而出现的支付工具畸形发展。

第三,采用信用证结算,买卖双方均须承担较高的银行费用。如进口方要承担开证费(1.5‰)、改证费(100元/次)、邮电费、利息等,还要向开证行预交一定比例的开证保证,并以物业作抵押,资金占压时间长。出口方要承担通知费及转电费(200元/次)、议付费(1.25‰)、转让费(1‰,最低300元,最高1 000元)、保兑费(2‰或300元)、邮电费、不符点扣费(25~60美元不等)、利息、国外银行费用和其他相关费用等,加重了运营负担。

第四,信用证结算程序繁琐,需较长的银行工作日,大大降低了交易效率。而且无论是申请开证还是审证、审单,技术性均较强,稍有不慎,即会产生疏漏、差错,以致造成损失。

另外,《跟单信用证统一惯例》(UCP600)没有对信用证欺诈的法律救济作出规定,它无法解决与信用证业务有关的问题,也无法统一各国在信用证欺诈和法律救济问题上的实际做法。

思考二:信用证也有风险

首先,出口方面临的风险:进口方不按合同规定开证,不按时开证,变更条款,或增加对其有利的条款;进口方故意设陷阱使出口方无法顺利履行合同,或议付时遭到拒付;开证行资信不佳,逃避第一性的付款责任;信用证含有"软条款",使受益人在信用证交易中处于被动的境地,而主动权则完全掌握在申请人手中,难以保证安全收汇。常见的信用证软条款表现形式如下:①货物由申请人检验,且检验证书上的签名须与开证行的档案记录相符,俗称"客检证";②1/3正本提单径寄申请人;③信用证到期地点在开证行所在地;④信用证存在暂不生效或变相可撤销条款;⑤信用证条款自相矛盾,难以操作;⑥附加信用证生效条件,如:待进口方取得进口许可证信用证方能生效;有关运输事项如船公司、船名、装船日期、装卸港等须经申请人同意后信用证才能生效等。

其次,进口方面临的风险:出口方利用虚假单据骗取货款;出口方不按合同要求装运货物,以次充好,以劣代优。

六、信用证的种类

在国际贸易买卖中所使用的信用证种类很多,从不同的角度分,信用证主要有以下几种。

1. 跟单信用证和光票信用证

按照付款凭证的不同,信用证可分为跟单信用证和光票信用证。

(1)跟单信用证(documentary L/C)是指银行凭跟单汇票或仅凭单据付款、承兑或议付的信用证。这里的单据包括:代表货物所有权的单据,如海运提单、多式联运单据;证明货物已发运的单据,如铁路运单、航空运单、邮包收据等;商业发票、保险单据、商检证书、产地证书、包装单据等。在国际贸易结算中,大都使用跟单信用证。

(2)光票信用证(clean L/C)是指开证行仅凭受益人开具的汇票或简单收据而无需附带货运单据而付款的信用证。光票信用证主要用于贸易总公司与各地分公司间的货款清偿和贸易从属费用的结算。

2. 可撤销信用证和不可撤销信用证

按照开证行对受益人保证的性质不同,信用证可分为可撤销信用证和不可撤销信用证。

(1)可撤销信用证(revocable L/C)是指开证行在付款、承兑或议付以前,可以不经受益人同意也不必事先通知收益人而随时修改或撤销的信用证。但对于开证行指定或被授权的银行在接到修改或撤销通知前,已经根据表面上符合信用证的单据所进行的付款、承兑或议付,开证行仍予以承认并负责偿付。由于可撤销信用证可以被开证行随时取消或修改,对受益人缺乏足够的保障,因此在国际贸易中极少采用。

(2)不可撤销信用证(irrevocable L/C)是指信用证一经通知受益人,开证行在有效期内未经受益人及有关当事人的同意,对信用证内容不得随意修改或撤销的信用证。只要受益人提交的单据符合信用证规定,开证行或其指定银行必须履行付款责任。信用证在开立时应清楚地表明是可撤销信用证还是不可撤销信用证,若信用证上对此未写明,按照《跟单信用证统一惯例》(UCP500)的规定,该信用证将被视作是不可撤销信用证。

3. 保兑信用证和不保兑信用证

按照是否有另一家银行对信用证加具保兑,信用证可分为保兑信用证和不保兑信用证。

(1)保兑信用证(confirmed L/C)是指一家银行开出的信用证,由另一家银行保证对符合信用证规定的单据承担付款责任。只有不可撤销信用证才可加具保兑。信用证一经保兑,保兑行与开征行一样都承担第一性的付款责任。对受益人来说,同时取得了两家银行的付款保证,安全收汇更有保障。保兑行通常是通知行,有时也可以是出口地的其他银行或第三国银行。

(2)不保兑信用证(unconfirmed L/C)是指未经除开证行以外的其他银行保兑的信用证,

即一般的不可撤销信用证。

4. 即期付款信用证、延期付款信用证、承兑信用证和议付信用证

按照兑付方式的不同,信用证可分为即期付款信用证、延期付款信用证、承兑信用证和议付信用证。议付信用证包括即期议付信用证和远期议付信用证。若按照付款时间的不同,信用证可分为即期信用证和远期信用证。即期付款信用证和即期议付信用证都是即期信用证,延期付款信用证、承兑信用证和远期议付信用证都是远期信用证。

(1)即期付款信用证(sight payment L/C)是指开证行、保兑行或付款行在收到符合信用证规定的跟单汇票或单据时,立即履行付款义务的信用证。这种信用证的特点是出口方收汇迅速安全,有利于资金周转。即期付款信用证可以要求受益人提供汇票,也可以不要求其提供汇票。即期付款信用证可由开证行自己付款,也可由其他银行付款,由于付款是终局的,因此不能再追索。

(2)承兑信用证(acceptance L/C)是指付款行在收到符合信用证规定的远期汇票和单据时,先在汇票上履行承兑手续,待汇票到期日再行付款的信用证。这种信用证规定以银行为汇票上的付款人,又称为银行承兑信用证。在银行承兑信用证项下,出口方可以等承兑汇票到期后再收汇资金,也可以将承兑汇票在市场上贴现以融通资金。

在实际业务中,还有一种"远期"信用证,它规定远期汇票可按即期议付。这通常是由于进口方为了融资方便,或利用银行承兑汇票以取得比银行放款利率更低的优惠贴现率,在与出口方订立即期付款合同后,要求开立银行承兑信用证,证中规定受益人应开立远期汇票,而这种"远期汇票可即期付款,所有贴现和承兑费用由买方负担"(the usance draft is payable on a sight basis, discount charges and acceptance commission are for buyer's account)。由于这种信用证的贴现费用由买方负担,因此,又称为"买方远期信用证"(buyer's usance L/C),在我国习惯上称它为"假远期信用证"(usance credit payable at sight)。使用这种信用证,对受益人来说,能够远期十足收款,但要承担一般承兑信用证汇票到期遭到拒付时被追索的风险。对开证申请人来说,在远期汇票到期时才向银行付款。因此,使用这种"远期"信用证,实际上是开证行或贴现银行对进口方融通资金。

(3)延期付款信用证(deferred payment L/C)又称迟期付款信用证,或称无承兑远期信用证,是指仅凭受益人提交的单据,经审核单证相符确定银行承担延期付款责任起,延长一段时间及至付款到期日付款的信用证。确定付款到期日的方法有三:一是交单后若干天;二是运输单据显示的装运日期后若干天;三是固定的将来日期。这种信用证不使用汇票,不作承兑,出口方无法利用贴现市场资金,只能自行垫款或向银行借款。因此,延期付款信用证的货价比承兑信用证的货价高,它与承兑信用证的区别在于卖方无法提前得到货款(无法贴现)。在实践中,延期付款信用证大多用于金额较大而且付款期限较长(往往长达一年或数年)的资本货物交易,常与政府出口信贷相结合。

(4)议付信用证(negotiation L/C)是指开证行在信用证中,邀请其他银行买入汇票及/或单据的信用证,即允许受益人向某一指定银行或任何银行交单议付的信用证。通常在单据符合信用证条款的条件下,议付行扣去利息后将票款付给受益人。按照付款时间的不同,议付信用证可分为即期信用证和远期信用证。按照是否限定议付银行,议付信用证又可分为自由议付信用证和限制议付信用证两种,前者是指任何银行均可办理议付,后者是指仅由被指定的银行办理议付。议付和付款的区别就在于:议付是可以追索的,而付款是终局的。

表 6-1　中国保险条款下海洋货物保险险别对比表

项目 \ 种类	即期付款信用证	延期付款信用证	承兑信用证	假远期信用证
是否需要汇票	需要或不要	不要	需要	需要
汇票期限	即期		远期	远期
受票人	指定付款行		指定付款行	开证行或议付行
付款方式	即期付款	延期付款	远期付款	即付款
起算日	无	装运日、交单日或其他日	承兑日	承兑日
有无追索权	无	无	无	有

5．可转让信用证和不可转让信用证

按照受益人是否有权转让给其他人使用,信用证可分为可转让信用证和不可转让信用证。

(1)可转让信用证(transferable L/C)是指开证行在信用证上明确注明"可转让"字样,授权通知行在受益人(第一受益人)的要求下,可将信用证的全部或部分转让给第三者(第二受益人)的信用证。可转让信用证只能转让一次,如信用证不禁止分批装运,在累计不超过信用证金额的前提下,可以分成几个部分分别转让给一个以上的第二受益人,各项转让金额的总和将视为信用证的一次转让。可转证信用证只能按原证规定的条款办理转让,但信用证的金额、单价、装运日期和到期日等项可以减少、提前或缩短,保险加保比例可以增加到原信用证要求保足的金额,也可以以第一受益人代替原证申请人的名称。

进口方开立可转让信用证,意味着进口方同意第一受益人将交货、交单的义务让予第一受益人指定的其他人来履行,但并不等于买卖合同也被转让。如果发生第二受益人不能交货,或交货不符合合同规定,单据不符合信用证规定时,第一收益人仍要承担买卖合同规定的卖方责任。可转让信用证的受益人往往是中间商,中间商要求国外进口商开立可转让信用证,以转让给实际供货人(第二受益人),由实际供货人直接装运。

在要求转让行(一般为通知行)办理转让手续时,第一受益人有权要求受让人(第二受益人)将单据交给转让银行,以便把自己开立的按原用证的单价及金额所制作的汇票、发票替换受让人的汇票、发票,从而获取差额。

(2)不可转让信用证(non-transferable L/C)是指受益人不能将信用证的权利转让给他人的信用证。凡未在信用证上注明"可转让"字样者,将被视为不可转让信用证。

6．对背信用证

对背信用证(back to back L/C)是指中间商收到进口方开来的信用证后,要求该证的通知行或其往来银行,以原证为根据,另行开立的以实际供货人为受益人的新信用证。对背信用证通常是由中间商为转售他人货物,从中图利或两国不能直接进行贸易需通过第三国商人以此办法沟通贸易而开立的。

对背信用证的内容除开证人、受益人、金额、单价、装运期限、有效期限等可有变动外,其他与原证相同,如需修改,应得到原证开证人的同意,修改比较困难。

对背信用证与可转让信用证的比较见表 6-2。

表 6 - 2　可转让信用证与对背信用证的比较

可转让信用证	对背信用证
可转让信用证的开立,原始信用证是申请人和开证行的意旨,开证行同意,并在信用证上加列"transferable"	对背信用证的开立,并非原始信用证申请人和开证行的意旨,而是受益人的意旨,原始信用证申请人和开证行与对背信用证无关
可转让信用证的全部或部分权利转让出去,该证失去该部分金额的存在	凭着原始信用证开立对背信用证,两证同时存在
可转证信用证的第二受益人可以得到开证行的付款保证	对背信用证的受益人得不到原始信用证的付款保证
转让行按照第一受益人的指示开立变更条款的新的可转让信用证,通知第二受益人,该转让行地位不变,仍然是转让行	开立对背信用证的银行一般为原始信用证的通知行,是对背信用证的开证行

7. 循环信用证

循环信用证(revolving L/C)是指在被全部或部分使用后,其金额又恢复到原金额并再次使用,直至达到规定的次数或规定的总金额为止的信用证。循环信用证通常在定期均衡供货、分批结汇的长期合同下采用。使用这种信用证,进口方可节省开证手续和费用,减少押金,一次开证,长期反复使用,有利于买卖双方交易的进行。

循环信用证有按时间循环的信用证和按金额循环的信用证两种。

按时间循环的信用证规定受益人在规定的期限内每隔一定的时间可使用一次信用证上规定的金额。按时间循环的信用证根据其关于某一次未使用的金额能否累计至下一次使用的规定不同,又可分为可累计循环信用证(cumulative revolving credit)和不可累计循环信用证(non-cumulative revolving credit)两种。前者允许受益人在其一批货物因故未交时,在下一批补交,并可连同下一批可交货物一起议付;后者未明确允许可累积使用,即不能累积使用,如因故未能及时装出的部分以及原来规定的以后各批,未经开证行修改信用证,均不能再装运出口。

按金额循环的信用证是指受益人在规定的总额内使用完信用证规定的金额后,可以恢复到原金额再继续使用的信用证。恢复到原金额的具体做法有三种:①自动循环(automatic revolving),是指受益人每次使用后,不需开证行另行通知,自动恢复到原金额继续使用。②非自动循环(non-automatic revolving),是指受益人每次使用后,必须经过开证行通知,才能恢复到原金额继续使用。③半自动循环(semi-automatic revolving),是指受益人每次使用后,如开证行在规定的期限内未发出终止通知,即可自动恢复到原金额继续使用。

8. 对开信用证

一国商人向另一国商人出口商品的同时,又向对方购进另一批货物,这样双方可以互以对方为受益人分别开立两张信用证,即称为对开信用证(reciprocal L/C)。其特点是:第一张信用证的受益人和开证申请人就是第二张回头证的开证申请人和受益人,第一张信用证的开证行和通知行一般也是回头证的通知行和开证行。两证金额可以相等,也可以不等;两证可以同时生效,也可以先后生效。对开信用证一般用于易货贸易、来料加工和补偿贸易等。

9. 预支信用证

预支信用证(anticipatory L/C)是指允许出口方在装货交单前可以支取全部或部分货款

的信用证。一般情况下，预支信用证的开证行授权出口地的通知行或保兑行在交单以前，向出口方预先垫付全部或部分金额的款项。出口方交单议付时，出口地银行在从议付金额中扣除预先垫付款的本息，再将余额付给出口方。倘若出口方届时不能装货、交单议付，垫款银行可向开证行追索，开证行应保证偿还出口地银行的垫款本息，然后向开证人索要此款。为引人注目，预支信用证的上述条款通常用红字打成，故又称为"红条款信用证"。

？思考

资料：一家银行为从某港装运的货物给发货人开立了一份不可撤销信用证，列明按照《跟单信用证统一惯例》(UCP600)办理。该信用证以后被修改，要求增加由开证人指定的检验机构签发的商检证书，遭到受益人拒绝后，开证行开始宣称，如提示的单据中不包括该商检证将拒不偿付，继而又声明，如开证人收到的货物与信用证条款相符，可以照付。货抵目的地后，经检验收到的货物仅为发票所列数量的 80%，因此遭到拒付。为此，受益人起诉开证行违反信用证承诺。

试问：开证行对信用证的修改是否有效？货物短少，开证行是否有权拒付？

七、SWIFT 信用证

SWIFT 是环球银行金融电讯协会(Society for Worldwide Inter-bank Financial Telecommunication)的简称。该组织是一个国际银行同业间非盈利性的国际合作组织，于 1973 年 5 月在比利时布鲁塞尔成立，拥有自动化的国际金融电讯网，是全球银行同业进行资金调拨和汇款结算的网络系统。若采用 SWIFT 信用证，必须遵守 SWIFT 使用手册的规定，受《跟单信用证统一惯例》(UCP600)的约束，可在信用证中省去银行的承诺条款，但不能免去银行应承担的义务。

我国的中国银行于 1983 年 2 月正式加入 SWIFT，成为该办会的会员银行，1984 年开始使用 SWIFT 办理国际业务，1985 年中国银行总行建立 SWIFT 中国地区处理站。现在我国的各个银行在信用证结算中绝大多数都使用 SWIFT。

SWIFT 信用证的特点有：采用会员制度，格式标准化，安全性高，解释统一，费用较低，系统服务范围广，处理业务快捷、自动化。

SWIFT 由项目(field)组成，如：59 beneficiary(受益人)，就是一个项目，59 是项目的代号，可以是两位数字表示，也可以两位数字加上字母来表示，如 51applicant(申请人)。不同的代号，表示不同的含义。项目还规定了一定的格式，各种 SWIFT 电文都必须按照这种格式表示。

在 SWIFT 电文中，一些项目是必选项目(mandatory field)，下表以"M"代替；一些项目是可选项目(optional field)，下表以"O"代替。必选项目是必须要具备的，如：31d date and place of expiry(信用证有效期)；可选项目是另外增加的，并不一定每个信用证都有的，如：39b maximum credit amount(信用证最大限制金额)。

目前开立 SWIFT 信用证的格式代码为 MT700 和 MT701，修改已经开出的 SWIFT 信用证的格式代码为 MT707。参见表 6-3。

表 6-3 SWIFT 开证格式的常见项目表

M/O	代码	域 名	说 明
	From		开证银行
	To		通知银行
M	27	sequence of total	表明来证共几页,此页是第几页
M	40A	form of doc. credit	表明信用证的性质(如"不可撤销"、"保兑"等)
M	20	doc. credit number	表示信用证号码
O	31C	date of issue	开证日期,六位数·日期表达顺序是年、月、日
M	31D	date and place of expiry	信用证到期日期与到期地点
M	50	applicant	开证申请人
O	51A	issuing bank	开证银行
M	59	beneficiary	受益人
M	32B	currency code and amount	信用证的金额与币制,金额小数点可以用逗号
O	39A	percentage credit amount tolerance	信用证总金额允许上下浮动的比例
M	41A	available with/by	表明兑付方式,即议付、承兑、即期付款、延期付款
O	42C	drafts at	汇票期限
O	42P	payment detail	付款信用证或延期付款信用证的付款要求(如果有此项,便没有 42D/A)
O	42A	drawee/accepter	汇票付款人或承兑人
O	43P	partial shipment	运输能否分批,用 Allowed 或 Prohibited 表示
O	43T	transshipment	运输能否转运,用 Allowed 或 Prohibited 表示
O	44A	place of taking in charge/of receipt	(非海运或非空运的)接管地/接收地
O	44B	place of final destination/ of delivery	(非海运或非空运的)最终目的地/交货地
O	44E	port of loading/airport departure	(海运或空运的)装运港/始发港
O	44F	port of discharge/ airport of destination	(海运或空运的)卸货港/目的港
O	44C	latest date of shipment	最迟装运日(如无日示,即与有效期同一天,被称为"双到期"信用证)
O	45A	description of goods	出口货物的描述

M/O	代码	域 名	说 明
O	46A	documents required	来证要求的单据及对单据制作的要求
O	47A	additional condition	附加条款(有些是"非单据化"条件,有些则必须要显示在相关单据上)
O	48	period of presentation	交单期限(如无明示,为装运后21天)
M	49	confirmation instruction	表明来证有无被开证行要求加具保兑
O	53A	reimbursing bank	表明来证有无偿付行
O	57	advised through	通知银行
O	71	details of charge	受益人承担的银行费用(若缺省该域,则表明除议付费、转让费外的一切银行费用由申请人承担)
O	72	sender to receive information	给议付行的指示(通常是寄单地址与寄单方式)
O	78	instruction	给付款行、议付行、承兑行的指示

SWIFT 信用证参见实例6-2。

实例6-2 SWIFT 信用证

ZCZC BCC617 CPUA523 SO201152103160RN921882185

P3 CCBOC

　.ICUA

TO:2102 19BKCHCNBJA84092188

FM:1552 16AIBKIE2DAXXX97778

　　AIBKIE2DXXX

　　＋AIB BANK

　　＋DUBLIN

MT:700 02

27:SEQUENCE OF TOTAL:1/1

40A:FORM OF DOC. CREDIT:IRREVOCABLE

20:DOC. CREDIT NUMBER:L/C67247

31C:DATE OF ISSUE:090115

31D:DATE AND PLACE OF EXPIRY:DATE:090330

　　　　PLACE:CHINA

51:APPLICANT BANK:AIBKIE2D

SX51:AIBKIE2DXXX

　　＋AIB BANK

　　＋DUBLIN

50:APPLICANT:BLACKTORN SHOES LTD. ,COES ROAD,

　　DUNDALK,CO. LOUTH,REPUBLIC OF IRELAND

59:BENEFICIARY:LILIN TRADING CO. ,LTD.

18 CHANGJIANG ROAD,CHANGCHUN,CHINA.

32B:CURRENCY CODE AND AMOUNT:CURRENCY:USD AMOUNT:144000.

41A:AVAILABLE WITH/BY:ANY BANK

     BY NEGOTIATION

42C:DRAFTS AT...:SIGHT

42:DRAWEE:AIBKIE2D

SX42:AIBKIE2DXXX

 +AIB BANK

+DUBLIN

43P:PARTIAL SHIPMENTS:ALLOWED

43T:TRANSSHIPMENT:ALLOWED

44A:PLACE OF TAKING IN CHARGE/OF RECEIPT:CHANGCHUN,CHINA

44B:PLACE OF FINAL DESTINATION/OF DELIVERY:DUBLIN

45A:DESCRIPTION OF GOODS:

 9600 PAIRS OF MEN'S WORKING BOOTS

 CIF DUBLIN

46A:DOCUMENTS REQUIRED:

SIGNED INVOICES IN TRIPLICATE.

FULL SET OF COMBINED TRANSPOR BILL OF LADING CONSIGNED TO ORDER. BLANK ENDORSED. MARKED FREIGHT PREPAID AND NOTIFY APPLICANT.

CHINESE INSURANCE POLICY/CERTIFICATE BLANK ENDORSED FOR THE FULL IN VOICE VALUE PLUS 10 PERCENT COVERING ALL RISKS AND WAR RISKS AS PER OCEAN MARINE CARGO CLAUSES AND WAR RISKS(1. 1. 1981.) OF THE PEOPLE'S INSURANCE CO. OF CHINA.

CERTIFICATE OF CHINESE ORIGIN,ISSUED BY COMPETENT AUTHORITY.

PACKING LIST.

47A:ADDITIONAL CONDITION:

71B:DETAILS OF CHARGES:

ALLCHARGES OUTSIDE IRELAND FOR ACCOUNT OF BENEFICIARY

48:PERIOD OF PRESEN TATION:

15 DAYS FROM DATE OF ISSUANCE OF TRANSPORT DOCUMENT.

49:CONFIRMATION INSTRUCTION:WITHOUT

78:INSTRUCTIONS:

DISCREPANT DOCUMENTS. IF ACCEPTABLE WILL BE SUBJECT TO A DISCREPANCY HANDLING FEE OF IEP20. 00 OR EQUIVALENT WHICH WILL BE FOR ACCOUNT OF BENEFICIARY.

57:ADVISE THROUGH:BANK OF CHINA,JILIN BRANCH.

 10 B XIN MIN DAJIE,CHAOYANG QU.

 YINMAO DAXIA,1－6 LOV,CHANGCHUN.

 130021 JILIN PROVINCE,CHINA.

72:SENDER TO RECEIVE INFORMATION:THIS CREDIT IS ISSUED SUBJECT TO THE U. C. P. FOR DOCUMENTARY CREDIT.

2007 REVISION. I. C. C. PUBLICATIONS NO. 600.
－MAC/4F7DA034
DLM

SAC
＝04192107
NNNN

❓思考

资料：上述 SWIFT 信用证实例，是我国出口方 LILIN TRADING CO. ,LTD 和爱尔兰进口方 BLACKTORN SHOES LTD. 就商品 MEN'S WORKING BOOTS（男式工作靴）的一笔交易，只要出口方提交了开证行 AIB BANK 所需的单据，开证行就保证付款。故电方中的"46A"是关键。

试问："46A"到底对单据有什么样的要求？

子项目五　银行保函和备用信用证

在国际贸易中，当一方担心另一方不履行合同义务，往往要求对方通过银行开具银行保函或备用信用证。银行保函和备用信用证都是建立在银行信用之上，通常使用于期限较长、金额较大、交易条件比较复杂的项目，而且不仅适用于货物买卖，也使用于承包工程项目、融资等一切有关国际经济交往的业务中。

一、银行保函

银行保函（banker's letter of guaratee，L/G）又称银行保证书，是指银行根据申请人的请求，向受益人开立的担保申请人正常履行合同义务的书面保证文件。如申请人未向受益人履行某项义务时，由担保银行承担保证书中所规定的付款责任。

（一）银行保函的当事人

银行保函有三个基本当事人：申请人、担保行和受益人。

（1）申请人（applicant），又称委托人（principal）、被保证人，是指要求银行开立保函的一方。

（2）担保行（guarantor bank），是指根据申请人的请求，开立保函的银行。

（3）受益人（beneficiary），是指接受保函，并且当申请人未履行合同义务时有权向担保行提出索赔的一方。

除了以上三个基本当事人之外，银行保函还有可能涉及到转递行、保兑行和转开行等其他当事人。

（二）银行保函的种类

银行保函根据不同用途，可分为许多种，但概括起来，主要有投标保函和履约保函两种。

（1）投标保函（tender L/G）是指在工程项目进行招标时担保银行应投标人（申请人）的请求，向招标人（受益人）出具的保函，保证投标人在开标前不中途撤销投标或片面修改投标条件，中标后按时与招标人签定合同并提交履约保函或交付履约保证金。否则，担保银行负责赔偿招标人一定金额的损失。投标保函的金额一般为投标报价的 1％～5％。

（2）履约保函（performance L/G）是指银行应申请人的请求，向受益人开立的保证申请人履行某项合同项下义务的书面保证文件。在保函有效期内如发生申请人违反合同的情况,银行将根据受益人的要求向受益人赔偿保函规定的金额。履约保函的适用范围很广泛,不仅用于一般的进出口贸易,而且还用于工程项目建设、国际租赁、技术贸易、对外加工贸易和补偿贸易等。履约保函的担保金额一般为合同金额的 5%~10%。

在进出口贸易中,履约保函又分为进口保函和出口保函两种。

①进口保函(import L/G)是指银行应进口方的申请,开给出口方的信用文件,保证出口方按交易合同交货后如期为进口方付款,否则由担保行负责偿付一定金额的款项。

②出口保函(export L/G)是银行应出口方的申请开给进口方的保证文件,保证出口方按约履行交货义务,如出口方未能交货,担保行负责赔偿进口方一定金额。这种银行保函又可称作还款保函。

(三)银行保函与跟单信用证的区别

(1)跟单信用证主要用于贸易货款的结算;银行保函既可作为货款结算工具,又可用于其他各种信用担保。

(2)跟单信用证的支付在正常情况下是必然发生的;银行保函的支付则具有或然性。

(3)跟单信用证一概独立于贸易合同;银行保函却往往会被扯进交易各方的合同中去。

(4)跟单信用证的开证行负有第一性的付款责任;银行保函担保行的付款责任却是第二性的,只有在委托人不付款或不履行合同义务时,受益人才可凭保证书向保证银行要求付款。

(5)跟单信用证的交单地点可以是议付行、代付行或保兑行所在地,有多种款项的支付方式,并可作为融资工具使用;银行保函只能向担保行索偿或索赔,其到期地点只能是担保行所在地。

对于银行保函,国际商会曾于 1978 年 6 月份颁布《合同保证统一规则》(Uniform Rules for Contract Guarantee,简称 URCG325)以后,鉴于见索即偿保证书的使用日益增多,国际商会于 1992 年 4 月专门制定并颁布了《见索即付保函统一规则》(Uniform Rules for Demand Guarantees,简称 URDG458)。有的国家的法律为了不让银行介入商业纠纷,禁止银行开立保函,例如,美国政府只允许担保公司开立保证书,日本政府也不允许本国银行开立保证书。于是,备用信用证就应运而生,而且逐渐在全世界范围内得到推广。

二、备用信用证

备用信用证(standby L/C)起源于美国,因美国法律不允许银行开立保函,故银行采用备用信用证来代替保函,后来其逐渐发展成为国际性合同提供履约担保的信用工具,其用途十分广泛,如国际承包工程的投标、国际租赁、预付货款、赊销业务以及国际融资等业务。

备用信用证是开证行对受益人承担某项责任的凭证。在此凭证中,开证行承诺偿还开证申请人的借款、预收款或其他负债,或在开证申请人未履约时向受益人支付一定金额的款项。

(一)备用信用证的相关惯例

备用信用证是一种特殊形式的信用证,是开证行对受益人承担一项义务的凭证。开证行保证在开证申请人未能履行其应履行的义务时,受益人只要凭备用信用证的规定向开证行开具汇票,并随附开证申请人未履行义务的声明或证明文件,即可得到开证行的偿付。自 1983 年起,备用信用证的使用一直遵循《跟单信用证统一惯例》(UCP400)。之后,在 2007 年修订本,即《跟单信用证统一惯例》(UCP600)中又再次明确指出:"《跟单信用证统一惯例》适用于在信用证正文中表明适用本统一惯例的所有跟单信用证(包括在其适用范围内的备用信用证)。"根据不同基础交易的需要,备用信用证的当事人也可选择适用《见索即付保函统一规则》

(URDG458)。国际商会于 1998 年 4 月又颁布了《国际备用信用证惯例》(international stand-by practice 1998,简称 ISP98),1999 年 1 月 1 日生效,为备用信用证的使用提供了单独规则。

(二)备用信用证与跟单信用证的区别

(1)一般跟单信用证仅在受益人提交有关单据证明其已履行基础交易义务时,开证行才支付信用证项下的款项;备用信用证则是在受益人提供单据证明债务人未履行基础交易的义务时,开证行才支付信用证项下的款项。

(2)一般跟单信用证开证行愿意按信用证的规定向受益人开出的汇票及单据付款,因为这表明买卖双方的基础交易关系正常进行;备用信用证的开证行则不希望按信用证的规定向受益人开出的汇票及单据付款,因为这表明买卖双方的交易出现了问题。

(3)一般跟单信用证总是以货物的进口方为开证申请人,以出口方为受益人;而备用信用证的开证申请人与受益人既可以是进口方也可以是出口方。

(三)备用信用证与银行保函的比较

备用信用证与银行保函的相同点如下:

(1)两者当事人相同,都包括申请人、担保人和受益人。

(2)两者都是银行根据委托人的请求向受益人做出书面付款保证承诺,保证只要委托人未能按合同履行义务,担保行或开证行将凭受益人提交规定的单据或其他文件给予赔付,即两者都是以银行信用来弥补商业信用的不足。

(3)两者都以基础合同为开立依据,但一经开出,均独立于基础交易合同,即使其中引用了基础合同的有关内容,也不受基础合同条款的约束。

(4)银行所处理的不是货物,而是单据,但对单据的真伪、转递过程中的遗失或延误以及受益人与委托人之间关于基础交易合同的纠纷等概不负责。只要受益人提交了符合银行保函或备用信用证规定的索赔单据或文件,银行就必须履行赔付义务。

备用信用证与银行保函的不同点如表 6-4 所示。

表 6-4　备用信用证与银行保函的不同点

内容	银行保函	备用信用证
适用惯例	《见索即付保函统一规则》	《国际备用证》、《跟单信用证统一惯例》、《见索即付保函统一规则》
单据要求	不要求受益人提交汇票,担保行仅凭书面索偿以及证明申请人违约的声明付款	要求受益人提交汇票及表明申请人未能履约的书面证明
付款依据	依据有关合同或某项承诺没有履行的情况付款,容易被牵扯到商务合同及贸易双方的争议之中,保函与履约相联系	完全依据信用证规定要求的文件,而不涉及合同执行情况,开证行只对备用信用证本身负责,信用证与单据相联系
担保性质付款责任	担保行是从债务人,即使规定担保行是主债务人,也无法改变保函的从属地位	独立性的担保,开证行是主债务人,即使作为其基础的合同无效,开证行仍要承担付款义务
到期地点	在担保行所在地	可以在开证行所在地、受益人所在地或其他地点

思考

资料：买卖合同规定买方开立以卖方为受益人的全额不可撤销信用证，但以卖方先期提供一份金额为不可撤销信用证金额的 10% 的备用信用证为前提。卖方按合同要求按时开出备用信用证，但买方未能如约开立令卖方满意的信用证，卖方因而拒交货物。买方根据备用信用证向开证银行要求付款。卖方以不交货是由于未收到满意的信用证为由要求银行拒绝付款，并上诉法院要求颁布不准开证行付款的禁令。

试问：开证行与法院法官应如何处理？并申述理由。

子项目六 贸易合同中的支付条款

"支付条款"（terms of payment）直接关系到双方的切身利益，是贸易合同的主要交易条款。不同的结算方式，双方承担的风险、涉及的信用有着明显的区别，因此需要慎重对待。支付条款主要包括付款时间、地点、金额、方法、条件等。下面列举不同的支付条款实例。

一、汇付支付条款示例

例 1：买方应不晚于 2010 年 5 月 5 日将全部货款用电汇（信汇或票汇）方式预付给卖方。

The Buyers shall pay the total value to the Sellers in advance by T/T(M/T or D/D) not later than May 5th, 2010.

例 2：买方应不迟于 10 月 15 日将 100% 的货款由票汇预付至卖方。

The Buyers shall pay 100% of the sales proceeds in advance by demand draft to reach the Sellers not later than October. 15th.

例 3：买方同意在本合同签字之日起，1 个月内将本合同总金额 30% 的预付款，以电汇方式交卖方。

30% of the total contract value as advance payment shall be remitted by Buyer to the Seller through telegraphic transfer within one month after signing this contract.

二、托收支付条款示例

例 4：货物装运后，卖方应将以买方为付款人的汇票连同本合同的各种货运单据，通过卖方银行寄交买方银行转交买方，并托收货款。

After delivery, the Seller shall send through the Seller's bank a draft drawn on the Buyer together with the shipping documents to the Buyer through the Buyer's bank for collection.

例 5：即期付款交单

买方应凭卖方开具的即期跟单汇票于见票时立即付款，付款后交单。

Upon first presentation the Buyers shall pay against documentary draft drawn by the Sellers at sight. The shipping documents are to be delivered against payment only.

例 6：远期付款交单（见票后××天）

买方对卖方开具的见票后××天付款的跟单汇票，于提示时应即予承兑，并于汇票到期日即予付款,付款后交单。

The buyers shall duly accept the documentary draft drawn by the Sellers at...days sight upon first presentation and make payment on its maturity. The shipping documents are to be delivered against payment only.

例 7:远期付款交单(提单日后××天/出票后××天)

买方应凭卖方开具跟单汇票,于提单日(出票)后××天付款,付款后交单。

The buyers shall pay against documentary draft drawn by the sellers at...days after date of B/L(draft). The shipping documents are to be delivered against payment only.

例 8:承兑交单

买方对卖方开具的见票后××天付款的跟单汇票,于提示时应即予承兑,并于汇票到期日即予付款,承兑后交单。

The buyers shall duly accept the documentary draft drawn by the sellers at...days sight upon first presentation and make payment on its maturity. The shipping documents are to be delivered against acceptance.

三、信用证支付条款示例

例 9:即期信用证支付条款

买方应通过为卖方所接受的银行于装运月份前××天开立并送达卖方不可撤销即期信用证,有效至装运月份后第 15 天在中国议付。

The buyers shall open through a bank acceptable to the sellers an irrevocable sight letter of credit to reach the sellers...days before the month of shipment,valid for negotiation in China until the 15th day after the month of shipment.

例 10:远期信用证支付条款

买方应通过为卖方所接受的银行于装运月份前××天开立并送达卖方不可撤销见票后 30 天付款的信用证,有效至装运月份后第 15 天在上海议付。

The buyers shall open through a bank acceptable to the sellers an irrevocable letter of credit at 30 days sight to reach the sellers...days before the month of shipment,valid for negotiation in Shanghai until the 15th day after the month of shipment.

例 11:循环信用证支付条款

买方应通过为卖方可接受的银行于第一批装运月份前××天开立并送达卖方不可撤销的即期循环信用证,该证在 20×× 年期间,每月自动可供××(金额),并保持有效至 20×× 年 1 月 15 日在北京议付。

The buyers shall open through a bank acceptable to the sellers an irrevocable revolving letter of credit at sight to reach the sellers...days before the month of first shipment. The credit shall be automatically available during the period of 20... for ...(value) per month, and remain validity for negotiation in Beijing until January,15th,20××.

四、不同结算方式结合使用的支付条款示例

买方通过卖方接受的银行,于装船月份前 20 天开立并送达卖方不可撤销即期信用证,规定 50%发票金额凭即期光票支付,其余 50%金额用即期跟单托收方式付款交单。全套货运附

于托收项下,在买方付清发票的全部金额后交单。如买方不能付清全部发票金额,则货运单据须由开证行掌握,凭卖方指示处理。

The buyers shall open through a bankacceptable to the sellers an irrevocable sight letter of credit to reach the sellers 20 days before the month of shipment,stipulating that 50% of the invoice value available against clean draft at sight while the remaining 50% on documents against payment at sight on collection basis. The full set of shipping documents shall accompany the collection draft and shall only be released after full payment of the full invoice value,the shipping documents shall be held by the issuing bank at the seller's disposal.

思考

请翻译如下支付条款:

1. Payment Terms:The payment shall be effected by means of an irrevocable autorevolving,confirmed,transferable documentary letter of credit and revolving for entire contract period payable at sight 100%.

2. The payment will be effected by T/T in 50% amount of total contract value to the bank appointed by seller,and the rest amount of contract value will be totally paid by buyer when the goods are qualified after inspection on the arrival of goods.

实训项目

实训项目一 根据信用证缮制汇票

【项目情境】

信用证资料如下:

ISSUING BANK :BANK OF CHINA ,SINGAPORE

L/C NO. 12234 DATED APRIL 2 ND,2003

L/C AMOUNT:USD 9900.00

EXPIRY DATE :MAY 31 ST ,2003.   B/L DATED MAY 5 TH ,2003

APPLICANT:OVERSEAS TRADE COMPANY,SINGAPORE

BENEFICIARY:ZHEJIANG TEXTILE IMPORT AND EXPORT CORPORATION

WE OPEN IRREVOCABLE DOCUMENTARY CREDITAVAILABLE BY NEGOTIATION AGAINST PRESENTATION OF THE DOCUMENTS DETAILED HEREIN AND OF BENEFICIARY'S DRAFTS IN DUPLICATE AT SIGHT DRAWN ON US.

QUANTITY OF GOODS:1000KGS NET

UNIT PRICE:USD 9.00 PER KG CIFSINGAPORE   INVOICE NO:56789

【工作任务】

请根据上述信用证资料,替出口人缮制汇票:

Drawn under	....		L/C No.	....
Dated	....		Payable with interest	@···.%···按······息··· 付款
No.	....	Exchange for		Place and date of issue

At .... sight of this FIRST of exchange(Second of exchange being unpaid)

Pay to the order of		the sum

of

Value received	(quantity)	of (name of commodity).....................

....

To:	....	For and on behalf of (signature)

实训项目二 根据合同审核信用证

【项目情境】

2009 年 4 月,杭州婉丽进出口有限公司和英国的 Versions Limited 公司通过阿里巴巴的国际网站认识,经过两个多月的往来函电,双方于 2009 年 6 月 15 日就 20 000 个坐垫套和 4 500件挂毯的买卖签署了号码为 WL08E0620 的买卖合同(如下所示)。

HANGZHOU WANLY IMP. AND EXP. CO. ,LTD.
258 MOGANSHAN ROAD, HANGZHOU CHINA
SALES CONFIRMATION

To:VERSIONS LIMITED

23 COSGROVE WAY

LUTON, BEDFORDSHIRE

LU1 1XL U. K.

S/C No. :WL09E0620

Date:20 JUN 2009

Place:HANGZHOU, CHINA

Dear Sirs:

We hereby confirm having sold to you the following goods on terms and conditions as specified below:

Shipping Marks	Description of Goods and Packing	Quantity	Unit Price	Total Amount
AS PER SELLER'S OPTION	CUSHION COVERS AND RUGS CUSHION COVERS RUGS	20 000PCS 4 500PCS	CIF FELIXSTOWE GBP2. 20 GBP6. 70	 GBP44000. 00 GBP30150. 00
VERSIONS' ORDER NO 599/2009		24 500PCS		GBP74150. 00

大写总值：
Total Amount in words：SAY G. B. POUNDS SEVENTYFOUR THOUSAND ONE HUN-
DRED FIFTY ONLY.

装运港：
Loading port：SHANGHAI / NINGBO

目的港：
Destination：FELIXSTOWE

装运期限：
Time ofShipment：BEFORE 10 AUG.，2009

分批 / 转运：
Partial/ Transshipment：PARTIAL SHIPMENTS ALLOWED，TRANSSHIPMENT PRO-
HIBITTED

保险：
Insurance：COVERED BY THE SELLER FOR AT LEAST 110 PCT OF INVOICE VALUE
COVERING ALL RISKS AND WAR RISK AS PER ICC（A），CLAIMS PAYABLE AT
DESTINATION IN THE SAME CURRENCY OF THE DRAFTS

包装：
Packing：IN ONE40 FEET FULL CONTAINER LOAD

付款条件：
Terms of Payment：BY IRREVOCABLE LETTER OF CREDIT IN FAVOUR OF THE
SELLER TO BE AVAIL ABLE BY DRAFTS AT SIGHT，TO BE OPENED AND REACH
CHINA BEFORE 25 JUN. 2009 AND TO REMAIN VALID FOR NEGOTIATION IN
CHINA UNTIL 15 DAYS AFTER THE ACTUAL TIME OF SHIPMENT.

其他：
Others：
All disputes arising from the execution of or in connection with this contract shall be settled
amicable by negotiation. In case of settlement can't be reached through negotiation the case
shall then be submitted to China International Economic and Trade Arbitration Commission
in Beijing for arbitration in act with its sure of procedures. The arbitral award is final and
binding upon both parties for setting the Dispute. The fee for arbitration shall be borne by
the losing party unless otherwise awarded.

The Seller：   The Buyer：

杭州婉丽进出口有限公司   *VERSIONS LIMITED*
张婉丽   *Cathy Versions*

【工作任务】
2009 年 6 月 24 日，英国的 Versions Limited 公司根据合同规定开出了以杭州婉丽进出
口有限公司为受益人的第 DC LDI300954 号信用证（如下所示）。
请根据上述销售合同审核下面的信用证，找出并修改不符点。
SEQUENCE OF TOTAL ＊27：1/1
FORM OF DOC. CREDIT ＊40A：IRREVOCABLE AND TRANSFERABLE
DOC. CREDIT NUMBER ＊20：DC LDI300954
DATE OF ISSUE31C：090624
EXPIRY   ＊31D：DATE 090809 PLACE AT OUR COUNTER

APPLICANT   * 50: VERSIONS LIMITED
                      23 COSGROVE WAY
                      LUTON, BEDFORDSHIRE
                      LU1 1XL U. K.
APPLICANT BANK   51: HSBC BANK PLC (FORMERLY MIDLAND BANK PLC)
                      LONDON
BENEFICIARY   * 59: HANGZHOU WANLY EXP. AND IMP. CO. LTD.,
                      258 MOGANGSHAN ROAD,
                      HANGZHOU,
                      CHINA
CURRENCY CODE AND AMOUNT   * 32B: CURRENCY USD AMOUNT 74,150.00
POS. / NEG. TOL. (%) 39A: 05/05
AVAILABLE WITH/BY * 41D: ANY BANK
BY NEGOTIATION
DRAFT AT …   42C: AT 15 DAYS AFTER SIGHT
DRAWEE   * 42D: MIDLGB22BXXX
                * HSBC BANK PLC
                * (FORMERLY MIDLAND BANK PLC)
                * LONDON
PARTIAL SHIPMENTS   43P: ALLOWED
TRANSSHIPMENT   43T: NOT ALLOWED
PORT OFLOADING/AIRPORT DEPARTURE   44E: CHINA
PLACE OF FINAL DESTINATION/OF DELIVERY   44B: FELIXSTOWE
LATEST DATE OF SHIPMENT. 44C: 090809
DESCRIPTION OF GOODS 45A:
                      CUSHION COVERS AND RUGS
                      AS PER S/C NO WL06E0820 AND APPLICANT'S
                      ORDER NO 995/2009
                      CIF FELIXSTOWE
DOCUMENTS REQUIRED 46A:
                      + ORIGINAL SIGNED INVOICE PLUS
                      THREE COPIES
                      + FULL SET OF ORIGINAL CLEAN MARINE
                      BILL OF LADING MADE OUT TO SHIPPERS OR-
                      DER AND BLANK ENDORSED, MARKED
                      FREIGHT COLLECT AND NOTIFY APPLICANT-
                      WITH FULL NAME AND ADDRESS
                      +ORIGINAL PACKING LIST PLUS THREE COP-
                      IES INDICATING DETAILED PACKING OF
                      EACH CARTON
                      + ORIGINAL CERTIFICATE OF ORIGIN PLUS
                      ONE COPY ISSUED BY CHAMBER OF COM-
                      MERCE

+ CERTIFICATE SENT BY BENEFICIARY TO APPLICANT, EVIDENCING THAT COPIES OF INVOICE, BILL OF LADING AND PACKING LIST HAVE BEEN FAXED TO APPLICANT ON FAX NO 01-5824-3470 WITHIN 3 DAYS AFTER BILL OF LADING DATE

ADDITIONAL COND ION47A:

+ APPLICANT'S ORDER NO. 599/2009 MUST BE SHOWN ON ALL DOCUMENTS

+ UNLESS OTHERWISE EXPRESSLY STATE, ALL DOCUMENTS MUST BE IN ENGLISH.

+ EXCEPT SO FAR AS OTHERWISE EXPRESSLY STATE, THIS DOCUMENTARY CREDIT IS SUBJECT TO UNIFORM CUSTOMS AND PRACTICE FOR DOCUMENTARY CREDIT ICC PUBLICATION NO 600

+ ALL BANK CHARGES IN CONNECTION WITH THIS DOCUMENTARY CREDIT INCLUDING ISSUING BANK'S OPENING COMMISSION AND TRANSMISSION COSTS ARE FOR THE BENEFICIARY.

PRESENTATION PERIOD 48: WITHIN 5 DAYS AFTER THE DATE OF SHIPMENT BUT WITHIN THE VALIDITY OF THE CREDIT

CONFIRMATION INS TRUCTION   *49: WITHOUT

INSTRUCTION   78: ON RECEIPT OF DOCUMENTS CONFIRMING TO THE TERMS OF THIS DOCUMENTARY CREDIT, WE UNDERTAKE TO REIMBURSE YOU IN THE CURRENCY OF THE CREDIT IN ACCORDANCE YOUR INSTRUCTIONS, WHICH SHOULD INCLUDE YOUR UID NUMBER AND THE ABA CODE OF THE RECEIVING BANK

SEND. TO REC. INFO.   72: DOCUMENTS TO BE DISPATCHED BY COURIER SERVICE IN ONE LOT TO HSBC BANK PLC, TRADE SERVICES, LD1 TEAM. LEVEL 26, 8 CANADA SQUARE, LONDON E14 5HQ

能力迁移

一、英译汉

1. sight draft

2. applicant

3. beneficiary

4. documentary draft

5. commercial invoice

6. instructions to negotiating bank

7. method of reimbursement

8. export credit insurance

9. irrevocable L/C　　　　　　　　10. cash with order

11. payment by letter of credit at sight

12. payment by D/P at sight

13. The buyer shall pay against documentary draft drawn by the seller at 30days after date of B/L. The shipping documents are to be delivered against payment only.

14. The buyer shall pay the total value to the seller in advance by T/T before the end of July.

二、请根据下列情境,完成工作任务

1. 我国某公司与外商达成一项出口合同,付款条件为付款交单,见票后 90 天付款。当汇票及所附单据通过托收行寄抵进口地代收行后,外商及时在汇票上履行了承兑手续。货抵目的港时,由于用货心切,外商出具信托收据向代收行借得单据,先行提货转售。汇票到期时,外商因经营不善,失去偿付能力。代收行以汇票付款人拒付为由通知托收行,并建议我国公司径向外商索取货款。

任务一:什么是信托收据?

任务二:代收行借单给外商是否经过我公司授权?

任务三:我国公司应如何处理?

2. 我国某进出口公司向英国出口货物,采用三种不同托收方式:①付款交单即期;②付款交单见票后 30 天付款;③承兑交单见票后 30 天付款。假定该公司跟单汇票开立日为 1 月 2 日,寄单邮程 10 天。

任务一:即期付款交单下托收日、提示日承兑、付款日和交单日各为哪一天?

任务二:付款交单见票后 30 天付款下托收日、提示日承兑、付款日和交单日各为哪一天?

任务三:承兑交单见票后 30 天付款下托收日、提示日承兑、付款日和交单日各为哪一天?

3. 浙江远大公司以 CIF 鹿特丹条件与外商成交,出口一批货物,按发票金额 110%投保一切险及战争险。售货合同的支付条款只简单填写"payment by L/C"(信用证方式支付)。国外来证条款中有如下文句"payment under this credit will be made by us only after arrival of goods at Rotterdam"。卖方审证时未发现此问题,没有改证。远大公司交单结汇时,银行也未提出异议。不幸的是 60%的货物在运输途中被大火烧毁,船到目的港后开证行拒付全部货款。

任务一:"payment under this credit will be made by us only after arrival of goods at Rotterdam"是什么意思?

任务二:开证行拒付理由是否成立?

任务三:远大公司从中应吸取什么教训?

4. 我某公司与往来多年的非洲某客户签订商品销售合同一份,交货条件为 12 月至次年 6 月,每月等量装运 9 万米,凭不可撤销信用证自提单日后 60 天付款。客户按时开出不可撤销信用证,总金额和总数量均与合同相符,但装运条款仅规定:"最迟装运期为 6 月 30 日;分数批付运(to be shipped in several shipments)。"我方分三次将合同数量一并装出,我方银行也凭单议付,并先后向开证行交单索款。开证行审核单据认为无误,即支付了款项。当客户接到装船通知后,发现货物装出的时间和数量均与合同的交货条件不相符,向我方提出异议,并以货物涌到增加仓租费用等理由要求赔偿损失。经过双方协商,最后我接受客户意见,后两笔货款分别拖延四个月后付款。

任务一:非洲客户能否向我提出索赔?

任务二:我方处理方法是否妥当?为什么?

三、根据信用证缮制汇票

【情境资料】

信用证资料如下:

L/C NO. A－12B－34C DATED NOV. 11，2002

ISSUING BANK ： ISREAL DISCOUNT BANK OF NEW YORK, NEW YORK BRANCH

APPLICANT：THE ABCDE GROUP, INC.

BENEFICIARY:ZHEJIANG TEXTILES IMPORT&EXPORT CORPORATION

AMOUNT：USD4890.00　　　COVERING：100％ COTTON CUSHIONS

OTHER TERMS AND CONDITIONS：INVOICE NOT TO SHOW ANY COMMISSION BUT TO SHOW TOTAL CFR NEW YORK USD 5500.00

COMMISSION OF 2％ TO SHOW ONLY ON BILL OF EXCHANGE

INVOICE NO. ：12346

【工作任务】

请根据上述信用证资料，替出口人缮制汇票，填制在下面空白汇票中。

凭

Drawn under ----------------------------------

信用证或购买证第　　号

L/C or A/P No.-------------------------------

日期　　年　月　日

Dated -------------------------------------

按　　息　　付　　款

Payable with interest @ _____ % per annum

号码　　　　　汇票金额　　　　　　　中国杭州　　　　年　月　日

No. ----------- Exchange for ▨▨▨　　Hangzhou, China ------------- 2003

见票　　　　　　　　　　　　日后（本汇票之副本未付）　　付

At ----------- sight of this FIRST of Exchange（Second of exchange being unpaid）

Pay to the order of ------------------------------------- 或其指定人

金额

the sum of ▨▨▨

此致

To -----------------------------

四、流程设计

1.根据下列业务背景写出货款收付流程。

出口方:北京东方贸易公司　　往来银行:中国银行北京分行

进口方:日本 JUOLA 贸易公司　往来银行:东京三菱银行

支付方式:全部交易金额以银行汇票付款

2.请分步骤用文字写出付款交单凭信托收据借单(D/P·T/R)的支付流程。

项目七

争议的预防及解决

学习目标

知识目标 通过本项目的学习，了解出入境检验检疫、索赔、不可抗力、仲裁的基础知识和有关规则，从而为正确订立和履行合同打下坚实的基础。

能力目标 掌握出入境检验检疫程序及检验检疫的时间和地点的规定、不可抗力事件的认定、不可抗力的法律后果及其处理、仲裁协议的作用和仲裁裁决的效力。

素质目标 熟练运用和缮制合同条款中出入境检验检疫、索赔、不可抗力、仲裁的内容。

情境导入

我国甲公司与印度尼西亚乙公司，分别于 2003 年 4 月 26 日，2003 年 9 月 2 日和 9 月 20 日订立 3 份售货确认书，由甲公司向印度尼西亚乙公司出售 T 恤衫、背心等纺织品，3 份确认书的总金额为 912 141 美元，约定付款方式为 D/A90 天。上述确认书签订后，甲公司按合约全面地履行了供货义务，而印尼乙公司则仅付了 200 000 美元的货款，其余货款未付。印尼乙公司辩称，甲公司提供的 T 恤衫存在多处质量问题：使用多年库存的布料；T 恤衫重量轻于被申请人要求的规定；T 恤衫的长度太短（与规定的尺寸不一致）；同一批货物的 T 恤衫的颜色不一致。为此，印尼乙公司提出拒付余款，但印尼乙公司没有提供相应的证明，经交涉多次无结果，甲公司根据售货确认书的仲裁条款提起仲裁，要求印尼乙公司：①支付货款 712 141 美元；②支付上述货款的利息 4 467.50 美元；③支付本案的仲裁费用及甲公司的代理费等由印尼乙公司负担。

国际贸易中，买卖双方交易的商品，一般都要经过检验，以确定所交货物是否与合同相符。在履约过程中，如合同当事人的任何一方有违约情况，给对方造成损失，受损害方有权提出索赔。如合同签订后发生不可抗力事件，致使合同不能履行，可按约定的不可抗力条款免除合同当事人的责任；如交易双方在履行合同中产生争议，则可按约定的仲裁方式解决。

因此，为了更好的履行合同，避免产生不必要的麻烦和损失，本项目将就下列问题展开讨论并辅以相应的训练：

(1)进出口商品的检验检疫程序、进出口商品检验检疫时间和地点的规定方法。

(2)不可抗力。

(3)索赔。

(4)仲裁。

知识支撑

子项目一　出入境检验检疫

在国际贸易中，买卖双方地处两个国家。货物一般需经过长途的运输，在运输途中货物的品质和数量很可能受到损害。因此，如果到货品质或数量与合同规定不符，就会引起买卖双方的争议。为了维护买卖双方的利益,同时促进对外贸易的顺利进行,一个独立而公正的第三者的检验工作就显得十分重要。检验机构经过检验或鉴定后出具的检验证书,已成为国际贸易中买卖双方交接货物、结算货款、索赔和理赔的主要依据。另外,对于特殊的商品,例如动植物等商品的进口还要进行检疫。

此外,各国法律和《联合国国际货物销售合同公约》都对买方的检验权作了相似的规定,即除非合同另有规定,当卖方履行交货义务以后,买方有权对货物进行检验,如果发现货物与合同规定不符,而且确属卖方的责任,买方有权表示拒收,并有权索赔。

一、出入境检验检疫概述

出入境检验检疫工作是指国家出入境检验检疫部门依照国家检验检疫法律法规规定,对进出境的商品(包括动植物产品),以及运载这些商品、动植物产品和旅客的交通工具、运输设备,分别实施检验、检疫、鉴定、监督管理和对出入境人员实施卫生检疫及口岸卫生监督的统称。

出入境检验检疫工作的主要内容和目的是:

(1)对进出口商品进行检验、鉴定和监督管理,保证进出口商品符合质量(标准)要求,维护对外贸易有关各方的合法权益,促进对外经济贸易的顺利发展。

(2)对出入境动植物及其产品,包括其运输工具、包装材料的检疫和监督管理,防止危害动植物的病菌、害虫、杂草种子及其他有害生物由国外传入或由国内传出,保护本国农、林、渔、牧业生产和国际生态环境和人类的健康。

(3)对出入境人员、交通工具、运输设备以及可能传播检疫传染病的行李、货物、邮包等物品实施国境卫生检疫和口岸卫生监督,防止传染病由国外传入或者由国内传出,保护人类健康。

二、出入境检验检疫机构及其职责

(一)我国的出入境检验检疫机构及其职责

1. 国家质量监督检验检疫总局

国家质量监督检验检疫总局(General Administration of Quality Supervision , Inspection and Quarantine of the People's Republic of China)是由国家质量技术监督局与国家出入境检验检疫局合并组建。国家质量监督检验检疫总局是国务院主管全国质量、计量、出入境商品检验、出入境卫生检疫、出入境动植物检疫和认证认可、标准化等工作,并行使行政执法职能的直属机构。其主管的出入境检验检疫工作职责有三项:一是对进出口商品实施法定检验检疫;二是办理进出口商品鉴定业务;三是对进出口商品的质量和检验工作实施监督管理。

(1)法定检验检疫。对进出口商品法定检验是指国家出入境检验检疫部门根据国家法律法规规定,对规定的进出口商品或有关的检验检疫事项实施强制性的检验检疫,未经检验检疫或经检验检疫不符合法律法规规定要求的,不准输入输出的措施。

法定检验检疫的目的是为了保证进出口商品、动植物(产品)及其运输设备的安全、卫生符合国家有关法律法规规定和国际上的有关规定;防止次劣有害商品、动植物(产品)以及危害人类和环境的病虫害和传染病源输入或输出,保障生产建设安全和人类健康。国家出入境检验检疫部门对进出口商品实施法定检验检疫的范围包括:

①列入《出入境检验检疫机构实施检验检疫的进出境商品目录》(简称《检验检疫商品目录》)。

②《中华人民共和国食品卫生法(试行)》规定应实施卫生检验检疫的进出口食品。

③危险货物的包装容器、危险货物运输设备和工具的安全技术条件的性能和使用鉴定。

④装运易腐烂变质食品、冷冻品的船舱、货仓、车厢和集装箱等运载工具。

⑤国家其他有关法律、法规规定须经出入境检验检疫机构检验的进出口商品、动植物(产品)等。

(2)公证鉴定。商检机构以及经国家商检机构批准的其他检验机构,可以接受对外贸易当事人的申请,或外国检验机构的委托,办理规定范围内的进出口商品鉴定业务,签发各种检验证书,作为对外贸易当事人办理进出口货物的交接、结算、计费、整算、索赔、仲裁等有效凭证。例如品质、数量证明,残损鉴定和海损鉴定,车、船、飞机和集装箱的运载鉴定,普惠制产地证。

公证鉴定业务与法定检验不同,它不具有强制性。不是法定检验的商品,对外贸易当事人可以向商检机构申请检验,也可以不向商检机构申请检验。

(3)监督管理。进出口商品检验的监督管理工作,是对进出口商品执行检验把关和对收货、用货单位,生产、经营单位和储运单位,以及指定或认可的检验机构的进出口商品检验工作进行监督检查的重要方式;是通过行政管理手段,推动和组织有关部门对进出口商品按规定要求进行检验。其目的是为了保证出口商品质量和防止次劣商品进口。出入境检验检疫机构进行监督检查的内容包括:

①对其检验的进出口商品进行抽查检验。

②对其检验组织机构、检验人员和设备、检验制度、检验标准、检验方法、检验结果等进行监督检查。

③对其他与进出口商品检验有关的工作进行监督检查。对进出口商品实施质量认证、质量许可制度,加贴检验检疫标志或封识以及指定、认可、批准检验机构等工作,也属于进出口商品检验的监督管理工作范围。

2. 中国商品检验公司

中国商品检验公司(China National Import & Export Commodities Inspection Corporation,CCIC),全称是中国进出口商品检验总公司,于1980年7月经国务院批准成立,是国家进出口商品检验局指定的实施进出口商品检验和鉴定业务的检验实体,它的性质属于民间商品检验机构。中国商品检验公司在全国各省、市、自治区设有分支机构,接受对外贸易关系人的委托,办理各项进出口商品检验鉴定业务,为之提供顺利交接结算、合理解决索赔争议等方面的服务。另外,中国商品检验公司还在世界上20多个国家设有分支机构,承担着装船前检验和对外贸易鉴定业务。

我国商品检验机构和一些国外检验机构建立了委托代理关系或合资检验机构。外国检验机构经批准也可在我国设立分支机构,在指定范围内接受进出口商品检验和鉴定业务。

(二)国际上的出入境检验检疫机构

世界上大多数国家都设有专门的出入境检验检疫机构,这些机构从性质上分,有官方检验机构,也有同业公会或协会设立的检验组织;此外,生产厂商也可能自己的检验部门。其中一些比较著名的检验机构如:①官方机构:美国食品药物管理局(FDA),英国标准协会(BSI),德国技术检验代理机构网(TUV)等;②非官方机构:瑞士日内瓦通用鉴定公司(SGS),英国劳合氏公证行(Lioyd's Sruveyor),英国英之杰检验集团(IITS),日本海事鉴定协会(NKKK),美国材料与试验学会(ASTM)等。

三、出入境检验检疫的程序

凡是属于法定检验商品或合同规定需要商检机构进行检验并出具检验证书的商品,对外贸易关系人均应及时提请商检机构进行检验。我国进出口商品检验程序主要包括以下四个环节。

(一)报验

进出口报验是指对外贸易关系人向商检机构申请检验。

1. 报检资格的认定

(1)报检单位首次报检时须持本单位营业执照和政府批文办理登记备案手续,取得报检单位代码。其报检人员经"报检员资格全国统一考试"合格取得《报检员资格证》,凭《报检员资格证》领取《报检员证》。凭《报检员证》报检。

(2)代理报检单位按规定办理"注册登记手续",其报检人员经"报检员资格全国统一考试"合格取得《报检员资格证》,凭《报检员资格证》领取《代理报检员证》。凭《代理报检员证》办理代理报检手续。

(3)代理报检的,须提供委托书,委托书由委托人按检验检疫机构规定的格式填写。

(4)非贸易性质的报检行为,报检人凭有效证件可直接办理报检手续。

2. 报检手续的办理

(1)进口商品报验手续。进口商品凡列入《种类表》内或合同规定由商检机构检验并出具检验证书的,在货到后,收、用货部门或代理接送部门应及时向到达口岸或到达站的商检机构检验。报检应填写"入境货物报检单",填明申请检验鉴定项目要求,并提供合同发票、提单、装箱单等有关资料。申请品质检验的,应提供国外品质证书、使用说明书及有关标准和技术资料。凭样成交的,应加附成交小样。申请残损鉴定的,应提供残损单、铁路商务汇录或海事报告等有关单证。申请数(重)量鉴定的,应提供重量明细表、理化清单等。

(2)出口商品报检手续。办理出口商品报检手续首先应填写"出境货物报检单"。报检人必须按规定填写报检申请单,每份申请单只限填报一批商品(并批的应填写附单),"一批"指同一品名,在同一时间,以同一运输工具,来自或运往同一地点,同一收货、发货人的货物。另外,出口报检时应提供下列资料:对外贸易合同、发票、提单、装箱单等有关单证。此外,凡实施安全质量许可、卫生注册,或其他需审批审核的货物,应提供有关证明。

(二)抽样

商检机构接受报验后,须及时派人到存货堆存地点进行现场检验鉴定。其内容包括货物的数量、重量、包装、外观等项目。由于进出口商品种类繁多,情况复杂,有时一批商品的数量很大甚至达几万吨。现场检验一般采取国际贸易中普遍使用的抽样法(个别特殊商品除外)。抽样时须按规定的抽样方法和一定的比例随机抽样,以便样品能代表整批商品的质量。

(三)检验

商检机构可以使用从感官到化学分析、仪器分析等各种技术手段。商检机构根据抽样和现场检验记录,仔细核对合同及信用证对品质、规格、数量、包装的规定,根据检验的标准,采用合理的方法实施检验。

(四)签证与放行

签证、放行是检验检疫工作的最后一个环节。

出入境货物,经商检机构检验检疫合格后,签发通关单或换发检验检疫证书。进行法定检验的货物,凭出、入境货物通关单,由海关放行货物;由对外贸易人申请检验的货物,经检验合格的,由商检机构签发相应的检验证书(inspection certificate)。该证书是对外贸易有关各方履行契约义务、处理索赔争议和仲裁、诉讼举证,具有法律依据的有效证件;也是海关验放、征收关税和优惠减免关税的必要证明。商检证书主要种类有:品质检验证书(inspection certificate of quality)、数量检验证书(inspection certificate of quantity)、卫生检验证书(sanitary inspection certificate)、消毒检验证书(disinfections inspection certificate)、残损检验证书(inspection certificate damaged cargo)、产地证明书(inspection certificate of origin)等。

四、出入境检验检疫时间和地点的规定方法

各国关于检验的规定说明,除非双方另有规定,对货物进行检验是买方的一项基本权利。尽管如此,为了明确起见,买卖双方应在合同中作出具体规定。但是必须指出的是,买方对货物的检验并不是其接受货物的前提条件,假如买方没有在合理的时间内对货物进行检验,即为放弃了检验权,因此也就丧失了拒收货物的权利。

在国际货物买卖合同中,关于检验时间和地点的确定方法,基本有以下三种。

(一)在出口国检验

在出口国检验可分为在产地检验和装运前或装运时在装运港(地)检验。

1. 产地检验

在产地检验,即在货物离开生产地点(如工厂、农场或矿山等)之前,由卖方或其委托的商检机构人员或买方的验收人员或买方委托的检验机构人员对货物进行检验或验收。在货物离开产地之前进行检验或验收为止的责任,由卖方负责。

2. 装运前或装运时在装运港(地)检验

据此规定,货物在装运港或装运地交货前,由买卖合同中规定的检验机构对货物的品质和重量或数量进行检验,并以该机构出具的检验证书作为最后依据。卖方对交货后货物所发生的变化不承担责任,买方也无权拒收货物或提出异议和索赔。货物以离岸品质、离岸重量(shipping quality and weight)为准。

(二)在进口国检验

在进口国检验可分为在目的港(地)检验和买方营业处所(最终用户所在地)检验。

1. 在目的港(地)检验

在目的港(地)检验以货物到岸品质、重量(或数量)(landing quality,weight or quantity as final)为准,是指在货物抵目的港(地)卸货后的一段时间内,由双方约定的目的港(地)的检验机构进行检验,并以该机构出具的检验证书作为决定交付货物的品质、重量或数量的依据。如检验证书证明货物与合同规定不符系属卖方责任,卖方应予负责。

2. 在买方营业处所(最终用户所在地)检验

在买方营业处所或最终用户所在地,由合同规定的检验机构在规定的时间内进行检验。货物的品质和重量或数量等项内容以该检验机构出具的检验证书为准。此种检验通常适用于那些因使用前不便拆开包装,或因不具备检验条件而不能在目的港或目的地检验的货物,如密封包装货物、精密仪器等。

采取上述两种做法时,卖方实际必须承担到货品质、重量(或数量)的责任。如果货物在品质、重量(或数量)等方面存在不符点,且属于卖方责任所致,买方则有权凭货物在目的港、目的地或买方营业处所或最终用户所在地经检验机构检验后出具的检验证书向卖方提出索赔,卖

方不得拒绝。因此,这两种方法对卖方不利。

(三)在出口国检验,在进口国复验

这种做法即以出口国装运港(地)的检验机构验货后出具的检验证书,作为卖方收付货款的依据。货物运到目的港(地)后,由双方约定的检验机构在规定的时间内进行复验,如发现货物的品质、数量、包装等与合同规定不符而责任属于卖方时,买方可在规定的时间内凭复验证书向卖方提出异议和索赔。由于这种做法兼顾了买卖双方的利益,比较公平合理,因此它是国际货物买卖中最常见的一种规定检验时间和地点的方法,也是我国进出口业务中最常见的一种方法。

(四)装运港(地)检验重量、目的港(地)检验品质

这种做法是以装运港(地)检验机构检验后出具的重量证书和目的港(地)检验机构出具的品质证书为最后依据,被称为离岸重量、到岸品质(shipping weight and landed quality)。这种做法多应用于大宗商品交易的检验中,以调和买卖双方在检验问题上存在的矛盾。

买卖双方在订立进出口合同中的检验条款时,一般包括对有关检验权、检验和复验的时间和地点、检验机构、检验检疫证书的规定等。具体条款举例如下:

商品检验:双方同意以装运港所在地出入境检验检疫局签发的品质和数量(或重量)检验证书,作为信用证项下议付单据的一部分,买方有权对货物的品质、数量(或重量)进行复验。复验费由买方负担。如发现品质、数量(或重量)与合同不符,买方有权向卖方索赔。索赔期限为货到目的港后××天内。

Inspection: It is mutually agreed that the inspection certificate of quality and quantity (weight) issued by the Entry-Exit Inspection & Quarantine Bureau (PRC) at the port of shipment shall be part of the documents to be presented for negotiation under the relevant L/C. The buyer shall have the right to reinspect the quality and quantity(weight) of the cargo. The reinspection fee shall be borne by the buyer. Should the quality and/or quantity (weight) be found not in conformity with that of the contract, the buyer is entitled to lodge with the Seller a claim. The claim, if any, shall be lodged within ×× days after arrival of the cargo at the port of destination.

思考

资料:某年1月外国某公司(卖方)与我国某公司(买方)签订一份羊皮交易合同,即外国某公司卖给我国某公司一批羊皮,交货及价格条件为FOB中东某港口。合同签订后,我国公司如期开出信用证,但由于当时中东政局动荡,交货受到阻碍,卖方两次要求推迟装运期和将信用证有效期延展,直到4月下旬才完成装船交货,5月上旬运输船只抵达中国天津新港。买方在接到货物后发现到货的羊皮存在着明显的质量问题,随即向卖方发电通知保留索赔权,并委托天津商检局对货物进行了检验,检验书上指明:该批羊皮大部分已无使用价值,羊皮的质量缺陷在发货前即已存在。我方据此多次向对方交涉,要求赔偿,但对方并未接受。卖方认为其不负担责任,理由如下:①卖方曾指派代表亲赴装运港口验货,认定羊皮质量良好,完全符合合同规定的条件;②按照FOB术语的规定,卖方在货物装运港(中东某港口)备妥货物并装上买方派来的船只后,货物风险即由卖方转移给买方,因此买方如以羊皮质量有缺陷为依据提出索赔,则必须证明该羊皮在的装货前就已存在这种质量缺陷;③天津商检局检验证书中所作出的结论,即该批羊皮的质量缺陷在发货前已存在的说法缺乏足够的证据。

试问:卖方的理由能否成立?为什么?

子项目二 索赔

国际货物买卖合同对合同双方当事人具有法律约束力,任何一方当事人都必须按照合同规定严格履行合同义务。否则,即构成违约,违约的一方当事人应承担相应的违约责任,另一方有权提出赔偿要求,直至解除合同。

一、争议及索赔、理赔的含义

争议(disputes)是指交易的一方认为另一方未能全部分或部分履行合同规定的责任而引起的纠纷。在国际贸易业务中,这种纠纷屡见不鲜,究其原因主要是:

(1)卖方违约,如卖方不交货,未按合同规定的时间、品质、数量、包装条款交货,单证不符等。

(2)买方违约,如买方不开或缓开信用证,不付款或不按时付款赎单,无理拒收货物,在FOB条件下不按时派船接货等。

(3)合同条款的规定欠明确,如"合理公差","适合海运包装",买卖双方国家的法律或对国际贸易惯例的解释不一致等。

(4)在履行合同过程中遇到了买卖双方不能预见或无法控制的情况,如某种不可抗力原因,双方有不一致的解释等。

索赔(claims)是指国际贸易业务的一方违反合同的规定,直接或间接地给另一方造成损害,受损方向违约方提出损害赔偿的要求。根据索赔对象的不同,索赔可以分为向合同违约方索赔(多数为买方向卖方索赔)、向运输公司索赔、向保险公司索赔等。向卖方索赔,主要包括以下情况:原装数量不足;货物的品质、规格与合同规定不符;包装不良致使货物受损;未按期交货或拒不交货等。向运输公司索赔,主要包括以下情况:原装数量少于提单所载数量;提单是清洁提单,而货物有残缺情况,且属于船方过失所致;货物所受的损失,根据租船合约有关责任应由船方负责等。向保险公司索赔,主要包括以下情况:由于自然灾害、意外事故或运输中其他事故的发生致使货物受损,并且属于承保险别范围以内的;凡运输公司不予赔偿金额不足抵补损失的部分,并且属于承保范围内的。

理赔(settlement of claims)是指违约方受理受损方提出的赔偿要求。可见,索赔和理赔是同一个问题的两个方面。

思考

资料:2007年8月20日,一艘承载我国上海某贸易公司(买方)向某国出口商认购的一批进口钢材的外国货轮到达上海港,船在锚地进行"三检"时,发现钢材上层严重锈蚀,后据调查该船到达前曾航行于赤道附近多日,并曾遇到过大雨,该钢材买卖合同采用的是CIF条件,付款方式为托收,但没有索赔条款。

试问:作为买方,在收到受损的货物后,应当如何操作进口索赔呢?

二、违约的分类

贸易合同是对缔约双方具有约束力的法律文件。任何一方违反了合同义务,就应承担违约的法律后果,受损方有权提出损害补偿要求。各国的法律或国际组织的文件对于违约方的违约行为及由此产生的法律后果、对该后果的处理有不同的规定和解释。

英国的《货物买卖法》将违约分为违反要件和违反担保两种。违反要件(breach of condition)是指违反合同的主要条款,即违反与商品有关的品质、数量、交货期等要件,在合同的一方当事人违反要件的情况下,另一方当事人即受损方有权解除合同,并有权提出损害赔偿,违反担保(breach of warranty)是指违反合同的次要条款,在违反担保的情况下,受损方只能提出损害赔偿,而不能解除合同。

《联合国国际货物销售合同公司》将违约分为根本性违约和非根本性违约两种。根本性违约(fundamental breach)是指违约方的故意行为造成的违约,如卖方完全不交货,买方无理拒收货物、拒付货款,其结果给受损方造成实质损害(substantial detriment)。如果一方当事人根本违约,另一方当事人可以宣告合同无效,并可要求损害赔偿。非根本性违约(non-fundamental breach)是指违约的状况尚未达到根本违反合同的程度,受损方只能要求损害赔偿,而不能宣告合同无效。

美国法律把违约按其造成的后果分成"严重违约"和"轻微违约"。对于"严重违约",受损方不但有权要求损害赔偿,而且有权宣告合同无效。对于"轻微违约",受损方则只能要求损害赔偿而不能解除合同。

由于各国的法律和国际公约对违约的区分不同,因此对于不同的违约情况违约方应承担的责任亦有不同的规定。所以,为了维护买卖双方的利益,应在国际货物买卖合同中订明索赔条款,并正确运用。

三、合同中的索赔条款

进出口货物贸易合同中,索赔条款规定方式有两种:一种是异议与索赔条件;另一种是罚金条款。在一般买卖合同中,多数只订异议与索赔条款,只有在买卖大宗商品和机械设备一类商品的合同中,除订立异议与索赔条款外,再另订立罚金条款。

(一)异议与索赔条款

异议与索赔条款(discrepancy and claim clause)一般是针对卖方交货品质、数量或包装不符合规定而订立的,主要包括以下内容:

(1)索赔依据。索赔依据主要规定提出索赔必须具备的证据和出证机构。索赔依据应与检验条款内容相一致。

(2)索赔期限。索赔期限规定索赔方必须在规定期限内提出向违约方的索赔要求,否则对方可不予受理。索赔期限的规定应本着慎重、合理的原则,区别不同的货物情况,作出不同的规定。如对食品、农产品等易腐烂变质的货物,索赔期限一般应规定得短些;对其他一般货物,索赔期限通常规定为货到目的地后 30 天内或 45 天内;对机器设备等货物索赔期限可规定为货到目的地后 60 天内或更长一些时间。

(3)索赔的处理方法及索赔金额。关于索赔的处理方法及索赔金额,除个别情况外,由于违约的情况较复杂,当事人在订约时难以事先预计,故通常在合同中不作具体规定。

异议与索赔条款示例:

买方对装运货物的任何索赔必须于货物到达提单及/或运输单据所订目的港之日起××天内提出,并须提供卖方同意的公证机构出具的检验报告。

Any claim by the buyer regarding the goods shipped should be filed within×× days after the arrival of the goods at the port of destination specified in the relative bill of lading and/or transport document and supported by survey report issued by a surveyor approved by the seller.

（二）罚金条款

罚金条款（penalty clause），也称违约金条款，是指如一方未履行或未完全履行合同规定的义务时，应向对方支付一定数额的约定罚金，以补偿对方的损失。

罚金条款适用于卖方延期交货或买方延期接货等情况。通常预先在合同中规定罚金的百分率，一般用于连续分批交货的大宗商品合同。

罚金条款示例：

买方因自身原因不能按合同规定的时间开立信用证应向卖方支付罚金。罚金按迟开证每××天收取信用证金额的××％，不足××天按××天计算，但罚金不超过卖方已开信用证金额的××％。

Should the buyer for its own sake fail to open the Letter of Credit on time stipulated in the contract，the buyer shall pay a penalty to the seller. The penalty shall be charge at the rate××％ of the amount of Letter of Credit for every ×× days of delay in opening the Letter of Credit ，however the penalty shall not exceed ××％ of total value of the Letter of Credit which the buyer should have opened.

合同中规定罚金条款，各国在法律上有不同的解释和规定。德国、法国等国的法律对合同中的罚金条款予以承认。而英国、美国等国的法律对合同中的罚金条款的解释分两种情况：一种为"预定的损害赔偿"，法律予以承认；另一种为"罚款"，法律不予承认合同规定的金额，而是根据受损方提出损失金额的证明另行确定。

另外，支付罚金后并不等于合同解除，当事人一方因违约支付罚金后，除非合同另有约定，仍必须继续履行合同的其他义务。

四、索赔和理赔应注意的问题

（一）索赔时应注意的问题

办理对外索赔时一般应注意以下几个方面问题：①关于索赔证据：对外提出索赔需要提供证据。首先，应制备索赔清单，随附商检局签发的检验证书、发票、装箱单副本。其次，对不同的索赔对象还要另附有关证件。向卖方索赔时，应在索赔证件中提出确切根据和理由，如系 FOB 或 CFR 合同，尚须随附保险单一份；向船公司索赔时，须另附由船长及港务局理货员签证的理货报告船长签证短卸或残损证明；向保险公司索赔时，须另附保险公司与买方的联合检验报告等。②关于索赔金额：索赔金额，除受损货物的价值外，有关的费用也可提出。如商品检验费、装卸费、银行手续费、仓租、利息等，都可包括在索赔金额内。至于包括哪几项，应根据具体情况确定。③关于索赔期限：对外索赔必须在合同规定的索赔有效期限内提出，过期无效。如果商检工作可能需要更长的时间，可向对方要求延长索赔期限。

（二）理赔时应注意的问题

首先，在理赔工作中要认真研究分析对方索赔理由是否充足，情况是否属实，是否确因我方违约而使对方遭受损失，是否符合合同规定或法律规定，如属逾期才提出的索赔，我方可以不予受理。

其次，仔细审核对方所提出的索赔证件和有关文件。如出证机构是否符合要求，检验标准和检验方法是否符合双方规定，单证是否齐全、清楚，有无夸大损失；等等。

最后,合理确定赔付办法。如确属我方责任,应公平合理、实事求是地研究提出理赔方案,并与对方协商确定。赔付办法,可以采取赔付部分货物、退货、换货、补货、修整、赔付一定金额及对索赔货物给予价格折扣或按残损货物百分比对全部货物降价等办法处理。

总之,我们应该认真对待索赔和理赔工作,注意策略,及时处理,做到有理、有利、有节。

❓思考

资料:我国 A 公司与英国 B 公司于某年 5 月通过函电签订了一份分批装运进出口合同,由 A 公司向 B 公司出售化工原料 5 000 公吨。双方在合同中订明价格条款为 CFR 伦敦,总金额为 185 万英镑,每批等量装运,包装条款为适合海运性质的包装;索赔条款是货物到达目的港后,数量和规格问题应于 15 天内,质量问题应于 90 天内,买方需凭卖方同意的检验人的证明向卖方提出索赔要求,在货物发运前,B 公司的代理人到 A 公司仓库查看了货物包装情况,没有提出疑义。A 公司从 7 月起开始发运,到 11 月止货物出运完毕。每批装载,船方均出具了清洁提单。货到目的港后,B 公司发现每批货物都有部分篓子损坏。于是,B 公司单方面聘请欧洲某公证行检验货物,出具的证明表明破损的原因是由于托盘木条强度不够,不适宜海上运输,以及包装袋捆扎不紧所致。据此,B 公司两次传真给 A 公司提出索赔,要求 A 公司负责重新包装的人工费、材料费及检验费用,索赔金额约 7 万英镑。经过核实,A 公司仅同意赔偿40% 的损失。双方又经过几次协商,未能达成协议。最后经国内某商会调解,双方达成协议,A 公司补偿 B 公司 5.2 万英镑,了解此案。

试问:在本案中,A 公司应吸取哪些经验教训?

子项目三　不可抗力

进出口货物买卖合同成立以后,有时会发生不可抗力的意外事件,使之失去原有的履行合同的基础。对此,法律可以免除未履行或未完全履行合同一方对另一方的责任,对于一个具体交易,如何处理不可抗力事件,双方当事人应在合同中明确规定。

一、不可抗力事件的含义

不可抗力(force majeure),又称人力不可抗拒,通常是指在合同签订以后,不是出于任何一方当事人的过失或疏忽,而是出于发生了当事人所不能预见,也无法事先采取预防措施的意外事故,以致不能履行或不能如期履行合同的事件。遭受意外事故的一方,可以免除履行合同的责任或延迟履行合同。

二、不可抗力事件的原因及认定条件

不可抗力事件通常包括两种情况:一是由"自然力量"引起的,如水灾、火灾、暴风、大雪、暴风雨、地震等;二是由"社会力量"引起的,如战争、罢工、政府禁令等。

需要注意的是,并不是所有的由"自然力量"、"社会力量"引起的意外事故都可以归结为不可抗力。一般而言,构成不可抗力事件应具备以下条件:①事件是在合同成立以后发生的;②不是出于任何一方当事人的故意或过失造成的;③事件的发生及其造成的后果是当事人无法预见、无法控制、无法避免和不可克服的。

？思考

资料：我国从阿根廷进口普通豆饼 4 万公斤，交货期为 8 月底。然而，4 月份阿根廷方面原定的收购地点发生了百年未遇的洪水，收购计划落空。阿根廷方面要求按不可抗力处理并免除交货责任。

试问：我方是否同意？应该如何处理此种情况？

三、不可抗力事件的处理

根据有关的法律和国际贸易惯例，如具发生不可抗力事件，致使合同无法履行或无法如期履行，有关当事人可以免除相应责任，即解除或变更合同。但发生不可抗力的一方应及时通知对方，并提供必要的证明文件。

（一）通知及必要的证明文件

《联合国国际货物销售合同公约》规定，在不可抗力事件发生后，违约方必须及时通知另一方并提供必要的证明文件，而且在通知中应提出处理意见。如果因未及时通知而使另一方受到损害，则应负赔偿责任。我国《合同法》也规定："当事人一方因不可抗力不能履行合同的，应当及时通知对方，以减轻可能给对方造成的损失，并应当在合理期限内提供证明。"这就是说，当不可抗力事件发生后，不能按规定履约的一方当事人要取得免责的权利，必须及时通知另一方，并提供必要的证明文件，并且应在通知中提出处理意见，否则不予免责并自负后果。不可抗力事件出具证明的机构，大多为当地商会。在我国，不可抗力事件证明由中国国际贸易促进委员会（即中国国际商会）出具。另一方接到不可抗力事件的通知和证明文件后，应根据事件性质，决定是否确认其为不可抗力事件，并把处理意见及时通知对方。

（二）解除或变更合同

不可抗力事件发生后所引起的法律后果主要有两种：一是解除合同；一是变更合同。至于在什么情况下可以解除合同，在什么情况下变更合同，则要根据该不可抗力事件的性质及对履行合同的影响程度来确定。一般遵循的原则是：如果不可抗力事件的发生使合同的履行成为不可能，如由于自然灾害导致标的物全部灭失，则可解除合同；如果不可抗力事故只是暂时阻碍合同的履行，如暴风雨使交通中断，那就只能延迟合同履行的时间，而不能解除合同。

（三）处理时应注意的事项

不可抗力事件的处理，关键是对不可抗力事件的认定，尽管在合同中对不可抗力条款中作了一定的说明，但在具体问题上，双方会对不可抗力事件是否成立出现分歧。通常应注意下列事项：

（1）区分商业风险和不可抗力事件。商业风险往往也是无法预见和不可避免的，但是它和不可抗力事件的根本区别在于一方当事人承担了风险损失后，有能力履行合同义务。

（2）重视"特定标的物"的作用。对于包装后刷上唛头或通过运输单据等已将货物确定为某项合同的标的物，称为"特定标的物"。此类货物由于意外事件而灭失，卖方可以确认为不可抗力事件。如果货物并未特定化，则会造成免责的依据不足。比如三万米棉布在储存中由于不可抗力损失了一万米，若棉布分别售于两个买主，而未对棉布作特定化处理，则卖方对两个买主都无法引用不可抗力条款免责 。

四、不可抗力条款的规定方法

国际货物买卖合同中的不可抗力条款主要有：不可抗力事件的范围、不可抗力事件的处理、不可抗力事件发生后通知对方的期限、方式以及不可抗力事件的出证机构。

我国进出口合同规定不可抗力条款有以下三种方法。

1. 概括式

概括式，即在合同中不具体订明哪些属于不可抗力事件，而只是用笼统的语言作出概括的规定。

例如，"由于不可抗力的原因，致使卖方不能全部或部分装运或延迟装运合同货物，卖方对于这种不能装运或延迟装运本合同货物不负有责任。

If the shipment of the contracted goods is prevented or delayed in whole or in part due to force majeure, the sellers shall not be liable for non-shipment or late shipment of the goods of this contract.

2. 列举式

列举式，即在合同中明确列出经双方认可的不可抗力事件，凡合同中没有明确规定的，均不能作为不可抗力事件对待。

例如，"由于战争、地震、火灾、水灾、雪灾、暴风雨的原因，致使卖方不能全部或部分装运或延迟装运合同货物，卖方对于这种不能装运或延迟装运本合同货物不负有责任。"

If the shipment of the contracted goods is prevented or delayed in whole or in part by reason of war, earthquake, fire, flood, heavy snow, storm, the sellers shall not be liable for non-shipment or late shipment of the goods of this contract.

3. 综合式

综合式，即将列举式与概括式结合起来，先将双方当事人已取得共识的各种不可抗力事件列举出来，其后再加上"以及其他不可抗力事件等"概括式语句。

例如，"由于战争、地震、火灾、雪灾、暴风雨或其他不可抗力事件，致使卖方不能全部或部分装运或延迟装运合同货物，卖方对于这种不能装运或延迟装运本合同货物不负有责任。"

If the shipment of the contracted goods is prevented or delayed in whole or in part by reason of war, earthquake, fire, flood, heavy snow, storm or other causes of force majeure, the sellers shall not be liable for non-shipment or late shipment of the goods of this contract.

综合式规定方法，弥补了前两种规定方法的不足，做到了具体、明确，同时又有一定的灵活性，因此在实际业务中采用较为普遍。

子项目四　仲裁

一、仲裁的含义

国际贸易中，买卖双方在履约过程中有可能发生争议。由于买卖双方之间的关系是一种平等互利的合作关系，因此一旦发生争议，首先应通过友好协商的方式解决，以利于保护商业秘密和企业声誉。如果协商失败，则当事人可按照合同约定或争议的情况采用调解、仲裁或诉讼方式解决争议。

仲裁(arbitration)又称公断,是指买卖双方在争议发生之前或发生之后,签订书面协议,自愿将争议提交双方所同意的第三者予以裁决,以解决争议的一种方式。由于仲裁是依照法律所允许的仲裁程序裁定争端,因此裁决具有法律约束力,当事人双方必须遵照执行。

二、仲裁协议的形式、内容及作用

仲裁协议是双方当事人自愿将争议提交仲裁机构进行裁决的书面协议。仲裁协议不但是申请仲裁的必备材料,而且是仲裁机构受理争议案件的依据。

(一)仲裁协议的形式

仲裁协议有两种形式:一种是合同中的仲裁条款(arbitration clause),这是指在争议发生之前,合同双方当事人在买卖合同中订立的仲裁条款;另一种是提交仲裁协议(submission),这是指由双方当事人在争议发生之后订立的、同意将争议提交仲裁的协议。两种仲裁协议的形式虽然不同,但是其法律效力与作用却是相同的。

(二)仲裁协议的内容

因为仲裁协议是双方当事人所同意的仲裁机构对其争议进行仲裁的依据,所以仲裁协议的内容如何直接关系到争议的解决。在订立仲裁协议时,当事人一般都十分注意仲裁协议的内容。一般来讲,仲裁协议的内容主要包括如下几方面:①仲裁地点。②仲裁组织形式。如双方同意由临时仲裁庭进行仲裁,应在仲裁协议中写明临时促裁庭的组成;如双方同意由某一常设仲裁机构进行仲裁,应在仲裁协议中写明仲裁机构的名称。③提交仲裁的事项。④仲裁适用的法律。⑤裁决的效力。一般的仲裁协议都这样规定:"仲裁裁决是终局的,对双方均有约束力。"

现在,各国有关仲裁的立法和各常设仲裁机构的规则,都在原则上承认双方当事人可以自由商定仲裁协议的内容,但同时也都在不同的程度上对之进行限制。如仲裁协议的内容不得违反一国公共秩序,不准许把一国法律规定不属于仲裁管辖的事项提交仲裁,不得在协议中规定将已提交仲裁的案件再向法院起诉等。因此,仲裁协议的内容不得违反仲裁地国家或其他有关国家的禁止性规定。

(三)仲裁协议的作用

按照我国和多数国家仲裁法的规定,仲裁协议的作用主要有以下三个方面:

(1)约束双方当事人解决争议的行为:仲裁协议表明双方当事人在发生争议时自愿以仲裁方式解决,而不得向法院起诉。

(2)授予仲裁机构对仲裁案件的管辖权:任何仲裁机构都无权受理没有仲裁协议的案件,这是仲裁的基本原则。

(3)排除法院对于争议案件的管辖权:世界的大多数国家的法律都规定,仲裁协议对签约的当事人具有约束力,都承认仲裁协议具有排除法院的司法管辖权的作用,法院不得受理就同一争议事项提出诉讼的案件。

上述三方面的作用既相互联系,又相互制约。其中最关键的是第三条,即排除法院对有关争议案件的管辖权。如果一方违反仲裁协议,自行向法院提起诉讼,另一方即可根据协议要求法院停止司法诉讼程序,把争议案发还仲裁机构处理。

？思考

　　资料:我国某出口公司向国外出口一批货物,合同中明确规定,一旦在履约过程中发生争议,如友好协商不能解决,即将争议提交中国国际经济贸易仲裁委员会在北京仲裁。后来,双方就货物的品质发生争议,对方在其所在地法院起诉我方,法院也发来了传票,传我方公司出庭应诉。

　　讨论:面对此种情况,我方应如何处理?

三、仲裁机构及仲裁程序

(一)仲裁机构

　　国际贸易中的仲裁机构分为两类:临时机构和常设机构。临时机构是为了解决由争议、由双方共同指定的仲裁员自行组成的临时仲裁庭,争议处理完毕,临时仲裁庭即解散。常设机构是根据一国法律或者有关规定设立的仲裁机构。

　　我国常设的涉外商事仲裁机构是中国国际经济贸易仲裁委员会,隶属于中国国际贸易促进委员会。该委员会总部设在北京。它受理争议的范围为:产生于国际或涉外的契约性或非契约性的经济贸易争议。我国各外贸企业在订立国际货物买卖合同中的仲裁条款列,如双方同意在我国仲裁,都订立由中国国际经济贸易仲裁委员会仲裁的条款。

　　世界上还有许多国家、地区都设有专门从事处理国际商事纠纷,进行有关仲裁的管理和组织工作的常设仲裁机构,比较重要的有:瑞典斯德哥尔摩仲裁院、瑞士苏黎世商会仲裁院、英国伦敦国际仲裁院、美国仲裁协会等。这些常设的仲裁机构基本上都与我国内地仲裁机构建立有业务联系,在仲裁业务中进行合作。

(二)仲裁程序

　　仲裁程序是指双方当事人将所发生的争议根据仲裁协议的规定提交仲裁时应办理的各项手续。其主要内容大致如下。

　　1. 提出仲裁申请

　　提出仲裁申请是仲裁程序开始的首要手续。各国法律对提出仲裁申请的规定并不一致。在我国,《中国国际经济贸易仲裁委员会仲裁规定》规定,当事人一方申请仲裁时,应向该委员会提交包括下列内容的签名申请书:①申诉人和被申诉人的名称、地址;②申诉人所依据的仲裁协议;③申诉人的要求及所据的事实和证据。

　　申诉人向仲裁委员会提交仲裁申请书时,应附具本人要求所依据的事实的证明文件,并指定一名仲裁员,预缴一定数额的仲裁费。如果申诉人委托代理人办理仲裁事项或参与仲裁的,应提交书面委托书。仲裁委员会审查仲裁申请后,认为符合条件,应当受理并通知当事人;认为不符合受理条件,要书面通知当事人不予受理,并说明理由。

　　2. 组织仲裁庭

　　根据我国仲裁规则规定,申诉人和被申诉人各自在仲裁委员会仲裁员名册中指定一名仲裁员,并由仲裁委员会主席指定一名仲裁员为首席仲裁员,共同组成仲裁庭审理案件;双方当事人亦可在仲裁委员会名册中共同指定或委托仲裁委员会主席指定一名仲裁员为独任仲裁员,成立仲裁庭,单独审理案件。

　　被指定的仲裁员,如果与案件有利害关系,应当自行向仲裁委员会请求回避。仲裁员回避的决定,由仲裁委员会主席作出。仲裁员因回避或其他原因不能履行职责时,应按照原定仲裁员的程序,重新指定。

3．审理案件

仲裁庭审理争议案件的步骤很多，其中包括开庭，调解，收集证据和采取保全措施等步骤。

（1）开庭。仲裁庭审理案例有两种形式：一是开庭审理；二是书面审理。我国仲裁规则规定，除非双方当事人申请或征得双方当事人同意，仲裁庭应当开庭审理。开庭的地点，根据我国的规定，应在仲裁委员会所在地。必要时，经仲裁委员会主席批准，也可以在中国的其他地方进行。开庭日期，一般由仲裁庭与仲裁委员会秘书局协商决定后，由秘书局于开庭前 30 天通知双方当事人。当事人有正当理由的，可以请求延期。案件的审理公开进行。

如果当事人双方或一方不同意公开，审理可不公开进行。审理前，仲裁庭可要求申诉人提出书面说明，被申诉人可提出反诉。开庭时，如果一方当事人不出庭，仲裁庭可按照另一方当事人的申请，进行缺席审理或缺席裁决。

（2）调解。采用仲裁与调解相结合的方法解决争议是我国涉外仲裁的一个重要特点。我国仲裁规则规定，如果双方当事人有调解愿望，或一方当事人有调解愿望，并经仲裁庭征得另一方当事人同意，仲裁庭可以在仲裁程序进行过程中，对其审理的案件进行调解。经调解达成和解协议的案件，仲裁庭应当根据双方当事人和解协议的内容，作出裁决书。如果双方当事人自行达成和解，申诉人应当及时撤销案件。因而，仲裁庭在审理案件时，应随时注意进行调解解决争议的可能性。在争议裁决前，只要双方当事人取得和解，该案就可撤销。但调解不是仲裁的必要程序。

（3）收集、审定证据。在仲裁审理过程中，双方当事人应对其申请、答辩或反请求所依据的事实提出证据，并由仲裁庭审定。仲裁庭认为必要时，可以自行调查事实和收集证据，也可以就案件中的专门问题请有关专家或指定鉴定人进行鉴定。

（4）采取保全措施。保全措施又称临时性保护措施，是指在仲裁开始后到作出裁决前这个期间，对有关当事人的财产所作的一种临时性强制措施。根据我国仲裁规则，如当事人申请采取财产保全措施，仲裁委员会应当将当事人的申请提交被申请人住所地或其财产所在地的中级人民法院作出裁定。

4．作出裁决

裁决是仲裁程序的最后一个环节。裁决作出后，审理案件的程序即告终结，因而这种裁决被称为最终裁决。按规定，裁决必须以书面形式作出。裁决一般是终局的，对双方当事人均有约束力。裁决作出后，任何一方当事人不得向法院起诉，也不得向其他任何机构提出变更仲裁裁决的请求。但如果当事人能够证明该裁决不符合法律程序要求，例如无仲裁协议或仲裁员的行为不当等，该当事人可以向法院提出申请，要求法院撤销裁决，宣布无效。

四、仲裁裁决的执行

仲裁裁决应由当事人自行执行。仲裁机构自身不具有强制执法的能力。当事人一方如果逾期不予执行，另一方可向法院申请强制执行。强制执行仲裁裁决必须具备两个条件：一是败诉方当事人在规定的期限内未能履行裁决，二是必须由胜诉方当事人主动向有管辖权的法院提出强制执行申请。法院通常不主动强制另一方当事人履行裁决。

为了解决是否承认和执行外国仲裁裁决的问题，1958 年 6 月联合国通过了《承认和执行外国仲裁裁决公约》，简称《1958 年纽约公约》。我国于 1987 年 4 月 22 日正式加入这一公约。公约规定，各缔约国必须承认和执行外国的仲裁裁决。作为例外，缔约国可作两项保留。我国加入公约时也作了这两项保留：①中华人民共和国只在互惠的基础上对在另一缔约国领土内作出的仲裁裁决适用该公约；②中华人民共和国只对根据中华人民共和国法律认定为属于契约性和非契约性商事法律关系所引起的争议适用该公约。另外，我国与一些国家签订双边贸易协定时,一般都在贸易协定中规定,缔约双方应该设法保证根据适用的法律和规则,承认并执行对方国家的仲裁裁决。

根据上述情况,在我国作出的仲裁裁决,需要在外国执行时,若对方是与我国签订有互相执行仲裁裁决协议的国家,或者对方是上述公约缔约国并同意执行我国仲裁裁决的国家,则可顺利执行;否则,我方只有到对方国家法院去请求其强制执行。

小 贴 士

中国国际经济贸易仲裁委员会

中国国际经济贸易仲裁委员会(英文简称 CIETAC,中文简称贸仲,以下简称仲裁委员会)是世界上主要的常设商事仲裁机构之一,于 1956 年 4 月成立,隶属于中国国际贸易促进委员会,当时名称为对外贸易仲裁委员会。我国实行对外开放政策以后,为了适应国际经济贸易关系不断发展的需要,对外贸易仲裁委员会于 1980 年改名为对外经济贸易仲裁委员会,又于 1988 年改名为中国国际经济贸易仲裁委员会。2000 年,中国国际经济贸易仲裁委员会同时启用中国国际商会仲裁院的名称。

仲裁委员会以仲裁的方式,独立、公正地解决经济贸易争议。仲裁委员会的总会设在北京,并在上海、深圳、重庆和天津分别设有仲裁委员会上海分会、华南分会、西南分会和天津仲裁中心。根据仲裁业务发展的需要,以及就近为当事人提供仲裁咨询和程序便利的需要,仲裁委员会还先后设立了 24 个地方和行业办事处。为满足当事人的行业仲裁需要,仲裁委员会在国内首家推出独具特色的行业争议解决服务,为不同行业的当事人提供适合其行业需要的仲裁法律服务,如粮食行业争议、商业行业争议、工程建设争议、金融争议以及羊毛争议解决服务等;此外,仲裁委员会还为当事人提供域名争议解决服务,积极探索电子商务的网上争议解决,针对快速解决电子商务纠纷及其他经济贸易争议的需要,仲裁委员会于 2009 年 5 月 1 日推出《网上仲裁规则》。该规则在"普通程序"之外根据案件争议金额大小分别规定了"简易程序"和"快速程序",以真正适应在网上快速解决经济纠纷的需要。

50 多年来,仲裁委员会以其仲裁实践和理论活动为我国《仲裁法》的制定和我国仲裁事业的发展做出了突出贡献。仲裁委员会还与世界上主要仲裁机构保持着友好合作关系,以其独立、公正和高效在国内外享有盛誉。

五、仲裁条款的规定方法

合同中的仲裁条款一般包括提请仲裁的争议范围、仲裁地点、仲裁机构、仲裁规则、裁决的效力等内容。其中仲裁地点的选择是一个关键问题,因为在一般情况下,在某国仲裁即可采用某国的仲裁规则或相关法律。在我国的国际贸易实践中,仲裁地点大致有三种规定方法:①在我国仲裁;②在被申请一方所在国仲裁;③在双方同意的第三国仲裁。关于仲裁裁决的效力,一般应在合同中明确订明:仲裁裁决是终局的,对双方当事人均有约束力。

仲裁条款举例如下:

1. 规定在我国仲裁的条款

凡因执行本合同所发生的或与本合同有关的一切争议,双方应通过友好协商解决。如果协商不能解决应提交北京中国国际经济贸易仲裁委员会依据其仲裁规则进行仲裁。仲裁是终局性的,对双方均有约束力。

Any dispute arising out of the performance of, or relating to this contract, shall be settled amicably through negotiation. In case no settlement can be reached through negotiation, the case shall then be submitted to the China International Economic and Trade Arbitration Commission，Beijing，China，for arbitration in accordance with its Rules of Arbitration. The arbitral award is final and binding upon.

2. 规定在被申请一方所在国仲裁的条款

凡因执行本合同所发生的或与本合同有关的一切争议，双方应通过友好协商解决；如果协商不能解决应提交仲裁。仲裁在被申请一方所在国进行。如在中国，应提交北京中国国际经济贸易仲裁委员会依据其仲裁规则进行仲裁。如在××（被申请一方所在国家的名称），由××（被申请一方所在国家的仲裁机构的地址和名称）根据该仲裁机构的仲裁规则进行仲裁。仲裁裁决是终局性的，对双方都有约束力。

Any dispute arising out of the performance of，or relating to this contract，shall be settled amicably through negotiation. In case no settlement can be reached through negotiation, the case shall then be submitted for arbitration. The location of arbitration shall be in the country of the domicile of the defendant. If in China，the arbitration shall be conducted by The China International Economic and Trade Arbitration Commission，Beijing，China，for arbitration in accordance with its rules of arbitration. If in ××，the arbitration shall be conducted by ×× in accordance with its arbitral rules of procedure. The arbitral award is final and binding upon.

3. 规定在双方同意的第三国仲裁的条款

凡因执行本合同所发生的或与本合同有关的一切争议，双方应通过友好协商解决；如果协商不能解决，应提交××（第三国的仲裁机构的地址和名称），根据该仲裁机构的仲裁规则进行仲裁。仲裁裁决是终局性的，对双方都有约束力。

Any dispute arising out of the performance of，or relating to this contract，shall be settled amicably through negotiation. In case no settlement can be reached through negotiation, the case shall then be submitted×× for arbitration in accordance with its rules of arbitration. The arbitral award is final and binding upon.

实训项目

进口设备调试不合格索赔成功案

【项目情境】

我国某外贸公司受 A 工厂委托，从日本 F 贸易公司引进铝箔腐蚀赋能成套设备和技术。合同于某年 7 月 12 日在上海签订。合同总金额为 10.4 亿日元，其中设备费 8.55 亿日元，技术诀窍和技术服务费计 0.3 亿日元。设备和试生产技术资料均为到岸价；技术资料在上海机场交付，价格包括空运费、保险费和包装费；技术费中包括技术指导和技术培训。

起初，A 工厂经有关部门的推荐结识了 F 公司，F 公司表示愿意承包整个工程项目，并由他们经日本国内专业制造厂聘请技术人员来完成工程设计、制造、安装和调试。双方据此达成协议并签订了合同。

工程项目的内容，涉及三层楼厂房土建，内设置 6 条长 25 米左右的自动生长线，还有大量中方自行配套的辅助设施，其中包括供水系统、排水系统、供气系统、腐蚀溶液供给和储存系统、污水排放系统和大容量配电控制系统，技术上涉及土建、机械、电气、化学等领域。也正因为上述原因，合同规定，合同生效后，A 工厂将与 F 公司分别在上海和日本进行设计联络，并在设计联络后，双方签署设计认定书，以确保合同的顺利执行。

签约后第二年2月,A工厂派遣7人小组前往日本对低压设备的主机、电源、热交换器等进行预验收,在验收中,A工厂认为该设备整体上有一定的先进性,在关键部位采取了一些较好的设计和措施,但对收箔处整卷卸料操作装置,要求F公司给予改进,并在预验收同意书中写道:"根据设备整体具有一定的先进性的要求,中方同意通过预验收,最终合同验收将在中国进行。"

到第四年,设备在工厂安装调试,在此阶段,F公司一再变更工程日程,多次推迟运转时间。特别是按合同规定完成试运转的日期期满以后,设备依旧未能进入正常运转,使工厂蒙受了较大的经济损失。

此后,根据合同规定进行了第二次调试,仍未能实现合同规定的要求,于是A工厂提出索赔。经据理力争,F公司最终不得不接受了A工厂提出的索赔条件:①设备总金额的20%,即1.71亿日元;②技术诀窍和技术服务费的50%,即0.3亿日元,这两项费用由于日方调试失败,中方不再支付。

本项目的索赔在签约后第六年10月正式结案。

【工作任务】

请根据上述案例,分组讨论本案索赔成功的经验和教训。

能力迁移

一、英译汉

1. inspection Certificate
2. force majeure
3. disputes
4. claims
5. arbitration
6. discrepancy and claim clause
7. General Administration of Quality Supervision, Inspection and Quarantine of the People's Republic of China
8. If the shipment of the contracted goods is prevented or delayed in whole or in part by reason of war, earthquake, fire, flood, heavy snow, storm or other causes of force majeure, the sellers shall not be liable for nonshipment or late shipment of the goods of this contract.

二、请根据下列情境,完成工作任务

1. 我国某出口企业以CIF纽约条件与美国某公司订立了300套家具出口合同,合同规定2009年12月交货。2009年11月底,我企业出口商品仓库发生雷击火灾,致使一半左右的出口家具烧毁。我企业以发生不可抗力事件为由,要求免除交货责任,美方不同意,坚持要求我方按时交货。我方无奈经多方努力,于2010年1月交货,美方因交货日期延长而要求索赔。

任务一:我方要求免除交货责任的要求是否合理?为什么?

任务二:美方的索赔要求是否合理?为什么?

任务三:我国公司在订立合同时注意什么?

2. 我国某公司与欧洲某进口商签订了一份皮具合同,价格条件是CIF鹿特丹,向中国人民保险公司投保一切险。货物到达鹿特丹后,检验结果表明:全部货物湿、霉、变色、损失价值达10万美元。据分析,货损的主要原因是由于生产厂家在生产的最后一道工序中,未能将皮具的湿度降低到合理程度。

任务一:保险公司对该货损是否负责赔偿?

任务二:欧洲进口商对受损货物是否支付货款?

任务三:我国出口商应如何处理此事?

项目八

进出口交易磋商与订立合同

学习目标

知识目标　能够分析国外目标市场的特点及其发展趋势；选择相应的对策，撰写出口经营方案；了解外贸交易磋商的程序。

能力目标　能够按照法律规定和买卖意图进行贸易谈判。

素质目标　掌握交易磋商谈判的原则、策略及方法，能够撰写贸易函电及草拟合同。

情境导入

2009 年 3 月 15 日，A 公司向新加坡客户 G 公司发盘：报童装兔毛衫 200 打，货号 CM034，每打 CIF 新加坡 100 美元，8 月份装运，即期信用证付款，25 日复到有效。3 月 26 日收到 G 公司回函表示接受发盘的全部内容。A 公司经办人员视其为逾期接受，故未作任何表示。

4 月 6 日，A 公司收到 G 公司开来的信用证，G 公司请求用尽可能早的航班出运。此时因原料价格上涨，A 公司已将价格调整至每打 110 美元，故于 4 月 8 日回复称：我方与贵方此前未达成任何协议，贵方虽曾对我方发盘表示接受，但我方 3 月 26 日才收到，此乃逾期接受，应为无效。请恕我方不能发货。信用证已请银行退回。如贵方有意成交，我方重新报价每打 CIF 新加坡 110 美元，9 月份交货，其他条件不变。

4 月 12 日 G 公司来电：我方曾于 3 月 23 日接受贵方发盘，虽然如贵方所言，3 月 26 日才送达贵方，但因贵我两地之邮程需两三天时间，尽管我方接受在传递过程中出现了失误，你我两国均为《联合国国际货物销售合同公约》(以下简称《合同公约》)的缔约国，按《合同公约》第 21 条第(2)款规定，贵方在收到我方逾期接受后未作任何表示，这就意味着合同已经成立，请确认贵方将履行合同，否则，一切后果将由贵方承担。

由上述情境导入可知，此问题的焦点有三：一是双方所在国均为《合同公约》的缔约国，因此，应按《合同公约》的有关规定处理。关于逾期接受，《合同公约》认为一般无效，但也有例外情况。《合同公约》第 21 条规定："①联合国国际货物销售合同逾期接受仍有接受的效力，如果发盘人毫不延迟地用口头或书面形式将此种意见通知受盘人。②如果载有逾期接受的信件或其他书面的文件表明，在传递正常的情况下是能够及时送达发盘人的，那么这项逾期的接受仍具有接受的效力，除非发盘人毫不延迟地用口头或书面方式通知受盘人，但自己认为发盘已失效。"二是根据这条规定，不管什么原因造成的逾期接受，发盘人都有权利决定它有效还是无效，只要采取相应的行动即可。三是 A 公司 3 月 26 日收到逾期的接受后，如及时复函表示发盘已失效，则该接受无效，合同不成立。

从上述案例可以看出，出口交易磋商的目的是订立合同，磋商的效果决定了交易的成败和合同质量的高低，因此交易蹉商是外贸业务活动中最重要的环节。它不仅要求业务员具备良好的素质、高度的责任心和踏实的工作作风，而且还要掌握对市场的调研、娴熟的谈判技巧、磋商的基本程序等外贸知识。为了保证交易磋商的顺利进行、合同的有效签订，避免双方的贸易纠纷,本项目将就交易前的准备、出口磋商的程序、内容及形式和合同的订立等内容展开讲述。

知识支撑

子项目一 交易前的准备

一、出口交易前的准备工作

在洽谈出口交易前,为了正确贯彻对外贸易政策,扩大出口,提高交易的成功率,必须认真做好交易前的各项准备工作。具体来说主要是对国外市场调查研究、对交易对象调查研究、制定出口商品经营方案、做好出口商品的广告宣传与商标注册等。

(一)对国外市场调查研究

对国外市场调查研究,是指在交易洽商前对交易国家和地区的商品市场情况进行的调查研究,以了解每个市场的特点,研究市场的变化规律,预测市场供求关系和价格变动趋势。对国外市场调查研究的主要内容包括以下方面:

1. **对商品适应性和竞争性的研究**

出口商品应以销定产,在安排出口商品生产时,要考虑国外市场容量和了解国外市场需要的品种、花色、规格等,做到适销对路。同时还要注意发挥我国出口产品的优势,发展那些在国际市场有竞争力的商品,多出口那些换汇成本低、经济效益比较好的商品。

2. **对国外市场价格的研究**

国际市场瞬息万变,它的变化反映了商品供求关系的变化,这种变化往往通过价格波动表现出来。国际市场价格的变化,除受价值变动作用的影响外,还经常受政治、经济和自然等多种因素的影响,如市场供求关系的变化、垄断和竞争、投机活动、有关国家的政策法令和采取制约价格的措施等。因此研究价格的变化,就要认真分析不同时期影响价格的各种因素,预测未来价格变化趋势,以便选择有利的销售市场。

对国外市场的调查研究,除了包括上述各项内容外,还应对商品生产周期、销售季节、消费者的爱好习惯、市场销售习惯、销售方式和途径、市场竞争、当地贸易管理法令、关税、运输和港口等情况详细地调查研究。

(二)对交易对象调查研究

对交易对象调查研究的内容包括客户的经营历史及现状,客户的资信情况,客户的经营业务范围,客户的公司、企业业务性质和客户的经营能力等。

(三)制定出口商品经营方案

制定出口商品经营方案是指有关进出口公司根据国家规定的出口计划,对其所经营的出口商品所作的一种业务计划安排。出口商品经营方案是洽商交易的依据,能使交易有计划、有目的地顺利进行。出口商品经营方案一般包括以下内容:

(1)商品和货源情况,包括商品的特点、品质、规格、包装等,国内生产数量和可供最大出口数量以及当前库存情况。

(2)国外市场情况,包括国外商品生产、消费、贸易的基本情况和主要进出口国家的交易情况,以及今后可能发展变化的趋势。特别是对商品品质、花色品种、规格、款式、性能和包装的要求以及价格变化趋势,都应写明分析意见。此外还应对国外主要市场经营该商品的基本做法和销售渠道加以说明。

（3）经营历史情况，包括所出口商品在国际市场上所占地位、主要销售地区和销售情况、国外的具体反应，经营该种商品的主要经验和教训。

（4）经营计划安排，主要包括销售数量和金额，并结合国外市场的情况，列明拟对某国家或地区出口的具体数量和进度。

（四）做好出口商品的广告宣传与商标注册

出口商品的广告宣传，是指利用各种广告形式，向国外市场的广大消费者和经营商宣传所出口经营的商品。做好出口商品的对外广告宣传，是使商品顺利进入国外市场，扩大销售的重要手段。

广告宣传要根据不同商品的特点和不同市场的习惯，采取各种方式进行立体的综合宣传，例如，电影、电视、报纸、杂志、刊物、张贴画、画板、广播等，也可以向国外寄送样品、样本、说明书和印刷品进行宣传。出口商品的广告宣传，一般应注意围绕下述内容和要求进行：要实事求是，生动活泼，大胆创新；要介绍和突出商品的特点；要宣传商品的用途和提供售后服务；要着重介绍一个商标牌号，树立名牌商标；广告宣传的语言文字要简单明了、通俗易懂并适合当地风俗习惯，可采用多种文字等。

办理商标注册在国际贸易中是一项非常重要的工作。在国际市场上，每种商品都有商标（trade mark）和牌号（brand），商标和牌号是紧密联系的，它们能将工商企业自己生产或经营的商品与其他企业的同类商品区别开来，从而提升商品的附加值。

二、进口交易前的准备工作

1. 落实进口许可证和外汇

在与国外洽商进口交易之前，对有些须领进口许可证的进口商品，应该事先办理一系列申报审批手续，许多进口商品需要先向主管部门领得准许进口的批文之后，才能向外经贸部申领进口许可证。进口业务一般可分为自营进口和代理进口两类。在自营进口业务中，申领进口许可证的手续由进口企业自办，外汇也由进口企业自行负责解决；在代理进口业务中，申领进口许可证的手续和使用的外汇，原则上都由委托单位负责。

2. 审核进口订货卡片

审核进口订货卡片是代理进口业务中的传统做法。在办妥许可证件和落实外汇来源之后，申请进口的单位应填写进口订货卡片，并交给负责办理进口手续的外贸企业，作为外贸企业向外订立合同和办理进口业务的依据。进口订货卡片内容包括商品名称、质量、规格、包装、数量、生产国别、估计单价和总金额、要求到货时间、目的港或目的地等项目。代理进口业务的外贸部门收到订货卡片后，应根据平时积累的资料和当时的市场情况，对订货卡片的各项内容进行认真审核，必要时可对商品的牌号、规格和进口国别、厂家等提出修改建议，但需经用货部门同意才能变动。

3. 研究制定进口商品经营方案

对大宗进口商品（代理进口时包括一张卡片数量较大或若干张卡片加在一起数量较大的商品）应当拟定一个书面经营方案，作为开展订购业务工作的依据。方案的主要内容包括品名、数量、时间和国别的安排、交易对象的选定、价格和佣金幅度的掌握等。既要力争比较优惠的价格，又不能影响国内的需求；既要做到"货比三家"，又要不失时机地订进。对于进口数量较少的商品，可以不订书面的经营方案，但经办业务人员心中应仍有一个类似的设想安排。对成套设备的进口应特别慎重行事。

小贴士

通过什么渠道去获取市场信息?

国际市场信息渠道可以分为两大类。一类是直接的信息渠道:企业信息人员亲自或亲派他人搜集、整理、加工的各种原始信息,即主要靠实地考察得来的直接信息。另一类是间接的信息渠道:他人搜集并通过整理、加工的各种间接信息资料,即二手信息资料。

直接信息渠道	派调研人员到目标市场进行考察
	委托驻外机构(大使馆所属商务参赞处,本省、市、企业驻外商业机构)进行调查
	委托国外专业征信机构(如日本伊藤忠商事等)、国外工商团体和同业公会(如中国香港三鸟同业公会等)进行调查
	委托市场所在国的中间商搜集有关信息
	通过老客户了解新客户
	企业在世界各地的销售网点从市场反馈中得到的信息
间接信息渠道	进出口国政府机构(如商务部、海关、外管局等)
	国际组织(如联合国、联合国粮农组织、国际商会、IMF、WB、WTO等)
	网络(搜索引擎、专业电子商务网站等)
	专业展览会和市场(广交会、义乌小商品市场等)
	图书馆(实体图书馆和电子图书馆)
	其他组织机构(如驻外使馆、银行、消费者组织、行业协会、相关企业等)

三、交易磋商的形式和内容

出口交易磋商的形式可分为口头和书面两种。口头磋商包括由出口企业邀请国外客户来访,参加各种商品交易会(如广交会、小交会),以及由我方派遣出国推销人员、贸易代表团(组),或委托驻外机构、海外企业代为在当地洽谈等面对面的磋商。通过电话洽谈,也属口头磋商形式。书面磋商是指通过双方交换信件、电报或电传(telex)进行磋商。目前,较多企业使用传真(fax)进行洽谈,有的企业已开始使用电子邮件(E-mail)磋商交易。但应注意,传真件会褪色,不能长期保存,而且容易作伪;传真件是否可作为法律上有效的书面文件,当前各国法律尚无定论。至于电子邮件可否作为有效书面文件,其法律性质迄今在国际范围内也有待明确。因此,如通过交换传真或电子邮件达成交易,有关当事人必须以信函补寄正本文件或另行签订合同书,以掌握合同成立的可靠证据。

交易磋商的内容,以货物的品质(质量)、数量、包装、价格、交货和支付条件为主要内容,但通常也涉及检验、索赔和理赔、不可抗力和仲裁等其他内容。之所以说货物的品质等前六项为主要内容或主要交易条件,是因为买卖双方欲达成交易、订立合同,必须至少就这六项交易条件进行磋商并取得一致意见。这六项条件是成立买卖合同所不可缺少的交易条件。至于其他交易条件,特别是检验、索赔和理赔、不可抗力和仲裁,虽非成立合同所不可缺少的内容,但是为了提高合同质量,防止和减少争议的发生以及便于解决可能发生的争议,买卖双方在交易磋商时也不容忽视。

为了简化交易磋商内容、加速磋商进程,并节省磋商时间和费用,精明的进出口方往往在正式进行磋方交易之前,先与对方就"一般交易条件"达成协议。

所谓"一般交易条件"(general terms and conditions),是指由出口方为出售或进口方为购买货物而拟订的对每笔交易都适用的一套共性的交易条件。出口方所拟订的一般交易条件,有的称为"一般销售条件"(general conditions of sales);进口方所拟订的一般交易条件,有的称为"一般购货条件"(general conditions of purchase)或"订购条件"(conditions of order)。

一般交易条件应按所经营的商品大类(如轻工业品、粮油食品、机械等)或按商品品种(如棉布、呢绒、真丝织物、人造丝织物等),分别予以拟订。因此,有的外贸企业由于其所经营的商品范围较广,而有必要按不同大类/品种拟订数套一般交易条件。一般交易条件的内容,虽各有不同,但就我国出口企业所拟订的一般交易条件而言,通常包括以下几方面:①有关预防和处理争议的条件(如关于货物检验、索赔和理赔、不可抗力和仲裁的规定);②有关主要交易条件的补充说明(如品质机动幅度、数量机动幅度、允许分批/转运、保险金额、险别和适用的保险条款、信用证开立的时间和到期日、到期地点的规定);③个别的主要交易条件(如通常采用的包装方法、凭不可撤销即期信用证支付的规定)等。

一般交易条件大都印在由进口方或出口方自行设计和印制的销售合同或购货合同格式的背面或格式正面的下部;有的则将其拟订的一般交易条件单独印制成文,以供分发给可能与之交易的客户之用。因此,一般交易条件也称格式条款。

子项目二 进出口交易磋商

在外贸业务中,交易磋商的一般程序可概括为询盘(enquiry)、发盘(offer)、还盘(counter offer)和接受(acceptance)四个环节。其中发盘和接受是达成交易、订立合同必不可少的两个基本环节。

案例

松香的交易磋商

某公司松香的出口业务磋商中,往来函电如下:

1. 询盘(enquiry)

请报 100 公吨中国松香 WW 级 CFR 纽约最低价,5 月份装运,尽速电告。

Please quote the lowest price CFR New York for Chinese rosin WW grade100 M/T May shipment cable promptly.

2. 发盘(offer)

兹发盘 100 公吨中国松香 WW 级,铁桶装,每公吨 CFR 纽约价 195.00 美元,5 月份装运,以不可撤销即期 L/C 支付,限本月 20 号复到。

Offer Chinese rosin WW grade iron drum100 M/T USD195.00 per M/T CFR New York May shipment irrevocable sight L/C reply here 20th.

3. 还盘(counter offer)

你 10 日电收悉,还盘每公吨 185.00 美元纽约,26 日复到。

Your cable 10th counter offer till 26th our time USD185.00 per M/T CFR New York.

4. 接受(acceptance)

你 18 日电我接受,中国松香 100 公吨 WW 级铁桶装,每公吨 185.00 美元 CFR 纽约,五月装运,不可撤销即 L/C。

Your 18th we accept Chinese rosin WW grade iron drum100 M/T USD185.00 per M/T CFR New York May shipment irrevocable sight L/C.

一、询盘

询盘(enquiry),是指交易的一方准备购买或出售某种商品,向对方询问买卖该商品的有关交易条件。询盘的内容可涉及价格、规格、品质、数量、包装、装运以及索取样品等,而多数只是询问价格。因此,业务上常把询盘称作询价。

询盘对于询盘人和被询盘人均无法律上的约束力,而且不是交易磋商的必经步骤。但是询盘往往是一笔交易的起点,所以作为被询盘的一方,应对接到的询盘给予重视,并作及时和适当的处理。

在国际贸易业务中,询盘通常采用下列一类词语来表示:

请发盘……	Please offer ...
请告……	Please advise ...
请报价……	Please quote ...
对××感兴趣,请……	Interested in ... ,please ...

例1:请报中国花生仁100公吨,不分等级,11月装船,FOB青岛价。

Please offer Chinese groundnut kernels ungraded100M/T November shipment FOB Qingdao.

二、发盘

发盘(offer),又称发价,在法律上称为"要约"。《联合国国际货物销售合同公约》(以下简称《合同公约》)对发盘的定义为:"凡向一个或一个以上特定的人提出的订立合同的建议,如果其内容十分确定并且表明其发盘人有在其发盘一旦被受盘人接受,发盘人就受其约束的意思,即构成发盘。"

发盘人可以是卖方,也可以是买方。前者称为售货发盘(selling offer);后者称为购货发盘(buying offer),习称"递盘"(bid)。发出发盘的人称为发盘人(offerer),接受发盘的人称为受盘人(Offeree)。

例2:兹发盘美加净牙膏货号101,纸箱装,每箱6打,每罗32英镑,CIF伦敦12月装运。

Offer MAXAM toothpaste art. No.101 packed in cartons of six doz. each sterling thirty two per gross CIF London December shipment.

(一)发盘的构成要件

1. 发盘应向一个或一个以上特定的人提出

发盘应向特定的人提出,即是向有名有姓的个人或公司提出。这一规定的目的是为了把发盘同普通商业广告及向国外客商寄发的商品目录、价目单等行为区分开来。普通商业广告之类行为一般不能构成发盘,通常只能视为"发盘邀请"。但是,如商业广告的内容十分具体明确和肯定,而且登此广告的人明确表示它是作为一项发盘而提出,如在广告上注明"本广告构成发盘"或"广告项下的商品将售给最先支付货款或最先开来信用证的人"等,则此类广告也可作为一项发盘。例如,某商店在报上刊登广告于5月5日以每台热水器50美元的价格贱卖,即规定了售货日期、地点和营业时间。

鉴于《合同公约》对发盘的上述规定既原则又具体，且有一定的灵活性，加之世界各国对发盘又有不同的理解，因此，在实际应用时要特别谨慎小心。我方对外作广告宣传和寄发商品价目单时，不要使对方理解我方有"一经接受，即受约束"的含义。在寄发商品价目单时，最好在其中注明"可随时调整，恕不通知"或"需经我方最后确认"等字样。

2. 发盘内容必须十分确定

一项有效的发盘，其内容必须是确定的，即发盘中的交易条件必须是完整的、确定的和终局性的。《合同公约》第14条规定，一项订立合同的建议"如果写明货物，并且明示或默示地规定数量和价格或如何确定数量和价格，即为十分确定（sufficiently definite）"。

可见，在提出的订约建议中，至少应包括下列三个基本要素：①标明货物的名称；②明示或默示地规定货物的数量或规定数量的方法；③明示或默示地规定货物的价格或规定确定价格的方法。

凡包含上述三项基本因素的订约建议，即可构成一项有效的发盘。如该发盘被受盘人接受，买卖合同即告成立。

但在实际业务中，一项发盘往往不是以上述所订的主要交易条件完整形式出现，有时发盘条件虽然表面上不完整，但实际上却是完整的，例如，双方一般事先订有一般交易条件的协议，援引来往函电、先前合同和买卖双方的先前业务中已形成的习惯做法等。

有些国家的法律要求对合同的主要条件，如品名、品质、数量、包装、价格、交货时间与地点以及支付办法等，都要有完整、明确、肯定的规定，并不得附有任何保留条件，以便受盘人一旦接受即可签订一项对买卖双方均有约束力的合同。

《合同公约》关于发盘内容的上述规定，只是构成发盘的起码要求。虽然这种作法在法律上可行，但在实际业务中，容易出现因买卖双方对发盘中没有列出的交易条件看法不同而引发争议。因此，在对外发盘时，最好将品名、品质、数量、包装、价格、交货时间与地点和支付办法等主要交易条件明确规定，有利于交易的顺利进行。

3. 表明一经受盘人接受，发盘人即受约束的意思

发盘人在发盘中应表明，自己有责任在受盘人对发盘作出有效接受时与其订立合同。如发盘人只是就某些交易条件建议同对方进行磋商，而根本没有受其建议约束的意思，则此项建议不能被认为是一项发盘。例如，发盘人在其提出的订约建议中加注诸如"仅供参考"、"须以发盘人的最后确认为准"或其他保留条件，这样的订约建议即不是发盘，而只是邀请对方发盘。如果受盘人不能肯定发盘人是否在发盘中表示了即受约束的含意，应向发盘人提出，而不能随意猜测。

4. 发盘必须送达受盘人才能生效

一项发盘于送达特定的受盘人时才有效。即使受盘人在此之前已通过其他途径知道了发盘的内容，也不能在收到发盘前主动对该发盘表示接受。

《合同公约》和各国法律普遍要求，发盘无论是口头的还是书面的，只有被传达到受盘人时才生效。例如，发盘人通过电话向受盘人发盘，中途电话发生故障，传送声音模糊，必须待电话修复后，让受盘人听清全部发盘内容，该发盘方为有效。又如，发盘人用信件或电报发盘，如该信件或电报因邮局误递或在传递途中遗失，以致受盘人没有收到，则该发盘无效。再如，通过电传发盘，传送过程中线路或电传机发生故障，导致所传送的电文不清，发盘人须于修复后重新传送，直至使受盘人能收到清晰无误的发盘电传文本为止。

（二）发盘的有效期

通常发盘都有一个有效期限。规定了有效接受期限，并且具备主要交易条件的发盘，一般称为实盘（firm offer）。只有在有效期限内，受盘人对发盘的接受方能有效，发盘人也才承担

按发盘条件与受盘人成交的责任。当发盘未具体列明有效期限时,受盘人应在合理时间内接受方能有效。何谓"合理时间",需根据具体情况而定。

对发盘有效期的规定有以下几种情况:

1. 如果说发盘中明确规定了有效期限,受盘人必须在规定的期限内接受才有效,超过发盘规定的时限,发盘人即不受约束

(1)规定最迟接受的期限。规定最迟接受期限时,可同时限定以接受送达发盘人或以发盘人所在地的时间为准。如:"发盘限6月15日复到有效"(offer subject reply here June 15th)。由于进出口双方所在地时间多存在时差,因此发盘中应明确以何方所在地时间为准。一般情况下以发盘人所在地时间为准。如以我方时间为准,例如,"发盘有效至我方时间星期五"(offer valid until Friday our time)。

(2)规定一段接受的期限。例如,"本发盘有效期为4天,或本发盘限4天内复。"(This offer is valid for 4 days or reply for 4 days.)这种规定期限的计算,按《联合国国际货物销售合同公约》规定,这个期限应从电报交发时刻或信上载明的发信日期起算。如信上未载明发信日期,则从信封所载日期起算。采用电话、电传发盘时,则从发盘送达受盘人时起算。如果有效期的最后一天是发盘人营业地的正式假日或非营业日,则发盘有效期可顺延至下一个营业日。

这种方式起算日不很明确,在实际业务中应尽量不采用。

2. 在发盘中对有效期不作明确规定

当发盘未具体列明有效期限时,按照国际惯例,受盘人应在合理时间内接受才能有效。对"合理时间",国际上并没有统一规定,一般要由商品的特点和行业习惯或习惯做法所决定,对于市场行情稳定的商品,有效期通常可以规定得较长,反之则较短。由于这种规定具有很大的不确定性,容易导致纠纷,因此在进出口业务中一般较少采用。

3. 口头方式的发盘

根据《合同公约》的规定,采用口头发盘时,除发盘人发盘时另有声明外,受盘人只能当场表示接受,方为有效。

？思考

资料:一法国商人于某日上午走访我国外贸企业洽购某商品。我方口头发盘后,对方未置可否,当日下午法商再次来访表示无条件接受我方上午的发盘,那时,我方已获知该项商品的国际市场价格有趋涨的迹象。

试问:对此,我方应如何处理为好,为什么?

(三)发盘生效的时间

发盘生效的时间有各种不同的情况:以口头方式作出的发盘,其法律效力自对方了解发盘内容时生效;以书面形式作出的发盘,关于其生效时间,主要有两种不同的观点与做法。一是发信主义,即认为发盘人将发盘发出的同时,发盘就生效;另一种是受信主义,又称到达主义,即认为发盘必须到达受盘人时才生效。根据《合同公约》规定:发盘送达受盘人时才能生效。我国《合同法》关于发盘生效时间的规定同上述《合同公约》的规定一致,即也采取到达主义。此外,我国《合同法》第16条还同时对采用数据电文方式的到达时间如何确定作出了具体规定,即"采用数据电文形式订立合同,如收件人指定特定系统接收数据电文,该数据电文进入特定系统的时间,视为到达时间;如未指定特定系统接收数据电文,该数据电文进入收件人的任何系统的首次时间,视为到达时间。明确发盘生效的时间,具有重要的法律和实践意义,这主要表现在下列两个方面:

1. **关系到受盘人能否表示接受**

一项发盘只有在送达受盘人时，才能发生效力，即只有当受盘人收到发盘之后，也就是发盘生效之后，受盘人才能表示接受，从而导致合同的成立。在受盘人收到发盘之前，即使受盘人通过其他途径已经知道发盘的发出及发盘的内容，也不能作出接受。

2. **关系到发盘人何时可以撤回发盘或修改其内容**

一项发盘即使是不可撤销的，只要在发盘生效之前，发盘人仍可随时撤回或修改其内容，但撤回通知或更改其内容的通知，必须在受盘人收到发盘之前或同时送达受盘人。如发盘一旦生效，那就不是撤回发盘的问题，而是撤销发盘的问题。

（四）发盘的撤回与撤销

在法律上，发盘的撤回（withdrawal）与撤销（revocation）属于两个不同的概念：发盘的撤回是指发盘尚未生效，发盘人采取某种方式，阻止它生效的行为；发盘的撤销是指在发盘已生效后，发盘人以一定方式解除发盘的效力。

1. **发盘的撤回**

根据《合同公约》的规定，一项发盘（包括注明不可撤销的发盘），只要在其尚未生效以前，都是可以修改或撤回的，因此如果发盘人在发出发盘后发现发盘内容有误，或由于其他原因试图取消发盘，可以在发盘生效前将其撤回，撤回发盘的通知应在受盘人收到该发盘之前或同时送达受盘人。如果试图撤回已经发出的发盘，发盘人要有准确的时间概念，必须预计发盘何时可送达对方，然后再考虑采取何种最快的通讯方法可以撤回或修改发盘。

？思考

资料：北京一家公司向巴黎一家公司发盘，其中规定有效期到3月10日为止。该发盘是3月1日以特快专递寄出的，3月2日北京公司发现发盘不妥，当天即用电传通知巴黎公司宣告撤回该项发盘。

试问：这样做是否可以？发盘是否可以撤回？根据是什么？

2. **发盘的撤销**

所谓发盘的撤销，实质上是一项发盘对发盘人有无约束力的问题，也就是发盘人在做出要约后能否反悔，能否把发盘的内容加以变更或取消。关于这一问题，英美法与大陆法存在着严重的分歧。英美法认为，发盘原则上对发盘人没有约束力，发盘人在受盘人对发盘表示接受之前的任何时候，都可撤回发盘或变更其内容。在受盘人表示接受之前，即使发盘中规定了有效期限，发盘人也可以随时予以撤销，这显然对发盘人有利，对受盘人极为不利。这种原则在英美法国家中也不断受到责难。美国在制定或修改法律时，实际上已在不同程度上放弃了这一原则，如《美国统一商法典》就改变了这一原则，规定如果一项发盘是商人作出的，那么它就是不可撤销的。大陆法国家对此问题的看法相反，认为发盘人原则上应受发盘的约束，不得随意将其发盘撤销。例如，德国法律规定，发盘在有效期内，或没有规定有效期，则依通常情况在可望得到答复之前不得将其撤销。法国的法律虽规定发盘在受盘人接受之前可以撤销，但同时规定若撤销不当，发盘人应承担损害赔偿责任。

《合同公约》采取了折中的办法，第16条第1款规定：在发盘已送达受盘人，即发盘已经生效，但受盘人尚未表示接受之前这一段时间内，只要发盘人及时将撤销通知送达受盘人，仍可将其发盘撤销；如一旦受盘人发出接受通知，则发盘人无权撤销该发盘。这实际上是肯定了英美法的观点。在《合同公约》第16条第2款又规定：但在下列情况下发盘不得撤销：①发盘写明接受发盘的期限或以其他方式表示发盘是不可撤销的；②被发盘人有理由信赖该项发盘是不可撤销的,而且被发盘人已本着对该项发盘的信赖行事。这实际上是肯定了大陆法的观点,一项发盘在规定的有效期内是不能撤销的。即使没有规定有效期限,只要受盘人有理由相信该项发盘是不可撤销的并且已经本着对该项发盘的信赖行事,那么该项发盘仍然是不可撤销的。

此外,《合同公约》还规定,并不是所有的发盘都可撤销,下列两种情况下的发盘,一旦生效,则不得撤销:①在发盘中注明了有效期限,或以其他方式表示该发盘是不可撤销的。②受盘人有理由信赖该发盘是不可撤销的,并且已本着对该发盘的信赖采取了行动。

为了维护我方发盘的严肃性与外贸企业的信誉,应尽量避免撤销已发出的发盘。

(五)发盘的失效

发盘的失效是指发盘由于种种原因而失去法律效力。任何一项发盘,其效力遇到下列情况之一都会终止,发盘人将不再受该发盘的约束。

(1)过期。在发盘规定的有效期限内未被接受,或虽未规定有效期限,但在合理时间内未被接受,则该发盘自动失效。

(2)拒绝。如果受盘人对一项发盘明确表示拒绝,则该项发盘立即失效。

(3)还盘。如果受盘人对发盘作出某些更改的还盘表示,便构成对原发盘的实质上的拒绝,当还盘通知送达发盘人时,原发盘随之失效。

(4)不可抗力。发盘人发盘之后,发生了不可抗力事件,如所在国政府对发盘中的商品或所需外汇发布禁令等。在这种情况下,按出现不可抗力可免除责任的一般原则,发盘的效力即告终止。

(5)法律实施。如果发盘人或受盘人在发盘被接受前丧失行为能力(如精神失常、死亡等),则该发盘失效。

三、还盘

还盘(counter offer)是指受盘人对发盘内容不完全同意而提出修改或变更的表示。还盘可以针对价格,也可以针对其他条件。也就是说,一方在接到另一方报盘以后,可以就提高或降低价格、改变支付方式、改变交货期等要求更改报盘内容。交易可以多次还盘与反还盘。

例 3:你方 2 日电还盘 30 英镑 CIF 伦敦限 8 日我方时间复到有效。

Your cable 2nd counter offer sterling 30 CIF London reply here 8th.

需要注意的是,还盘是对发盘的拒绝,还盘一经做出,原发盘即已失效,发盘人不再受其约束。一项还盘等于受盘人向原发盘人提出的一项新的发盘,即还盘就是一项新发盘。还盘做出后,还盘者处于发盘人的位置,原发盘人则变成了受盘人,但有权对还盘的内容进行考虑,决定接受、拒绝或再还盘。

如何草拟还盘,是检验外销员业务素质以及应对能力的重要方面,关系到交易能否继续进行。毫无说明地接受或拒绝发盘都是不可取的。因此,外销人员收到对方发盘后,要针对发盘内容,认真思考、分析,拟写还盘函。首先,确认对方来函,表示感谢;其次,不管最后是否接受对方的条件,一般都会先坚持原发盘的合理性,同时给出各种适当的理由,如强调品质优秀,认为报价符合市价,指出原料价格上涨、人工成本提升,言明利润降至最低点等。最后,提出我方条件,并催促对方行动。还盘内容关键是要有说服力,而且常常带有促销的性质,如以数量折扣吸引对方大批订购,以库存紧张激励对方早下订单等。即使拒绝还价、不做任何让步,也应向对方推荐一些价格低廉的替代品,以寻求新的商机。

四、接受

接受(acceptance)在法律上称为"承诺",是指受盘人在发盘的有效期内,无条件地同意发盘中提出的各项交易条件,愿意按这些条件和对方达成交易、订立合同的一种表示。

例4:你8月10日传真我接受。

Your fax Oct. 10th accepted.

发盘一经接受,合同即告成立。双方均应履行合同所规定的义务并拥有相应的权利。

(一)接受构成的要件

根据《合同公约》的解释,构成有效的接受必须具备以下几个条件:

(1)接受必须由特定的受盘人做出。其他人对发盘表示同意,不能构成接受,只能视为一项新的发盘。

(2)接受的内容必须与发盘相符(即接受必须是同意发盘提出的交易条件)。

接受的内容如果与发盘不一致,也就是对发盘的条件作出了修改,在一般的情况下,正如前面所述,应被视为一项还盘。

《联合国国际货物销售合同公约》把对发盘表示接受但附有添加限制更改或不同条件的答复分为实质性变更发盘条件的接受和非实质性变更发盘条件的接受两种情况。前者视同还盘,是一项无效的接受,合同不能成立;后者仍然是一项有效的接受。凡对货物的价格、付款、质量、数量、交货时间和地点、赔偿责任范围或解决争端等的添加、限制或更改,均视为实质性变更(material alteration)。非实质性的变更(non-material alteration),如增加合同的副本数、要求签订确认书、建议对合同进行公证或要求法提供重量单、装箱单、商检证、产地证等单据,在这种情况下,除非发盘人及时表示反对或者发盘中明确表示不得对发盘的内容作出任何变更,否则该接受构成一项有效的接受。

(3)接受必须在发盘的有效期限内表示并送达发盘人。①如果是以对话方式作出的发盘,那么除非发盘人与受盘人另有约定接受的具体期限,否则,受盘人应立即作出接受与否的意思表示;②如果是以书面(电报、传真、信函等)的非对话方式作出的发盘,受盘人接受应当在规定的有效期限内或合理的期限内到达发盘人。

(4)接受通知的传递方式应符合发盘的要求。发盘人发盘时,有时具体规定接受通知的传递方式,也有时未作具体规定。如发盘没有规定传递方式,则受盘人可按发盘所采用的,或采用比其更快的传递方式将接受通知送达发盘人。

在这里需要强调说明的是,接受通知在规定期限内到达发盘人,对于合同的成立具有重要作用。因此,各国法律通常都对接受到达发盘人的期限作出了规定。我国《合同法》第23条也对此作了明确规定,即:承诺应当在要约确定的期限内到达要约人。要约没有确定承诺期限的,承诺应依照下列规定到达:①要约以对话方式作出的,应当及时作出承诺,但当事人另有约定的除外;②要约以非对话方式作出的,承诺应在合理期限内到达。

(5)接受必须表示出来。受盘人表示接受的方式有两种:①用声明(Statement)做出表示,即受盘人用口头或书面形式向发盘人同意发盘;②用做出行为(performing an act)来表示,通常指由卖方发运货物或由买方支付价款来表示。

《合同公约》第18条第1款规定:被发盘人声明或作出其他行为表示同意一项发盘,即是接受,缄默或不行动本身不等于接受。

❓思考

资料 1:香港某中间商 A,就某商品以电传方式邀请我方发盘,我方于 6 月 8 日向中间商 A 发盘并限 6 月 15 日复到有效。12 日我方收到美国 B 商人按我方发盘条件开来的信用证,同时收到中间商 A 的来电称:"你 8 日发盘已转美国 B 商人"。经查该商品的国际市场价格猛涨,于是我将信用证退回开证银行,再按新价直接向美国 B 商人发盘,而美国 B 商人以信用证于发盘有效期限内到达为由,拒绝接受新价并要求我方按原价发货,否则将追究我方的责任。

试问:问美国 B 商人的要求是否合理?为什么?

资料 2:我国某出口公司于 2 月 1 日向美商电报出口某农产品,在发盘中除列明必要条件外,还表示"packing in sound bags"。在发盘有效期内,美商复电称:"Refer to your telex first accepted,packing in new bags."我方收到上述复电后,即着手备货,数日后该农产品国际市场价格猛跌,美商来电称:"我方对包装条件做了变更,你方未确认,合同并未成立。"而我出口公司则坚持合同已经成立,于是双方对此发生争执。

试问:此案应如何处理?

(二)接受生效的时间

在接受生效的时间上,英美法采用投邮生效的原则,即接受通知书一经投邮或发出,立即生效;而大陆法采用到达生效的原则,即接受通知书必须到达发盘人时才能生效。《合同公约》明确规定,接受送达发盘人时方为生效。

(三)逾期接受

逾期接受又称为迟到接受(late acceptance),是指接受通知到达发盘人的时间已经超过了发盘所规定的有效期限,或者在发盘未规定有效期限时,已超过了合理的时间。按照各国的法律规定,逾期接受不能认为是有效的接受,而只是一项新的发盘。《合同公约》亦认为逾期接受原则上是无效的,但为了有利于双方合同的成立,《合同公约》对逾期接受亦采用了一些灵活的处理方法,使它在符合某些条件的情况下,仍然具有接受的效力,合同仍得以成立。

(1)逾期接受原则上无效,但如发盘人毫不迟延地用口头或书面通知受盘人,并认为逾期接受仍然有效,则逾期接受仍具有接受的效力。该种情况下逾期接受是否有效的决定权在发盘人手中。

(2)如果载有逾期接受的信件或其他书面文件表明,它是在传递正常、能及时送达发盘人的情况下寄发的,则该项逾期接受仍具有接受的效力,除非发盘人毫不迟延地用口头或书面通知受盘人发盘已经失效。

❓思考

资料:我国某出口企业根据某法国商人询盘,发盘销售某货物,限对方 5 日复到有效。法国商人于 4 日发电表示接受,由于电报局投递延误,该电报通知于 6 月上午始送达我方。此时,我方由于该货物市价上升,当即回电拒绝。但法国商人认为接受通知迟到并非自己责任,坚持合同有效成立,而我方则不同意达成交易,于是诉讼法院。

试问:法院应如何判决?又如我方在接电后未拒绝,法院又该如何判决?说明理由。

(四)接受的撤回

接受的撤回是指受盘人在对原发盘人发出接受通知时,采取某种方式阻止该接受生效的行为。

《合同公约》第 22 条规定："如果撤回通知于接受原发盘应生效之前或同时送达发盘人,接受得予撤回。"由于接受在送达发盘人时才产生法律效力,故撤回或修改接受的通知,只要先于原接受通知或与原发盘接受通知同时送达发盘人,则接受可以撤回或修改。如接受已送达发盘人,即接受一旦生效,合同即告成立,就不得撤回接受或修改其内容,因为这样做无异于撤销或修改合同。例如,一项发盘规定接受于 3 月 15 日复到有效,受盘人于 3 月 2 日发出接受通知,预计 3 月 10 日接受通知可送达发盘人,如受盘人欲阻止合同的成立,他可在 3 月 10 日前用电传等更快捷的通讯手段将接受撤回通知送达发盘人,该撤回通知也可与接受通知同时送达发盘人以撤回接受,阻止合同的成立。

《合同公约》采取了大陆法"送达生效"的原则。但英美法系国家遵循的"投邮原则",认为接受在发出时间即生效,因此接受不能撤回。在实际业务中,一定要注意法律规定的这种差别。

需要注意的是,在当前通讯设施非常发达和各国普遍采用现代化通讯的条件下,当受盘人发现接受中存在问题而想撤回时,往往已经无法挽回。为了防止出现差错和避免发生不必要的损失,在实际业务中,应当审慎行事。

子项目三 订立合同

依法成立的国际货物买卖合同不仅体现了买卖双方的经济关系,还体现了买卖双方的法律关系。只有符合法律规范的合同才能在法律的约束下顺利履行,当一方当事人的利益受到损害时,他才能依据合同得到法律的保护。

一、书面合同的作用

书面合同的作用主要表现在以下几个方面:①合同成立的证据;②合同生效的条件;③合同履行的依据;④办理进出口手续的要件;⑤出口方办理货物检验的依据;⑥进口方向银行申请开立信用证的依据;⑦出口方对外支付佣金时向外汇管理部门和银行提供的证明;⑧双方处理索赔以及诉讼或仲裁的依据。

二、合同成立的时间和条件

虽然合同自成立时生效,但是合同成立与合同生效是两个不同的概念。合同成立的判断依据是接受是否生效;而合同生效是指合同是否具有法律上的效力。在通常情况下,合同成立之时,就是合同生效之日,二者在时间上是同步的。但有时,合同虽然成立,却不立即产生法律效力,而是需要其他条件成立时,合同才开始生效。《合同公约》和我国《合同法》都对合同成立的时间作了具体规定,如表 8-1 所示。

根据《合同公约》和我国《合同法》的规定,合同成立的条件包括:

(1)当事人必须在自愿和真实的基础上达成协议。采取欺诈或者胁迫手段订立的合同无效。

(2)当事人必须具有签约的行为能力。签订合同的当事人应是自然人或法人。自然人必须是精神正常的成年人,未成年人、精神病人等订立合同必须受到限制;如果当事人是法人,各国法律一般认为,必须通过其代理人,在法人的经营范围内签订合同,即越权的合同不能发生法律效力。

（3）合同必须有对价（consideration）和约因（cause）。对价是指当事人为了取得合同利益所付出的代价。约因是指当事人签订合同所追求的直接目的。按照英美法和大陆法的规定，合同只有在有对价或约因时，才是法律上有效的合同。

（4）合同的标的和内容必须合法。

（5）合同必须符合法律规定的形式。

表 8 - 1　合同有效成立的时间

《联合国国际货物销售合同公约》	我国《合同法》
接受送达发盘人时生效，合同成立	承诺生效时合同成立
	若当事人采用合同书面形式订立合同，在双方当事人签字或盖章时合同成立
	若当事人采用信件、数据电文等形式订立合同，可以在合同成立之前要求签订确认书，签订确认书时合同成立

三、书面合同的形式和内容

（一）书面合同的形式

在国际贸易中，交易双方订立合同有以下几种形式：口头形式、书面形式、其他形式。《合同公约》规定：销售合同无须以书面订立或书面证明，在形式方面也不受任何其他条件的限制。销售合同可以用包括人证在内的任何方法证明。所以根据《合同公约》的解释，合同的形式可以是口头的，也可以是书面的。1986 年 12 月我国政府在向联合国交存对《合同公约》的核准书时，我国不同意国际货物买卖合同采用书面以外的形式订立、更改或终止，认为应采用书面形式方为有效。我国《合同法》规定，合同的书面形式是指合同书、信件和数据电文（包括电报、电传、传真、电子数据交换和电子邮件）等可以有形地表现所载内容的形式，如表 8 - 2 所示。

表 8 - 2　书面合同的形式

书面合同名称	说明
合同（contract）	是正式合同，包括售货合同和购货合同，交易条件完整、明确
确认书（sales confirmation）	是合同的简化形式，交易条件完整、明确
协议（agreement）	在法律上是"合同"的同义词，要求内容、双方的权利和义务等规定明确、具体、肯定
备忘录（memorandum）	在法律上不具有约束力
意向书（letter of Intent）	不是法律文件，对有关当事人无约束力
订单（order）	其效力相当于国外买方的购货合同或确认书
电子合同（E-contract）	采用数据电文形式，具有法律效力、有效性和可执行性

（二）书面合同的内容

在进出口贸易中，书面合同的内容一般包括三个部分：约首（preamble）、主体（body）和约尾（witness clause）三个部分。其中，主体部分是合同的主要组成部分（对各项交易条件的具体规定），主要包括品名、品质、规格、数量（或重量）、包装、价格、运输、保险、支付、检验、索赔、不可抗力和仲裁等项内容。商订合同，即双方就上述基本条款的内容予以明确规定。

书面合同必须做到内容完备,条款明确,文字严密,前后一贯,与交易磋商的内容相一致,以利合同的履行。书面合同的内容见表8-3。

表8-3 书面合同内容一览表

名称	具体内容
约首	合同名称(买卖合同、出口合同、进口合同、销售合同、购货合同)
	订约日期和地点
	当事人名称、地址、电传、传真、电子信箱等
	合同编号(通常由公司名称缩略词及序号组成)
主体	合同标的(货物名称、数量、品质、包装)
	价格(单位价格及贸易条件)
	运输(海运、空运、陆运、邮运、集装箱、多式联运等)
	保险(C. I. C. 和 I. C. C. 保险条款及其险别)
	支付条件(D/P、D/A、T/T、D/D、L/C等)
	预防和解决争议的方法(检验、索赔、免责条款和仲裁)
约尾	合同份数、使用文字、法律效力、双方签字等

书面合同示例

UNIVERSAL TRADING CO. ,LTD

Rm 1201－1206 Mayling Plaza,131 Dongfang Road,shanghai,China Zip:20012

Tel:021－58818844 Fax:021－58818840

售货合同

SALES CONTRACT

1. 卖方:　　　　　　　　　　　　　　　　合同编号:

THE SELLERS:UNIVERSAL TRADING CO. ,LTD.　S/C NO. HY98CS004

2. 地址:　　　　　　　　　　　　　　　　合同日期:

ADDRESS:RM. 1201－1206,MAYLING PLAZA,　DATE:Mar. 27th,1998

　　　　131 DONGFANG ROAD,SHANGHAI CHINA.

TEL: 021－58818844　　FAX:021－58818840

E-MAIL:younl@www. universal. com. cn

3. 买方:

THE BUYERS:TIVOLI PRODUCTS PLC

4. 地址:

ADDRESS:BERSTOFSGADE 48,ROTTERDAM,THE NETHERLANDS

TEL:＋(31)74123721　FAX:＋(31)74123737

E-MAIL:china@www. tvl. com. ntl.

买卖双方同意按下列条件购进、售出下列商品:

THE SELLERS AGREE TO SELL AND THE BUYERS AGREE TO BUY THE UN-DERMENTIONED GOODS ACCORDING TO THE TERMS AND CONDITIONS AS STIPULATED BELOW

商品名称及规格 NEME OF COMMODITY & SPECIFICATION	数量 QUANTITY	单价 UNIT PRICE	总值 TOTAL VALUE
			CIF3％　　AMSTER-DAM
PLUSH TOYS Art. No. KB0677 New Design Brown Bear	1080sets	US＄13.35	US＄14418.00
Art. No. KB7900 Toy Bear in Sweater	1208pcs.	US＄9.30	US＄11234.40
Art. No. KB0677Charming Pig	4140pcs.	US＄4.70	US＄19458.00
Art. No. KB0677Long Hair Cat	3150pcs.	US＄6.65	US＄20947.50
Art. No. KB0677Plush Twin Bear	1880sets	US＄13.30	US＄25004.00
			US＄91061.90

5. 包装：

PACKING：PACKED IN CARTONS OF 8 SETS(KB0677),8PCS. (KB7900),60PCS. (KP2273),30PCS. (KC2048) AND 4 SETS(KB0278)EACH ONLY.

6. 唛头：

SHIPPING MARK：WILL BE INDICATED IN THE LETTER OF CREDIT.

7. 装船港口：

PORT OF SHIPMENT：SHANGHAI,CHINA

8. 目的港口：

PORT OF DESTINATION：AMSTERDAM,THE NETHERLANDS

9. 装船期限：

TIME OF SHIPMENT：NOT LATER THAN MAY 31ST,1998

10. 付款条件

买方应通过买卖双方都接受的银行向卖方开出以卖方为受益人的不可撤销,可转让的即期付款信用证并允许分装、转船。信用证必须在装船前30天开到卖方,信用证有效期限延至装运日期后21天在中国到期。

TERMS OF PAYMENT：The buyers shall open with a bank to be accepted by both the buyers and sellers an irrevocable transferable letter of credit,allowing partial shipment, transshipment in favor of the sellers and addressed to sellers payable at sight against first presentation of the shipping document to opening bank. The covering letter of credit must reach the sellers 30 days before shipment and remain valid in China until the 21st day(inclusive) from the date of shipment.

11. 保险：由买方/卖方按发票金额加成10％投保一切险及战争险如果买方要求加投上述保险或保险金额超出上述金额,必须提前征得卖方的同意;超出的保险费由卖方承担。

INSURANCE：To be covered by the buyers/sellers for the full invoice value plus 10％ against all risks and war risks. If the buyers desire to cover for any other extra risks besides aforementioned of amount exceeding the aforementioned limited,the sellers' approval must be obtained beforehand and all the additional premiums thus incurred shall be for the buyers' account.

12. 检验：由中国商检局出具的品质/重量证明书将作为装运品质数量证明。

INSPECTION：The Inspection Certificate of Quality/Weight issued by CCIB shall be taken as basis for the shipping quality/weight.

13. 不可抗力：因人力不可抗拒事故，使买方不能在合同规定期限内交货或不能交货，卖方不负责任，但是卖方必须立即以电报通知买方。如果买方提出要求，卖方应以挂号函向买方提供由中国国际贸易促进会或有关机构出具的证明，证明事故的存在。

FORCE MAJEURE：The sellers shall not be held responsible if they, owing to force majeure causes, fail to make delivery within the time stipulated in the contract or can't deliver the goods. However, in such a case the sellers shall inform the buyers immediately by cable. The sellers shall send to the buyers by registered letter at the request of the buyers a certificate attesting the existence of such a cause or causes issued by China Council for the Promotion of International Trade or by a competent authority.

14. 异议索赔：品质异议须于货到目的口岸之日起 30 天内提出，数量异议须于货到目的口岸之日起 15 天内提出，买方需同时提供双方同意的公证行的检验证明。卖方将根据具体情况解决异议。由自然原因或船方、保险商责任造成的损失，卖方将不予考虑任何索赔。信用证未在合同指定日期内到达卖方，或 FOB 条款下，买方未按时派船到指定港口，或信用证与合同条款不符，买方未在接到卖方通知所规定的期限内电改有关条款时，卖方有权撤销合同或延迟交货，并有权提出索赔。

DISCREPANCY AND CLAIM：In case discrepancy on the quality of the goods is found by the buyers after arrival of the goods at the port of destination, claim may be lodged within 30 days after arrival of the goods at the port of destination, while for quantity discrepancy, claim may be lodged within 15 days after arrival of the goods at the port of destination, being supported by inspection certificate issued by a reputable public surveyor agreed upon by both party. The sellers shall, then consider the claim in the light of actual circumstances. For the losses due to natural cause or causes failing within the responsibilities of the ship—owners or the underwriters, the sellers shall not consider any claim for compensation. In case the letter of credit does not reach the sellers within the time stipulated in the contract, or under FOB price terms buyers do not send vessel to appointed ports or the letter of credit opened by the buyers does not correspond to the contract terms and the buyers fail to amend thereafter its terms by telegraph within the time limit after receipt of notification by the sellers, the sellers shall have right to cancel the contract or to delay the delivery of the goods and shall have also the right to lodge claims for compensation of losses.

15. 仲裁：凡因执行本合同所发生的或与合同有关的一切争议，双方应友好协商解决。如果协商不能解决，应提交中国国际经济贸易仲裁委员会，根据该委员会的有关仲裁程序暂行规则在中国进行仲裁的，仲裁裁决是终局的，对双方都有约束力。仲裁费用除另有裁决外由败诉一方承担。

ARBITRATION：All disputes in connection with the contract or the execution thereof, shall be settled amicable by negotiation. In case no settlement can be reached, the case under dispute may then be submitted to the "China International Economic and Trade Arbitration Commission" for arbitration. The arbitration shall take place in China and shall be executed in accordance with the provisional rules of procedure of the said commission and the decision made by the commission shall be accepted as final and binding upon both parties for setting the disputes. The fees, for arbitration shall be borne by the losing party unless otherwise awarded.

卖方：　　　　　　　　　　　　买方：
THE SELLERS：　　　　　　　　THE BUYERS：
UNIVERSAL TRADING CO　　　　TIVOLI PRODUCTS PLC
SHANGHAI CHINA　　　　　　　ROTTERDAM THE NETHERLAND

实训项目

实训项目一　辨析交易过程

【项目情境】

下面是我国出口公司与科威特商行阿卜杜拉公司 Abdulla Company（科威特邮政信箱第 123 号 P. O. BOX No. 123,Kuwait）洽谈蝴蝶牌缝纫机 JA－1 型（Butterfly Brand Sewing Machine Model JA－1）的往来电传。

9 月 2 日来电传：有兴趣买蝴蝶缝纫机 JA－1 型 3 000 架即装请报价

（Sept. 2 Incoming Telex：INTERESTED IN BUTFERFLY BRAND SEWING MACHINE MODEL JA－1 3 000 SETS PROMPT SHIPMENT PLEASE QUOTE）

9 月 3 日去电传：蝴蝶牌缝纫机 JA－1 型 3 000 架木箱装每架 62 美元 CIFC2 科威特 10 月/11 月装运即期信用证支付限 6 日复到

（Sept. 3 Outgoing Telex：BUTTERFLY BRAND SEWING MACHINE MODEL JA－1 3 000 SETS PACKED IN WOODEN CASES USD62 PER SET CIF KUWAIT OCT/NOV SHIPMENT SIGHT CREDIT SUBJECT REPLY HERESIXTH）

9 月 5 日来电传：你 3 日电传歉难接受竞争者类似品质报 55 美元请速复

（Sept. 5 Incoming Telex：YOUR TLX THIRD REGRET UNABLE ACCEPT COMPETITORS QUOTING SIMILAR QUALITY USD55 PLEASE REPLY IMMEDIATELY）

9 月 7 日去电传：我 3 日电传重新发盘限 10 日我方时间复到

（Sept. 7 Outgoing Telex：OURS THIRD RENEW OFFER SUBJECT REPLY TENTH OUR TIME）

9 月 9 日来电传：你 7 日电传接受如 55 美元 CIF D/P 即期请确认

（Sept. 9 Incoming Telex：YOURS SEVENTH ACCEPT PROVIDED USD55 CIF D/P SIGHT PLEASE CONFIRM）

9 月 12 日去电传：你 11 日电传确认请速开证

（Sept. 11 Outgoing Telex：YOURS ELEVENTH CONFIRMED PLEASE OPEN L/C IMMEDIATELY）

9 月 13 日来电传：你 12 日电传信用证将由科威特邮政信箱第 123 号阿卜图拉公司公司开立

（Sept. 13 Incoming Telex：YOURS TWELFTH CREDIT WILL BE OPENED BY ABDULLA COMPANY P. O. BOX NO. 123 KUWAIT）

【工作任务】

任务一：判断上述电传哪些是发盘？哪些是还盘？

任务二：将双方达成一致意见的交易条件进行总结概括。

任务三：分析整个交易过程，学习其中贸易谈判的技巧和方法。

实训项目二 根据交易磋商函电缮制合同

【项目情境】

一、与外商建立业务关系

A Letter to a Newly-introduced Client

China Hangzhou Power Tools Imp. & Exp. Co. ,Ltd.

No. 148 Xihu Road Hangzhou Zhejiang Province

Tel：0086 - 571 - 83647890   Fax：0086 - 571 - 83647891

E-mail：hangzhoupt@163. com

Dear Mr. Panto Vasilis：

The Chamber of Commerce of China has coveyed to us your desire to establish business relations with foreign trade corporations of China. A copy of your letter to that effect has been passed on to us.

We are pleased to inform you that the commodities your are interested in fall within the scope of our business activities. The enclosed catalogue will give you some general idea of our products.

You see，we are leading manufactures and esporters of power tools in China. So we have advantage over other export corporations in price and regular supplies.

We look forward to your detailed requirements.

Yours faithfully

David Zhu Mar. 8th，2009

二、询价

Inquiry

Pantou Bross Co. ,Ltd. Greece

5th Thnat Rd. Lagada Thessaloniki

Tel：003023146235   Fax：003023146665   E-mail：viorfer@speek. net. gr

Dear Mr. Zhu：

I am very pleased to receive your E-mail letter dated on Mar. 8th,2002. I hereby apologize for delaying you too late. I would like to learn if I would order the following：

Power Tools：

JB1055·················180pcs

JB1048·················900pcs

JB1034·················450pcs

JB1023·················180pcs

I do hope that I can get your competitive price so as to open and promote Greek market along with you.

Waiting for your earlier reply.

Best wishes,

Panto Vasilis   Mar. 15th,2009

三、报价

Quotation

China Hangzhou Power Tools Imp. & Exp. Co. ,Ltd.

No. 148 Xihu Road Hangzhou Zhejiang Province

Tel：0086 − 571 − 83647890　　Fax：0086 − 571 − 83647891

E-mail：hangzhoupt@163. com

Dear Mr. Panto Vasilis：

I am on receipt of your letter today. Thank you.

Now，there are indications that the power tools market is beginning to get active. Taking advantage of the opportunity，I should like to invite an offer from you for 2910pcs for shipment during April/May.

The followings are my quotation. You can compare with others. The prices I offered are more reasonable and cheaper than those you can get from other companies.

Power Tools：

Commodity Name	Quantity(piece)	Unit Price(USD FOB Shanghai)	Amount(USD)
JB1055	180	5. 00	900. 00
JB1048	900	25. 00	22500. 00
JB1034	450	20. 00	9000. 00
JB1023	180	20. 00	3600. 00
Total	1710		36000. 00

I hope that you will have a good market in Greece.

Best regards,

四、还价

Counter Offer

Pantou Bross Co. ,Ltd. Greece

5th Thnat Rd. Lagada Thessaloniki

Tel：003023146235　　Fax：003023146665　　E-mail：viorfer@speek. net. gr

Dear Mr. Zhu：

I've received your replied E-mail yesterday (Mar. 16th,2009). I am sorry to inform you that the price you offered is too high and I can't accept it. You are right. I'm your future good partner. So，good friends must share everything in common. Would you please cut your price 5% down? Well, would you let me know your packing in details?

Hope to hear you soon.

Best wishes,

Panto Vasilis　Mar. 17th,2009

五、接受

Acceptance

China Hangzhou Power Tools Imp. & Exp. Co. ,Ltd.

No. 148 Xihu Road Hangzhou Zhejiang Province

Tel：0086 - 571 - 83647890   Fax：0086 - 571 - 83647891

E-mail：hangzhoupt@163.com

Dear Mr. Panto Vasilis：

I have acknowledged with thanks your letter of Mar. 17th, 2009.

I'm very much surprised to hear your answer. You see，better quality means a higher price. Actually，these prices will leave us a narrow profit. In order to develop the business relations between us，I promise to cut my offer of 5% down.

Packing：

JB1055	6pcs/ctn	30ctns
JB1048	9pcs/ctn	100ctns
JB1034	9pcs/ctn	50ctns
JB1023	6pcs/ctn	30ctns
Total：		210ctns

I hope that this will be our beginning of business negotiation between our two companies. Later on，I'll make a sales contract with our authorized signature and then fax it to you. I'm waiting for your signature.

Best regards,

David Zhu   Mar. 19th，2009

（注：Thessaloniki 塞萨洛尼基，希腊著名的港口城市）

【工作任务】

任务一：从建交函中，Hangzhou Power Tools 是通过什么样途径知道进口商 Pantou Bross Co. 的需求信息的？

任务二：通过询盘、发盘、还盘、接受等环节，最后达成的价格是多少？成交的电动工具共多少件，多少箱？

任务三：根据上述情境，缮制一份销售确认书，并请填制在附件 8-1 销售确认书。

能力迁移

一、请根据下列情境，完成工作任务

1.我国某对外工程承包公司于 5 月 3 日以电传请意大利某供应商发盘出售一批钢材。我方在电传中声明：要求这一发盘是为了计算一项承造一幢大楼的标价和确定是否参加投标之用；我方必须于 5 月 15 日向招标人送交投标书，而开标日期为 5 月 31 日。意供应商于 5 月 5 日用电传就上述钢材向我发盘。我方据以计算标价，并于 5 月 15 日向招标人递交投标书。5 月 20 日意供应商因钢材市价上涨，发来电传通知撤销他 5 月 5 日的发盘。我方当即复电表示不同意撤盘。于是，双方为能否撤销发盘发生争执。及 5 月 31 日招标人开标，我方中标，随即电传通知意供应商我方接受该商 5 月 5 日的发盘。但意商坚持该发盘已于 5 月 20 日撤销，合同不能成立。而我方则认为合同已经成立。

任务一:意供应商 5 月 5 日发盘是否被我方接受?

任务二:发盘中未规定有效期限,怎样才确定发盘已被接受?

任务三:意供应商 5 月 20 日撤销发盘是否有效?

2. 我国出口企业于 6 月 1 日用电传向英商发盘销售某商品,限 6 月 7 日复到。6 月 2 日收到英商发来电传称:"如价格减 5% 可接受。"我方未对英商来电作出答复,由于该商品的国际市价剧涨,英商又于 6 月 3 日来电传表示:"无条件接受你 6 月 1 日发盘,请告合同号码。"

任务一:在此情况下,我方应如何处理?为什么?

任务二:英商有无何种过失?

二、将中文函电翻译成英文

2009 年 11 月初,上海某进出口公司接到新加坡海外贸易公司来信,表示对漂布感兴趣。于是上海这家公司委托中国银行上海分行对新加坡公司资信情况进行调查,同时于 11 月 20 日写信给该公司,表示愿意合作,并提供漂布的规格、包装等情况,要求新加坡公司来电磋商。新加坡公司收到上海公司 11 月 20 日函后,于 12 月 3 日来电要求发盘,于是双方开始了关于漂布销售的磋商。

12 月 3 日来电:

你 11 月 20 日函收到请发盘 41000(货号)

12 月 4 日去电:

你 3 日电发盘限 7 日复到 41000(货号)84000 码布包每码 2.40 港元 CIF 新加坡 2010 年 3 月装

12 月 6 日来电:

你 4 日电 126 000 码 1 月装运 2.10 港元 FOB 上海请 9 日复到

12 月 8 日去电:

你 6 日电订货拥挤只能供应 100 800 码 2 月装运,2.40 港元 CIF 新加坡限 11 日复到

12 月 10 日来电:

你 8 日电其他来源相似品种报价 2.25 港元竞争激烈因此至多 2.30 港元限 15 日复到

12 月 12 日去电:

你 10 日电鉴于首次交易接受

试完成:

任务一:最后货号 41000 的成交价是多少?请写出完整的报价。

任务二:将上述往来函电译成英文。要求措辞表达准确、严谨、简明、通达,符合商业习惯。

三、根据交易双方的往来信函完成外贸合同的填制

Beijing Light Industrial Products Imp. & Exp. Corp 方和 Boston Trading Co. Ltd., USA 方的交易磋商往来函电如下:

Mail 1   **Mar. 3rd, 2009**

Beijing Light Industrial Products Imp. & Exp. Corp.

Dear Mr. Wang,

Thank you very much for your hospitality in your booth at the Ampiente Fair2009 in Frankfurt.

I am interested in candles Art. No. 501 in the packing of 25 - pc paper boxes. The quality will be one 20 - foot container for the start.

Therefore you are kindly requested to give me your best price rather than USD0. 72 per box quoted at the Fair so that I can sent you my order prompt shipment.

Awaiting your reply with best regards.

John Hendry
Boston Trading Co. Ltd. , USA

Mail 2   **Mar. 5th, 2009**
Boston Trading Co. Ltd. , USA
Dear Mr. Hendry,

It was a great pleasure to meet you at the Ampiente Fair 2009 and to receive your enquiry for our candles.

In fact, the price I quoted at the Fair is already the most favorable one. However, in order to save time and to start business, I'll further lower my price as follows:

CANDLES ART. NO. 501, USD0.70/BOX FOB TIANJIN.

I'm sure this will be acceptable to you. Let us start our business and we'll offer you our best service.

Looking forward to your early acceptance.

Thanks and best regards.

Wang Dayang
Beijing Light Industrial Products Imp. & Exp. Corp.

Mail 3   **Mar. 6th, 2009**
Dear Mr. Wang,

Thank you for your E-mail and new price, which I expected to be lower but accept, noting that this isthe first deal between us.

Iwould also like to order candles Art. No. 502 in 10 – pc boxes at the price of USD0. 14perbox. Pleaseconfirm. Therefore our order is as follows: One 20 – foot container of CANDLES ART. NO. 501, 50% CANDLES ART. NO. 502, 50%. Packed in paper boxes of 25 pcs and 10 pcs respectively, and 50 boxes to a carton respectively.

Pleaseinform us roughly how many cartons a $1 \times 20'$ container can hold. Please also inform us of your payment terms and the earliest shipment date. I'm awaiting your good service, high quality and fine packing as you promised at the Fair, to enable both of us to build good corporation to our mutual benefit.

Yours sincerely,
John Hendry

Mail 4   **Mar. 6th, 2009**
Dear Mr. Hendry,

Thank youfor your new order, but we find your price for 10 pcs/box candles of USD0. 14 per

box is too low. Our calculation points to USD0. 155 per box. But in order to start, we think we can accept USD0. 15/box if you agree, I will fax you our sales contract for your signature.

Payment: by irrevocable letter of credit payable by draft at sight.

Delivery: within 45 days after the covering L/C is received.

For your information, according to our calculation, a 20 – foot container, can hold 600 car tons of 10 – pc boxes and 300 cartons of-pc boxes.

By the way, can you tell us the name of the port of destination for our reference?

Best wishes,

Wang Dayang

Mail 5   **Mar. 8th，2009**

Dear Mr. Wang,

Hello my friend, I'm afraid I don't agree to USD 0. 15/box, The best I can do is USD 0. 145perbox, for the start of our cooperation.

AsI explained earlier, you should accept the above price, taking into consideration the higher cost of freight at my expense.

Payment and date of shipment are fine. Please accept our bid, so that we can proceed with the opening of the relative L/C.

By the way, we would want the goods to be shipped to Boston.

Best regards,

John Hendry

Mail 6   **Mar. 10th，2009**

Dear Mr. Hendry,

As the cost of raw material is increasing sharply these days, we are facing big problems. I hope you can understand us.

However, in order to make the ball start rolling, we accept your price for candles in 10 – pc boxes at USD 0. 145per box. Please find the attached S/C NO. D2001PAl00, and sign and return one copy for our file.

Also enclosed is our banking information. Please open the covering L/C as soon as possible and fax us a copy of it for our reference.

We are glad to have concluded this initial transaction with you. We hope this would mark the beginning of a long-standing and steady business relationship between us.

Yours,

Wang Dayang

任务一：请根据上述材料填制下列合同。

CONTRACT No.

Sellers：

Buyers：

This contract is made by and between the buyers and the sellers, whereby the buyers agree tobuy and the seller agree to sell the undermentioned commodity according to the terms and conditions stipulated below：

Commodity：

Specifications：

Quantity：

Unit price：

Total value：

Packing：

Shipping mark：

Insurance：

Time of Shipment：

Port of Destination：

Terms of Payment：

Done and signed in Beijing on this 10th day of March,2009

附件8-1：销售确认书（空白）

SALES CONFIRMATION

S/C NO.：

THE SELLER：

ADDRESS：

TEL：   FAX：   E-mail：

THE BUYER：

ADDRESS：

TEL：   FAX：   E-mail：

The seller agrees to sell and the buyer agrees to buy the undermentioned goods on the terms and conditions stated bellow：

1. Item No.	2. Commodity Name & Specification	3. Quantity	4. Unit Price (USD FOB Shanghai)	5. Amount (USD)

With _____ more or less shipment allowed at the sellers' option.

6. Total Value：

7. Packing：

8. Shipping Mark：

9. Time of Shipment & Means of Transportation：

10. Port of Loading & Destination：

11. Insurance：

12. Terms of Payment：

13. Remarks：

The Seller   The Buyer

（signature）   （signature）

附件 8 - 2 销售确认书(企业样本)

ZHEJIANGAISHUIBAO PIPING SYSTEMS CO.,LTD

Add:Diankou,Industrial Zone,Zhuji,
Tel :0086-575-7650158
Fax:0086-575-7656158
E-mail:asb@aishuibao.com

No: 09ASB002-015
Date:FEB.25.2009

SALES CONFIRMATION

To Messrs,

We hereby confirm having sold to you the following goods on the terms and conditions as set forth hereunder:	For account of: "BRAVERZ" LTD 68000 ODESSA REGION C.ILYICHEVSK. PROMISHEVSK.PROMISHLENNAYA STR 12 TEL:+38-0482304129 FAX:+38-0482304129

1.Name of Commodity,Specification,Packing and Shipping Marks	2.Quantity	3.Unit Price	4.Total Value
PPR-AL-PPR PIPES	96600M	USD1.03 TTL:	USD99498.00 USD99498.00
	(Quantity allowance)		

5.Time of Shipment:July 27, 2009
6.Port of Loading: NINGBO,CHINA   7.Port of Destination:ODESSA UKRAIN
8.Insurance:
    □To be covered by the Seller for 110% of the invoice value against all risks and war risk only(excluding S.R.C.C)as per the Ocean Marine Cargo Clauses of the People's Insurance Company of China.
    □ To be effected by the Buyer.
9.Terms of Payment:
    □ TT payment 30days after B/L date.
REMARKS:
1. The Buyer is requested to sign and return one copy of this Sales Confirmation immediately after receipt of the same Objection,if any,should be raised by the Buyer within five days after the receipt of this Sales Confirmation,in the absence of which it is understood that the Buyer has accepted the terms and conditions of the Sales Confirmation.
2. The Buyer is requested always to quote THE NUMBER OF THIS SALES CONFIRMATION in the letter of credit to be opened of the Seller.
3. **CLAIM:**In case of quality discrepancy,claim should be filed by the Buyer within__days after the arrival of goods at port of destination;while for quantity discrepancy,claim should be filed by the Buyer within__days after the arrival of goods at port of destination.Any claim should be supported by a survey report issued by a surveyor approved by both parties.It is understood that the Seller shall not be liable for any discrepancy of the goods shipped due to causes for which the Insurance Company,Shipping Company,other transportation organization/of Post Office are liable.
4. **FORCE MAJEURE:**The Seller shall not be held liable for failure or delay in delivery of the entire lot or a portion of the goods under this Sales Confirmation in consequence of any Force Majeure incidents.
5. **ARBITRATION:**All disputes arising in connection with this Sales Confirmation or the execution thereof shall be settled by negotiation.In case no settlement can be reached,the case under dispute shall then be submitted for arbitration to CHINA INTERNATIONAL ECONOMIC AND TRADE ARBITRATION COMMISSION,SHANGHAI COMMISSION in accordance with its provisional rules of procedure.The decision by the Commission shall be accepted as final and binding upon both parties.
6. **SPECIAL TERMS:**The Seller here is entrusted by_____
who takes the responsibilities for this Sales Confirmation.
7.Should show consignee TO ORDER on the bill of lading

The Seller:
Zhejiang Aishuibao Piping Systems Co.,

The Buyer:

(SIGNATURE)   (SIGNATURE)

项目九
进出口合同的履行

学习目标

    知识目标   了解进口合同的履行程序;了解各种进出口单据的内容与填制。

    能力目标   掌握出口合同的履行程序,尤其是信用证的收付程序、合同中支付条款的规定方法。

    素质目标   熟悉进出口主要单证的处理方法。

情境导入

    2009 年 7 月,我方 A 公司与对方 B 公司双方就服装的买卖进行贸易。一个月后,A 公司将货物装船出运到 B 公司指定的目的港后,B 公司也如数收到 A 公司所提供的货物。根据双方外贸合同规定,B 公司应当以 T/T 的方式付款。

    出人意料的是,B 公司却没有及时支付有关的款项。对此,A 公司不得不几次发传真给 B 公司,催促要求 B 公司按照合同规定将款项及时付清,但 B 公司却始终保持沉默,既不付款,也不说明任何理由。

    在此前提下,A 公司再次发传真给 B 公司,并明确表示,根据合同内容如果到 10 天仍未付款,A 公司将根据外贸合同的有关条款,追究 B 公司的赔偿责任。而此时,B 公司才作出反应,讲述不付款的理由是由于 A 公司所提供的货物品质不符合要求,现在 B 公司的客户提出该批货物品质存在严重质量问题,并要求 B 公司承担赔偿责任。

    同时,B 公司表示,如果 B 公司的客户通过法律手段要求 B 公司承担赔偿责任,那么,该部分的赔款由 A 公司来承担。

    在国际贸易中,国际货物买卖合同一旦依法有效成立,双方当事人必须按照合同规定履行各自的权利和义务。对进出口贸易合同的签订和履行,有国际性的章程可循:如根据《联合国国际货物销售合同公约》的规定,卖方必须按合同和公约,交付货物,移交一切与货物有关的单据并转移货物所有权。履行合同是一项极为严肃的工作,必须谨慎对待,因为任何一方违反了合同中的某一条款,违约方就要承担相应的经济责任和法律责任。与此同时,履行合同还是衡量企业资信状况的一个重要指标,如果依法订立了合同却不履约,势必为企业带来信誉上的损失。此外,在履约过程中,我国企业还必须严格地贯彻我国的对外贸易方针政策,在平等互利的基础上,做到"重合同,守信用",确保我国的对外贸易信誉。由此可见,严格履行合同具有十分重要的意义。

    因此,为了准确地理解进出口合同的履行程序,了解必要的单证知识,避免不必要的贸易争端和风险,本项目将就下列问题展开讨论并辅以相应的训练:

    (1)出口合同的履行程序。

    (2)进口合同的履行程序。

知识支撑

子项目一　出口合同的履行

出口合同一经成立,出口方就应立即履行合同规定的义务,以期顺利取得货款。履约的全部过程,由于环节多、涉及的部门多、单据多、手续也较复杂,很容易产生这样那样的问题,这就要求出口方不仅要有强烈的责任心,也要加强同各有关部门的协作和配合,十分细微地处理每一个环节,尽量避免工作脱节、延误装运期限以及影响安全收汇等事件的发生,以保证履约过程的顺利进行。

案　例

据谈判结果拟订合同

【谈判结果】

2006 年 11 月 2 日(周四),通过几轮的磋商,浙江远大进出口公司外贸业务员张明最终说服绍兴一新服装厂同意把价格降到 69 元/件;另一方面,与太阳公司达成每 10.7 美元 CIFC5 迪拜成交价,并就其他条款达成了一致的协议,主要磋商谈判结果如下:

品名及货号:全棉男童夹克 BJl23

　　　　面料:梭织全棉斜纹布

　　　　里料:梭织 100％涤纶

单价:10.70 美元/件,CIF 迪拜,含 5％佣金

数量:5 000 件

金额:53 500 美元

数量和金额都允许有 5％的增减

包装:每个出口纸箱装 20 件,单色单码,纸箱尺寸:58cm×40cm×40cm

　　正唛:包括太阳公司商标、合同号码、款式号、目的港和箱号

　　侧唛:包括产品颜色、纸箱尺寸和每箱件数

付款方式:采用见票后 60 天付款的议付信用证,要求在 2006 年 11 月 22 日之前开到

装运:收到信用证后的 60 天内装运;从上海,装运至迪拜;允许转运,不允许分批装运

保险:由卖方按发票金额的 110％投保一切险和战争险

单据:•签名的发票一式三份,其中一份正本要到国际商会和阿联酋在中国的使领馆认证;

• 装箱单一式三份;

• 一般原产地证要到国际商会和阿联酋在中国的使领馆认证;

• 全套(3/3)清洁已装船海运提单,做成空白指示抬头,空白背书,标注运费已预付,通知开证申请人

• 保险单一式两份

【合同拟订】

2006 年 11 月 6 日(周一),根据浙江远大进出口公司与太阳公司磋商谈判的结果,远大进出口公司外贸业务员张明拟订销售合同如下,经双方盖章签字确认,合同开始生效。

SALES　CONTRACT

NO. :JY06125   DATE:NOV. 6th,2006

THE SELLER: ZHEJIANG YUANDA IMPORT AND EXPORT CO. , LTD.

          118 XUEYUAN STREET, HANGZHOU,

          P. R. CHINA

THE BUYER: SUN CORPORATION.

          5 KING ROAD, DUBAI,

          UAE

This contract is made by and between the buyer and seller, whereby the buyer agrees to buy and the seller agrees to sell the undermentioned commodity according to the terms and conditions stipulated below:

Commodity & specification	Quantity	Unit price	Amount
Boys Jacket Shell:woven twill 100% cotton Lining:woven 100% polyester As per the confirmed sample of Oct. 22,2006 Style No. BJ123	5 000pcs	CIFC5 DUBAI USD10. 7/pc	USD53 500. 00
TOTAL	5 000pcs		USD53 500. 00

TOTAL CONTRACT VALUE:SAY U. S. DOLLAR FIFTY THREE THOUSAND FIVE HUNDRED ONLY.

SIZE/COLOR ASSORTMENT: Unit:piece

Color \ Size	92	98	104	110	116	Total
White	440	700	700	360	300	2 500
Red	440	700	700	360	300	2 500
Total	880	1 400	1 400	720	600	5 000

More or less 5% of the quantity and the amount are allowed.

PACKING: 20 pieces of boys jackets are packed in one export standard carton,solid color and solid size in the same carton.

MARKS:

Shipping mark includes SUN,S/C No. ,style No. ,port of destination and carton No.

Side mark must show the color, the size of carton and pieces per carton.

TIME OF SHIPMENT:

Within 60 days upon receipt of the L/C which accord with relevant clauses of this contract.

PORT OF LOADING AND DESTINATION:

From Shanghai, China to Dubai, UAE

Transhipment is allowed and partial shipment is prohibited.

INSURANCE: To be effected by the seller for 110% of invoice value covering all Risks and war risks as per CIC of PICC dated 01/01/1981.

TERMS OF PAYMENT: By irrevocable letter of credit at 60 days after sight,reaching

the seller not later than Nov. 30th,2006 and remaining valid for negotiation in China for fur
ther 15 days after the effected shipment. In case of late arrival of the L/C,the seller shall not
be liable for any delay in shipment and shall have the right to rescind the contract and/or
claim for damages.

DOCUMENTS:

• Signed invoice in triplicate, one original of which should be certified by Chamber of
Commerce or CCPIT and legalized by UAE embassy/consulate in seller's country.

• Full set (3/3) of clean on board oceand bill of lading marked"freight prepaid" made
out to order blank endorsed notifying the applicant.

• Insurance policy in duplicate endorsed in blank.

• Packing list in triplicate.

• Certificate of origin certified by Chamber of Commerce or CCPIT and legalized by
UAE embassy/consulate in seller's country.

INSPECTION:

The certificate of quality issued by the China Entry-Exit Inspection and Quarantine Bu-
reau shall by   taken as the basis of delivery.

CLAIMS:

In case discrepancy on the quality or quantity of the goods is found by the buyer,after
arrival of the goods at the port of destination,the buyer may,within 30 days or 15 days re-
spectively after arrival of the goods at the port of destination,lodge with the seller a claim
which should be supported by an inspection certificate issued by a public surveyor approved
by the seller. The seller shall,on the merits of the claim,either make good the loss sustained
by the buyer or reject their claim,it being agreed that the seller shall not be held responsible
for any loss or losses due to natural cause failing within the responsibility of shipowners of
the underwriters. The seller shall reply to the buyer within 30 days after receipt of the claim.

LATE DELIVERY AND PENALITY:

In case of late delivery, the buyer shall have the right to cancel this contract,reject the
goods and lodge a claim against the seller. Except for force majeure,if later delivery occurs,
the seller must pay a penalty,and the buyer shall have the right to lodge a claim against the
seller. The rate of penalty is charged at 0. 5% for every 7 days, odd days less than 7 days
should be counted as 7 days. The total penalty amount will not exceed 5% of the shipment
value. The penalty shall be deducted by the paying bank or the buyer from the payment.

FORCE MAJEURE:

The seller shall not held responsible if they,owing to force majeure cause or causes, fail
to make delivery within the time stipulated in the contract or cannot deliver the goods. How-
ever,in such a case, the seller shall inform the buyer immediately by cable and if it is reques-
ted by the buyer,the seller shall also deliver to the buyer by registered letter, a certificate at-
testing the existence of such a cause or causes.

ARBITRATION:

All disputes in connection with this contract or the execution thereof shall be settled am-
icably by negotiation. In case no settlement can be reached,the case shall then be submitted
to the China International Economic Trade Arbitration commission for settlement by arbitra-

tion in accordance with the Commission's arbitration rules. The award rendered by the commission shall be final and binding on both parties. The fees for arbitration shall be borne by the losing party unless otherwise awarded.

This contractis made in four original copies and becomes valid after signature, two copies to be held by each party.

Signed by:

THE SELLER:

ZHEJIANG YUANDA IMPORT AND EXPORT CO. ,LTD.

Zheng Ming

THE BUYER:

SUN CORPORATION

Peter White

每笔交易因商品性质、特点的不同,以及使用贸易术语和付款方式的不同,出口合同履行的环节也有所不同,但进出口贸易程序也有一定的规律可循,进出口贸易业务程序图可参看绪论图0-2、图0-3。

在我国出口贸易中,多数按 CIF 条件成交,并按信用证支付方式收款。这类合同的主要包括催证、审证、改证、备货、报验、办理货运、报关、投保、制单结汇等。概括起来就是证(催证、审证、改证)、货(备货、报检)、船(办理货运手续、报关、投保)、款(制单结汇)四个履约环节。只有做好这些环节的工作,才能防止出现"有货无证"、"有证无货"、"有货无船"、"有船无货"、"单证不符"、"单单不符"或违反装运期等情况。下面以按 CIF 成交、凭跟单信用证方式付款的合同为例,从证、货、船、款四个环节,将出口合同履行所涉及的各项业务分述如下。

一、催证、审证与改证

(一)催证

催证是指出口方通知或催促国外进口方按照合同内容,迅速通过银行将信用证开来,以便出口方能将货物及时装运。如果进口方不按合同规定及时开立信用证,出口方就可以以书面或口头形式催促进口方开证。一般情况下,进口方信用证最少应在货物装运期前15天开到出口方手中。对于资信情况不是很了解的新客户原则上坚持在装运期前30天或45天甚至更长的期限,并且配合生产加工期限和客户的要求灵活掌握信用证的开证日期。在实际业务中,国外客户在遇到市场行情变化或缺乏资金的情况下,往往拖延开证,因此出口方应及时经常检查进口方的开证情况。催证可在以下情况进行:①国外进口方没有在合同规定期限内开出信用证;②进口方信誉不佳,故意拖延开证,或因资金等问题无力向开证行交纳押金;③出口方提早将货备妥,可以提前装运,可与进口方议提前交货;④合同内规定的装运期距合同签订的日期较长,或合同规定进口方应在装运期前一定时间开出信用证。

思考

资料:我国某出口公司与日本一厂商就某商品按 CIF 即期信用证付款条件达成一项出口合同。合同规定5月装运,但未规定具体的开证日期。后因该商品的市场价格趋降,日方便拖延开证。我方为防止延误装运期,从4月上旬起即多次电催开证,终于使该日方在5月12日开来了信用证。但由于该商品开证太晚,使我方安排装运发生困难,遂要求日方对信用证的装运期和议付有效期进行修改,分别推迟一个月。但日方并不同意,并以我方未能按期装运为由单方面宣布解除合同。

试问:这个纠纷该如何处理?为什么?对我们有何启发?

(二)审证

信用证是依据合同开立的,信用证内容应该与合同条款一致。但在实践中,由于种种因素,如工作的疏忽、电文传递的错误、贸易习惯的不同、市场行情的变化或进口方有意用开证的主动权加列有利于本方利益的条款等,往往会出现开立的信用证条款与合同规定不符。为确保收汇安全和合同顺利执行,防止导致经济上和政治上出现对我方不应有的损失,我们应该在国家对外政策的指导下,对不同国家、不同地区以及不同银行的来证,依据合同进行认真的核对与审查。

审证是指收到国外客户开来的信用证之后,对来证的各项条款逐一核对和审查,这是信用证业务中极其重要的一个环节。若在审证中发现"不符点",应立即要求开证人进行修改。否则会影响到出口方收汇的安全。

在实际业务中,银行(指通知行)和出口企业在收到国外来证后,应严格审核,层层把关,共同承担审核信用证的任务,但两者分工有所不同。就银行而言,主要侧重于政策性及信用证真实性的审核,如信用证的真实性、开证行的资信状况、信用证的种类、开证行的付款责任和索汇路线等方面的内容;而出口企业则侧重于信用证条款于买卖合同是否一致的审核。审证要点如下:

1. 信用证的性质

我国一般只接受不可撤销的信用证。对于加注附加条款或可以撤销字样的信用证,开证行可以不承担付款的责任或随时可以撤销,若受理则货款无保障。因此如果面对加注限制性条款或保留条款的信用证,我方必须对方修改后才能受理。如果面对可撤销信用证,我方则不予接受。

对于合同上规定"保兑"的信用证,信用证上必须有"保兑"字样,否则,我方不予接受。保兑信用证由开证行以外的银行保证对信用证承担付款责任,之所以在合同上规定保兑,是因为开证银行资信存在问题,需要有另一家银行进行保证付款。

2. 开证行的付款责任

为了保证收汇安全,对于开来的不可撤销信用证,应注明开证行保证付款的责任文句。如果来证中对开证行保证付款责任方面加列了限制或保留条件,如"以领到进口许可证后通知卖方方能生效";"在付款人拒付货款时,不承担付款责任"或类似加注,则我方不予接受。

3. 信用证金额和支付货币

来证中的金额和支付货币应与合同规定相一致。货物单价与总值要填写正确,大、小写并用。如合同订有溢短装条款,信用证中也应包括溢短装部分的金额。此外还必须注意信用证中所采用的支付货币与合同的规定是否相同。如果两者规定不一致,则应按国家外汇管理部门公布的人民币外汇牌价,将来证中的支付货币折算成合同货币,在不低于或相当于合同货币金额时方可接受。

4. 信用证装运期、有效期、到期地点、交单期

信用证应注明装运期,且装运期必须与合同规定一致。如国外来证较晚,无法按期装运,应及时电请国外买方延长装运期限。

信用证的有效期与装运期之间有一定的合理间隔,一般规定为装运期后 15 天,以便出口方在装运货物后有足够时间办理制单结汇工作,从而保证如期安全收汇。

关于信用证的到期地点,通常规定在我国境内到期,如信用证将到期地点规定在国外,我方一般不宜轻易接受。因为出口方到议付行提示单据议付货款后,银行寄单到开证行需要较长一段时间,若单据不能及时到达开证行,超过了信用证规定的时效,则被视为"逾期",即会遭到拒付。同时我方也很难知道开证行何时收到单据,故货款得不到保障。

通常情况下,信用证还须规定一个在装运日后若干天必须向银行提交单据的特定期限,即交单期。信用证的受益人应至少有 21 天的交单时间。如果信用证中未规定交单期,必须在不迟于提单签发日期的 21 天内,同时不超过信用证到期日,向银行提交单据,否则,银行有权拒付货款。如果信用证规定的交单期过短,以致无法在规定的期限内交单,必须及时提出修改。

小贴士

《跟单信用证统一惯例》(UCP600)关于"有效性、有效期限及提示地点"的规定

(1)信用证必须规定可以有效使用信用证的银行,或者信用证是否对任何银行均为有效。对于被指定银行有效的信用证同样也对开证行有效。

(2)信用证必须规定其是否适用于即期付款、延期付款、承兑抑或议付。

(3)不得开立包含有以申请人为汇票付款人条款的信用证。

(4)①信用证必须规定提示单据的有效期限。规定用于兑付或者议付的有效期限将被认为是提示单据的有效期限。②可以有效使用信用证的银行所在的地点是提示单据的地点。对任何银行均为有效的信用证项下单据提示的地点是任何银行所在的地点。不同于开证行地点的提示单据的地点是开证行地点之外提交单据的地点。

(5)除非有特殊规定,由受益人或代表受益人提示的单据必须在到期日当日或在此之前提交。

5. 信用证规定的单据

对于来证中要求提供的单据种类、份数及填制方法等,要进行仔细审核,如发现有不正常规定,例如要求产地证书、检验证书或其他任何单据必须由国外第三者签证,则我方不能接受。在实际业务中,客户往往规定商品检验证书由买方出具,这就使卖方失去了检验商品和发运的主动权。对于这种要求,我方要力争摆脱,竭力争取卖方的主动权。有的信用证还规定在提单上的目的港后面加上指定的卸货码头,这就难以控制能否卸货或及时卸货,故须慎重对待。

6. 当事人的名称

对于当事人的名称,如开证人、付款人、开证行、通知行、议付行、受益人等,必须逐一查核,不能有错,一字之差,名称即会改变,对货、款两个方面均会带来极大的影响或损失。

7. 其他条款

国外来证往往受到开证行所在国的政策和法律的限制,规定了一些出口合同上未规定的条款,如指定船公司、船籍、船龄、船级等条款,或不准在某个港口转船等。对此我国出口公司一般不应轻易接受,但若对我方无关紧要,而且也力所能及,则也可酌情灵活掌握。

(三)改证

在对信用证进行全面细致的审核以后,如果发现问题,应区别问题的性质,分别同银行、运输、保险、商检等有关部门研究,做出恰当妥善的处理。凡是不影响收汇的问题,可给予通融,不必修改信用证;凡是间接或直接影响交货和收汇的问题,应由受益人立即要求开证申请人,通过原开证行对已开出的信用证进行必要的书面修改,或解释或删除;凡是属于不符合我国对外贸易方针政策,影响合同执行和安全收汇的问题,我方必须要求国外客户通过开证行进行修改,并坚持在收到银行修改信用证通知书后才能对外发货,以免发生货物装出后而修改通知书未到的情况,造成我方工作上的被动和经济上的损失。如开证申请人同意修改,通常首先直接通知受益人,然后由原开证行通过原通知行转递正式信用证修改通知书。当受益人接受修改内容以后,修改通知书即成为原信用证不可分割的组成部分,信用证就此生效,当事人必须坚决执行。

在一份信用证中,有多处条款需要修改的情形十分常见。对此,应做到一次向国外客户提出,尽量避免由于我方考虑不周而多次提出修改要求,否则不仅会增加双方的手续和费用,而且会导致拖延交货。对于收到的信用证修改通知书中仍有不能接受之处,我方有权拒绝接受,但应及时将作出拒绝修改的通知送交通知行,以免影响合同的顺利履行。根据《跟单信用证统一惯例》(UCP600)的规定,一份信用证的修改通知书只能全部接受或全部拒绝,而不能接受其中的一部分而拒绝其他部分。也就是说拒绝修改的通知的意思是对整个修改通知书表示不接受,而不能只要求再修改其中的某一个或某几个问题。

关于信用证和合同之间存在的"不符点",必须修改的,我方应坚决要求修改;可改可不改的或对我方有利的,我方可不要求修改。

一般改证流程:审证→函电要求买方修改→买方向开证行申请改证→开证行改证并转交通知行→通知行将改证转交买方。

需要注意的是,为了防止作伪,便于受益人全面履行信用证条款所规定的义务,信用证的修改通知书应通过原证的通知行转递货通知。如果是开证人或开证行径自寄来的,应提请原证通知行证实。

总之,对国外来证的审核和修改,是保证顺利履行合同和安全迅速收汇的重要前提,我方必须给予足够的重视,认真做好审证工作。

案 例

外贸合同(编号 JY06125)下的催证、审证与改证

接上例,2006 年 11 月 17 日,浙江远大进出口公司外贸业务员张明收到了杭州市商业银行(HANGZHOU CITY COMMERCIAL BANK)国际业务部的信用证通知函,告知太阳公司已经通过汇丰银行迪拜分行(HSBC BANK PLC,DUBAI)开来信用证。信用证通知书和信用证内容如下:

1. 张明收到了杭州市商业银行的信用证通知书

杭州市商业银行

HANGZHOU CITY COMMERCIAL BANK

信用证通知书

Notification of Documentary Credit

OFFICE:INTERNATIONAL BUSINESS DEPT.

ADDRESS:432 FENGQI ROAD,HANGZHOU,310006,CHINA   DATE:2006 - 11 - 17

To:致 ZHEJIANG YUANDA IMPORT AND EXPORT CO.,LTD.	Our Ref No. 我行编号:AD2006869105555
	Amount 金额 　　　　　USD53 500.00
Issuing Bank 开证行 HSBC BANK PLC,DUBAI,UAE	Transmitted to us through 传递行 Transferred from 转让行
L/C No.信用证号　KKK061888	Issuing Date 开证日期 2006 - 11 - 16

Dear Sirs,敬启者

We have pleasure in advising you that we have received from A/M a

兹通知贵公司,我行收自上述银行

( )issuing by telex/SWIFT 电传/SWIFT 开立 ( )uneffective 未生效

( )issuing by mail 信开

( )pre-advising of 预先通知 ( )mail of confirmation of 证实书

( )original 正本 ( )duplicate 副本

Letter of credit,contents of which are as per attached sheet(s).

This advise and the attached sheet(s) must accompany the relative documents when presented.

信用证一份,观随附通知。贵公司交单时,请将本通知书及信用证一并提示。

( )Please note that this advice does not constitute our confirmation of the above L/C nor does it convey any engagement or obligation on our part.

本通知并不构成我行对信用证之保兑及其他任何责任。

( )Please note that wehave added our confirmation to the above L/C,which is available with ourselves only.

上述信用证已由我行加具保兑,并限向我行交单。

Remarks 备注:

This L/C consists of sheet(s),including the covering letter and attachment.

该信用证连同本面函及附件共 页。

如该信用证中有无法办到的条款及/或错误,请径与开证申请人联系进行必要的修改,以排除交单时可能发生的问题。

本通知费CNY200

Yours faithfully

HANGZHOU CITY COMMERCIAL BANK

杭州市商业银行

_____

AUTHORIZED SIGNATURE(S)

2.领取了信用证

MT700 ISSUE OF A DOCUMENTARY CREDIT

SENDER HSBC BANK PLC,DUBAI,UAE

RECEIVER HANGZHOU CITY COMMERCIAL BANK,HANGZHOU,CHINA

SEQUENCE OF TOTAL 27:1/1

FORM OF DOC. CREDIT 40A:IRREVOCABLE

DOC. CREDIT NUMBER 20:KKK061888

DATE OF ISSUE 31C:061115

APPLICABLE RULES 40E:UCP LATEST VERSION

DATE AND PLACE OF EXPIRY. 31D:DATE 070130 PLACE IN UAE

APPLICANT 50:SUN CORPORATION.

	5 KING ROAD, DUBAI, UAE
BENEFICIARY	59: ZHEJIANG YUANDA IMPORT AND EXPORT CO. , LTD.
	118 XUEYUAN STREET, HANGZHOU, P. R. CHINA
CURRENCY CODE AND AMOUNT	32B: CURRENCY USD AMOUNT 54500. 00
AVAILABLE WITH/BY	41D: ANY BANK IN CHINA, BY NEGOTIATION
DRAFTS AT	42C: 120 DAYS AFTER SIGHT
DRAWEE	42A: HSBC BANK PLC, DUBAI, UAE
PARTIAL SHIPMENT	43P: PROHIBITED
TRANSHIPMENT	43T: ALLOWED
PORT OF LOADING/ AIRPORT OF DEPARTURE	44E: CHINESE MAIN PORT
PORT OF DISCHARGE	44F: DUBAI, UAE
LATEST DATE OF SHIPMENT	44C: 070101
DESCRIPTION OF GOODS	45A: 5000PCS BOYS JACKET, SHELL: WOVEN TWILL 100% COTTON, LINING: WOVEN 100% POLYESTER, STYLE NO. BJ123, ORDER NO. 989898, AS PER S/C NO. JY06125 AT USD10. 90/PC CIFC5% DUBAI, PACKED IN 20 PCS/CTN
DOCUMENTS REQUIRED	46A: +COMMERCIAL INVOICE SIGNED IN INK IN TRIPLICATE. ONE ORIGINA OF WHICH SHOULD BE CERTIFIED BY CHAMBER OF COMMERCE OR CCPIT AND LEGALIZED BY UAE EMBASSY/CONSULATE IN SELLER'S COUNTRY.
	+PACKING LIST IN TRIPLICATE.
	+CERTIFICATE OF CHINESE ORIGIN CERTIFIED BY CHAMBER OF COMMERCE OR CCPIT AND LEAGALIZED BY UAE EMBASSY/CONSULATE IN SELLER'S COUNTRY.
	+INSURANCE POLICY/CERTIFICATE IN DUPLICATE ENDORSED IN BLANK FOR 120% INVOICE VALUE, COVERING ALL RISKS AND WAR RISKS OF CIC OF PICC (1/1/1981) INCL. WAREHOUSE TO WAREHOUSE AND I. O. P.

AND SHOWING THE CLAIMING CUR-RENCY IS THE SAME AS THE CUR-RENCY OF CREDIT.

+ FULL SET（3/3）OF CLEAN 'ON BOARD' OCEAN BILL OF LADING MADE OUT TO APPLICANT MARKED FREIGHT PREPAID AND NOTIFY AP-PLICANT.

+SHIPPING ADVICE SHOWING THE NAME OF THE CARRING VESEL, DATE OF SHIPMENT,MARKS,QUAN-TITY, NET WEIGHT AND GROSS WEIGHT OF THE SHIPMENT TO AP-PLICANT WITHIN 3 DAYS AFTER THE DATE OF BILL OF LADING.

ADDITIONAL CONDITION 47A：+ DOCUMENTS DATED PRIOR TO THE DATE OF THIS CREDIT ARE NOT ACCEPTABLE.

+THE NUMBER AND THE DATE OF THIS CREDIT AND THE NAME OF ISSUING BANK MUST BE QUOTED ON ALL DOCUMENT.

+ TRANSHIPMENT ALLOWED AT HONGKONG ONLY.

+SHORT FORM/CHARTER PARTY/ THIRD PARTY BILL OF LADING ARE NOT ACCEPTABLE.

+ SHIPMENT MUST BE EFFECTED BY 1×20' FULL CONTAINER LOAD. B/L TO SHOW EVIDENCE OF THIS EFFECT IS REQUIRED.

+ THE GOODS SHIPPED ARE NEI-THER ISRAELI ORGIN NOR DO THEY CONTAIN ISRAELI MATERI-ALS NOR ARE THEY EXPORTED FROM ISRAEL,BENIFICIARY'S CER-TIFICATE TO THIS EFFECT IS RE-QUIRED.

+ ALL PRESENTATIONS CONTAIN-ING DISCREPANCIES WILL AT-TRACT A DISCREPANCY FEE OF GBP40. 00 PLUS TELEX COSTS OR

OTHER CURRENCY EQUIVALENT. THIS CHARGE WILL BE DEDUCTED FROM THE BILL AMOUNT WHETH- ER OR NOT WE ELECT TO CON- SULT THE APPLICANT FOR A WAIVER.

CHARGES 71B：ALL CHARGES AND COMMISSIONS ARE FOR ACCOUNT OF BENEFICIA- RY INCLUDING REIMBURSING FEE.

PERIOD OF PRESENTATION 48：WITHIN 5 DAYS AFTER THE DATE OF SHIPMENT,BUT WITHIN THE VALIDI- TY OF THI CREDIT.

CONFIRMATION INSTRUCTION 49：WITHOUT REIMBURSING BANK53A： HSBC BANK PLC,NEW YORK

INS TRUCTION 78：ALL DOCUMENTS ARE TO BE REMIT- TED IN ONE LOT BY COURIER TO HS- BC BANK PLC, TRADE SERVICES, DUBAI BRANCH, P. O. BOX 66, HSBC BANK BUILDING 312/45 AL SQUARE ROAD,DUBAI,UAE.

3.外贸业务员张明根据合同,并遵循 UCP 进行审证操作

第一步,外贸业务员张明要拿出号码为 JY06125 的外贸合同,先熟悉外贸合同各条款内容。

第二步,对照外贸合同条款,逐条审核信用证各条款。审核之后发现如下不符的情况：

(1)信用证规定交单地点在阿联酋 UAE,对受益人非常不利。一方面,容易造成受益人迟交单;另一方面,若邮寄途中遗失单据,将可能导致无法正常收汇。

(2)信用证中受益人名称"JINYUN"错误,正确的是"JINYUAN"。

(3)信用证中的单价"USD10.90/PC"与金额"USD54500.00"错误,正确的应该是"USD10.70/PC"与金额"USD53500.00"。

(4)信用证中汇票的付款期限"AT 120 DAYS AFTER SIGHT"错误,正确的是"AT 60 DAYS AFTER SIGHT"。

(5)信用证中装运港为"CHINESE MAIN PORT",与合同中的"SHANGHAI,CHINA"不一致。

(6)信用证规定只能在香港转运,这与合同规定不符。

(7)信用证中最迟装运日期 2007 年 1 月 1 日错误,根据合同应该为开证日期后的 60 天,因为开证日期为 2006 年 11 月 15 日,所以最迟装运日期应该是 2007 年 1 月 15 日。若最迟装运日期为 2007 年 1 月 1 日,使得装运时间非常紧张。因为绍兴一新服装厂的月生产能力为 5 000 件,若出现挤单或其他一点意外,推迟 1～2 周都属于正常的事情,另外在订舱上若又不顺利,就很有可能过装运期。

(8)信用证保险单据条款中投保金额比例"120% INVOICE VALUE"错误,正确的是"110%INVOICE VALUE"。

(9)信用证海运提单条款中提单抬头"TO APPLICANT"对受益人非常不利,应该为

"TOORDER"。

（10）信用证交单期"WITHIN 5 DAYS AFTER THE DATE OF SHIPMENT"错误，根据合同，应该为"WITHIN l5 DAYS AFTER THE DATE OF SHIPMENT"。因为受益人还要委托贸促会到阿联酋驻上海领事馆进行认证，容易过交单期。

（11）信用证费用条款"AlL CHARGES AND COMMISSIONS ARE FOR ACCOUNT OF BENEFICIARY INCLUDING REIMBURSING FEE."不合理。因为开证行费用包括偿付费用理应由开证申请人承担。

第三步，核对外贸合同，有无信用证漏开的外贸合同条款。

通过仔细核对，信用证漏开了一个重要的外贸合同条款："MORE OR LESS 5 PCT OF QUANTITY OF GOODS AND CREDIT AMOUNT IS ALLOWED."这对于受益人来讲，非常不利，大大限制了操作的弹性。

4.发改证函

2006 年 11 月 17 日，根据改证原则和《跟单信用证统一惯便》（UCP600）——相关条款的规定，浙江远大进出口公司外贸业务员张明向太阳公司的 Peter White 发如下改证函：

ZHEJIANG YUANDA IMPORT AND EXPORT CO. ,LTD.

118 XUEYUAN STREET, HANGZHOU, P. R. CHINA

TEL: 0086 - 571 - 86739273 　　FAX: 0086 - 571 - 86739273

TO: SUN CORPORATION

ATTN: PETER WHITE

DT: NOV. 17, 2006

Dear sir,

We are very glad to receive your L/C No. KKK061888 issued by HSBC BANK PLC, DUBAI, UAE. But we are quite sorry to find that it contains some discrepancies with S/C No. JY06125.

Please instruct the issuing bank to amend the L/C A. S. A. P.

The L/C should be amended as follows:

① As per the S/C No. JY06125, unit price of goods and amount of L/C are higher than these of S/C, which should be "USD10. 70/pc and USD53500. 00" not "USD10. 90/pc and USD54500. 00" respectively.

② The place of expiry amends to "IN CHINA".

③ The correct name of beneficiary is "ZHEJIANG YUANDA IMPORT AND EXPORT CO. , LTD. ".

④ The tenor of draft is "AT 60 DAYS AFTER SIGHT" instead of "AT 120 DAYS AFTER SIGHT".

⑤ The latest date of shipment amends to "60 days from the date of amendment".

⑥ The period of presentation amends to "WITHIN 15 DAYS AFTER THE DATE OF SHIPMENT, BUT WITHIN THE VALIDITY OF THIS CREDIT".

⑦ The amount insured is "110% INVOICE VALUE" not "120% INVOICE VALUE".

⑧ The consignee of B/L should be "TO ORDER" not "TO APPLICANT".

⑨ The charge clause amends to "ALL CHARGES AND COMMISSIONS OUTSIDE UAE ARE

FOR ACCOUNT OF BENEFICIARY EXCLUDING REIMBURSING FEE".

⑩ To increase the clause"MORE OF LESS 5 PCT OF QUANTITY OF GOODS AND CREDIT AMOUNT IS ALLOWED".

Thank you for your kind cooperation. Please see to it that L/C amendment reachus not later than Nov. 28th, 2006. Failing which we shall no be able to effect shipment.

Looking forward to your reply soon.

Yours truly,

Zhang Ming

二、备货与报检

(一)备货

出口合同的履行,备货是关键。备货是指进出口公司根据合同和信用证规定,向生产加工及仓储部门下达联系单(有些公司称其为加工通知单或信用证分析单等)要求有关部门按联系单的要求,对应交的货物进行清点、加工整理、刷制运输标志以及办理申报检验和领证等项工作。备货主要内容包括:及时向供货部门或生产企业进行逐一的交待、检查和督促,核实应交货物的品质、规格、数量和交运时间,并进行必要的包装以及刷制唛头等项工作。为了保证各履约环节的有序进行,在取得信用证之后,出口企业应立即根据出口贸易合同和来证的各项规定,向生产、加工、仓储等部门填发预先印制好的加工通知单(也称要货合同、工作联系单等),该通知单上的各栏目必须填写清楚,做到各栏内容与信用证和合同条款完全一致,作为确保各有关备货交运部门严格执行的共同依据。在备货交运过程中,应注意以下几点:

(1)对所备货物的品质、规格、花色品种要严格核对,使所交运的货物完全符合合同和信用证的规定。如果不符,应进行筛选和加工,整理直至达到要求为准。

(2)备货数量必须符合合同或信用证的规定。《跟单信用证统一惯例》(UCP600)对合同中数量机动幅度的规定如下:①如信用证明确规定允许溢短装××%(more or less ××%),则按此规定交货。②如信用证以"大约"、"近似",或类似意义的词语用于信用证金额、数量及单价时,应解释允许有10%的增减。③如信用证未规定数量不得增减,货物数量仅以度量衡制计量单位表示,未计包装单位,也不以个数计算,则在支取金额不超过信用证金额的前提下,交货数量可以有5%的增减。例如,外商向我方订购10万码全棉色织布,则我方实际交货的数量可有5%的增减,但以总金额不超过信用证金额为限。又如,外商向我方订购10 000台全自动洗衣机,则我方只能出口洗衣机10 000台,不适用5%机动幅度的规定。

(3)所备货物的包装必须符合合同规定,包括内外包装的方式方法、用料、重量等。由于运输公司按重量或体积计算运费,出口企业应尽量选择重量轻的小体积包装,以节省运输费用。同时,还需要注意保证包装质量,如发现包装不良或有破损,应及时修理或调换。

(4)运输包装的刷唛,要按买卖双方约定的式样,要求图形和文字清晰、醒目,位置适当,涂料不易脱落和防止错刷。唛头式样一般由卖方自行制定,并及时通知买方,或在合同上加以说明,以便及时刷唛和货到时提货无误。如果在合同上仅规定由买方决定,则要求买方在开出的信用证上注明或发运前10~15天通知卖方,否则卖方可自行决定,并在货物运往装运港前刷唛完毕。

(5)货物备妥的时间应与合同和信用证规定的装运期限相适应。货物必须在规定时间内备妥,及时安排装运出口,运输单据的签发日期即视为装运日期。如卖方逾期装运,买方有权向卖方提出损害赔偿,如采用信用证,卖方则有可能遭到开证银行的拒付。

👥**案 例**

外贸合同(编号 JY06125)的备货操作

接上例,确认信用证后,2006 年 11 月 20 日,浙江远大进出口公司外贸业务员张明马上与供应商绍兴一新服装厂签订内贸合同,并让其开始投入生产。

1.拟订购销合同

购销合同

合同编号:06YX239

需方:浙江远大进出口公司　　　　　　　　签约日期:2006 年 11 月 20 日

　　　浙江省杭州市学源街 118 号　　　　　签约地点:杭州

供方:绍兴一新服装厂

　　　浙江省绍兴市人民路 278 号

根据《中华人民共和国合同法》和有关法规,经双方协商签定本合同,并信守下列条款:

一、商品

品名及规格	数量	单位	单价(含税)	金额
全棉男童夹克 款号:BJ123 面料:梭织,全棉斜纹布 里料:梭织,100%涤纶	5 000	件	69 元/件	345 000 元
总金额(大写)	人民币叁拾肆万伍仟元整			

二、质量要求:具体款式和要求根据确认样。

三、包装要求:每件装一个塑料袋,20 件装一个出口标准纸箱(单色,单码),具体要求按国外客户订单。

四、交货期:2007 年 1 月 10 日前。

五、交货地点:在供方仓库交货。

六、付款方式:交货时支付。

七、责任条款:

(1)因供方的责任造成国外客户索赔的,其索赔款及因索赔而产生的费用由供方承担。

(2)需方已安排供方生产的商品,因外销变化需要作出某些调整或变更的,其修改部分则为合同的组成部分。

八、本合同有效期从 2006 年 11 月 20 日至 2007 年 5 月 20 日。

九、纠纷处理方法及地点:执行本合同过程中如有争议,双方通过友好协商解决;如协商未能取得一致,则由需方住所地人民法院管辖。

十、本协议双方签字盖章生效。合同一式两份,供需双方各执一份。

十一、备注:在客户确认产前样之后开始生产。

需方授权代表:×××　　　　　　　　　　供方授权代表:×××

盖章:浙江远大进出口公司　　　　　　　　盖章:绍兴一新服装厂

需方电话:0571 - 86739273　　　　　　　　供方电话:0575 - 6666666
传　　真:0571 - 86739273　　　　　　　　传　　真:0575 - 6666666

2. 原材料采购跟踪和打样

外贸业务员张明一定要对原材料的采购做好跟踪工作,并要把绍兴一新服装厂欲采购的原材料和辅料进行确认。然后把色样(lab dips)和辅料样(accessory material sample)寄给太阳公司进行确认。2006 年 11 月 24 日(周五)收到太阳公司色样和辅料样通过检验回复后,马上通知绍兴一新服装厂采购原材料并进行打产前样(pre-production sample)。2006 年 11 月 26 日打好产前样并寄出。

3. 生产进度跟踪

2006 年 11 月 30 日(周四),外贸业务员张明收到太阳公司产前样确认通知后,该产前样成为确认样(approved sample),进行封样,并通知绍兴一新服装厂开始排产生产。

能否按照信用证规定交货期及时出货的关键是要与绍兴一新服装厂共同制订合理的生产计划,并跟踪好其生产进度。为此,外贸业务员张明或指导外贸跟单员(若有)做好以下几项生产进度跟踪工作:

(1)加强与生产管理人员的联系,明确生产、交货的权责。

(2)减少或消除临时、随意的设计、技术变更,规范设计、技术变更要求。

(3)掌握生产进度,督促生产企业按进度生产。

(4)加强产品质量、不合格产品、外协产品的管理。

(5)妥善处理生产异常事务等。

外贸业务员张明要及时掌握生产进度异常情况,以做到对生产进度心中有数,找出解决问题的对策。

4. 产品包装跟踪

由于绍兴一新服装厂提供的出口纸箱毛重为 10 公斤,超过 7.5 公斤,因此选用双瓦楞纸板箱,实际装运 260 箱。

外贸业务员张明或其外贸跟单员一定要做好出口商品包装跟踪工作,一方面要保证绍兴一新服装厂符合合同拟订的纸箱质量、纸箱尺寸和装箱数量等要求的纸箱准时到位,另一方面要指导进行准确的刷制正唛和侧唛的内容:

正唛:

SUN
S/C No. :JY06125
Style No. :BJ123
Portof destination:Dubai
Carton No. :1 - 260

侧唛:

WHITE/RED
57CM×40CM×40CM
20 PIECES

5. 产品质量跟踪

外贸业务员张明在出口产品质量跟踪时,严把质量关,以外贸合同质量要求为依据,要求绍兴一新服装厂按太阳公司要求的生产工艺和图样进行生产。通过生产前检验、生产初期检验、生产中期检验和生产尾期检验,最终使绍兴一新服装厂保质保量地完成了全棉男童夹克的生产。

（二）报检

对于法定检验产品，在装运前必须要办理报检手续。

1. 报检程序

（1）法定检验检疫的出境货物，在报关时必须提供出入境检验检疫机构签发的《出境货物通关单》，海关凭报关地出入境检验检疫机构出具的《出境货物通关单》验放。

（2）出境货物的检验检疫工作程序是先检验检疫，后放行通关，即法定检验检疫的出境货物的发货人或其代理人向检验检疫机构报检，检验检疫机构受理报检和计算收费。

（3）出境货物转检验检疫部门实施检验检疫。

（4）对产地和报关地相一致的出境货物，经检验检疫合格的，出具《出境货物通关单》；对产地和报关地不一致的出境货物，出具《出境货物换证凭单》或《出境货物换证凭条》，由报关地检验检疫机构换发《出境货物通关单》；对经检验检疫不合格的出境货物，出具《出境货物不合格通知单》。

可参照图9-1出口商品报检流程图。

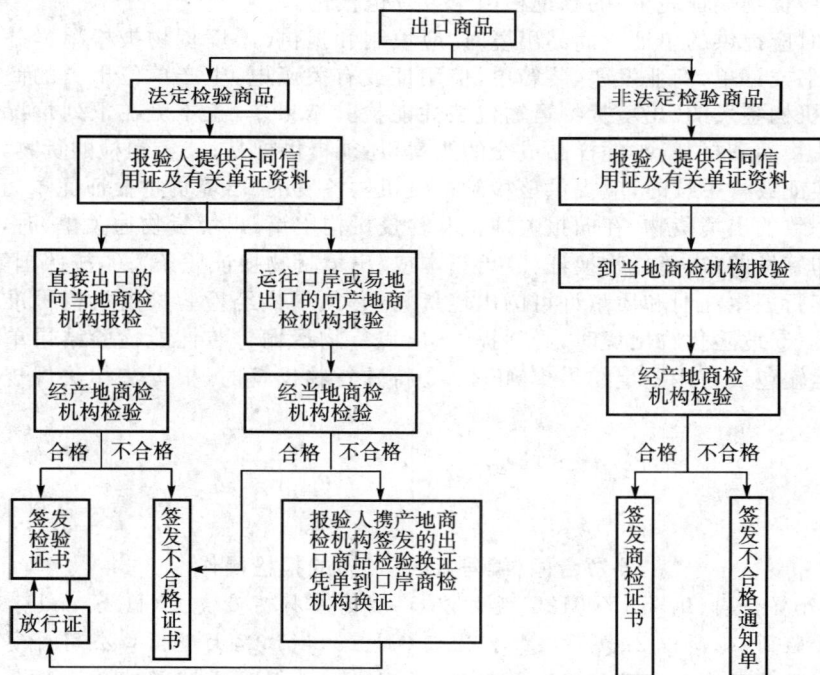

图9-1 出口商品报验流程图

2. 报检手续

（1）报检条件。①已经生产加工完毕并完成包装、刷唛、准备发运的整批出口货物；②已经经过生产企业检验合格，并出具商检合格单的出口货物；③对于执行质量许可制度的出口货物，必须具有商检机构颁发的质量许可证或卫生注册登记证；④必须备齐各种相互吻合的单证。上述四个条件必须同时具备。

（2）报检范围。①国家法律、行政法规规定必须由出入境检验检疫机构实施检验检疫的；②对外贸易合同约定须凭检验检疫机构签发的证书进行结算的；③有关国家条约规定必须经检验检疫的。

(3)报检时限和地点。①出入境货物最迟应在出口报关或装运前7天报检,对于个别检验检疫周期较长的货物,应留有相应的检验检疫时间;②需隔离检疫的出境动物在出境前60天预报,隔离前7天报检;③法定检验检疫货物,除活动物需由出境口岸检验检疫机构检验检疫外,原则上应坚持产地检验检疫。

(4)出境货物预报检。为了方便对外贸易,检验检疫机构对某些经常出口的、非易腐烂变质的、非易燃易爆的货物予以接受预先报检,这样既有利于检验检疫工作的开展,又有利于防止不合格货物运抵口岸。需要申请办理预报检的范围主要有:

①整批出口的货物。对于已生产的整批出口货物,生产商及经营单位已验收合格,货已全部备齐,堆存于仓库;但尚未签订外贸合同或虽已签订合同,信用证尚未到达,不能确定出运数量、运输工具、唛头的,为了使货物在信用证到达后及时出运,可以办理预报检。

②分批出口的货物。需要分批装运出口的货物,整批货物可办理预先报检。出口货物经检验检疫合格后,检验检疫机构签发《出境货物换证凭单》。货物正式装运出口时,可在检验检疫有效期内逐批向检验检疫机构申请办理放行手续。放行时,检验检疫机构查验合格后,货物的数量在《出境货物换证凭单》的登记栏内予以登记核销。

(5)报检时应提供的单证。商品出境时,应填制和提供《出境货物报检单》,并提供外贸合同、销售确认书或订单,商业发票,装箱单,信用证或有关函电,生产单位出具的商检结果单原件,检验检疫机构签发的《出境货物运输包装性能检验结果单》正本。在下列情况报检时应按要求提供相关物品和材料:①凭样品成交的买卖,还须提供样品;②经预检的货物,在向检验检疫机构办理换证放行手续时,应提供该检验检疫机构签发的《出境货物换证凭单》正本;③产地与报关地不一致的出境货物,在向报关地检验检疫机构申请《出境货物通关单》时,应提交产地检验检疫机构签发的《出境货物换证凭单》正本或《出境货物换证凭条》;④按照国家法律、行政法规的规定实行卫生注册和质量许可的出境货物,必须提供经检验检疫机构批准的注册编号或许可证编号;⑤危险货物出境时,必须提供《出境货物运输包装性能检验结果单》正本和《出境危险货物运输包装使用鉴定结果单》正本;⑥特殊货物出境时,根据法律法规规定应提供有关审批文件。

案 例

外贸合同(编号JY06125)的报检操作

接上例,外贸合同(编号JY06125)签订以后,因为全棉男童夹克(H. S. code:6203320090)是属于法定检验商品,所以2006年12月22日(周五),浙江远大进出口公司外贸业务员张明委托绍兴一新服装厂向商检局绍兴分局报检,并同时指示外贸单证员制作出境货物报检单和报检委托书,并附上商业发票、装箱单等单据。

1. 出境货物报检单

		绍兴一新服装厂（公章）	中华人民共和国出入境检验检疫 出境货物报检单			

报检单位（加盖公章）：	绍兴一新服装厂			*编号	380400204015969	
报检单位登记号：	3800704912	联系人：李凡	电话：86739273	报检日期：2006 年 12 月 22 日		

发货人	（中文）	浙江远大进出口公司
	（外文）	ZHEJIANG YUANDA IMPORT AND EXPORT CO.,LTD.
收货人	（中文）	太阳公司
	（外文）	SUN CORPORATION

货物名称(中/外文)	H.S.编码	产地	数/重量	货物总值	包装种类及数量
全棉男童夹克	6203320090	绍兴	5200件	55640美元	260纸箱

运输工具名称号码	海运集装箱	贸易方式	一般贸易	货物存放地点	浙江省绍兴市人民路278号
合同号	Jy06125	信用证号	KKK061888	用途	其他
发货日期	2006.12.30	输往国家(地区)	阿联酋	许可证/审批号	***
启运地	上海	到达口岸	迪拜	生产单位注册号	3800704912绍兴一新服装厂
集装箱规格、数量及号码		1×20' FCLGATU8544387			

合同、信用证订立的检验检疫条款或特殊要求	标记及号码	随附单据（划"√"或补填）	
	SUN S/C no.: JY06125 Style no.: BJ123 Port of destination: Dubai Carton no.: 1-260	√□合同 √□信用证 √□发票 □换证凭单 √□装箱单 √□厂检单	√□包装性能结果单 □许可/审批文件 □ □ □ □

需要证单名称（划"√"或补填）		*检验检疫费	
□品质证书 ＿正＿副 □重量证书 ＿正＿副 □数量证书 ＿正＿副 □兽医卫生证书 ＿正＿副 □健康证书 ＿正＿副 □卫生证书 ＿正＿副 □动物卫生证书 ＿正＿副	□植物检疫证书 ＿正＿副 □熏蒸/消毒证书 ＿正＿副 √□出境货物换证凭单 ＿正＿副 □通关单 □ □ □	总金额 （人民币元）	
		计费人	
		收费人	

报检人郑重声明：	领取证单	
1.本人被授权报检。 2.上列填写内容正确属实，货物无伪造或冒用他人的厂名、标志、认证标志，并承担货物质量责任。 签名：＿＿＿＿＿	日期	
	签名	

注：有"*"号栏由出入境检验检疫机关填写 ◆国家出入境检验检疫局制

[1-2 (2000.1.1)]

2.报检委托书

报 检 委 托 书

____绍兴市____ 出入境检验检疫局:

本委托人郑重声明,保证遵守出入境检验检疫法律的规定。如有违法行为,自愿接受检验检疫机构的处罚并负法律责任。

本委托人委托受委托人向检验检疫机构提交"报检申请单"和各种随付单据,具体委托情况如下:

本单位将于____2006____年____12____月向进口/出口如下货物:

品名	全棉男童夹克	HS 编码	6203320090
数(重)量	5 200 件	合同号	JY06125
信用证号	KKK061888	审批文号	
其他特殊要求			

特委托 ____绍兴一新服装厂_____(单位)

3800704912 _____(注册登记号),代表本公司办理下列出入境检验检疫事宜。

□1.办理代理报检手续;

□2.代缴检验检疫费;

□3.负责与检验检疫机构联系和验货;

□4.领取检验检疫证单;

□5.其他与报检有关的相关事宜。

请贵局按有关法律法规予以办理。

浙江远大
进出口公
司(公章)

绍兴一新
服装厂
(公章)

委托人(公章)　　　　　　　　　　受委托人(公章)

年　　月　　日　　　　　　　年　　月　　日

本委托书有效期至____2006____年____12____月____31____日

2006 年 12 月 25 日(周一),商品检验通过后,商检局绍兴分局发给绍兴一新服装厂一张换证凭条。

出境货物换证凭条

转单号	380400204007206T	报检号	380400204015969
报检单位	绍兴一新服装厂		
发货人	浙江远大进出口公司		
品名	全棉男童夹克		
合同号	JY06125	HS 编码	6203320090

数(重)量	2 600 件	包装件数		260 纸箱	金额	55 640 美元

评定意见:

　　贵单位报检的该批货物,经我局检验检疫,已合格。请执此单到上海局本部办理出境验证业务。本单有效期截止于 2007 年 2 月 24 日。

绍兴局本部 2006 年 12 月 25 日

三、货物出运

　　在落实信用证和完成备货后,出口企业应该按照合同和信用证规定,对外履行装运货物的义务。安排出运货物涉及的工作环节很多,主要包括租船或订舱、报关、投保等事宜。

(一)货运

　　货物应在合同或信用证规定的最迟装期前出运。运输单据的签发日期即视作装运日期,不能迟于信用证或合同规定的最迟装期。安排装运的基本流程参见图 9-2。

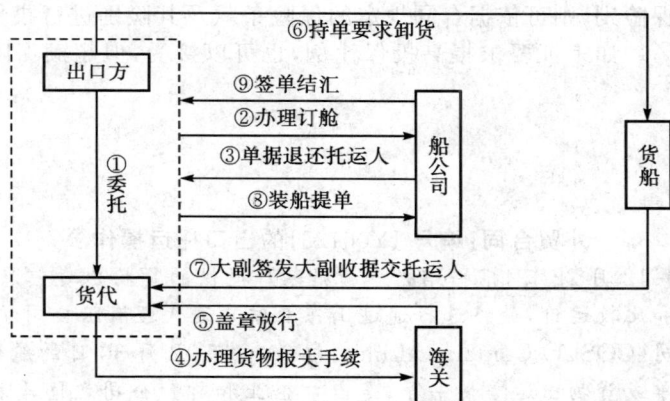

图 9-2　安排装运示意图

　　① 出口企业,即货主在货、证齐全后,填制订舱委托书(booking note),随附商业发票、装箱单及其他必要单据,委托货代代为订舱。

　　② 货代接受订舱委托后,缮制货物托运单,随同商业发票、装箱单及其他必要单据——同向船公司办理订舱。

　　③ 船公司接受订舱后,在托运单的几联单据上编上与提单号码一致的编号,填上船名、航次,并签署,同时把配舱回单、装货单(shipping order)等退还给托运人。

　　④ 托运人办理货物报关手续。

　　⑤ 海关对货物进行查验,如同意出口,在报关单及装货单上盖放行章,并同意将其退还给托运人。

　　⑥ 托运人持海关盖章的装货单要求船长装货。

　　⑦ 装货后,由大副签署大副收据(mate's receipt),交托运人。

　　⑧ 托运人将大副收据向船公司换取正本以装船提单。

　　⑨ 船公司凭大副收据签发正本提单并交给托运人凭以结汇。

货物装运时/后,出口方应立即向进口方发出装运通知(shipping advice),以便对方及时办理投保(以 FOB/FCA、CFR/CPT 条件成交)或做好接货准备工作。

(二)报关

出口企业办理出口报关手续时,应填写《出口货物报关单》,一般在装货前 24 小时向海关申报。《出口货物报关单》是海关对出口货物凭以进行监管、查验、征税和统计的基本单据。申报人必须如实、正确、无误地填写报关单上各项内容,并盖有向海关备案的"报关专用章"和报关员的名章,否则海关不予接受。在实际业务中,出口企业通常委托外运公司代理报关,也可自行报关,或委托专业报关公司报关。

海关根据国家有关政策规定,对提交的报关单据进行审核,对出口货物进行查验,以确定实际货物与报关单据所列内容是否一致。经海关审核单证、查验货物、办理纳税手续后,海关在报关单上盖"验讫"章,予以放行。

(三)投保

若按 CIF/CIP 条件出口,出口企业要在货物装运前,根据合同或信用证的有关规定向保险公司办理投保手续,取得保险单据,并在保险单背面空白背书,将受益人的权利(向保险代理提出索赔的权利)转让给进口方。保险单上的保险条款与投保险别必须与信用证规定相一致。若信用证未规定投保险别,则可依据合同规定的保险条款及其险别进行投保。保险金额通常为发票金额的 110%。如来证要求提高投保比例,也可以接受,但超额保险费应由进口方承担,否则应予以拒绝。

案 例

外贸合同(编号 JY06125)的出口托运操作

接上例,2006 年 12 月 22 日,根据绍兴一新服装厂提供的货物出货信息,外贸业务员张明通过上网查找船期和比较运价,最终选择通过山东亚航货运代理有限公司杭州分公司,向中远集装箱运输有限公司(COSCO Container Liner)订 2006 年 12 月 30 日的舱位。订舱委托书也称为出口货物明细单或货物出运委托书等,是出口企业和货代公司之间委托代理关系的证明文件。

1. 填制订舱委托书

货物出运委托书		合同号	JY06125	运输编号	JY20060098
(货物明细单)日期:	2006 年 12 月 22 日	银行编号		信用证号	KKK061888
根据《中华人民共和国合同法》与《中华人民共和国海商法》的规定,就出口货物委托运输事宜订立本合同。		开证银行	HSBC BANK PLC,DUBAI,UAE		
托运人	ZHEJIANG YUANDA IMPORT AND EXPORT CORPORATION 118 XUEYUAN STREET, HANGZHOU, P. R. CHINA	汇票付款人	HSBC BANK PLC,NEW YORK		
		付款方式	L/C AT 60 DAYS AFTER SIGHT		

提单抬头	TO ORDER		贸易性质	一般贸易		贸易国别	The United Arab Emirates
			运输方式	BY SEA		消费国别	The United Arab Emirates
通知人	SUN CORPORATION. 5 KING ROAD, DUBAI, UAE		装运期限	DEC. 30, 2006		出口口岸	SHANGHAI
			有效期限	JAN. 15, 2007		目的港	DUBAI
			可否转运	Y	可否分批	运费预付	Y	到付
			正本提单	3	副本提单	价格条件	

标志唛头	货名规格、海关编号	件数及包装式样	毛重（公斤）	净重（公斤）	价格币制	
					单价	总价
SUN S/C no. : JY06125 Style no. : BJ123 Port of destination：Dubai Carton no. : 1－260	BOYS JACKET SHELL： WOVEN TWILL 100% COTTON, LINING： WOVEN 100% POLYSTER, STYLE NO. BJ123, ORDER NO. 989898, PACKED IN 20PCS/CTN, H. S. NO. :6203320090	260CTNS	2600KGS	2340KGS	USD 10.7/PC	USD 55640.00

						TOTAL：	USD55640.00

法定商检: Y	有进料不超过20%	来料加工	来料费	加工费	总尺码	24.128	FOB价：USD51868 *

受托人注意事项		指定货代	
		运费	USD726	确认	
		随附单据	1.发票 3 份 2.装箱单 3 份 3.报关单 1 份 4.核销单 1 份 5.许可证 份

	SHIPPED IN1×20GP FCL DOOR TO DOOR		INSURANCE POLICY/CERTIFICATE IN DUPLICATE ENDORSED IN BLANK FOR 110% INVOICE VALUE, COVERING ALL RISKS AND WAR RISKS OF CIC OF PICC (1/1/1981) INCL. WAREHOUSE TO WAREHOUSE AND I. O. P. AND SHOWING THE CLAIMING CURRENCY IS THE SAME AS THE CURRENCY OF CREDIT		
委托人注意		保险条款			
		保险金额	USD264	赔款地点	DUBAI INUSD
	发运信息	危险品	N	制单员	+++
受托人（承运人或货运代理人）		委托人（即托运人）			
名称		名称	ZHEJIANG YUANDDA IMPORT AND EXPORT CO. ,LTD.		
电话	传真	电话	0086－571－86739273	传真	0086－571－86739273
委托代理人签章：		联系人	＊＊＊		

注：因为运费＝USD726

　　　保费＝5 200×10.7×(1+10%)×(0.4%+0.03%)＝USD264

　　佣金＝USD2 782

所以 FOB＝55 640－726－264－2782＝USD51 868

2.配舱

山东亚航货运代理有限公司经过努力,订妥中远集装箱运输有限公司 2006 年 12 月 30 日自上海至迪拜 1×20′舱位(NAME OF VESSEL:PUHE VOY. NO.246W),山东亚航货运代理有限公司向浙江远大进出口公司报价为每 20′普柜上海至迪拜 726 美元,订舱完成。中远集装箱运输有限公司确认山东亚航货运代理有限公司的订舱申请,在托运单上编制提单号码,添加船名、航次并盖章,将托运单中的配舱回单、装货单(shipping order S/O)等联退还给托运人山东亚航货运代理有限公司杭州分公司。

3.装箱和集港

中远集装箱运输有限公司在 2006 年 12 月 25 日向山东亚航货运代理有限公司发出通知,要求其在 2006 年 12 月 28 日 12 时前将货物送至上海港指定仓库。山东亚航货运代理有限公司随即向中远集装箱运输有限公司箱管部门提出用箱申请,填写设备交接单,提取 20′普柜空箱一个。同时通知浙江远大进出口公司做好装箱准备。把集装箱送至绍兴一新服装厂将货物装箱、封存,外贸业务员张明确认集装箱装箱单之后签字。再将重箱运至上海港区集港,港区仓库签发场站收据,以确认收到货物。

根据我国《海商法》的规定,集装箱货物运输中承运人的责任期间自接收货物时起至交付货物时止,港区仓库签发的场站收据起到了货物收据及货物运输合同证明的作用,是集装箱运输中的重要单据。

4.签单

山东亚航货运代理有限公司凭承运人签发的场站收据,向船公司或其代理人申请换取正本提单,船公司或船代在货物装船后,根据货物实际托运情况填制提单确认函,要求托运人确认提单确认函项下各项内容是否准确。山东亚航货运代理有限公司接到确认函后,仔细核对托运单与提单确认函,并交浙江远大进出口公司确认提单确认函内容。确认无误后,船公司或其代理人签发提单,收回场站收据,货物运输完成。

四、制单结汇

出口企业在货物装运后,应立即按照信用证的要求,正确缮制各种单据,并在信用证规定的有效期和交单期内,将单据及有关证件送交银行,通过银行收取外汇,并将所得外汇出售给银行换取人民币的过程即为出口结汇。

(一)制单

1.制单前的准备

制单前的主要准备工作是备齐合同和信用证。在信用证付款的条件下,要分析判断信用证对单证的具体要求,并将有关内容一一列表,以便办理单证时查核,防止发生差错和遗漏,同时要查核有关银行和当事人的名称、各种单证的份数,以及有关单据有无抬头和背书等。

2.制单的基本要求

在信用证付款的条件下,开证行审核单证与信用证要求完全相符后,才承担付款的责任,如发现任何不符之处,开证行均有可能拒绝付款,因此在制单时不得有丝毫差错。

对于结汇的单据要求做到"正确、完整、及时、简明"。正确是指单证要符合合同和信用证的规定,同时也要符合有关国际惯例和法律的要求,做到"单证一致,单单相符";完整是构成单证合法性的重要条件之一,即必须严格按信用证规定提供所有的单证,单据的份数,每份单据的项目、内容必须完整无缺;及时是指各种单据的出单日期须及时、有序、合理,要符合信用证规定的有效期限或按商业习惯的合理日期,另一方面单据要在信用证有效期限内将单据寄交议付行,以便银行及早出单,按时收汇;简明指单证内容要力求简洁明了,各项内容布局合理,层次分明,重点项目醒目突出,避免复杂繁琐。

3.出口结汇的主要单据

(1)汇票。填制汇票时应注意汇票的编码一般与发票号码一致,汇票的出票日期同提单日或晚于提单日期,并严格规范地按汇票各栏目的要求填制。

(2)发票。发票的种类主要有商业发票、海关发票、领事发票、厂商发票、联合发票、形式发票及银行发票等。

(3)提单。提单是各种单据中最重要的单据,所提供的提单必须十分严格按信用证的要求填制。

(4)保险单。所提供的保险单的被保险人应是信用证上的受益人,并加空白背书,便于办理保险单转让,保险金额和保险险别应与信用证规定一致,保险单签发日期应早于提单日期或同提单日。

(5)其他单据。主要有普惠制产地证、原产地证明书、装箱单和重量单等。

(二)结汇

不同的付款方式,其结汇方式也有所不同。

1. 信用证方式结汇

信用证方式结汇又包括两种情况：买单结汇和收妥结汇。

（1）买单结汇。买单结汇又称出口押汇，是指议付行在审单无误后，按信用证条款买入受益人的汇票和单据，按票面金额扣除从议付日到估计收到票款之日的利息，将净额按议付当日的外汇牌价折算成人民币，付给信用证的受益人。议付行买入跟单汇票后，就成为汇票的正当持有人（bona-fide holder），即可凭汇票向付款行索取票款。若汇票遭拒付，是指议付行有权向受益人追回票款，并加收利息。买单结汇的做法实为议付行向受益人进行资金融通，有利于出口企业的资金周转和对外贸易的不断扩大。

（2）收妥结汇。收妥结汇又称先收后结，议付行收到受益人提交的单据，经审核无误后，将单据寄交国外开证行或指定付款行索取货款，待收到付款行将货款转入议付行账户的贷记通知书时，议付行按当日外汇牌价折算成人民币交付给受益人。

2. 付款交单、承兑交单方式结汇

在托收情况下，出口方发货后按托收合同要求缮制全套单据交托收行，委托其通过国外代收行向进口方收取货款。但银行仅提供服务而不提供信用，能否收回合同款项完全取决于进口方的信誉。当然，托收行可以向出口方提供有追索权的融资。

3. 电汇方式结汇

如采用前电汇付款，出口方在发货前就已收到足额的货款，没有任何收汇风险。但在全球以进口方为主导的市场的形势下，大多采用的是后电汇，即国外客户收到我方出口货物后再履行其付款义务，则付款的主动权完全掌握在进口方手中。因此，出口方出货后应及时向进口方进行催款。

4. 保理方式结汇

在采用付款交单、承兑交单、商业信用付款方式情况下，出口方可采取国际保理方式来规避结算风险。出口方发货后将全套单据交给出口保理商，即可获得 80% 及以上无追索权的融资款。出口保理商再将单据寄交进口保理商，由其进行财务管理，向进口方追讨应收账款，如进口方到期不付款，则由进口保理商从进口方应付款之日起算至第 90 天，扣除相关费用后将全部款项交付出口保理商，出口保理商扣除融资款及相关费用后将余额拨交出口方。但在保理业务中，保理商提供 100% 的付款保障担保是有条件的，即出口方必须在保理商核定的授信额度内出货，而且必须严格履行合同义务，按照合同要求保质、保量、按时出货，否则保理商即可解除对应收账款的坏账担保。

小贴士

审核单据的标准

《跟单信用证统一惯例》（UCP600）第十四条规定：

（1）按照指定行事的被指定银行、保兑行（如有）以及开证行必须对提示的单据进行审核，并仅以单据为基础，以决定单据在表面上看来是否构成相符提示。

（2）按照指定行事的被指定银行、保兑行（如有）以及开证行，自其收到提示单据的翌日起算，应各自拥有最多不超过五个银行工作日的时间以决定提示是否相符。该期限不因单据提示日适逢信用证有效期或最迟提示期或在其之后而被缩减或受到其他影响。

（3）提示若包含一份或多份按照本惯例第 19 条、20 条、21 条、22 条、23 条、24 条或 25 条出具的正本运输单据，则必须由受益人或其代表按照相关条款在不迟于装运日后的 21 个公历日内提交，但无论如何不得迟于信用证的到期日。

（4）单据中内容的描述不必与信用证、信用证对该项单据的描述以及国际标准银行实务完全一致，但不得与该项单据中的内容、其他规定的单据或信用证相冲突。

（5）除商业发票外，其他单据中的货物、服务或行为描述若需规定，可使用统称，但不得与信用证规定的描述相矛盾。

（6）如果信用证要求提示运输单据、保险单据和商业发票以外的单据，但未规定该单据由何人出具或单据的内容。如信用证对此未做规定，只要所提交单据的内容看来满足其功能需要且其他方面与 14 条（d）款相符，银行将对提示的单据予以接受。

（7）提示信用证中未要求提交的单据，银行将不予置理。如果收到此类单据，可以退还提示人。

（8）如果信用证中包含某项条件而未规定需提交与之相符的单据，银行将认为未列明此条件，并对此不予置理。

（9）单据的出单日期可以早于信用证开立日期，但不得迟于信用证规定的提示日期。

（10）当受益人和申请人的地址显示在任何规定的单据上时，不必与信用证或其他规定单据中显示的地址相同，但必须与信用证中述及的各自地址处于同一国家内。用于联系的资料（电传、电话、电子邮箱及类似方式）如作为受益人和申请人地址的组成部分将被不予置理。然而，当申请人的地址及联系信息作为按照 19 条、20 条、21 条、22 条、23 条、24 条或 25 条出具的运输单据中收货人或通知方详址的组成部分时，则必须按照信用证规定予以显示。

（11）显示在任何单据中的货物的托运人或发货人不必是信用证的受益人。

假如运输单据能够满足本惯例第 19 条、20 条、21 条、22 条、23 条或 24 条的要求，则运输单据可以由承运人、船东、船长或租船人以外的任何一方出具。

（三）出口收汇核销与出口退税

出口企业在办理货物装运出口及制单结汇以后，应及时地办理出口收汇核销和出口退税手续。

1. 出口收汇核销

出口收汇核销是指国家为了加强出口收汇管理，保证国家的外汇收入，防止外汇流失，指定外汇管理部门对出口企业贸易项下的外汇收入情况进行事后监督检查的一种制度。对于一般贸易、易货贸易、租赁、寄售、展卖等出口贸易方式，只要涉及到出口收汇，都必须进行出口收汇核销。

2. 出口退税

出口企业在规定的期限内，向国家税务机关提交出口货物报关单（出口退税专用联）、出口销售发票、出口购货发票（增值税发票）、银行结汇水单和出口收汇核销单，经国家税务机关审核无误后，可办理出口退税。

案 例

外贸合同（编号 JY06125）的制单结汇操作

接上例，办理完出口装运后，浙江远大进出口公司张明顺利收到山东亚航货运代理有限公司杭州分公司寄来的提单。张明细读修改后的信用证，准备制单结汇。

信用证（修改后）

MT700	ISSUE OF A DOCUMENTARY CREDIT
SENDER	HSBC BANK PLC,DUBAI,UAE
RECEIVER	HANGZHOU CITY COMMERCIAL BANK,HANGZHOU,CHINA

SEQUENCE OF TOTAL   27:1/1
FORM OF DOC. CREDIT   40A:IRREVOCABLE
DOC. CREDIT NUMBER   20:KKK061888
DATE OF ISSUE   31C:061115
APPLICABLE RULES   40E:UCP LATEST VERSION
DATE AND PLACE OF EXPIRY 31D:DATE 070225 PLACE IN CHINA
APPLICANT   50:SUN CORPORATION.
           5 KING ROAD.DUBAI,UAE
BENEFICIARY   59:ZHEJIANG YUANDA IMPORT AND EXPORT
           CO. , LTD. 118 XUEYUAN STREET, HANG-
           ZHOU,P. R. CHINA
AMOUNT   32B: CURRENCY USD AMOUNT 53500.00
AVAILABLE WITH/BY   41D:ANY BANK IN CHINA,
           BY NEGOTIATION
DRAFTS AT   42C:120 DAYS AFTER SIGHT
DRAWEE   42A:HSBC BANK PLC,NEWYORK
PARTIAL SHIPMENT   43P:PROHIBITED
TRANSHIPMENT   43T:ALLOWED
PORT OF LOADING/   44E:CHINESE MAIN PORT
AIRPORT OF DEPARTURE
PORT OF DISCHARGE   44F: DUBAI, UAE
LATEST DATE OF SHIPMENT 44C: 070120
DESCRIPTION OF GOODS   45A: 5000PCS BOYS JACKET, SHELL:WOVEN
           TWILL 100% COTTON, LINING:WOVEN
           100% POLYESTER,STYLE NO. BJ123,OR-
           DER NO. 989898,AS PER S/C NO. JY06125
           AT USD10. 7/PC CIFC5% DUBAI,PACKED
           IN 20 PCS/CTN.
DOCUMENTS REQUIRED   46A:+COMMERCIAL INVOICE SIGNED IN INK
           IN TRIPLICATE. ONE ORIGINA OF WHICH
           SHOULD BE CERTIFIED BY CHAMBER OF
           COMMERCE OR CCPIT AND LEGALIZED
           BY UAE EMBASSY/CONSULATE IN SELL-
           ER'S COUNTRY.
           +PACKING LIST IN TRIPLICATE.
           + CERTIFICATE OF CHINESE ORIGIN
           CERTIFIED BY CHAMBER OF COMMERCE
           OR CCPIT AND LEAGALIZED BY UAE EM-
           BASSY/CONSULATE IN SELLER'S COUN-
           TRY.
           + INSURANCE POLICY/CERTIFICATE IN

DUPLICATE ENDORSED IN BLANK FOR 110% INVOICE VALUE, COVERING ALL RISKS AND WAR RISKS OF CIC OF PICC (1/1/1981)INCL. WAREHOUSE TO WARE-HOUSE AND I. O. P. AND SHOWING THE CLAIMING CURRENCY IS THE SAME AS THE CURRENCY OF CREDIT.

+FULL SET (3/3) OF CLEAN'ON BOARD' OCEAN BILL OF LADING MADE OUT TO ORDER MARKED FREIGHT PREPAID AND NOTIFY APPLICANT.

+ SHIPPING ADVICE SHOWING THE NAME OF THE CARRING VESEL, DATE OF SHIPMENT, MARKS, QUANTITY, NET WEIGHT AND GROSS WEIGHT OF THE SHIPMENT TO APPLICANT WITHIN 3 DAYS AFTER THE DATE OF BILL OF LADING.

ADDITIONAL CONDITION 47A: + DOCUMENTS DATED PRIOR TO THE DATE OF THIS CREDIT ARE NOT AC-CEPTABLE.

+ THE NUMBER AND THE DATE OF THIS CREDIT AND THE NAME OF ISSU-ING BANK MUST BE QUOTED ON ALL DOCUMENT.

+MORE OR LESS 5 PCT OR QUANTITY OF GOODS IS ALLOWED.

+ TRANSHIPMENT ALLOWED AT HONGKONG ONLY.

+ SHORT FORM/CHARTER PARTY/THIRD PARTY BILL OF LADING ARE NOT ACCEPTABLE.

+SHIPMENT MUST BE EFFECTED BY 1× 20' FULL CONTAINER LOAD. B/L TO SHOW EVIDENCE OF THIS EFFECT IS REQUIRED.

+ THE GOODS SHIPPED ARE NEITHER ISRAELI ORGIN NOR DO THEY CONTAIN ISRAELI MATERIALS NOR ARE THEY EXPORTED FROM ISRAEL, BENIFI-CIARY'S CERTIFICATE TO THIS EFFECT IS REQUIRED.

+ ALL PRESENTATIONS CONTAINING DISCREPANCIES WILL ATTRACT A DISCREPANCY FEE OF GBP40.00 PLUS TELEX COSTS OR OTHER CURRENCY EQUIVALENT. THIS CHARGE WILL BE DEDUCTED FROM THE BILL AMOUNT WHETHER OR NOT WE ELECT TO CONSULT THE APPLICANT FOR A WAIVER.

CHARGES   71B：ALL CHARGES AND COMMISSIONS ARE FOR ACCOUNT OF BENEFICIARY INCLUDING REIMBURSING FEE.

PERIOD OF PRESENTATION   48：WITHIN 15 DAYS AFTER THE DATE OF SHIPMENT，BUT WITHIN THE VALIDITY OF THIS CREDIT.

CONFIRMATION INSTRUCTION 49：WITHOUT

REIMBURSING BANK   53A：HSBC BANK PLC，NEW YORK

INSTRUCTION   78：ALL DOCUMENTS ARE TO BE REMITTED IN ONE LOT BY COURIER TO HSBC BANK PLC，TRADE SERVICES，DUBAI BRANCH，P.O.BOX 66，HSBC BANK BUILDING 312/45 AL SQUARE ROAD，DUBAI，UAE.

1. 制作商业单据

外贸业务员张明认为制作单据应重点注意一些栏目，如 42C、42A、46A 和 47A。因为信用证若要求制作资金单据（一般为汇票），一般会有 42C 和 42A 栏目，分别对汇票的付款期限和付款人作出要求；若要求制作商业单据，一般都在 46A 栏目中作出要求；有些信用证往往在 47A 栏目中还可能补充要求制作一些附属商业单据，如受益人证明、装运通知等。

▲已有的海运提单

Shipper	BILL OF LADING	B/L No:

ZHEJIANG YUANDA IMPORT AND EXPORT CO.,LTD
118 XUEYUAN STREET,HANGZHOU,P.R.CHINA

COSCO

Consignee
TO ORDER

中 国 远 洋 运 输 公 司

Notify Party

SUN CORPORATION
5 KING ROAD, DUBAI, UAE
TEL:+971-4-3535111   FAX:+971-4-3535112

CHINA OCEAN SHIPPING COMPANY

*Pre carriage by	*Place of Receipt	

ORIGINAL

Ocean Vessel Voy.No. PUHE VOY.NO.246W	Port of Loading SHANGHAI		

Port of discharge DUBAI	*Final destination	Freight payable at SHANGHAI	Number original Bs/L THREE (3)

Marks and Numbers	Number and kind of packages:Description	Gross weight	Measurement m3
SUN S/C no.: JY06125 Style no.:BJ123 Port of destination: Dubai Carton no.:1-260 CN: GATU8544387 SN: 3320757	BOYS JACKET L/C NO.:KKK061888 DATE:NOV.15,2006 NAME OF ISSUING BANK: HSBC BANK PLC,DUBAI,UAE 260CARTONS 1×20'FCL FREIGHT	2 600KGS PREPAID	23.712CBM

TOTAL PACKAGES(IN WORDS)   TWO HUNDRED SIXTY CARTONS ONLY.

Freight and charges

Place and of issue
SHANGHAI   DEC. 30. 2006
Signed for the Carrier
****

*Applicable only when document used as a Through Bill of Lading

▲商业发票

ZHEJIANG YUANDA IMPORT AND EXPORT CO. ,LTD.
118 XUEYUAN STREET, HANGZHOU, P. R. CHINA
TEL：0086 - 571 - 86739273　　　　FAX：0086 - 571 - 86739273

COMMERCIAL INVOICE

TO:	SUN CORPORATION 5 KING ROAD, DUBAI, UAE	**Invoice No. :** **Invoice Date:** **S/C No. :** **S/C Date:**	JY20060098 DEC. 22, 2006 JY06125 NOV. 6, 2006
From:	SHANGHAI	**TO:**	DUBAI
Letter of Credit No. :	KKK061888	**Issued By:**	HSBC BANK PLC, DUBAI, UAE
Date of Issue:	NOV. 15, 2006		

Marks and Numbers	Number and kind of package Description of goods	Quantity	Unit Price	Amount
SUN S/C no. : JY06125 Style no. : BJ123 Port　　　of destination: Dubai Carton no. : 1 - 260	BOYS JACKET SHELL: WOVEN TWILL 100% COTTON, LIING: WOVEN 100% POLYES- TER, STYLE NO. BJ123, ORDER NO. 989898, PACKED IN 20 PCS/CTN, 260 CARTONS.	5 200PCS	CIFC5 USD10. 7/PC LESS: C5%	DUBAI USD55 640 USD2 782
	Total: 5 200PCS　　NET VALUE			USD52 858

SAY TOTAL :	U. S. DOLLAR FIFTY TWO THOUSAND EIGHT HUNDRED AND FIFTY EIGHT ONLY.

FOR AND ON BEHALF OF :

ZHEJIANG YUANDA IMPORT AND EXPORT CO. , LTD

＋＋＋＋＋ (MANUALLY SIGNED)

▲装箱单

ZHEJIANG YUANDA IMPORT AND EXPORT CO. ,LTD.
118 XUEYUAN STREET,HANGZHOU,P. R. CHINA
TEL：0086－571－86739273   **FAX**：0086－571－86739273
PACKING LIST

TO：	SUN CORPORATION 5 KING ROAD,DUBAI,UAE	Invoice No. ：	JY20060098
		Invoice Date：	DEC. 22,2006
		S/C No. ：	JY06125
		S/C Date：	NOV. 6, 2006

From：	SHANGHAI	TO：	DUBAI

Letter of Credit No. ：	KKK061888	Issued By：	HSBC BANK PLC,DUBAI,UAE
Date of Issue：	NOV. 15,2006		

Marks and Numbers	Number and kind of package Description of goods	Quantity	Package	G. W.	N. W.	Meas.
SUN S/C no. ：JY06125 Style no. ：BJ123 Port of destination：Dubai Carton no. ：1－260	BOYS JACKET STYLE NO. BJ123, ORDER NO.989898, PACKED IN 20 PCS/CTN, SHIPPED IN20' FCL.	5 200 PCS	260 CTNS	2 600 KGS	2 340 KGS	23. 712M³
	Total：	5 200 PCS	260 CTNS	2 600 KGS	2 340 KGS	23. 712M³

SAY TOTAL：	**TWO HUNDRED SIXTY CARTONS ONLY.**

FOR AND ON BEHALF OF ：
    ZHEJIANG YUANDA IMPORT AND EXPORT CO. ,LTD
    ＋＋＋＋＋（MANUALLY SIGNED）

▲保险单

中国人民保险公司××分公司
海洋货物运输保险单

发票号次：	第一正本	保险单号次
INVOICE NO	THE FIRST ORIGINAL	POLICY NO BJ12

JY20060098

中国人民保险公司(以下简称本公司)根据(以下简称被保险人)的要求,由被保险人向本公司缴付约定的保险费,按照本保险单承保险别和背面所载条款与下列特殊条款承保下述货物运输保险,特立本保险单。

This Policy of Insurance witnesses that People's Insurance Company of China(hereinafter called "the company") at the request of ⋯ZHEJIANG YUANDA IMPORT AND EXPORT CO.,LTD.... (hereinafter called the "Insured") and in consideration of the agreed premium being paid to the company by the Insured, undertakes to insure the undermentioned goods in transportation subject to the conditions of this policy as per the clauses printed overleaf and other special clauses attached he reon.

标 记 MARKS. & NOS.	包装及数量 QUANTITY	保险货物项目 DESCRIPTION OF GOODS	保险金额 AMOUNT INSURED
SUN S/C no. :JY06125 Style no. :BJ123 Port of destination:Dubai Carton no. :1－260	260CTNS	BOYS JACKET L/C NO. :KKK061888 DATE:NOV. 15,2006 NAME OF ISSUING BANK: HSBC BANK PLC, DUBAI,UAE	USD61240.00

总保险金额：

Total Amount Insured SAY U.S. DOLLARS SIXTY ONE THOUSAND TWO HUNDRED AND FOUR ONLY

保费	费率	装载运输工具
PremiumAs Arranged	Rate As Arranged	Per Conveyance S.S. _____

开航日期　　　　　　　　　自　　　　　　　　　至

Slg on or abt. DEC. 30,2006　From　SHANGHAI　To　DUBAI

承保险别：

Conditions

COVERING ALL RISKS AND WAR RISKS OF CIC OF PICC(1/1/1981)INCL. WAREHOUSE TO WAREHOUSE AND I.O.P AND SHOWING THE CLAIMING CURRENCY IS THE SAME AS THE CURRENCY OF CREDIT.

所保货物,如遇出险,本公司凭第一正本保险单及其有关证件给付赔款。所保货物,如发生本保险单项下负责赔偿的损失或事故,应立即通知本公司下述代理人查勘。

Claims,if any ,payable on surrender of the first original of the Policy together with other relevant documents. In the event of accident whereby loss or damage may result in a claim under this policy immediate notice applying for survey must be given to the Company's Agent as mentioned hereunder.

中国人民保险公司 XX 分公司
THE PEOPLE'S INSURANCE CO. OF CHINA
XX   BRANCH

赔款偿付地点
CLAIM PAYABLE AT   DUBAI IN USD   杨非
DATE DEC. 29, 2006   AUTHORIZED SIGNATURE：

2. 制作一般原产地证

为了更早办理发票和一般原产地证的使馆认证，2006 年 12 月 22 日（周五）浙江远大进出口公司一接到绍兴一新服装厂的出运消息，马上制作一般原产地证申请书和一般原产地证。然后附上一份正本商业发票向杭州市贸促会申领一般原产地证以及委托办理发票和一般产地证的使馆认证。

一般原产地证明书/加工装配证明书

申请书		
申请单位(盖章)：浙江远大进出口公司		证书号：++++++
注册号：+++++++++++		

申请人郑重申明：

本人是被正式授权代表出口企业办理和签署本申请书的。

本申请书及普惠制产证格式 A 所列内容正确无误，如发现弄虚作假，冒充格式 A 所列货物，擅改证书，自愿接受签证机关的处罚并负法律责任。现把有关情况申报如下：

企业名称		发票号	JY20060098
商品名称	全棉男童夹克	H.S. 税目号(以八位数码计)	6203320090
商品(FOB)总值(以美元计)	51868 美元	最终目的港及所在国家	迪拜,阿联酋
拟出运日期(以提单日期为准)	2006.12.30	转口国(地区)	/

贸易方式和企业性质(请在适用处划"√")					
√一般贸易 C		灵活贸易 L		其他贸易方式 Q	
国营企业	三资企业	国营企业	三资企业	国营企业	三资企业
√					

毛重,包装数量或其他数量	2600 公斤,260 纸箱
原产地标准： (划"√")	1. 本项商品完全国产，未使用任何进口原材料。_____ 2. 本项商品含进口成分。_____ (含进口成份的商品,须提交"含进口成分产品加工工序成本明细单")

现提交中国出口商业发票副本一份，一般原产地证明书/加工装配证明书一正三副，以及其他附件__1__份，请给予审核签证。

申请人说明：

申请人(签名)：李华
电话：057186739273
日期：2006 年 12 月 22 日

1. Exporter (full name and address) ZHEJIANG YUANDA IMPORT AND EXPORT CO. ,LTD 118XUEYUAN STREET,HANGZHOU,P. R. CHINA	CERTIFICATE NO. ++++++++ CERTIFICATE OF ORIGIN OF **THE PEOPLE'S REPUBLIC OF CHINA**
2. Consignee (full name and address) SUN CORPORATION 5 KING ROAD,DUBAI,UAE	
3. Means of transport and route ON OR ABOUT DEC. 30, 2006, SHIPPED FROM SHANGHAI TO DUBAI BY SEA.	5. For certifying authority use only
4. Destination port DUBAI,UAE	

6. Marks and Numbers	7. Description of Goods; Number and Kind of Package	8. H. S. Code	9. Quantity or Weight	10. Number and Date of Invoices
SUN S/C no. :JY06125 Style no. :BJ123 Port of destination:Dubai Carton no. :1－260	260 CARTONS OF BOYS JACKETS ＊ ＊ ＊ ＊ ＊ ＊ ＊ ＊ ＊ ＊ ＊ ＊ ＊ AS PER L/C NO. KKK061888 L/C DATE:NOV. 15, 2006 NAME OF ISSUING BANK HSBC BANK PLC, DUBAI, UAE.	6203320090	52200PCS	JY20060098 DEC. 22, 2006

11. Declaration by the exporter The undersigned hereby declares that the above details and statements are correct;that all the goods were produced in China and that they comply with the Rules of Origin of the People's Republic of China. ZHEJIANG YUANDA IMPORT AND EXPORT CO. ,LTD. 李华 HANGZHOU, DEC. 22, 2006 ---- Place and date, signature and stamp of authorized signatory	12. Certification It is hereby certified that the declaration by the exporter is correct. ---- Place and date, signature and stamp of certifying authority

▲制作装运通知

ZHEJIANG YUANDA IMPORT AND EXPORT CO.，LTD.
118 XUEYUAN STREET，HANGZHOU，P. R. CHINA
TEL：0086 - 571 - 86739273　　　FAX：0086 - 571 - 86739273

SHIPPING ADVICE

TO：	SUN CORPORATION 5 KING ROAD，DUBAI，UAE	ISSUE DATE：	JAN. 2，2007
		S/C NO. ：	JY06125
		L/C NO. ：	KKK061888
		DATE：	NOV. 15，2006
		NAME OF ISSUING BANK	HSBC BANK PLC，DUBAI，UAE

Dear Sir or Madam：

　　We are please to advise you that the following mentioned goods has been shipped out，full details were shown as follows：

Invoice Number：	JY20060098
Bill of Lading Number：	DDL478399
Ocean Vessel：	PUHE，VOY. NO. 246W
Port of Loading：	SHANGHAI
Date of Shipment：	DEC. 30，2006
Port of Destination：	DUBAI
Estimated date of arrival：	JAN. 15， 2006
Container/Seal Number：	GATU8544387/3320757
Description of goods：	BOYS JACKET
Shipping Marks：	SUN S/C no. ：JY06125 Style no. ：BJ123 Port of destination：Dubai Carton no. ：1－260
Quantity：	5200PCS
Gross Weight：	2600KGS
Net Weight：	2340KGS
Total Value：	USD55640. 00

Thank you for your patronage. We look forward to the pleasure of receiving your valuable repeat orders. Sincerely yours，

FOR AND ON BEHALF OF：
　　　ZHEJIANG YUANDA IMPORT AND EXPORT CO. ，LTD.
李华

▲受益人证明

ZHEJIANG YUANDA IMPORT AND EXPORT CO. ,LTD.
118 XUEYUAN STREET,HANGZHOU,P. R. CHINA
TEL: 0086 - 571 - 86739273　　　　　FAX: 0086 - 571 - 86739273

BENEFICIARY'S CERTIFICATE

TO:	WHOM IT MAY CONCERN	Invoice No. :	JY20060098
		Date:	DEC. 22,2006

WE HEREBY CERTIFY THAT THE GOODS SHIPPED ARE NEITHER ISRALI ORIGIN NOR DO THEY CONTAIN ISRALI MATERIALS NOR ARE THER EXPORTED FROM ISRAEL.

FOR AND ON BEHALF OF:
ZHEJIANG YUANDA IMPORT AND EXPORT CO. ,LTD.
李华

▲汇票

BILL OF EXCHANGE

凭 Drawn under	HSBC BANK PLC,DUBAI,UAE	信用证 L/C NO	KKK061888
日期 Dated	NOV. 15,2006	支取 Payable with interest　@……%……按……息…… 付款	
号码 NO	JY20060098	汇票金额 Exchange for　　USD52858.00	杭州 Ningbo,　Jan. 2,2006

见票……………………………日后(本汇票之副本未付)付交

60DAYS AFTER
AT………………………sight of this **FIRST** of Exchange(Second of Exchange being unpaid)

Pay to the order of HANGZHOU CITY COMMERCIAL BANK,HANGZHOU,CHINA the sum of

U. S. DOLLARS FIFTY TWO THOUSAND EIGHT HUNDRED AND FIFTY EIGHT ONLY.

款已收讫
Value received　…………………………………………………………………………

此致　HSBC BANK PLC,NEWYORK
TO:　………………………………………………………………………………

ZHEJIANG YUANDA IMPORT AND EXPORT CO. ,LTD.
………………………………………………………………………
李华

子项目二 进口合同的履行

进口贸易和出口贸易一样,也是通过合同的磋商、订立和履行实现的,所涉及的国际惯例及法律规则基本相同。由于在进口贸易中我方处于买方地位,因此要争取的条件、贸易的具体做法等和出口贸易有所不同。

🧑‍🤝‍🧑 案例

据谈判结果拟订合同

富阳飞思升纸业有限公司是一家具有自营进出口经营权的经环保局批准的进口废物再利用的纸业制造企业。2009 年 1 月 16 日,富阳飞思升纸业有限公司向荷兰 FIBRE SUPPLY EUROPE 公司定购了 1000 公吨的欧洲废纸。合同拟定如下:

富阳飞思升纸业有限公司
FUYANG FEISISHENG CO,LTD
SHANGJIANG VILLAGE, CHUNJIANG STREET, FUYANG CITY, HANGZHOU, CHINA
TEL:+86 0571 23266789　　FAX:+86 0571 23581013
CONTRACT

合同号码 No.:AFY0230
日期 Date:Jan 16,2009

买方:富阳飞思升纸业有限公司　　　　　　卖方:
Buyer:FUYANG FEISISHENG CO,LTD　　　Seller:FIBRE SUPPLY EUROPE
ADD:SHANGJIANG VILLAGE,　　　　　　ADD:FEETHOVEN 10,5247
　　CHUNJIANGTOWN, FUYANG CITY,　　　　THE NETHERLANDS
　　HANGZHOU, CHINA　　　　　　　　　TEL:+31.73.5224390
　　　　　　　　　　　　　　　　　　　FAX:+31.73.5224389

本合同由买卖双方订立,买方按照如下条款购进卖方售出得以下产品:

This contract is made between the buyers and the sellers,whereby the buyers agree to buy and the sellers agree to sell the under-mentioned:

(1)品名 Commodity	(2)规格 Specifications	(3)数量 Quantity	(4)单价 Unite Price	(5)总额 Total Value
欧洲废纸 ONP080/20 EUROPE WASTE PAPER	①杂质不可超过1% A. Prohibitive material may not exceed1%		CIF SHANGHAI 含目的港码头操作费和检验费 Including THC and CIQ Charges	
	②不合格纸张不可超过5% B. Total out throws may not exceed 5%	1000 公吨 1000M/TS	每公吨 98 美元 USD98Per M/T	USD98,000.00 USD98,000.00
	③水分最多不可超过12% C. Moisture contents 12% maximum is deemed to be air dry ④短重不可超过2%(参照欧洲 CEPAC 品质标准) D. Total shortageweight may not exceed 2%(as per list of Europe standard quality— CEPAC)			

总额大写:美元玖万捌仟元整

Total value in words:Say U. S. Dollars ninety eight thousand only

(6)溢短装:±10%　　　　(7)包装:标准出口包装

More or less:±10%　　　Packing:Standard export packing

(8)付款条件:100%发票之金额不可撤销信用证,提单日后 60 天付款,中国银行为付款人。若买方晚开信用证造成卖方无法及时制作装运单据而造成的所有相关费用将不属于卖方之责任。

Terms of Payment:100% invoice value of Irrevocable L/C drafts at 60 days after B/L date drawn on Bank of China. If buyer issue L/C lately so that seller can't make the shipping documents in time caused all related fee by the documentsdelay are not belong to the seller's responsibility.

(9)装船港口:欧洲主要港口

Porting of Lading:Europe main port

(10)目的港:中国上海

Porting of destination:Shanghai,China

(11)装运:允许分批装运,允许转船。卖方提供 14 天免箱期

Shipment:Partial shipments allowed and transshipment allowed. Seller should confirm 14 days free time for the containers

(12)装运时间:2009 年 2 月、3 月、4 月、5 月,每月一批,等量出运

Shipment:Will be effected during Feb. / Mar. / Apr. / May 2009 in four equal monthly lots

(13)信用证有效期:最后装船日起算 15 天内

L/C expiry date:15 days within latest shipping date

(14)装船前商品检验:货物必须在装船前由中国国家商检局欧洲商检公司进行检验,检验费由卖方负担

Commodity inspection:The commodity must be inspected by CIQ Europe Company before it is loaded on board. The inspection expenses shall be borne by the seller

(15)保险：由卖方根据发票金额的 110%投保一切险

Insurance：To be effected by the seller for 110% of invoice value covering all risks and war risks as per CIC of PICC dated01/01/1981

(16)卖方需提供的单证

Documents provided by the seller：

A. Signed commercial invoice in 3 copies

B. Packing list in 3 copies showing gross and net weight of each package

C. Certificate of quality in 3 copies issued by the CIQ Europe Company

D. Full set clean on board bill of lading consigned to the buyer notify the same

E. Certified copy of fax notifying applicant of the shipment details within 2 working days of the shipment date

F. Certificate of non-wood packing issued by seller

G. Certificate of 14 days free time detention

H. Insurance policy or certificate in 2 copies

(17)卖方需将 1/3 正本提单、无木质包装证明、发票、14 天免箱期证明及其他副本单据通过快递在装运后两个工作日内直接寄往买方指定地址,2/3 正本提单及其他单证通过银行转交买方

Seller will mail 1/3 original B/L，certification of non-wood packing，certification of 14 days free time detention，commercial invoice & other shipping documents to the address that buyer appoints by courier within 2 working days after shipment. 2/3 original B/L & other shipping documents will be delivered to buyer through the bank

(18)索赔期限：卸货后 56 天内

Claim period：The claim should lodged within 56 days after empty container to be refunded

(19)说明：本合同以中英文两种文字书就,两种文字的条款具有同等效力,如有争议以中文为准

Note：This contract is made out in Chinese and English，both versions being equally authentic. Should the disputes arise the Chinese version is final

(20)通知行：

Advising bank：F. VAN LANSCHOT BANKIERS N. V. P. O. BOX 1775 DEN BOSCH 5200 BV

Swift Code：FVLBNL22I, Account No.：26. 04. 12. 651

Confirmed by (as buyer)   Confirmed by (as seller)

FUYANG FEISISHENG CO,LTD   FIBRE SUPPLY EUROPE

孙历艇   Maitim

一般来说,进口贸易的工作程序要比出口贸易复杂一些。我国的进口合同通常按 FOB、CFR 或 CIF 条件成交,以信用证方式结算,海运方式运输货物,合同的履行一般要经过以下一些环节:对外开立信用证或预付款;租船或订舱、催装;办理保险;开证行审单付汇;进口方购汇付款赎单;进口报关、提货;办理进口商检;向用货单位拨交货物并结算货款;进口索赔及仲裁等。

现将进口合同履行所涉及的各项业务分述如下。

一、办理进口有关证件

如进口商品属于国家限制类的商品范围,则需要办理有关证件。除一般进口合同外,技术引进和重大设备进口合同必须经对外经济贸易主管部门或其授权批准的职能部门审查批准,合同才能生效。合同签署后由进口单位填写《进口货物免税申请表》,并附合同副本和项目审批机关的证明向海关办理进口货物免税手续,申领《进口付汇核销单》。另外,机电产品进口还需申请进口配额,等等。

案 例

进口合同(编号 AFY0230)下的进口批件申领

接上例,根据我国法律规定,废纸进口企业需向环保部门申请固体废物进口许可证(有效期为一年)。2009 年 1 月 16 日,"飞思升"与荷兰的 FIBRE SUPPLY EUROPE 公司达成的 1 000 公吨 ONP 欧洲废纸的交易,约定分批装运,于 2 月至 5 月每月装运 250 公吨。我国规定,ONP 废纸属于自动进口许可管理类目录(一批一证)的货物,因此"飞思升"在签订合同后于2009 年 1 月 17 日向商务部申请自动进口许可证。

其他相关资料:

企业代码:3300142943925   企业地址:杭州富阳春江镇上江村
邮编:311400   经办人:凌晓婷
电话:0571-23486778   申请日期:2009 年 1 月 17 日
贸易方式:一般贸易   外汇来源:银行购汇
合同号:AFY0230   预计到港时间:3 月 25 日
报关口岸:上海   企业用途:企业自用
单价:每公吨 98 美元   总值:24 500 美元
H.S.编码:4707300000   2008 年进口数量:2 000 公吨
商品名称:欧洲废纸(EUROPEAN WASTE PAPER ONP 80/20)

"飞思升"填写如下申请表申领进口许可证。

中华人民共和国自动进口许可证申请表(内资企业)

1. 申请单位　　　　　　　代码 富阳飞思升纸业有限公司　3300142943925 地址：　　　　　　　　　邮政编码 杭州富阳春江镇上江村　　311400 经办人：　　　　　　　　电话： 凌晓婷　　　　　　　　　0571-23486778 （单位签章）　　　　　　2009年1月17日	4. 自动进口许可证申请表号 （富阳 飞思升纸业 有限公司）印章
2. 进口商：　　　　　　　代码 富阳飞思升纸业有限公司　3300142943925	5. 自动进口许可证有效截止日期： 　　　　　　　　　年　月　日
3. 进口用户　　　　　　　代码 富阳飞思升纸业有限公司　3300142943925	9. 贸易国(地区) 　　　　　　荷兰
6. 贸易方式 　　　一般贸易	10. 装运时间 　　　1009年2月底
7. 外汇来源 　　　银行购汇	11. 原产地国(地区) 　　　荷兰
8. 是否国营贸易 　　　否	12. 生产商 　　　FIBRE SUPPLY EUROPE
13. 进口合同号 　　　AFY0230	14. 预计到港时间 　　　2009年3月25日
15. 报关口岸 　　　上海海关	16. 商品用途 　　　企业自用
17. 商品名称 欧洲废纸 ONP 80/20	商品编码　　　　　　商品状态 4707300000

18.规格、型号	19.单位	20. 数量	21.单价 (USD)	22.总值 (USD)	23.总值折美元
ONP 80/20	吨	*250.0000	*98.00	*24 500.00	*24 500.00
24. 总计		*250.0000		*24 500.00	*24 500.00

25. 备注 　　今年已进口报关数量(吨)：0 　　上年进口数量(吨)：2000公吨 领证人：凌晓婷 联系电话：0571-23486778 申请日期：2009年1月17日	26. 发证机关审核意见 经办初审 负责人终审

二、开证、改证及预付货款

进口合同签订后,根据合同规定办理开证手续。

1. 填写开证申请书

首先填写开证申请书(application for letter of credit),向银行办理开证手续。进口方申请开立信用证,应向开证银行交付一定比率的押金(margin)或抵押品,同时按规定向开证银行支付开证手续费。

申请开立信用证的注意事项如下:

(1)应满足"证同一致"的要求。最好不用"参阅××号合同"(as per S/C No xx)的规定,因信用证是自足文件,签发后即与买卖合同无关。

(2)申请开证的时间要符合合同规定。信用证的开证时间,应按合同规定办理,如合同规定由出口方确定交货期,进口方应在接到出口方交货期通知后开证;如合同规定出口方获得出口许可证或提交履约保证金后开证,则进口方应在收到出口方已领到许可证的通知,或银行转知保证金已照收后开证。

由于信用证的开证时间会影响装运期(有时甚至直接影响出口方的加工生产),出口方只有在收到信用证后才可以放心地安排生产和装运。进口方一定要在规定的装运期前开出信用证,以便出口方有足够的时间安排货物出运。

(3)开证申请书文字应力求规范、完整、明确。进口方要求银行在信用证上载明的事项,必须完整、明确,不能使用含糊不清的文字。应避免使用"大约"、"近似"或类似的词语,这样一方面可使银行处理信用证或出口方履行信用证的条款时有所遵循,另一方面也可以此保护自己的权益。

2. 开立信用证

在我国,银行为进口企业开立信用证时还有以下规定和做法:

(1)不开立可转让信用证。一般情况下,开证行无法对第二受益人的情况进行调查,尤其是对于跨地区或国家的转让活动更难了解和掌握。在这种情况下,一旦信用证被转让出去,开证行就很难控制。

在实际业务中,如果存在大额货物涉及多家出口商时,我国银行可以在所开立的信用证中表明"汇票和单据若由某厂商提供可以接受"或"第三者出具的装运单据可以接受",以表明厂商可以作为本证的受益人。

(2)接受由开证人或出口方指定通知行的信用证。信用证中的通知行是开证行在国外业务的延伸,两家银行合作是信用证安全运行的基础。因此,一般银行在其他国家都有其相对固定的合作银行。我国银行在为国内进口企业开立信用证时,就规定通知行由我国银行指定。如果国外出口方执意指定通知行,我国银行也接受进口企业在开证申请书上注明"该银行在我国银行选择通知行时供参考"。

(3)一般不接受开立他行保兑的信用证。

3. 信用证常见的修改内容

(1)展证,即延长信用证的装运期和有效期。

(2)变更装卸港。

(3)对分批装运/转运的修改。

(4)增减货物数量或金额。

(5)修改受益人名称、地址。

案 例

进口合同(编号 AFY0230)下的申请开证

接上例,1 月 20 号拿到了自动进口许可证后,"飞思升"1 月 21 号开始向中国银行浙江分行申请开立信用证。

填写好的开证申请书如下。

APPLICATION FOR ISSUING LETTER OF CREDIT

To:Bank of China Ltd. , ZHEJIANG Branch   Date JAN. 21, 2009

Please issue on our behalf and for our account the following IRREVOCABLE ☐Transferable ☒ Untransferable letter of

credit subject to UCP600

Credit No.

Applicant(Full name and detailed address) FUYANG FEISISHENG CO. , LTD. SHANGJIANG VILLAGE, SHUN-JIANG TOWN FUYANG CITY, HANGZHOU CHINA	Beneficiary(Full name and detailed address) FIBRE SUPPLY EUROPR FEETHOVEN 10, 5247 THE NETHERLANDS TEL:31.73.5224390 FAX:31.73.5224389

Advising bank(Left for bank to fill) F. VAN LANSCHOT BANKIERS N. V. , P. O. BOX 1775, DEN BOSCH 5200 BV SWIFT CODE:FVLBNL221, ACCOUNT NO. 26. 04. 12.651	Expiry date: Place: 15JUN. , 2009, The Netherlands Partial shipments ☒ allowed ☐not allowed Transshipment ☒ allowed ☐not allowed	Loading in charges EUROPE MAIN PORT For transport to SHANGHAI, CHINA Latest date of shipment MAY 31, 2009

Amount:
USD98000.00 SAY U. S. DOLLARS NINETY EIGHTY THOUSAND ONLY

Credit available with:☒ any bank☐issuing bank

by ☒ negotiation ☐sight payment ☐acceptance ☐deferred payment against the documents detailed herein and

Beneficiary's drafts ☐at sight ☒ at 60 days after sight ☒ B/L date ☐Air Waybill date ☐delivery documents date

☐drafts date drawn on BANK OF CHINA.

Documents required(Marked with ×)

1. ☒ Manually signed commercial invoice in <u>3 copies</u> indicating L/C No. _____ and contract No. <u>AFY0230</u>

2. ☒ Full set □2/3 set □1/3 set of clean on board ocean bill of lading ☒ consigned to applicant □made to order and blank endoursed marked freight ☒ prepaid □collect □payable as per charter party notify ☒ applicant □

3. □Air Waybills consigned to applicant marked □freight prepaid □freight collect indicating actual flight No and flight date notify _____

4. ☒ Full set □1/2 set of original insurance policy / certificate for 100% of the invoice value showing claims payable in China, in the currency of the draft, blank endoursed, covering ☒ Ocean marine transportation □Air transportation

□Overland transportation all risks and war risk, as per ICC clause, the number of original(s) issued must be stated

5. □Certificate of Origin in ____ copies issued by _____.

6. ☒ Packing List in <u>3 copies</u> issued by <u>the seller</u> indicating □quantity ☒ gross and net weights of <u>each package</u>

7. □Weight memo in _____ issued by _____ indicating gross and net weights of each package

8. ☒ Certificate of Quality in <u>3 copies</u> issued by <u>the CIQ Europe Company</u>

9. ☒ Beneficiary's certified copy of fax sent to <u>the applicant</u> within <u>2</u> working days of the shipment date indicating contract No. , L/C No. , goods name, quantity, invoice value, ☒ vesse l's name □flight No. ☒ container No. ☒ packages

☒ loading port □dispatch place ☒ shipping date and ETA

10. □Beneficiary's statement attesting that one set of non—negotiable documents have been sent to applicant by _____

within□ __ days □ ____ beneficiary's working days after □shipment □delivery

11. □Fumigated Certificate in duplicate

12. □Certificate of non—wood packing material in duplicate

13. ☒ Other documents required: A. Certificate of non—wood packing issued by seller B. Certificate of 14 days free time detention issued by the seller

Description of goods

EUROPE WASTER PAPER, ONP080/20

1000M/T, USD98.00 PER M/T CIF SHANGHAI INCL. THC AND CCIC CHARGE AS PERS/C NO. AFY0230

□FOB □CFR ☒CIF SHANGHAI □Other Terms

☒ Shipping marks: N/M ☒ Packing: Standard export packing

Additional instructions

1. ☒ All documents must indicate contract No. AFY0230

2. ☒ All banking charges except □L/C opening and/or acceptance charges ☒ outside the issuing bank are for account of the beneficiary

3. ☒ Both quantity and amount for each item <u>10%</u> more or <u>10%</u> less allowed

4. ⊠ Third party as shipper is not acceptable
5. ⊠ Documents must be presented within 15 days after the date of B/L but within the validity of this credit
6. □ Other instructions

富阳飞思升纸业有限公司(章)
Signature of authorized person:财务专用章
孙历艇(章)
Tel:0571 - 23266789　　　　Fax:0571 - 23581013

三、入境货物报检

进口方在收到开证行转来的全套议付单据(进口商业发票、装箱单、汇票等)后,对其进行审核。如果审核无误,则可办理付款赎单手续。进口审单的原则和出口审单的原则方法相同,在此项目里不再介绍。接下来,进口方将着手报关报检。如果是属于法定检验检疫的商品,则应在报关前办理报检手续,取得入境货物通关单。进口方可以自行报检(填写入境货物报检单,提供相关单据,申请报检),也可以委托货代公司代理报检(进口商填写报检委托书,提供相关单据,货代填写报检委托书,申请报检)。

案例

进口合同(编号 AFY0230)下的报检操作

接上例,富阳飞思升纸业有限公司购买的第一批废纸250公吨于2009年2月27装运,公司2009年3月9日收到了 FIBRE SUPPLY EUROPE 公司寄过来的单据:1/3 正本提单、无木质包装证明、发票、装箱单、14天免箱期证明,CCIC认证。经审核无误后。凌晓婷小姐填好代理报检委托书,委托上海临港国际物流有限公司为其办理入境报检手续。

其他相关资料:

企业性质:私营　　　　　　　　H. S. 编码:4707.3000.00
贸易方式:一般贸易　　　　　　信用证号码:LC9100225/09
提单号码:NL1348347　　　　　　船名航次:CMA CGM FIDELIO/FA250E
包装件数:250 包　　　　　　　发票金额:24,500.00 美元
到岸日期:2009 年 3 月 25 日　卸毕日期:2009 年 3 月 25 日
入境口岸:上海　　　　　　　　用途:企业自用
索赔有效期:卸货后 56 天内　　固体废物进口许可证:09 - 2000M - 201771
货物堆放地点:外港码头堆场　　自动进口许可证号:097012769
毛重:251.25 公吨　　　　　　　净重:250 公吨
合同号码:AFY0230　　　　　　启运口岸:鹿特丹
集装箱数量:10 个 40 尺
集装箱号码:CMAU402478 - 6、CMAU402878 - 4、TEXU413931 - 6、TGHU453304 - 0、TRLU459391 - 4、CLHU464791 - 3、CATU409837 - 1、CMAU 419661 - 4、WFHU408924 - 2、CMAU413106 - 4。

随附单据:提单、发票、装箱单、无木质包装证明、合同副本、国家环境保护总局批准证书(商检联)、进口废物原料境外供货企业注册证书、装运前检验证书。

合同中无其他特殊报检要求。

1. 报检委托书

富阳飞思升纸业委托上海临港国际物流有限公司为其办理入境报检手续,填写报检委托书如下。

报检委托书

<u>　上海市　</u> 出入境检验检疫局:

本委托人郑重声明,保证遵守出入境检验检疫法律的规定。如有违法行为,自愿接受检验检疫机构的处罚并负法律责任。

本委托人委托受委托人向检验检疫机构提交"报检申请单"和各种随付单据,具体委托情况如下:

本单位将于 <u>　2009　</u> 年 <u>　3至4　</u> 月向进口/出口如下货物:

品名	欧洲废纸	HS 编码	4073000000
数(重)量	250.000 公吨	合同号	AFY0230
信用证号	LC9100225/09	审批文号	固体废物进口许可证: 09 - 2000M - 201771 自动进口许可证: 097012769
其他特殊要求			

特委托 <u>　上海临港国际物流有限公司　</u> (单位)代表本公司办理下列出入境检验检疫事宜。

☐ 1. 办理代理报检手续;

☐ 2. 代缴检验检疫费;

☐ 3. 负责与检验检疫机构联系和验货;

☐ 4. 领取检验检疫证单;

☐ 5. 其他与报检有关的相关事宜。

请贵局按有关法律法规予以办理。

(富阳飞思升纸业公司(公章))　　　　　　　(上海临港国际物流公司(公章))

委托人(公章)　　　　　　　　　　　　　受委托人(公章)

年　　月　　日　　　　　　　　　年　　月　　日

本委托书有效期至 <u>　2009　</u> 年 <u>　4　</u> 月 <u>　30　</u> 日。

2. 入境货物报检单

上海临港国际物流有限公司代理报检,填制入境货物报检单,连同其他单据向上海出入境检验检疫局报检。

中华人民共和国出入境检验检疫

入境货物报检单

上海临港国际物流（公章）

报检单位（加盖公章）：上海临港国际物流有限公司		*编号	380400204023131	
报检单位登记号：3800704912	联系人：	电话：	报检日期：2009年 3 月 29 日	

收货人	（中文）	富阳飞思升纸业有限公司	企业性质（划"√"）	□合资□合作□外资
	（外文）	FUYANG FEISISHENG CO., LTD.		
发货人	（中文）			
	（外文）	FIBRE SUPPLY EUROPE		

发货名称（中/外文）	H.S.编码	产地	数/重量	货物总值	包装种类及数量
欧洲废纸 EUROPE WASTE PAPER	4707300000	荷兰	250件	24500美元	250纸箱

运输工具名称号码	CMA CGM FIDELIO / FA250E	合同号	AFY0230	
贸易方式	一般贸易	贸易国别	荷兰	提单/运单号 其他　N11348347
到货日期	2006.12.30	启运国家(地区)	荷兰	许可证/审批号　09-2000M-201771
卸毕日期	2009.3.25	启运口岸　鹿特丹	入境口岸	上海
索赔有效期至	卸货后56天	经停口岸	目的地	杭州富阳

集装箱规格、数量 及号码	10×40' FCL，CMAU4024786、CMAU4028784、TEXU4139316、 TGHU4533040、TRLU4593914、CLHU4647913、CATU4098371、 CMAU4196614、WFHU4089242、CMAU4131064

合同订立的特殊条款以及 其他要求	货物存放地点	外港码头堆场
	用途	其他

随附单据（划"√"或补填）	标记及号码	*外商投资财产（划"√"）	□是□否
√□合同　√□到货通知 □□发票　√□装箱单 √□提/运单　□质保书 　□兽医卫生证书　□理货清单 　□植物检疫证书　□磅码单 　□卫生证书　□验收报告 　□原产地证　√□许可/审批文件	N/M	*检验检疫费 总金额（人民币元） 计费人 收费人	

报检人郑重声明： 　1.本人被授权报检。 　2.上列填写内容正确属实。 　　　　签名：＿＿＿＿＿＿	领取证单	
	日期	
	签名	

注：有"*"号栏由出入境检验检疫机关填写　　　　　　◆国家出入境检验检疫局制

四、进口货物报关

进口货物报关即进口货物的收货人或其代理人向海关交验有关单证,办理进口货物的申报手续。货到目的港后,进口企业要根据进口单据填写《进口货物报关单》,连同发票、货运单、装箱单或重量单、保险单及其他必要文件向海关申报,并在海关对货物及各种单据查验合格后,按国家规定缴纳税费。

法定申报时限为自运输工具申报入境之日起 14 天内,超过 14 日期限未向海关申报的货物,由海关按日征收进口货物 CIV 或 CIP 价格的千分之零点五的滞报金。超过 3 个月未向海关申报的货物,由海关提取变卖。海关根据申报人的申报,依法进行验关。如货物符合国家的进口规定,即在货运单据上签章放行。未经海关放行的货物,任何单位或个人不得提取。

案例

进口合同(编号 AFY0230)下的报关操作

2009 年 3 月 14 日,通过报检拿到入境货物通关单后,上海临港公司根据富阳飞思升纸业有限公司的单证员李梅提供的进口货物报关单、报关委托书、进口商业发票、装箱单等单证向上海外港海关(2225)办理报关手续。

其他相关资料:

进口日期:2009 年 3 月 25 日　　　　申报日期:2009 年 3 月 30 日

"飞思升"10 位数代码:3301963093　　贸易方式:一般贸易

固体废物进口许可证:09 - 2000M - 201771　　自动进口许可证号:097012769

用途:企业自用　　　　　　　　　　H. S. 编码:4707300000

成交单位:公吨　　　　　　　　　　海关第一计量单位:千克

1.已有的单证

FIBRE SUPPLY EUROPE 公司寄来了商业发票、装箱单以及海运提单。

发票

	FIBRE SUPPLY EUROPE	
	Feethoven 10,5247 The Netherlands	
	Tel:0031 - 73 - 5224390　　Fax:0031 - 73 - 5224389	
To:		
FUYANG FEISISHENG CO, LTD		
SHANGJIANG VILLAGE,		
CHUNJIANGTOWN, FUYANG CITY,		
HANGZHOU, CHINA		
	Commercial Invoice	
	Invoice number:	29018
	Date:	23 FEB. , 2009
	Documentary credit:	LC9100225/09

Contract number:	AFY0230		
Order number	Quantity	Price/MT	Amount
SD29037	250.00MT	US $ 98.00	US $ 24 500.00

EUROPEAN WASTE PAPER, ONP80/20
CIF SHANGHAI INCL. THC AND CCIC CHARGE
PACKING: STANDARD BALE PACKING
SHIPPING MARK: N/M

COUNTRY OF ORIGIN: THE NETHERLANDS

THIS SHIPMENT DOES NOT CONTAIN ANY SOLID WOOD PACKING MATERIALS

SHIPMENT HAS BEEN EFFECTED IN40' CONTAINERS
H/S NUMBER: 4707.3000.00

FIBRE SUPPLY EUROPE

Martin (Manually Signed)

▲装箱单

FIBRE SUPPLY EUROPE

Feethoven 10, 5247 The Netherlands

Tel: 0031 - 73 - 5224390   Fax: 0031 - 73 - 5224389

To:

FUYANG FEISISHENG CO, LTD

SHANGJIANG VILLAGE,

CHUNJIANGTOWN, FUYANG CITY,

HANGZHOU, CHINA

Packing List

Invoice number:	29018
Date:	23 FEB., 2009
Documentary credit:	LC9100225/09
Contract number:	AFY0230

SHIPMENT FROM: ROTTERDAM PORT, THE NETHERLANDS

SHIPMENT TO: SHANGHAI, CHINA

EUROPEAN WASTE PAPER, ONP80/20
QUANTITY: 250.00M/T
PACKING: STANDARD BALE PACKING
SHIPPING MARK: N/M

Container number	Seal No.	No. of bales	Gross weight	Net weight
CMAU402478 - 6	021534	25	25 385.00KGS	25 260.00KGS
CMAU402878 - 4	023225	26	25 830.00KGS	25 700.00KGS
TEXU413931 - 6	023225	26	25 670.00KGS	25 540.00KGS

TGHU453304 - 0	018189	22	22 350.00KGS	22 240.00KGS
TRLU459391 - 4	021641	23	22 995.00KGS	22 880.00KGS
CLHU464791 - 3	018083	25	25 565.00KGS	25 440.00KGS
CATU409837 - 1	018010	25	25 225.00KGS	25 100.00KGS
CMAU419661 - 4	017978	26	26 130.00KGS	26 000.00KGS
WFHU408924 - 2	021693	26	26 130.00KGS	26 000.00KGS
CMAU413106 - 4	023327	26	25 970.00KGS	25 840.00KGS
		250BALES	251 250.00KGS	250 000.00KGS
SHIPMENT HAS BEEN EFFECTED IN40' CONTAINERS				
FIBRE SUPPLY EUROPE				
Martin（Stamped）				

▲提单

Shipper	B/L No.		Booking Ref.
FIBRE SUPPLY EUROPE FEETHOVEN 10，5247 THE NETHERLANDS	NL1348347		SD29037
	CMA CGM		Carrier： CMA CGM SOCIETE AnoyymeDirectoire et Consell da Surve
Consignee			
CONSIGNED TO FUYANG FEISISHENG CO.，LTD. SHANGJIANG VILLAGE, SHUNJIANG TOWN FUYANG CITY, HANGZHOU CHINA	BILL OF LADING For Ocean Transport or Multimodal Transport		
Notify Party	Head Office：		
FUYANG FEISISHENG CO.，LTD. SHANGJIANG VILLAGE, SHUNJIANG STREET FUYANG CITY，HANGZHOU CHINA	4，Quai d'Arenc 13002 Marseille Cedex 02 France		
	Tel：+33 (0)4 88 91 90 00 Fax：+33 4 88 91 90 95		
	Pre-Carriage		Place Of Receipt

Ocean Vessel	Voyage No.	Freight Receipt	Freight payable at
CMA CGM FIDELIO	FA250E	ROTTERDAM	
Port of Loading	Port of Discharge	Final place of delivery	No of Original B/L
ROTTERDAM	SHANGHAI		THREE

Marksand Nos Container & Seal No	Noand Kind of Packages	Descriptionof Goods Asstated by Shipper	Gross	Tare	Measurement
N/M CN.： CMAU402478 - 6	250BALES SN.： 021534	EUROPE WASTE PAPER BALES 25	KGS 25385.00	KGS 3900	CBM 58.00

CMAU402878－4	023225	26	25830.00	3900	59.00
TEXU413931－6	023225	26	25670.00	3900	58.00
TGHU453304－0	018189	22	22350.00	3500	57.00
TRLU459391－4	021641	23	22995.00	3500	57.00
CLHU464791－3	018083	25	25565.00	3800	59.00
CATU409837－1	018010	25	25225.00	3800	59.00
CMAU419661－4	017978	26	26130.00	3900	60.00
WFHU408924－2	021693	26	26130.00	3900	60.00
CMAU413106－4	023327	26	25970.00	3900	60.00
		250BALES	251250.00KGS		587.00CBM

10＊40 CONTAINERS，CY/CY	CONTRACT NO. AFY0230

Total No. ofContainer and / or Packages (in words)	SAY TWO HUNDRED AND FIFTY BALES ONLY

Above particulars declared by shipper and the carrier does not response

RECEIVED by the carrier from the shipper inapparent good order and condition (unless otherwise noted herein) the total number or quantity of container or other packages or units indicated above stated by the shipper to comprise the cargo a pacified above for transportation subject to all the terms hereof (including the terms on pages one) from the place of receipt or the port of loading, made on pay ment of all freight and charges. On presentation of the documents (duly endorsed) to the carrier，by of on behalf of the holder, the rights and liabilities arising in accordance with the terms hereof shall (without prejudices to any rule of common law or statutes rendering them binding upon the shipper, holder and carrier) become binding in all respects between the carrier and the holder as through the contract contained herein of evidence hereby had been made between them. All claims and disputes arising under or in connection with the bill of lading shall be determined by the COURTS of MARSEILLE & the execution of the courts of any other country. In witness where of three(3) originals bill of lading ，unless otherwise stated above, here been Issued,one of which being accomplished ，the others to be void (other terms and conditions of the contract on page one).

Place and date of Issue ROTTERDAM27 FEB，2009		Signed by CGM HOLLAND	John Philips
On board date 27FEB，2009	By CGM HOLLAND	As agent for the Carrier Named above	

2.填制进口货物报关单

李梅根据 FIBRE SUPPLY EUROPE 公司寄来的商业发票、装箱单以及海运提单等单据填写进口货物报关单,供上海临港国际物流公司参考。

中华人民共和国海关进口货物报关单

预录入编号：　　　　　　　　　　海关编号：

进口口岸 外港海关 2225		备案号	进口日期	申报日期 2009.03.30
经营单位　3301963093 富阳飞思升纸业有限公司		运输方式 水路运输	运输工具名称 CMA CGM FIDELIO / FA250E	提运单号 NL1348347
收货单位　3301963093 富阳飞思升纸业有限公司		贸易方式 一般贸易	征免性质 一般征税	征税比例
许可证号	起运国（地区） 荷兰		装货港 鹿特丹	境内目的地 杭州富阳
批准文号	成交方式 CIF	运费	保费	杂费
合同协议号 AFY0230	件数 250	包装种类 包	毛重（公斤） 251250.00	净重（公斤） 250000.00
集装箱号 CMAU402478 – 6/40/3900	随附单据 A ＊		用途	企业自用

标记唛码及备注
N/M

CMAU402878 – 4/40/3900
TEXU413931 – 6/40/3900　　　　　　　CATU409837 – 1/40/3800
TGHU453304 – 0/40/3500　　　　　　　CMAU419661 – 4/40/3900
7 ＊ 097012769　　TRLU459391 – 4/40/3500　　　WFHU408924 – 2/40/3900
P ＊ 09 – 2000M – 201771　CLHU464791 – 3/40/3800　　CMAU413106 – 4/40/3900

项号	商品编号	商品名称	规格类型	数量及单位	原产国（地区）	单价	总价	币制	征免
1	4073000000	欧洲废纸 EUROPE WASTE PAPER	＊＊＊	250000 千克 250 公吨	荷兰	98	24 500.00	美元	照章 征税

税费征收情况

录入员　　　录入单位	兹声明以上申报无讹并承担法律责任	海关审单批注及放行日期（盖章）
报关员		审单　　　审价
单位地址		征税　　　统计
申报单位（签章） 邮编　　　电话　　　填制日期		查验　　　放行

五、进口付汇核销

1. 审单付汇

如采用信用证付款方式,国外出口方履行交货义务后将汇票和全套货运单据经议付银行寄交开证行或付款行收取货款。开证行或付款行收到国外银行寄来的全套单据后,必须合理谨慎地根据"单证一致"、"单单一致"的原则审核信用证规定的所有单据,以确定单据是否表面上与信用证条款相符。如单据与信用证相符,即由开证行或付款行对外进行即期付款,或承担延期付款责任,或承兑受益人开立的汇票,到期付款等。开证行或付款行审单后的付款是终局性的,无追索权;如经银行审核后发现单证不符或单单不符,应根据情况分别对待,如市场情况对进口方不利,进口方可通过银行对外拒付;如市场情况对进口方有利,并且进口方仍想要此批货物,也可通过银行通知出口方更正单据或由国外银行书面担保后付款,还可以等到检验合格后付款。开证行或付款行对外付款后即要求进口方付款赎单。

根据《跟单信用证统一惯例》(UCP600)规定,开证行或保兑行(如有)或其他被指定的银行决定拒绝接收单据,则必须在收到单据次日起 7 个银行工作日以内,以电信方式或其他快捷方式通知寄单银行或受益人,并说明银行据以拒收单据的所有不符点,还须说明是选择持单听候交单人处理,或是选择退回交单人。

如采用托收付款方式,我国代收行在收到国外托收行寄来的全套单据后,会同进口方依据合同进行审核,在 7 个银行工作日内做出接受或拒收单据的通知。在付款交单方式下,进口方付清全部货款后银行向其交单,凭以提货销售或转卖;在承兑交单方式下,进口方在银行承兑书上加以承兑便可获得整套单据,远期汇票则由银行保管,到期由银行再次向进口方提示时,进口方再履行付款的义务。如托收单据存在不符点,进口方可本着长期友好合作的态度仍然付款赎单,也可结合市场行情,酌情考虑拒付与否。但须注意的是,进口方一旦拒付,便不能获得单据凭以提货。

2. 进口核销

根据我国《进口付汇核销监管暂行办法》规定,进口方"应当在有关货物进口报关后一个月内向外汇局办理核销报审手续"。因此,在报关完后一个月内,进口方必须前往外汇管理局办理进口付汇核销手续。

案 例

进口合同(编号 AFY0230)下的付汇核销

富阳飞思升纸业有限公司于 4 月 20 日收到了上海临港国际物流有限公司寄来的正本报关单(核销联),根据《进口付汇核销监管暂行办法》规定,进口方应当在有关货物进口报关后一个月内向外汇局办理核销报审手续。付款方式为提单日后 60 天,提单日期为 2 月 27 日,因此,单证员凌晓婷准备好相关的资料(报关单、商业发票、合同),于 4 月 28 日去中国银行浙江分行办理付汇手续。

其他相关资料:

印单局代码:330000	核销单号码:70029674
单位代码:609231794	贸易方式:一般贸易
交易编码:0101	购汇、付汇金额:24 500 美元
人民币账号:601381034568966	到货日期:2009 年 3 月 25 日
合同号码:AFY0230	发票号码:29018
固体废物进口许可证:09 - 2000M - 201771	自动进口许可证号:097012769

付汇日期:2009 年 4 月 28 日　　　　　　报关单号:968104106011

注:分批装运的贸易进口核销需要分批核销

1.填制进口付汇核销单

李梅提供相关信息给公司财务人员,以供公司财务办理进口付汇核销手续。

贸易进口付汇核销单一式三联,填写完毕后交付汇银行审核,审核盖章后留存第三栏作备查。

贸易进口付汇核销单（代申报单）

印单局代码:330000　　　　　　　　　　　　　　核销单编号:70029674

单位代码: 609231794	单位名称: 富阳飞思升纸业有限公司	所在地外汇局名称: 杭州市外汇管理局
付汇银行名称:中国银行浙江省分行	收款人国别: 荷兰	交易编码: 0101
收款人是否保税区:是□ 否☒	进口商品名称: 欧洲废纸	

对外付汇币种: 美元	对外付汇总额: USD24500.00	折美元总额: USD24500.00
其中:购汇金额: USD24500.00	现汇金额	其他方式金额
人民币账号:601381034568966	外汇账号	

付汇性质

☒ 正常付汇			
□ 不在名录	□90天以上信用证	□90天以上托收	□异地付汇
□90天以上到货	□转口贸易	□境外工程使用物资	□真实性审查

备案表编号

预计到货日期:2009年3月25日	进口批件号: 09701276 909-2000M-201771	合同/发票号: AFY0230/29018

结算方式

信用证	90天以内☒	90天以上□	承兑日期 / /	付汇日期 / /	期限　　天
托收	90天以内□	90天以上□	承兑日期 / /	付汇日期 / /	期限　　天

汇 款	预付货款□	货到付汇(凭报关单付汇)□	付汇日期	
	报关单号	报关日期	报关单币种	金额
	报关单号	报关日期	报关单币种	金额
	报关单号	报关日期	报关单币种	金额
	报关单号	报关日期	报关单币种	金额
	报关单号	报关日期	报关单币种	金额
	（若报关单填写不完,可另附纸）			

其他□

　　　　　　　　　　　付汇日期:2009年4月28日

以下由付汇银行填写

申报号码:

业务编号:

富阳
飞思升纸业
有限公司

进口单位（签章）　　　　　　　　　　　（付款银行签章）
　　　　　　　　　　　　　　　　　　　　审核日期

2. 填制进口付汇到货核销表

贸易进口付汇到货核销表的填写根据进口付汇核销单的内容填写即可。

2009年 4月贸易进口付汇到货核销表

进口单位名称：富阳飞思升纸业有限公司 进口 单位编号：609231794核销单编号：70029674

序号	核销单号	备案表号	付汇币种金额	付汇日期	结算方式	付汇银行名称	应到货日期	报关单号	到货企业名称	报关币种金额	报关日期	与付汇差额 退汇	与付汇差额 其他	凭报关单付汇	备注
1	70029674		24500美元	4月28日	信用证	浙江中国银行浙江省分行	3月25日	9681041060 11	富阳飞思升纸业有限公司	24500美元	3月30日				

付汇合计笔数：	付汇合计金额：USD24500.00	到货报关合计笔数：1	到货报关合计金额：USD24500.00	退汇合计金额：	凭报关单合计金额：
至本月累计笔数：1	至本月累计笔数：1	至本月累计笔数：1	至本月累计金额：USD24500.00	至本月累计金额：	至本月累计金额：

填表人：李梅　　　　负责人　　　　　填表日期：2009年4月28日

联系电话：0571-23266789　　　　　本核销表内容无讹。

（进口单位签章）　富阳 飞思升纸业 有限公司

注：
1. 本表一式两联，第一联外汇局留存，第二联进口单位留存；
2. 付汇金额与报关进度有差额的，应勾选余额是否留用，不留用的在备注栏注明"核销结案"字样；
3. 属"境外工程使用物资"、"转口贸易"核销的，"最迟装运期"填写实际收汇日期；
4. 报关单号填写进口货物报关单的"预录入编号"

六、进口索赔

在进口业务中,如果出现出口方不交货或不按期交货、原装数量不足、品质低劣、规格与合同规定不符、包装不良使货物受损等情况,进口方应及时向出口方提出索赔;如果进口方收到的货物数量少于运输单据所载的数量,或运输单据是清洁的而由于承运人的过失造成货物残损、遗失,应向承运人提出索赔;凡属于自然灾害、意外事故、其他外来原因造成的货物损失,并且在保险公司的承保责任范围内,应及时向保险公司提出索赔。

进口索赔时应注意以下几个问题:

(1)备齐索赔证据。索赔证据包括商检证书、港务局的理货报告、承运人的短卸、残损证明等。

(2)确定索赔金额。按照国际惯例,进口方向出口方索赔的金额与出口方违约所造成的实际损失相符,即按照商品的价值和损失程度计算,此外,还应包括商检费、装卸费、清关费用、税捐、仓租、银行手续费、利息、合理的预期利润等。进口方向承运人和保险公司的索赔金额应按运输合同和保险合同规定的方法计算。

(3)索赔必须在规定的索赔期限内提出。向出口方索赔,应在买卖合同规定的索赔期限提内出,如果合同中未规定索赔期限,按照《联合国国际货物销售合同公约》的规定,则进口方行使索赔权的最长期限是自实际收到货物起不超过两年(如到货检验中不易发现货物缺陷的);向承运人索赔的期限,为货物到达目的港卸离海轮后一年内;向保险公司索赔的期限,为货物在目的港全部卸离海轮后两年内。

实训项目

实训项目一   根据信用证缮制汇票、商业发票、装箱单、提单

【情境资料】

1.信用证资料

```
08AUG08      14:10:38                          LOGICAL   TERMINAL   P005
MT  S700        ISSUE  OF  DOCUMENTARY CREDIT

                                                     PAGE    00001
                                                     FUNC  SWPR3
MSGACK  DWS765I  AUTHENTICATION  SUCCESSFUL  WITH  PRIMARY  KEY
BASIC  HEADER       F  01   BKCHCNBJA300         5976  662401
APPLICATION  HEADER   0 700  1530  030807  MITKJPJTA×××  1368  960990  080808
                              * SAKURA  BANK, LTD. , THE(FORMERLY
                              * MITSUI  TAIYO  KOBE)
                              * TOKYO
USER   HEADER         BANK,  PRIORITY       113:
                      MSG  USER  REF         108:
SEQUENCE  OF  TOTAL  * 27     :1/
FORM OF DOC. CREDIT  * 40 A : IRREVOCABLE
DOC.  CREDIT NUMBER  * 20   : 090 – 3001573
DATA  OF  ISSUE      * 31 C : 080804
```

EXPIRY   *31 D : DATE   080915   PLACE IN THE COUNTRY OF BENEFICI-
ARY

APPLICANT   *50   : TIANJIN – DAIAI   CO. , LTD, SHIBADAIMON
                              MF   BLOG, 2 – 1 – 16, SHIBADAIMON,
                              MINATO – KU,   TOKYO,   105   JAPAN

BENEFICIARY   *59   : NINGBO HAIWEN IMP&EXP. CORP. , LTD
                              9FL, NO. 428, ZHONGSHAN EAST ROAD, NINGBO

CURRENCY CODE AND AMOUNT
                           *32 B : CURRENCY   USD   AMOUNT   74,157.00

ADD.   AMOUNT   COVERED
                        39 C : FULL   CIF   INVOICE   VALUE

AVAILABLE   WITH/BY   *41 D : BANK OF CHINA
                              BY   NEGOTIAYION

DRAFTS   AT ...   42 C : DRAFT(S)   AT   SIGHT

DRAWEE   42 A : CHEMUS33
                          *CHEMICAL   BANK
                          *NEW   YORK , NY

PARTIAL   SHIPMENT   43 P : PARTIAL   SHIPMENTS   ARE   ALLOWED

TRANSSHIPMENT   43 T : TRANSHIPMENT   IS   NOT   ALLOWED

PLACE OF TAKING IN CHARGE/OF RECEIPT
                      44 A : NINGBO, CHINA

PLACE OF FINAL DESTINATION/OF DELINERY
                      44 B : KOBE/OSAKA,   JAPAN

LATEST DATE OF SHIP.   44 C : 080831

DESCRIPTION OF GOODS   45 A :
      GIRL'S   T/R   VEST   SUITS
      ST/NO . 353713   6,000 SETS.   USD6.27/SET   USD37,620.00
            353714   5,700 SETS.   USD6.41/SET   USD36,537.00
       TOTAL: 11,700 SETS.   USD74,157.00

PRESENTATION   PERIOD   48 : DOCUMENTS MUST BE PRESENTED WITHIN
                     15 DAYS AFTER THE DATE OF SHIPMEENT

CONFIRMATION   *49 : WITHOUT

REIMBURSEMENT BANK   53 A : CHEMUS33
                          *CHEMICAL BANK
                          *NEW YORK , NY

INSTRUCTIONS 78 :
     IN REIMBURSEMENT , NEGOTIATING BANK SHOULD SEND THE BENEFICIARY'S
     DRAFT TO THE DRAWEE BANK FOR OBTAINING THE PROCEED, NEGOTIATING BANK
     SHOULD FORWARD THE DOCUMENTS DIRECT TO THE SAKURA BANK, LTD. , TOKYO
     INT'L OPERATIONS CENTER P. O. BOX 766 , TOKYO, JAPAN BY TWO CONSECUTIVE
     REGISTERED AIRMAILS

DOCUMENTS REQUIRED *46 B :
     +SIGNED COMMERCIAL INVOICE IN 5 COPIES INDICATING IMPORT ORDER NO. 131283
     AND CONTRACT NO. 08 – 09 – 403 DATED JUL. 12, 2003 AND L/C NO.
     +FULL SET OF 3/3 CLEAN ON BOARD OCEAN BILLS OF LADING MADE OUT TO ORDER
     OF SHIPPER AND BLANK ENDORSED AND MARKED "FREIGHT PREPAID" NOTIFY

TIANJIN - DAIEI CO. ,LTD6F, SHIBADAIMON MF BLDG. , 2 - 1 - 16 SHIBADAIMON, MI-NATO - KU TOKYO 105 JAPAN. TEL NO. 03 - 5400 - 1971, FAX NO. 03 - 5400 - 1976.

+PACKING LIST IN 5 COPIES

+CERTIFICATE OF ORIGIN IN 5 COPIES

+INSURANCE POLICY OR CERTIFICATE IN 2/2 AND ENDORSED IN BLANK FOR 110 PCT OF FULLTOTAL INVOICE VALUE COVERING ALL RISKS, WAR RISKS AS PER THE REL-EVANT OCEAN MARINE CARGO CLAUSE OF P. I. C. C. DATED JAN. 1ST, 1981. WITH CLAMS, IF ANY, PAYABLE AT DESTINATION

+TELEX OR FAX COPY OF SHIPPING ADVICE DESPATCHED TO TIANJIN - DAIEI CO. , LTD. (DIV:1, DEPT:3 FAX NO. 03 - 5400 - 1976) IMMEDIATELY AFTER SHIPMENT.

+BENEFICIARY'S CERTIFICATE STATING THAT THREE SETS COPIES OF NON - NEGO-TIABLE SHIPPING DOCUMENTS HAVE BEEN AIRMAILD DIRECTLY TO THE APPLICANT IMMEDIATELY AFTER SHIPMENT.

ADDITIONAL COND ITION ＊47 B:

(1) 5PCT MORE OR LESS IN BOTH AMOUNT AND QUANTITY PER EACH ITEM WILL BE AC-CEPTABLE.

(2) BUYER'S IMPORT ORDER NO. 131283 MUST BE MENTIONED ON ANY SHIPPING DOCU-MENTS.

(3) ABOVE CARGO SHALL BE CONTAINERIZED.

(4) SHIPPING MARK OF EACH CARTON SHOULD INCLUDE BUYER'S IMPORT ORDER NO. 131283

(5) T. T. REIMBURSEMENT IS NOT ACCEPTABLE.

(6) ALL BANKING CHARGES OUTSIDE JAPAN ARE FOR ACCOUNT OF BENEFICIARY.

ORDER IS ＜MAC: ＞ ＜PAC: ＞ ＜ENC: ＞ ＜CHK: ＞ ＜TNG: ＞ ＜PDE: ＞

MAC :BF35294E

CHK :6E452BBE2A45

DLM :

2. 制单相关信息(关于其中第一批货物的装船情况)

S/C NO . 353713

发票号 CPU04140A　　　　　发票日期 AUG. 10, 2008

提单号 50100289BUS　　　　　提单日期 AUG. 15, 2008

航次号 CKJ1545216

保险单号 RGS354554　　　　　产地证号 RQWT5525

船名航次 ULSAN V.501N　　　　H. S. 编码 5434.8764

商品数量 6000 SETS　　　　　包装 @30 SETS / CTN

集装箱号 MTU7045319/KB846421/40'

　　　　　MTU7045320/KB846422/40'

　　　　　MTU7045321/KB846423/40'

　　　　　MTU7045322/KB846424/40'

毛重 @25 KGS / CTN　　　　净重 @24 KGS / CTN

尺码 @0.236 CBM / CTN

【工作任务】

请根据上述信用证资料,替出口人缮制汇票、商业发票、装箱单、提单。

▲汇票

Drawn under	....	L/C NO	....
Dated	....	Payable with interest	@···.%···按······息··· 付款
NO	··············	Exchange for		Place and date of issue

AT................. sight of this FIRST of Exchange(Second of Exchange being unpaid)

Pay to the order of		the sum

of

Value received	of	
	（quantity）	（name of commodity）.................

....

TO：		For and on behalf of
	....	（signature）

▲发票

ISSUER	COMMERCIAL INVOICE	
TO		
	NO.	DATE
TRANSPORT DETAILS	S/C NO.	L/C NO.
	TERMS OF PAYMENT	
Marks and Numbers	Number and kind of package；Description of goods			
SAY TOTAL：				

▲装箱单

	ISSUER		PACKING LIST	
TO			INVOICE NO.	DATE

Marks	Number and kind of package Description of goods	Quantity	Package	G. W	N. W	Meas.
	Total:					
SAY TOTAL:						

▲提单

Shipper		
Consigneeor order		
Notifyaddress		
Pre-carriage by	Place ofloading	
Vessel	Port oftransshipment	
Port of Discharge	Final destination	

SINOTRANS

B/L No.

中国对外贸易运输总公司

CHINA NATIONAL FOREIGN TRADE TRANSPORTATION CORP.

直运或转船提单

BILL OF LADING

DIRECT OR WITH TRANSSHIPMENT

SHIPPED on boardin apparent good order and condition (unless otherwise indicated) the goods or packages specified herein and to be discharged at the mentioned port of discharge or as near thereto as the vessel may safely get and be always afloat.

The weight, measure, marks and numbers, quality, contents and value, being particulars furnished by the Shipper, are not checked by the carrier on loading.

The Shipper, Consignee and the Holder of this Bill of Lading hereby expressly accept and agree to all printed, written or stamped provisions, exceptions and conditions of this Bill of Lading including those on the back hereof.

IN WITNESS Where of the number of original Bills of Lading stated below have been signed, one of which being accomplished, the other(s) to be void.

Container, Seal No. or Marks & Nos.	Number and kind Description of Goods of Packages	Gross weight (kgs)	Measurement (m³)
ABOVE PARTICULARS FURNSHED BY SHIPPER			

FREIGHT & CHARGES		REGARDING TRANSSHIPMENT INFORMATION PLEASE CONTACT	
Ex. rate	Prepaid at	Freight payable at	Place and date of issue
	Total Prepaid	Number of original B(s)/L	Signed for or on behalf of themaster as Agents

能力迁移

一、英译汉

1. Application for Letter of Credit

2. Insurance policy

3. Shipping Order

4. Mate's Receipt

5. Notification of Documentary Credit

6. Accessory Material Sample

7. Invoice

8. Pre-production Sample

9. Approved Sample

10. Certificate of Origin

11. Packing List

二、请根据下列情境,完成工作任务

1.有一份 CIF 合同,出售大麦 1 000 公吨,合同规定"CIF 新加坡每公吨 1 800 元人民币,8月装船。卖方在新加坡提交单据,由买方支付现金。"货物于 8 月 10 日装船,但卖方一直拖到9 月 23 日才把单据交给买方。由于当时国际市场大麦降价,买方提出除非卖方赔偿损失,否则将拒绝接受单据。

任务一:卖方有没有违约?

任务二:卖方应该如何处理?

2.山东某公司与德国不莱梅制品公司按照 FOB 上海条件签订了一笔化工原料的买卖合同。山东公司在规定的装运期届满前五天将货物装上德国不莱梅制品公司指派的某香港船公司的海轮上,且装船前检验时,货物的品质良好,符合合同的规定。货到目的港不莱梅港,德国不莱梅制品公司提货后经目的港商检机构检验发现部分货物结块,品质发生变化。经调查确认原因是货物包装不良,在运输途中吸收空气中的水分导致原颗粒状的原料结成硬块。于是,德国不莱梅制品公司向山东公司提起索赔。

任务一:按 FOB 术语的解释,货物在装运港越过船舷后的风险由谁承担?

任务二:德国不莱梅制品公司向山东公司提起索赔是否合适? 为什么?

任务三:我们从这个案例中应吸取什么教训?

三、翻译下列信用证条款,并指出如何制作相应的单据

1. INSPECTION CERTIFICATE OF QUALITY AND WEIGHT ISSUED BY CHINA EXIT AND ENTRY INSPECTION AND QUARANTINE BUREAU.

2. PACKING / WEIGHT LIST IN QUADRUPLICATE MADE OUT IN THE NAME OF EURO IBERICA DE COMERCIO S. L. , CAMINO DE LA LIOMA, 12, 46960 AL-DAYA APARTADO CORREOS 65, VALENCIA, SPAIN CLEARLY SHOWING COLORS IN EACH CARTON AND ALSO N. WEIGHT AND G. WEIGHT.

3. BENEFICIARY'S DECLARATION STATING THAT ONE COMPLETE SET OF NON－NEGOTIABLE SHIPPING DOCUMENTS SENT DIRECTLY TO THE OPENER BY EXPRESS AIRMAIL WITHIN 2 DAYS AFTER SHIPMENT.

4. SHIPMENT IS TO BE EFFECTED BY UNITED ARAB SHIPPING COMPANY VESSEL. IF SHIPMENT IS TO BE EFFECTED BY OTHER SHIPPING COMPANIES, A CERTIFICATE ISSUED TO THE EFFECT THAT THE CONCERNED STEAMER IS OF NOT MORE THAN 15 YEARS OLD IS REQUIRED.

5. SHIPMENT ADVICE SHOWING THE NAME OF THE CARRYING VESSEL, DATE OF SHIPMENT, MARKS, AMOUNT AND THE NUMBER OF THIS DOCUMENTARY CREDIT TO APPLICANT.

四、根据信用证资料缮制发票

【情境资料】

——DC NO. : DC TST148986

——EXPIRY :APR. 15,2004

——APPLICANT: LEON INC.

1200 NEW YORK DRIVE

PASADENA, CA. 91108

——BENEFICIARY: ZHEJIANG TEXTILES IMP. & EXP. CORPORATION

165 ZHONGHE ZHONG RD,HANGZHOU,CHINA

——L/C AMOUNT:USD124390. 00

——LOADING ON BOARD/DISPATCH FROM:NINGBO PORT,CHINA

——FOR TRANSPORTATION TO:NEWYORK

——LATEST DATE OF SHIP:MARCH 31,2004

——COVERING: LADIES 80% VISCOSE 12% NYLON 8% KNITTED CARDIGAN

1)P. O. NO. 6199,10900PCS AT USD4. 60 PER PC

2)P. O. NO. 6200,19800PCS AT USD3. 75 PER PC

TOTAL 30700PCS,USD124390. 00

SALES CONTRACT NO. 03PA0010

DELIVERY TERMS:CIP NEWYORK

PACKING:PLASTIC,CARTON WITH MARK

6199/6200/03PA0010/NEWYORK

——DOCUMENTS REQUIRED:＋ SIGNED COMMERCIAL INVOICE IN 4－FOLD

＋－－－－－－－－－－－－－

——SPECIAL INSTRUCTIONS：+ ALL DOCUMENTS INCLUDING INVOICE MUST BE IN NAME OFALANT CORPORATION，111 AVENUE OF THE NEW YORK，NY 10036 U. S. A

+ INVOICE MUST INDICATE THE FOLLOWING：

1)OCEAN FREIGHT，INSURANCE COST AND FOB VALUE

2)EACH ITEM IS LABELLED "MADE IN CHINA".

3)GOODS SHIPPED IN ONE 40 FOOT FCL.

【工作任务】

请根据上述信用证资料，替出口人缮制汇票，填制在下面空白汇票中。

备注：OCEAN FREIGHT 和 INSURANCE COST 分别按 USD3000. 00 和 USD124. 39 计。

提示：制作时请注意发票抬头人及发票批注内容。

▲空白发票

ISSUER		COMMERCIAL INVOICE		
TO				
		NO.		DATE
TRANSPORT DETAILS		S/C NO.		L/C NO.
		TERMS OF PAYMENT		
Marks and Numbers	Number and kind of package; Description of goods	Quantity	Unit Price	Amount
		Total：		
SAY TOTAL：				

参考文献

[1]张亚芬,陈明.国际贸易实务与案例教程[M].北京:高等教育出版社,2006.

[2]刘文广.国际贸易实务(第二版)[M].北京:高等教育出版社,2006.

[3]陈岩,刘玲.国际贸易实务[M].北京:对外经济贸易大学出版社,2007.

[4]中国国际贸易学会商务专业培训考试办公室.外贸业务理论与实务[M].北京:中国商务出版社,2008.

[5]郭春祥.进口货物贸易疑难问题解决方案[M].北京:中国商务出版社,2008.

[6]林冰,王康美.国际贸易实务[M].武汉:武汉理工大学出版社,2009.

[7]刘春林,朱更生.新编出口实务[M].北京:机械工业出版社,2007.

[8]石玉川,张家瑾.国际贸易实务[M].北京:对外经济贸易大学出版社,2005.

[9]李质甫,王艳丽.国际贸易实务[M].武汉大学出版社,2009.

[10]张卿.国际贸易实务[M].北京:对外经济贸易大学出版社,2005.

[11]罗兴武.报关实务[M].北京:机械工业出版社,2010.

[12]吴百福.进出口贸易实务教程[M].上海:上海人民出版社,2003.

[13]郑俊田,张红.海关实务[M].北京:对外经济贸易大学出版社,2006.

[14]赵志恒,张晓.国际贸易实务[M].北京:机械工业出版社,2006.

[15]费景明,罗理广.进出口贸易实务[M].北京:高等教育出版社,2001.

[16]张敏,周敢飞.国际货运代理实务[M].北京:北京理工大学出版社,2007.

[17]易露露,方玲玲,陈原.国际贸易实务双语教程[M].北京:清华大学出版社,2010.

[18]刘静华.国际货物贸易实务[M].北京:对外经济贸易大学出版社,2007.

[19]黎孝先.国际贸易实务[M].北京:中国人民大学出版社,2004.

[20]肖文,应颖.国际贸易基础知识[M].北京:高等教育出版社,2006.

[21]芮宝娟.进出口单证实务[M].北京:中国人民大学出版社,2010.

[22]张海燕.外贸业务综合实训[M].北京:高等教育出版社,2009.

[23]陈代芬,姜宏.国际物流报关实务[M].北京:人民交通出版社,2002.

[24]姜维,陈柯妮.报关业务实战教程[M].上海:立信会计出版社,2005.

[25]中国海关网.www.customs.gov.cn.

[26]中华人民共和国商务部网.www.mofcom.gov.cn.

[27]阿里巴巴网站.www.alibaba.com.

[28]全球资源网.www.globalsources.com.

[29]福步外贸论坛网.bbs.fobshanghai.com.

图书在版编目(CIP)数据

国际贸易实务/罗兴武,王红梅主编. —2 版. —西安:西安交通大学
出版社,2016.8(2018.8 重印)
ISBN 978 - 7 - 5605 - 8987 - 9

Ⅰ.①国… Ⅱ.①罗… ②王… Ⅲ.①国际贸易-贸易实务-高等职业
教育-教材 Ⅳ.①F740.4

中国版本图书馆 CIP 数据核字(2016)第 216669 号

书　　名	国际贸易实务(第二版)
主　　编	罗兴武　王红梅
责任编辑	袁　娟　赵怀瀛

出版发行	西安交通大学出版社
	(西安市兴庆南路 10 号　邮政编码 710049)
网　　址	http://www.xjtupress.com
电　　话	(029)82668357　82667874(发行中心)
	(029)82668315(总编办)
传　　真	(029)82668280
印　　刷	陕西元盛印务有限公司

开　　本	787mm×1092mm　1/16　　**印张** 18.625　　**字数** 449 千字
版次印次	2010 年 12 月第 1 版　2016 年 9 月第 2 版　2018 年 8 月第 6 次印刷
书　　号	ISBN 978 - 7 - 5605 - 8987 - 9
定　　价	34.80 元